탈정치의 정치학

Revolutionary Writing

Revolutionary Writing
Edited by Werner Bonefeld

이 책의 한국어판은 엮은이 Werner Bonefeld와의 협약에 따라 출판되었습니다.

 아우또노미아총서46

탈정치의 정치학
Revolutionary Writing

엮은이 워너 본펠드
지은이 안또니오 네그리·존 홀러웨이 외
옮긴이 김의연

펴낸이 조정환
책임운영 신은주
편집부 김정연·오정민
홍보 김하은
프리뷰 서창현

펴낸곳 도서출판 갈무리 등록일 1994. 3. 3. 등록번호 제17-0161호
초판인쇄 2014년 2월 22일 초판발행 2014년 3월 3일
종이 화인페이퍼 출력 경운출력·상지출력 인쇄 중앙피엔엘
라미네이팅 금성산업 제본 일진제책

주소 서울 마포구 서교동 375-13호 성지빌딩 101호
전화 02-325-1485 팩스 02-325-1407
website http://galmuri.co.kr e-mail galmuri94@gmail.com

ISBN 978-89-6195-078-7 94300 / 978-89-6195-003-9(세트)
도서분류 1. 사회과학 2. 정치학 3. 사회학 4. 철학 5. 경제학 6. 사회운동

값 22,000원

이 도서의 국립중앙도서관 출판시도서목록(CIP)은 서지정보유통지원시스템 홈페이지(http://seoji.nl.go.kr)와 국가자료공
동목록시스템(http://www.nl.go.kr/kolisnet)에서 이용하실 수 있습니다. (CIP제어번호 : CIP2014003927)

Revolutionary Writing

탈정치의 정치학

비판과 전복을 넘어 주체성의 구성으로

워너 본펠드

마리아로사 달라 꼬스따

마이크 루크

안또니오 네그리

요한네스 아놀리

조지 카펜치스

존 홀러웨이

페루치오 감비노

해리 클리버

엮음과 지음

김의연 옮김

일러두기

1. 이 책은 Werner Bonefeld (Ed.), *Revolutionary Writing*, Autonomedia, New York, 2003을 완역한 것이다.
2. 인명, 도서명 등은 필요한 경우 한 번만 원어를 병기하였다.
3. 단행본, 전집, 정기간행물, 보고서에는 겹낫표(『 』)를, 논문, 논설, 기고문 등에는 홑낫표(「 」)를 사용하였다.
4. 단체(위원회), 학회, 협회, 연구소, 공연물, 곡명, 법률, 조약 및 협약에는 가랑이표(〈 〉)를 사용하였다.
5. 지은이 주석, 엮은이 주석, 영역자 주석, 옮긴이 주석은 같은 일련번호를 가진다. 엮은이(본펠드)의 주석에는 [엮은이], 영역자의 주석에는 [영역자], 한국어판 옮긴이의 주석에는 [옮긴이]라고 표시하였다.

우리는 참혹함으로 가득한 시대를 살고 있다. 헤드라인 뉴스는 전쟁과 테러에서 끝이 보이지 않는 지구적 경제 위기로 바뀌어 왔다. 모든 세대의 노동자들이 마치 잉여인간처럼 취급되고 있으며, 겉으로는 반대로 보이더라도 전쟁과 테러는 조금도 수그러들지 않고 있다. 이러한 맥락에서 본다면 자본주의가 [고작] 비참한 상황을 빚어내고 있다는 발상은 지극히 낙관적인 견해라고 할 수 있다. 비참한 조건Zustände 과 비참한 상황Mißstände은 [엄연히] 다르기 때문이다.

자본주의적인 부는 개념상 박탈당한 노동자를 필연적으로 함축한다. 반면 [비참한 조건과 비참한 상황을 전혀 식별하지 못하거나 한사코 식별하지 않으려는 견해에 따르면] 비참한 상황은 예기치 못한 사태나 정부의 무능함 때문이든 완고한 계급정치의 산물이든 얼마든지 회피할 수 있는 사회·경제적 사건들을 뜻한다. 즉, 비참한 상황은 박탈당한 자들에게 혜택을 부여하는 선의의 정치적 개입과 강령들을 통해 교정될 수 있다는 것이다.

박탈당한 노동자들이 자본주의적 부의 [전제]조건이 아니라 전적으로 우발적인 정치경제적 상황의 산물이라는 관념은 순전한 이데올로기에 지나지 않는다. 이러한 이데올로기에 의지하는 사회적 행동주의는 이런저런 참상과 위법행위에 이의를 제기하면서 고통을 완화하거나 상황을 개선하려고 시도한다. [그러나] 이런저런 것들에 대처하는 '행동주의'는 퇴행적인 행동주의에 지나지 않는다. 상황이 아무리 심각하더라도 이런저런 정책이나 기술적 수단들을 활용해 문제의 상황을 바로잡을 수 있고, 자본주의 사회의 조건들도 완전히 무효화할 수 있을 것이라는 망상에 사로잡혀 있기 때문이다. 문제의 행동주의는 악에 대해서는 입을 다물고 양지만을 쳐다보는 자본주의적 개혁 강령을 제시한다. 기정화된 상황의 한계 내에서 움직이는 행동주의는 세계의 고통을 감지하고 자신의 강령을 구제수단으로 제시한다. 이런저런 대의를 좇아서 움직이는 행동주의는 본질상 티켓적 사고[1]와 다를 바 없다. 다시 말해 이러한 행동주의는 그 자신을 대안적인 통치정당으로 선전한다. 문제의 행동주의는 모든 사람들의 삶을 파괴하는 엄연한 참상에 대한 저항을 정치적 이득을 취할 호기好機로 활용한다.

계급사회 비판은 해결책을 더 많은 임금과 노동자의 완전고용에서 찾지 않는다. 계급사회 비판은 오직 계급 없는 사회에서만 긍정적

---

1. [옮긴이] '티켓적 사고'(ticket thinking)는 아도르노와 호르크하이머가 반성적 능력을 결여한 도구적 이성의 수동적 사고를 비판하기 위해 사용한 개념이다. 그들에 따르면 지배적인 정당이나 거대 자본의 이데올로기적 구호는 몇 가지 목록으로 코드화된 티켓 형태로 제시된다. 만일 사회적 개인들이 이러한 티켓의 구매를 자연스럽게 받아들이게 되면, 그들 고유의 구체적 경험과 판단 능력에 기초한 독자적 사고는 중지되고 폭력적으로 범주화된 보편적 판단에 종속된다. 여기서 본펠드는 이 개념을 자본주의 사회관계의 조건에 대한 반성 없이 자신들이 권력을 장악하기만 하면 세계를 근본적으로 변화시킬 수 있으리라는 막연한 기대에 젖어 이데올로기적 선동에 몰두하는 개혁주의 세력을 가리키기 위해 사용하고 있다. 테오도르 아도르노·막스 호르크하이머, 「반유대주의적 요소들: 계몽의 한계」, 『계몽의 변증법: 철학적 단상』, 김유동 옮김, 문학과 지성사, 2003, 252~311쪽을 참조하기 바란다.

인 해결책을 발견할 뿐이다. 계급 없는 사회에서 인간은 '낡은 찌꺼기를 모두' 씻어 버리고 '스스로를' 코뮤니즘적인 개인들의 코뮌으로 '새롭게 건설'한다(Marx and Engels, *German Ideology*, 60).[2] 인간화를 향한 투쟁은 구성된constituted 경제적 가치관계에 대항하는 투쟁을 환기시킨다. 인간화를 위한 투쟁에서 인간의 필요 충족은 지엽적 문제에 지나지 않으며, 이러한 양상은 인간화를 위한 투쟁 그 자체가 올바른 방향으로 나아감을 뜻한다. 사회적 관계의 인간화는 화폐와 이윤이라는 물화된 경제적 관계에 대항하는 투쟁의 목적이자 결과이다. 그러나 비인간적인 관계를 인간화하려는 노력은 역설에 부딪힌다. 비인간적인 관계의 인간화는 무엇보다도 인간화의 노력을 야기하는 비인간적인 관계 그 자체를 부단히 전제한다는 것이다. 비인간적인 조건은 인간화의 장애물일 뿐만 아니라 인간화 개념 그 자체의 전제조건이기도 하다. 다시 말해서 자본주의 사회는 그 자체에 대항하는 투쟁에도 불구하고 살아남는 것이 아니라 바로 그 투쟁에 의해, 그리고 그 투쟁을 통해 연명한다는 것이다. 계급투쟁은 이 허위의 사회를 특징짓고 추동한다. 계급은 전적으로 부정적인 개념이다. 그것은 이 허위의 사회를 이루는 일부이다.

따라서 인간이 목적으로 간주되는 사회를 지향하는 투쟁의 현실을 직시할 수 있는 개념이 필요한 것으로 보인다. 계급투쟁은 인간해방의 실험장으로 새롭게 발견되어야 한다. 계급투쟁은 거창한 추상적

---

2. Karl Marx and Friedrich Engels, *The German Ideology* (Moscow: Progress Publishers 1976), p. 60 [칼 맑스·프리드리히 엥겔스, 『칼 맑스 프리드리히 엥겔스 저작선집 1』, 최인호 외 옮김, 박종철 출판사, 1995, 220쪽].

이념을 좇는 투쟁이 아니다. 그것은 삶의 수단에 접근하기 위한 투쟁인 것이다. '즉자적' 노동계급은 과연 무엇을 위해 투쟁하고 있는가? 노동계급은 '즉자적으로' 보다 나은 임금과 노동조건을 쟁취하기 위해 투쟁하며, 이로써 임금 수준과 노동조건을 방어하게 된다. 노동계급은 잉여가치를 향한 자본의 늑대인간 같은 갈망과 티끌만큼의 추가 노동시간마저 강탈하려는 파괴적인 정복에 대항해서 투쟁하며, 이로써 그 자신이 시간의 잔해로 전락하는 것에 대항해서 투쟁하게 된다. 노동계급은 삶이 오로지 노동시간으로 채워지는 것에 대항해 투쟁하며, 이로써 그 자신의 인간적 삶이 한낱 경제적 자원으로 전락하는 것에 맞서서 투쟁하게 된다. 노동계급은 존중·교육·인간적 의의의 인정을 위해 투쟁하며, 무엇보다도 음식·주거·의복·따뜻함·사랑·감정·지식과 존엄을 위해 싸운다. 노동계급은 그 자신의 삶-시간이 노동-시간으로, 그 자신의 인간성이 경제적 자원으로, 자신의 살아 있는 존재가 인격화된 노동시간으로 환원되는 것에 대항해서 투쟁한다.

'즉자적' 계급으로서의 노동계급이 수행하는 투쟁은 실로 '대자적 투쟁'이다. 다시 말해 그것은 삶, 인간적 고귀함, 삶-시간, 무엇보다도 기본적인 인간적 욕구의 충족을 위한 투쟁인 것이다. 노동계급은 자신의 손으로 생산한 물질적 부의 증대가 자본주의적인 부의 형태에 의해 부과되는 한계를 넘어서는 조건 하에서 이 모든 투쟁들을 수행한다. 자본주의적 축적의 산물로서 나타날 수 있는 소위 적하효과trickle down는 언제나 그것에 선행하는 지속적인 연류효과trickle up 3를

---

3. [옮긴이] '연류'(涓流)란 작은 물방울의 흐름을 뜻한다. 연류효과란 한 방울의 잉여가치마저 남김없이 흡수하려는 자본과 국가의 시도를 통해 아래로부터 위로 부가 이전되

전제로 한다. 그 후 사회는 갑작스럽게 야만상태로 되돌아간다. 기아와 전면적인 섬멸전이 노동하는 계급으로부터 모든 생활수단을 박탈해 버린 것처럼 보인다. 생존수단 박탈의 경험은 억압받는 계급을 역사적 지식의 보고로 만든다. 이러한 기억이 억압에 대한 저항으로 구체화되는가, 억압의 형태로 나타나는가는 경험되는 역사[의 내용]에 달려 있다. 즉, 인간을 목적으로 하는 코뮌은 현존하는 인간의 목적이 아니다. 그러한 코뮌의 실재는 부정적인 실재이다.

자유롭고 평등한 사회를 상상하는 데서 부딪히는 난관은 바로 그 개념 자체와 관계가 있다. 자유롭고 평등한 사회는 완전히 다른 인간 계발의 엔텔레케이아 entelecheia 4를 추구한다. 이 사회는 추상적 부·과정 속의 가치·과정 속의 화폐·자본 그 자체를 추구하지 않으며, 국가의 장악·정치권력·경제적 가치·경제적 요소의 효율성을 추구하거나 보존하지도 않는다. 또한 그것은 사회적 부의 자연적 필연으로서의 노동과 노동의 효율적 사용으로서의 '경제적인 것'이라는 개념과도 무관하다. 자유롭고 평등한 사회는 인간이 목적으로 간주되는 사

는 경향을 지칭한다. 다소 생경할 수도 있는 번역어를 고른 이유는 'trickle up' 개념의 이데올로기적 양가성을 드러내기 위해서이다. '분수효과'로 번역되기도 하는 'trickle up effect'는 흔히 유효수요 증대에 따른 소비증가, 경기전망 상향 조정, 투자와 고용의 증대, 임금소득 상승의 수순으로 나타나는 경제적 흐름의 호전 경향을 뜻하는 '중립적인' 개념으로 통용된다. 그리고 (대)자본의 만족스런(?) 수익성 실현에서 시작되는 역방향의 선순환적 흐름을 뜻하는 적하효과(滴下效果, trickle down)는 연류효과와 짝을 이루는 대응 개념으로 수용되고 있다. 그러나 여기서 본펠드는 실상 두 흐름이 서로를 전제하는 동전의 양면에 불과하며, 부단한 노동 착취와 자본축적 과정의 분리될 수 없는 계기들임을 강조하고 있다. 덧붙이자면 현대 자본주의 경제에서 '적하'와 '연류'는 교번 (交番)하는 경향이 아니라 동시적으로 나란히 진행되는 경향이라고 할 수 있다.
4. [옮긴이] 아리스토텔레스의 『자연학』에 등장하는 개념으로 질료(hylē, matter)가 형상 (eidos, form)을 획득해서 그 목적을 달성한 상태를 뜻한다.

회, 보편적인 해방을 추구한다.

코뮤니즘의 개인들이 향유하는 부와 자본주의 사회의 부는 전혀 다른 두 가지 실재들이다. 자유롭고 평등한 사회에서의 사회적 부는 자유시간이다. '향유'의 시간, 자유로운 가처분 시간은 코뮤니즘적인 척도와 부의 형태를 구성한다. 코뮤니즘에서 시간은 화폐가 아니다. 평등은 법 앞의 추상적 동등성이 아니다. 노동자는 시간의 잔해가 아니다. 코뮤니즘과 자연의 신진대사는 추상적 부를 축적하는 수단이 아니다. 반대로 코뮤니즘적인 개인들의 사회는 개인들이 지닌 인간적 욕구들의 평등, 인간[자신]의 실현을 특징으로 한다. 코뮤니즘은 인간을 수단이 아닌 목적으로서 승인한다. 가치의 시간과 인간해방의 시간은 전적으로 다른 세계에 속한다. 인간해방의 시간은 코뮤니즘적인 개인들 스스로가 공동체를 통해 인간의 실존수단을 민주적으로 조직화하는 시간이다.

인간이 목적으로 간주되는 사회는 지금까지의 모든 역사와 대립적이다. 이 사회는 오직 부정적으로만 정의될 수 있다. 참혹함 그 자체를 빼놓고는 부정적인 세계에 대항하는 투쟁에서 확정적인 것이란 없다. 그러나 불확정성은 경험을 통해 이미 체득된 개념이다. 역사 속에서 불확정성은 평의회, 코뮌, 레테, 소비에트, 집회들의 형태를 취해 왔으며, 이제 그것은 광장들로 나타나고 있다. 바르셀로나와 마드리드에서 이스탄불까지, 튀니스에서 카이로까지, 아테네에서 리우데자네이루까지, 부에노스아이레스에서 뉴욕까지, 그리고 베이징에서 서울까지······. 겉으로는 반대로 보이더라도 이 거리의 민주주의는 결코 막다른 골목의 표현이 아니다. 그것은 자유롭고 평등한 사회를 위한 실

험장이다. 거리의 민주주의가 지니는 확실성은 그 특유의 불확정성에
있다.

2014년 1월 16일

워너 본펠드

차례

탈정치의
정치학

　이 책은 종간된 잡지 『공통감각』Common Sense에 게재되었던 논문
들을 엮은 것이다. 이 잡지는 1987년부터 1999년까지 간행되었다. 『공
통감각』은 총 24호에 걸쳐 "시류를 거스르는" 작업을 수행했다. 『공통
감각』은 계급투쟁에 대한 비판적 연구 수단으로 기획되었다. 목표는
"혁명적 이론과 실천 사이의 관계를" 성찰하고 이론과 실천 각각을
계속해서 활성화하는 데 있었다.

　이 책은 『공통감각』 12년의 스냅사진을 제공한다. 그렇지만 이 책
이 방대하고 다양한 우리의 발표 글들을 온전히 다루고 있는 것은
아니며 『공통감각』에 실린 최고의 글들을 대표하는 것도 아니다. 이
를테면 최고의 40선選과 같은 글은 있을 수 없다. 존재하는 것은 오직
비판뿐이다. 『공통감각』은 스코틀랜드 에딘버그 지역의 반인두세 캠
페인1을 배경으로 대학 및 실업노동자 센터에서 활동하던 동료들에

---

1. [옮긴이] 인두세(人頭稅)는 성, 신분, 소득액에 상관없이 모든 성인에게 부과되는 동일
액수의 세금을 말한다. 과세방식의 단순성만큼이나 세수증대 효과도 강력하다. 중
세 서유럽의 '셔바쥐'(chevage)는 해방농노와 그 자손들이 영주에게 매년 머릿수에
따라 현물과 현금 형태로 납부하는 인두세 성격을 띠었으며, 농노의 예속성을 확인
하는 수단으로 활용되었다. 1381년 영국에서 일어난 와트 타일러의 반란(Wat Tyler's
Rebellion)은 가혹한 인두세 징수에 반대한 봉기로서 봉건제의 해체를 앞당긴 계기로
도 작용했다. 여기서 말하는 반인두세 캠페인의 발단은 1988년 4월의 대처 정부 발표
였다. 경기침체와 세수부족을 이유로 지역세를 인두세 형태로 전환하겠다는 방침이 발
표되자 실업 노동자, 학생, 시범 시행을 앞둔 스코틀랜드와 웨일스 주민들의 거센 반발

의해 창간되었다. 인두세 무효화 이후 『공통감각』은 다소 지역적인 공개 토론의 장에서 "제대로 된" 잡지로 탈바꿈했다. 우리는 『공통감각』의 이단적 맑스주의 관점을 견지하면서도 "국제화된" 관점을 갖추어 나갔다. 사실상 『공통감각』은 영국은 물론 그 밖의 지역들에서도 보기 드문 잡지였다. 『공통감각』은 학술산업이 탐탁지 않게 여기고 1980년대 후반과 1990년대 초반 당시에는 대단히 통용되기 어려웠던 논문들을 발표했다.

『공통감각』은 이단적 맑스주의, 즉 스스로에게 진지하고 학술산업을 목적 달성에 적합한 수단으로 고려하지 않는 맑스주의의 출판 활동을 위한 발표 무대였다. 이 잡지는 1999년에 종간되었다. 종간에 이르게 된 사정을 설명하자면 길다. 여기서는 이 정도의 사실만 밝혀 두고자 한다.

이 책은 현재와 미래의 투쟁들에 이바지하기 위해 출판된 우리의 일부 저작들에 대한 관심이 시들지 않게 하고, 이 저작들을 활용할 수 있게 해 준다. 이 책은 개요도 선집도 아니다. 개요는 없다. 미디어, 학술산업, 박식한 주석가들은 공공연히 자유롭고 평등한 사회라는 유토피아가 수명을 다했다고 떠든다. 이러한 태도는 전혀 의외가 아니다. 그러한 입장을 공공연하게 밝히는 것이야말로 부르주아의 본분이며 저들의 계급적 이익을 표현하기 때문이다. 이 책은 그와는 다른

이 일었다. 반인두세 투쟁의 정점은 1990년 3월 31일 런던 트라팔가 광장에서 벌어진 격렬한 시위였다. 2~30만 시민이 참여한 시위는 런던 시내를 불바다로 만들면서 다음 날 새벽까지 이어졌다. 1979년 집권 이후 연임을 거듭하던 대처는 결국 '트라팔가 전투' 7개월 만에 수상 직에서 물러나야 했고, 후임 총리 존 메이저는 서둘러 인두세 폐지를 발표했다.

과제에 전념한다. 이 책은 우리 시대의 고통이 결국 최상의 세계로 이어질 것이라는 주장을 의문에 부친다. 이 책은 인간을 타락하게 만들고 노예화하며, 고독하고 비천한 존재로 전락시키는 모든 관계들은 전복되어야 한다는 맑스의 견해에 공감한다. 더구나 이론적 신비들이 인간의 실천과 그 실천에 대한 이해를 통해 합리적으로 설명될 수 있다는 통찰에 그 누가 반대할 수 있겠는가?

물론 일부는 반발할 것이다. 저들의 품위, 수익성, 목적합리성은 이러한 부인에 기초하고, 그것으로 연명하며, 그것을 통해 존속하기 때문이다. 현재의 상태에 만족하면 결국 소진되어 죽어버린 민주주의를 옹호하게 된다. 인간을 수단이 아니라 목적으로 간주하는 산 자들의 민주주의라는 유토피아, 자유롭고 평등한 자들의 사회를 위해 이 책을 바친다.

워너 본펠드·데렉 커·브라이언 맥그레일

이 책의 구성은 애초에 계획한 『공통감각』 논문 선집용 구성과는 상당히 다르다. 애초의 구성대로라면 사빠띠스따에서 나치즘 치하의 노동계급에 이르기까지 여러 주제들을 다룬 매우 다양한 논문들을 포괄하는 이점을 누릴 수 있었을 것이다. 원래의 구성이 『공통감각』 을 통해 발표된 논문들의 내용을 보다 정확히 반영할 수는 있었겠지만 그로 인한 불이익 또한 명확하다. 즉, 한 권의 책 속에 다양한 논의와 관심사들을 뒤섞어서 싣는 데 따른 약점이 그것이다. 더구나 저작권 규제 때문에 마땅히 포함시켰어야 할 일부 논문들을 수록할 수도 없었다. 따라서 이 책은 대표작보다는 차라리 『공통감각』의 주요 주제들 가운데 한 가지에 집중된 해석을 제공하도록 꾸며졌다. 이러한 이유로 애초에 정선되었던 일부 논문들이 제외되어야 했고, 실제로는 『공통감각』에 실린 적 없는 일부 논문들이 포함되었다.

이 책은 3부로 구성된다. 1부는 "비판"의 의의와 특성에 관한 장들("열린 맑스주의 : 전복과 비판")을 다룬다. 2부에서는 오늘날의 새로운 사태들("노동의 봉기와 지구적 자본")을 검토한다. 그리고 3부에는 맑스 저작의 해방적 관점과 그 현대적 의의("정치적인 것에 대한 비판")에 관한 논문들이 실려 있다. 이 책에 수록된 모든 논문들은 이단적 맑스주의의 관점에서 논의를 펼치지만 그렇다고 해서 이 책이

한목소리를 내는 것은 아니다. 오히려 이 책은 여러 가지 색채를 지닌 해석들이 교차하고 있음을 보여 준다. 모든 논문들은 부르주아적 범주들의 전 체계에 대한 전면적인 비판이라는 지반을 공유한다. 이러한 비판은 비판을 위한 비판이 아니다. 이는 규정적 비판, 즉 자본 형태를 도착된 인간관계의 형태로 규정짓는 비판이다. 요컨대 이 책에 수록된 논문들은 맑스의 정치경제학비판이 그 자체의 부정 속에서 실현된다는 데 의견의 일치를 보인다. 즉, 정치경제학비판은 자유롭고 평등한 사회를 통해 실현된다.

아무쪼록 이번 출판을 시작으로 이 책에 미처 수록되지 못한 논문들이 연속적으로 발행될 수 있기를 바란다.

워너 본펠드

1부

열린 맑스주의

전복과 비판

1장
태초에 절규가 있었다

존 홀러웨이

태초에 절규가 있었다. 말을 하거나 글을 쓸 때마다 시작은 말이 아니라 절규였음을 잊기란 너무도 쉽다. 자본주의가 인간의 삶을 파멸로 이끄는 상황 앞에서 터져 나오는 비탄의 절규, 공포의 절규, 무엇보다도 분노의 절규, 거부의 절규, 그것은 곧 '아니다'NO라는 외침이다. 이론적 반성의 출발점은 반대, 부정, 투쟁이다.

이론의 사명은 저 절규를 갈고 다듬는 것, 절규의 힘을 표현함으로써 그 역능에 이바지하는 것, 절규가 어떻게 사회 곳곳에 울려 퍼지는가를 보여줌으로써 그 울림에 기여하는 데 있다.

이것이 맑스주의의 원천, 즉 맑스의 맑스주의는 물론 아마도 우리 자신이 맑스주의에서 느끼는 관심의 원천일 것이다. 맑스주의의 호소력은 투쟁의 이론, 저항의 이론, 부정의 이론이고자 하는 요구에 있다. 그러나 맑스주의는 그러한 요구에 부응하지 못했다.

오늘날 맑스주의는 그 어느 때보다 더 의심받고 있는 듯하다. 맑스주의는 부르주아 언론이나 대학에서는 물론 투쟁의 이론으로서도 신뢰받지 못하고 있다. 그 점에서 소련과 동구의 경험은 엄중했다. 맑스주의와 공식적인 국가이데올로기의 동일시는 서구 민중들의 그토록 오랜 소망과는 반대로 국가에 반하는 투쟁이 "본연의 맑스주의"에서 영감을 얻은 투쟁이 아니라 맑스주의 그 자체에 반하는 투쟁의 모습으로 나타남을 뜻했기 때문이다. 그러나 맑스주의의 '국가화'가 맑스주의의 폐기로 귀결된 것이 비단 동구만의 사정은 아니다. 서구에서도 사정은 마찬가지였다. 1960년대 후반과 1970년대 초반에 대학으로 물밀듯 밀려들어간 서구의 맑스주의는 적잖이 생기를 잃어 버렸다. 맑스주의 이론은 노동계급 투쟁의 물결을 타고 대학에 자리를 잡았지만 제도로서의 대학을 규정하는 이론과 실천의 전면적인 분리에 말려드는 경향을 보여 왔다. 맑스주의의 기반을 제공한 투쟁의 물결이 잦아들자마자 다수의 맑스주의 학자들은 맑스주의를 완전히 포기했다. 아마도 더욱 심각한 문제는 많은 학자들이 맑스주의를 완전히 저버리지는 않았지만 대학의 제도적 구조와 직업적 압력에 순응하면서 맑스주의를 자신들의 처지에 맞추어 왔다는 것일 테다. 많은 경우에 그것은 의식적인 선택의 결과가 아니라 차라리 선택의 여지가 없는 역학관계의 결과이다. 대학 내의 연구 활동에서는 이론적 작업을 일체의 정치적 지반으로부터 분리시키려는 특유의 동학이 부단히 작동하기 때문이다. 그 결과는 대개 공산주의 정당들의 낡은 "정통" 맑스주의보다 훨씬 더 정교하지만 그 못지않게 결정론적인 맑스주의로 나타난다.

동구의 국가이데올로기로서든 서구의 세련된 연구 활동으로서든 두 경우 모두 맑스주의는 절규를 잃어버렸다. 계급투쟁은 하나의 범주로 남아 있다. 그러나 "지금까지의 모든 사회의 역사는 계급투쟁의 역사"라는 『코뮤니스트 선언』[1] 서두의 간결한 언명은 사실상 폐기된다. 이 이론들에서 계급투쟁은 여전히 영향력을 갖는 것으로 간주된다. 그러나 생산력과 생산관계의 대립 혹은 간단히 "자본주의 발전법칙"으로 해석되는 더욱 일반적인 틀 속에서만 그처럼 인식될 뿐이다. 계급투쟁은 ─ 당연히 (너무도 "당연하여" 대수롭지 않게 여길 만큼) ─ 중요하다. 그렇지만 계급투쟁은 반드시 "현실 세계에 의해 확립된 불가피한 경향 및 방향선"(Hall, 1985, 15)에 종속되어야 한다. 투쟁이 구조에 종속되고, 더구나 이 구조 또한 자본주의 사회의 구조("현실 세계")인 한 이와 같은 해석에서 맑스주의는 아주 간단히 자본주의 재생산 이론이 되고 만다. "현실 세계에 의해 확립된 불가피한 경향 및 방향선"이란 쉽게 말해 자본주의 재생산을 위한 기능적 필요조건을 뜻한다. 따라서 이러한 류의 이론들은 구조주의적일 뿐만 아니라 또한 기능주의적이다. 이 이론가들은 그 후 모든 단절과 혁명의 사상을 까마득히 잊어버린 채 자본주의 재생산에 필요한 수단을 처방하기 위한 재생산의 필수조건 분석에서 정책제안과 국가자문으로 나아간다. 저들이 여전히 맑스주의 이론의 용어를 사용하면서 계급투쟁의 의의에 경의를 표하고 있는 것은 사실이지만 말이다. 반자본주의 투쟁에 적극적으로 참여하는 많은 이들이 이러한 부류의 맑스주의에

---

1. [한국어판] 칼 마르크스·프리드리히 엥겔스, 『공산당 선언』, 강유원 옮김, 이론과실천, 2008.

매력을 느끼지 못하는 것은 당연하다.

그럼에도 불구하고 절규의 이론에 대한 요청은 어느 때보다 더 절박하다. 날이 갈수록 자본주의가 취약해지고 있을 뿐만 아니라 폭력성을 더해 가고 있기 때문이다. 자본주의가 지속되는 한 절규는 계속될 것이다. 하지만 절규의 언어, 저항이론으로서의 맑스주의는 실제로 길을 잃을 위험에 처해 있다. 결정론으로서의 맑스주의, 국가이데올로기로서의 맑스주의는 의심받고 있다. 그러나 맑스주의를 명백히 투쟁의 이론으로 발전시켜야 한다는 요청은 그 어느 때보다 더 긴급하다. 물론 맑스주의의 본령인 투쟁을 강조하는 오랜 전통, 이른바 "좌익 맑스주의" 전통이 있다. 그러나 좌익 맑스주의는 여러 갈래로 나뉜 대체로 비밀스런 전통으로서 그다지 뚜렷한 연속성을 지니지 않는다. 정치적 측면에서 노동계급의 자기 조직화를 주장해 온 많은 이들은 (예컨대 판네쿡[2]의 '위기'에 관한 논의처럼) 노동의 역능을

2. [옮긴이] 안톤 판네쿡(Anton Pannekoek, 1873~1960)은 네덜란드 태생의 맑스주의자이자 천문학자이다. 헤르만 호르터(Herman Gorter, 1864~1927), 칼 슈뢰더(Karl Schröder, 1884~1950), 오토 륄레(1874~1943), 칼 코르쉬(Karl Korsch, 1886~1961), 파울 마틱(Paul Mattick, 1904~1980) 등과 함께 좌익 코뮤니즘의 대표적 이론가로 꼽힌다. 1906년부터 1914년까지 〈독일 사회민주당〉(SPD) 좌파 그룹의 지도적 인물로 활동하면서 〈독일 사회민주당〉 기관지 『신시대』(Die neue zeit) 발간에도 관여했다. 그 후 호르터, 륄레와 함께 '브레멘 좌파'를 이끌면서 유럽 좌익 코뮤니즘의 형성에 기여했으며, 〈스파르타쿠스동맹〉과 합동한 〈독일 공산당〉(KPD) 창립에도 관여했다. 1920년 독일혁명이 소강 국면으로 접어든 가운데 의회주의와 노동조합에 대한 견해를 둘러싼 〈독일 공산당〉 내분으로 브레멘 좌파가 축출되자 〈독일 공산주의노동당〉(KAPD) 결성에 참여했으며, 1920년에는 코민테른 암스테르담 사무국 창설을 주도했다. 판네쿡의 맑스주의는 두 가지 특징을 보여 준다. 첫째, 디츠겐(Joseph Dietzgen)에 대한 연구를 경유해 자연과학에서 맑스주의를 이끌어내려고 시도했다는 점이다. 둘째, 평의회를 기반으로 하는 노동계급의 혁명적 자기조직화에 입각해 당과 노동조합이라는 전통적 조직형태를 넘어설 반관료적 대안을 추구했다는 사실이다. 판네쿡과 좌익 코뮤니스트들

명료하게 표현하는 데 이롭지 않은 이론적 개념들을 계속 사용해 왔다. 반면 노동계급의 역능을 이론화하는 데 이론적으로 크게 기여한 사람들 가운데 다수(예컨대 아도르노[3], 블로흐[4])는 종종 실천적으로

은 레닌이 1920년 코민테른 제2차 대회에 맞춰 『좌익 공산주의 — 유아적 혼란』을 내놓은 이후 줄곧 러시아 모델의 일반화에 반대하며 코민테른 노선과 대립적인 길을 걸었다. 주요 저서로는 『세계혁명과 공산주의자 전술』, 『국가자본주의와 독재』, 『철학자로서의 레닌』, 『노동자평의회』(빛나는 전망, 2005) 등이 있다.

3. [옮긴이] 테오도르 비젠그룬트 아도르노(Theodor Wiegengrund Adorno, 1903~1969) : 철학, 사회학, 심리학, 미학 등 광범위한 영역을 넘나들며 깊이 있는 연구를 남긴 프랑크푸르트학파의 중심인물 가운데 한 사람이다. 1934년 유태인 교수요원 면직조치가 내려지자 영국으로 건너가 옥스퍼드 머튼 대학에서 강의했다. 1938년 미국으로 망명해 뉴욕 대학과 프린스턴 대학에서 철학과 사회학을 강의했다. 1949년 독일로 돌아와 호르크하이머(Max Horkheimer, 1895~1973) 등과 함께 프랑크푸르트 대학 〈사회조사연구소〉를 재건하고 비판이론을 전개했다. 아도르노의 사상을 일관하는 것은 물화와 도구적 이성 비판, 총체적 체계에 대한 거부라고 할 수 있다. 그는 사회적 모순을 적극적으로 비판했지만 실천이나 정치적 행동보다는 이론적 연구에 주력했으며, 이러한 태도로 인해 종종 창백한 이론가에 불과하다는 비난에 직면해야 했다. 실제로 그는 1969년 1월 〈사회조사연구소〉 연구동이 학생운동가들에 의해 점거되자 경찰병력 출동을 요청해 학생들과 심각한 갈등을 빚기도 했다. 아도르노는 이 사건이 일어난 후 얼마 지나지 않은 그해 8월 스위스에서 휴가를 보내던 중 심근경색으로 사망했다. 주요 저서로는 기술문명 속에 은폐된 억압구조를 해부함으로써 '모더니티' 논쟁을 선취한 『계몽의 변증법』(1947, 호르크하이머와의 공저), 망명자로서의 삶에 대한 자기성찰이 깊이 배어 있는 『미니마 모랄리아』(1951), 그의 주저로 꼽히는 『부정변증법』(1966), 또 하나의 주저로 평가되지만 돌연한 죽음과 더불어 미완으로 남겨진 『미학이론』(1970) 등이 있다.

4. [옮긴이] 에른스트 블로흐(Ernst Bloch, 1885~1977) : 유대계 독일인 철학자. 뮌헨 대학과 뷔르츠부르크 대학에서 철학, 물리학, 음악을 공부했다. 청년기에는 게오르크 짐멜 서클과 막스 베버 서클에 참여하면서 야스퍼스, 루카치 등과 교류했다. 1918년 스위스 망명 도중 『유토피아의 정신』을 저술했다. 1920년 독일로 돌아와 『혁명의 신학자 토마스 뮌처』(1921)를 출간했다. 1933년 나치의 박해를 피해 다시 스위스로 망명했다. 그 후 파리의 반파시즘 서클에 참여하면서 『이 시대의 유산(遺産)』을 출간했다. 1938년 미국으로 이주한 후 모스크바로 망명한 루카치와 '표현주의 논쟁'을 전개했다. 2차 세계대전 후 라이프치히 칼 맑스 대학의 초빙에 응해서 동독으로 돌아와 연구와 저술 활동에 주력했다. 그러나 〈사회주의통일당〉의 관료들로부터 수정주의자라는 비판을 받다가 교수직에서 퇴임하는 등 고립이 심화된다. 1960년 서독의 튀빙겐 대학교 객원교수로 초빙되었다가 이듬해의 베를린 장벽 구축을 계기로 동독으로 돌아가지 않기로 결심하고 동 대학의 교수로 취임했다. 주요 저서로는 『희망의 원리』(1954~1959), 『자연권과

모호한 정치적 입장을 취해 왔다. 동구 정치체제의 위기는 맑스주의 가 지난 세기 내내 습성화된 사고방식에서 해방되거나 해방될 수 있 음을 뜻한다. 그러나 보다 중요한 것은 이 해방된 맑스주의의 근거를 명확히 하려는 노력이다.

투쟁의 이론에서 무엇보다 분명히 해야 할 점은 이 이론이 불확정 성을 원리로 한다는 사실이다. 이 세계가 투쟁의 관점에서 이해되어 야 한다면 그 어떤 결정론도 들어설 여지는 없다. 투쟁은 그 자체로 서 불확정적이고 열려 있다. 따라서 투쟁을 개념화하는 범주들 역시 열려 있는 것으로 이해되어야 한다. 역사적 필연성에 관한 모든 관념 들과 사회주의의 최종적이고 필연적인 승리에 대한 그 모든 암시들이 사라져야 하듯이 (『코뮤니스트 선언』 1절 말미, 『자본』 1권 32장 혹 은 "정통" 맑스주의 전통에서 그토록 중시하는 「1859년 서문」 같은) 맑스의 승리주의적 요소들로 이루어진 결정론 역시 폐기되어야 한다. 아도르노의 말처럼 (설령 예전에는 그랬을지라도) 파시즘을 겪고 난 후로는 대립의 해소, 필연적인 부정의 부정으로서의 코뮤니즘으로 막 을 내리는 순조로운 변증법적 진보란 더 이상 상상할 수 없는 일이 되어 버렸다. 우리는 변증법을 부정변증법, 즉 어떠한 확정적 종합도 없는 부정의 변증법으로 사유할 수 있을 뿐이다. 허위의 세계에서 우 리가 취할 수 있는 유일한 진리관은 부정적이다. 맑스주의에 확정성이 란 없다. 맑스주의가 진리일 수 있는 근거는 오직 허위를 공격하는 그 역능에 있기 때문이다. 어쩌면 이는 세계에 대한 아찔하고도 현기증

인간의 존엄성』(1961), 『기독교 속의 무신론』(1968), 『유물론의 문제』(1972) 등이 있다.

나게 하는 상상으로 이어질지도 모른다(아도르노 1990, 31을 참조하라). 그러나 현기증은 상상이 아니라 저 현기증이 어디에서 생겨나는지를 알고 있는 사람으로 하여금 몸을 던지게 하는 세계의 현실에서 비롯된다.

부정의 변증법은 노동계급의 투쟁이다. 투쟁의 세계에 중립성이란 없다. 이것이 투쟁을 대하는 우리의 관점이다. 뜨론띠는 이탈리아 아우또노미아 이론의 출발점 중 하나를 제공한 논문에서 이에 대해 다음과 같이 언급했다. "우리들 또한 자본을 수위에 놓고 노동자를 부수적인 것으로 간주하는 자본주의 개념을 수용해 왔다. 그것은 착각이었다. 따라서 지금 당장 양극을 뒤집어야 하며 처음부터 다시 시작해야 한다. 그리고 그 출발점은 노동계급의 계급투쟁이다"(Tronti 1964; 1979, 1). 출발점은 투쟁, 우리의 투쟁, 우리의 절규, 부정의 절규다. 로자 룩셈부르크[5]의 말처럼 "맑스의 가치론에 담긴 비밀은……자본주의를 초월의 관점, 사회주의의 관점에서 바라보았다는 것이다"(Rosa Luxemburg 1973, 40). 맑스의 범주들은 오직 부정의 관점에 설 때에만 이해될 수 있다. 부정의 관점이 비어 있는 한

---

5. [옮긴이] 로자 룩셈부르크(Rosa Luxemburg, 1871~1919)는 폴란드 태생의 유대계 독일인 여성 혁명가이자 저명한 사회주의 이론가이다. 〈폴란드 사회민주당〉, 〈스파르타쿠스단〉, 〈독일 공산당〉의 창설에서 핵심적인 역할을 수행했다. 프롤레타리아 국제주의의 투사로서 제2인터내셔널과 〈독일 사회민주당〉의 1차 세계대전 참전 결정을 강력하게 성토했으며, 1916년 전쟁에 반대하는 총파업을 주도한 혐의로 투옥되어 2년 반 동안 영어의 몸이 되었다. 볼셰비키의 중앙집권적 조직원리와 민주주의에 대한 억압적 성향을 비판하면서 혁명의 관료주의화와 노동자 국가의 부르주아 독재화 가능성을 강력하게 경고했다. 1919년 1월 독일혁명 당시 〈사회민주당〉과 군부의 비호를 등에 업은 의용단에 체포된 직후 살해되었다. 주요 저작으로는 『자본축적론』(1913), 『사회민주주의의 위기』(1916), 『러시아 혁명』(1918) 등이 있다.

맑스의 범주들은 말 그대로 의미를 잃어버린다는 것이다. 부르주아 이론과 맑스주의 이론 사이에 하등의 연속성도 존재할 수 없는 것은 바로 이 때문이다. 두 이론의 범주들 근저에 놓인 기본 전제들은 전적으로 양립불가능하다. 부르주아 이론의 기초를 이루는 것은 자본주의의 안정성, 즉 자본권력이 무제한의 사회적 통제력을 보유하고 있다는 가정이다. 맑스주의 이론의 기초는 정확히 그 반대다. 즉, 맑스주의 이론의 기초는 자본주의의 불안정성, 자본주의를 전복하는 노동의 역능이다.

출발점은 노동계급의 투쟁이어야 함을 잊지 않는 것이 무엇보다 중요하다. 린튼 퀘지 존슨[6]은 경찰의 괴롭힘에 대한 흑인 그룹의 격렬한 반항을 묘사하면서 놀랄 만한 표현을 보여 준다. "억압에 대한 분통이 터져 나왔다"(『피로 물든 닷새 밤』). 맑스주의 이론의 너무도 많은 부분을 특징짓는 구조기능주의를 멀리하고자 한다면 이러한 관점에 입각해 우리의 작업을 억압에 대한 분노의 분출로 간주해야만 한다.

그러나 여기에도 한 가지 난제는 있다. 그리고 이러한 곤란은 숱한 좌파이론에서 나타난다. 노동계급의 투쟁에 대한 주목은 아주 간단히 순수하게 자본의 외부에 존재하는 노동계급이라는 발상으로 귀결되고 만다. 이 접근법들은 (정확히) 노동의 주체성 및 노동과 자본

---

6. [옮긴이] 린튼 퀘지 존슨(Linton Kwesi Johnson, 1952~)은 자메이카 태생의 가수이자 시인이며 영국에서 가장 영향력 있는 문화평론가 가운데 한 사람이다. 인종차별, 국가 폭력, 영국 정부의 신자유주의 정책에 도전하는 진보적인 정치적 행동주의자로 널리 알려져 있다. 〈침묵의 양면〉(Two Sides Of Silence)은 자신만의 스타일을 확립한 것으로 평가받는 그의 세 번째 음반에 수록되어 있다.

사이의 적대를 출발점으로 강조하는 것에서 노동의 주체성과 자본의 객체성을 단순히 대치^{對置}시키는 쪽으로 쉽게 옮겨감으로써 자본의 객체성이라는 개념을 재생시킨다. 주체성에 대한 일면적 강조(주의주의)는 객관주의(결정론)의 대립물처럼 비칠 수도 있으나 실상은 객관주의의 논리적 보완물에 지나지 않는다. 양자는 모두 계급투쟁과 경제적 발전법칙들이 분리되어 있다는 가정 하에 작업을 수행한다. 양자의 차이는 단지 어느 쪽에 우위를 두는가에 있다. 대신에 일체의 '자본논리'적 이해는 폐기되고, 자본은 순수한 외적 주체로서 노동을 조종하고 통제하는 것으로 간주된다. 따라서 계급투쟁은 대치하는 두 군대의 충돌로, 일진일퇴를 거듭하는 전투로 상상된다. 이러한 관점에 역사란 없다. 아니 더 정확히 말해 역사는 형상도 경향도 갖지 않는 형태 없는 사물이다.

맑스의 견해는 이와 다르다. 자본과 노동이라는 적대적인 두 군대의 충돌 속에는 투쟁에 방향과 형상을 부여하는 무엇인가가 존재한다. 다시 말해 양측은 실상 서로에 대해 외적으로 관계하지 않는다는 것이다. 자본은 소외된 노동에 불과하며, "현실 세계의 객체성"이란 우리 자신의 소외된 주체성에 지나지 않기 때문이다. 계급투쟁에서 양측의 기초는 동일하다. 즉, 그 기초는 노동의 역능이다. 자본은 소외된 노동에 지나지 않는다. 이것이 노동가치론의 원리다. 심지어 맑스 이전에도 급진적인 리카도주의자들과 그 비평가들은 노동가치론의 원리를 노동의 역능에 대한 단언으로 간주했다. 가장 근본적인 원리에 있어서 노동의 역능은 창조적 역능이다. 따라서 노동의 역능은 또한 파괴적 역능이기도 하다. [맑스가] 건축가는 실제로 집을 짓기 전에 머릿속에 먼저 집을 짓는다는 말로써 최악의 건축가와 최상의 꿀벌을 구별했을 때, 그는 이 건축가가 집을 세우는 데 실패할 가능성도 더 크다는 말까지 덧붙였을지 모른다. 노동의 역능은 확정되지 않은 창조의 역능, 아닌 것의 역능, 비동일성의 역능(아도르노), 아직 아닌 것의 역능(블로흐), 노동계급이 외치는 '아니다'의 역능(뜨론띠)이다.

자본과 노동의 상호 대립은 외적인 대립이 아니다. 노동의 역능은 그 자신의 역능과 대면한다. 그러나 노동의 역능은 그 반정립 형태로서의 자신의 역능과 대면한다. 모순은 "동일성의 관점에서 본 비동일자"(아도르노), 긍정성의 관점에서 본 부정성, 자본의 관점에서 본 노동이다. 자본의 실체는 노동의 역능이다. 노동의 역능은 자본이라는 외양 아래 실존한다. 즉, 노동의 역능은 자본의 형태, 물신화된 자본의 형태로 나타난다. 일단 자본과 노동의 관계를 내적인 관계로 이해하면 형태의 문제는 결정적으로 중요해진다. 맑스는 가치실체가 노동임을 보이는 데 만족한 리카도주의자들과 달리 노동의 생산물이 왜 가치라는 형태를 취하는가를 질문으로 제기하면서 가치형태에 관심을 기울였다. 더 나아가 그는 형태 문제를 자신의 이론과 부르주아 이론을 가르는 결정적인 경계선으로 보았다. 부르주아 이론에서 형태의 문제는 그 의미를 박탈당한다(*Capital* I, 80). 맑스의 『자본』 전체는 (점점 더 물신화되어 가는) 노동의 역능이 취하는 형태를 연구한다. 사회적 관계들의 다양한 형태에 대한 이해의 "중심축"은 구체노동과 추상노동으로서의 노동의 이중적 실존이다. 즉, 구체적이고 유용한 노동이 추상노동의 형태로 나타나고, 유용하고 창조적인 노동이 그 의미를 박탈당하는 소외된 형태 속에서 그 자신과 대립한다는 것이다.

자본이 노동에 외적인 것으로 이해될 수 없다면, 그것은 경제적인 어떤 것으로도 간주될 수 없다. 자본의 운동은 오직 (자본 자체에 내재된) 자본과 노동 간의 모순의 운동, 투쟁의 운동으로 이해될 수 있다. 자본과 투쟁의 분리를 암시하는 한 "정통" 맑스주의 전통의 가장 불행한 피조물 중 하나인 "맑스주의 경제학"이라는 개념은 폐기되어야 한다. 그러나 자본의 운동이 오직 투쟁의 운동으로 이해될 수 있을 뿐이라면, 이러한 투쟁의 운동은 오직 자본 안에서-자본에 맞서는 운동으로만 간주될 수 있다. 투쟁의 운동이나 사회의 운동을 그 독특한 형태로부터의 추상을 통해 파악할 수 있다는 관념, 즉 "맑스주의 사회학"이라는 개념의 기저에 놓인 발상 역시 폐기되어야 한다 (맑스주의 정치학이라는 풀란차스의 터무니없는 발상은 언급할 필요도 없다).

형태(혹은 형태 분석)에 대한 논의는 많은 경우 정치적 문제와는 매우 동떨어진 것처럼 보인다. 따라서 맑스주의를 투쟁의 이론으로 발전시키는 데 있어서 형태 개념이 왜 중요한지를 분명히 할 필요가 있다. 핵심적인 문제는 노동의 역능을 명확히 표현하고 인식하는 것이다. 투쟁을 강조하면서도 투쟁을 자본에 대해 외적인 것으로 간주하는 사고는 노동의 역능을 일면적으로 인식하는 데 그친다. 이러한 사고는 절규를 듣더라도 자본 그 내부에서 울리는 절규에는 귀를 기울이지 않는다. 그것은 동맹파업, 시위, 무장투쟁 속에서 노동의 역능을 발견하지만 생산자본과 화폐자본 간의 모순, 기술적 불완전성 혹은 국가의 내적 기능장애 속에서는 노동의 역능을 찾지 않는다. 이러한 사고는 공개적인 투쟁에 대한 국가의 반응에서 노동의 역능을 발견하지만 자본 한복판에 자리 잡은 통제할 수 없는 혼돈으로서의 가치의 존재 그 자체에서는 노동의 역능을 찾지 않는다. 끊임없이 자본을 위기에 시달리게 하는 것, 우리로 하여금 자본의 발전법칙이 아니라 투쟁의 발전 속에 존재하는 모종의 리듬과 경향에 대해 말하도록 만드는 것, 그것은 곧 자본의 내부에 현존하는 노동의 역능이다.

그러나 여기서 형태라는 개념은 모순, 불안정성을 함축한다는 사실을 이해할 필요가 있다. 노동의 역능은 그 자신의 반정립 형태, 즉 자본의 권력으로 나타난다. 계급투쟁은 계급관계로도 적대적인 것으로도 보이지 않는 관계 또는 "사물"의 형태(가치, 화폐, 이윤 등)를 취한다. 계급은 "부정되는 존재양식으로 실존한다"(Gunn). 가치, 화폐, 국가와 같은 사회적 형태들은, 그 자체의 본질을 부정하는 계급투쟁의 형태들로서, 필연적으로 형태와 내용간의 항구적인 긴장을 특징으로 한다. 계급투쟁의 내용은 그 형태 속에 봉쇄되지 않는다. 그것은 끊임없이 둑을 무너뜨리고 넘쳐흐른다. 다시 한번 아도르노의 말을 인용하자면, "변증법이라는 이름은 무엇보다도 대상들이 그 개념과 완전히 동화되지 않는다는 점, 대상들은 전통적인 적합성의 규범과 모순에 빠진다는 점을 말해줄 뿐이다"(Adorno 1990, 5). 노동의 역능은 자본 형태 속에 봉쇄되지 않는다. 노동의 역능은 끊임없이 범람하면서, 자본 형태로 하여금 봉쇄할 수 없는 것을 봉쇄하기 위해 스스로를 재구성하고 재형태화하도록 강제한다. 즉, 물신주의는 기정사실이 아니라 끊임없는 물신화의 과정이다.

물신주의와 물신화의 이러한 구분은 사회와 맑스주의에 대한 우리의 이해 방식에서 결정적인 의의를 지닌다. 만일 물신주의가 완전하다면, 즉 계급적대가 물신주의적 형태 속에 철저하게 봉쇄된다면 노동계급의 자기조직화로서의 혁명은 이론적으로 불가능해진다. 물신주의가 완전해서 노동계급이 계급투쟁을 (중립적인 사태로) 나타나게 만드는 이 형태들을 간파할 수 없다면 남는 것은 두 가지 가능성뿐이다. 자본주의 구조 내에 갇혀 있는 노동계급을 인정하고 혁명의 희망을 포기하느냐 – 이해할 수 없는 것은 아니지만 파멸적인 프랑크푸르트학파의 비관주의 – 아니면 혁명의 유일한 가능성을 기계신$^{\text{deus ex}}$ ^{machina}, 즉 외부에서 도입될 전위당의 개입에서 찾느냐. 그러나 내부가 없는 것과 정확히 마찬가지로 외부 역시 존재하지 않는다. 오직 내부이자 외부, 넘쳐흐름, 안에서-대항하며-넘어섬만 존재할 뿐이다. 레닌주의와 프랑크푸르트학파의 이론에서 공통적으로 발견되는 이 딜레마를 해소할 수 있는 유일한 방법은 물신주의가 완전하지 않음을 깨닫는 데 있다. 물신주의는 기정사실이 아니라 끊임없는 물신화의 과정이다. 노동은 단순히 자본의 형태로만 존재하지 않는다. 즉, 노동은 자본형태 안에서-자본형태에 맞서며-자본형태를 넘어서 실존한다. 계급투쟁은 단순히 가치형태, 화폐형태, 국가형태 등으로 존재하지 않는다. 계급투쟁은 저 형태들 안에서-형태들에 맞서-형태들을 넘어서 실존한다. 가치, 화폐, 국가와 같은 형태들은 형태-과정, 즉 가치화, 화폐화, 국가화의 과정으로 간주될 때 보다 적절하게 사고될 수 있다.

일례로 국가는 우리의 외부에 존재하는 사물이라는 의미로 이해될 수 있는 하나의 제도가 아니다. 그것은 단순히 자본주의 재생산 사슬의 고리라는 의미로 이해될 수 있는 사회관계의 한 형태도 아니다. 국가는 차라리 형태-과정, 즉 사회적 관계들에 형태를 부과하는 작동 중인 과정이다. 따라서 국가는 특정한 방식으로 전개되는 사회적 투쟁들이다. 국가는 물신주의의 한 측면(중립적인 국가)일 뿐만 아니라 노동에 대항하는 자본의 전면적 투쟁의 일환으로서 계급투쟁의 흐름을 체계적으로 비계급적인 형태, 즉 시민의 이익을 위한 투쟁, 민주주의 투쟁, 인권 투쟁으로 돌리는 적극적인 물신화의 과정이다. 이 형태들은 계급의 존재를 체계적으로 부정함으로써 노동의 역능에 대한 해체를 촉진한다.

또 다른 예를 들어 보자. 화폐는 단순히 물신화된 사회적 관계의 한 형태가 아니다. 화폐는 삶을 화폐화하는 과정, 즉 인간의 실존을 화폐의 명령에 종속시키는 과정이다. 이 과정에서는 필연적으로 부단하고도 격렬한 투쟁이 수반된다. 예컨대 유례없이 팽창하는 부채를 둘러싼 세계 곳곳의 모든 충돌들, 그리고 그만큼 유례없이 증가하는 절도와 재산권 "범죄"는 이 투쟁의 격렬함을 반영한다.

좀 더 일반적으로 말해서 구체노동과 추상노동으로서의 노동의 이중적 실존이 "정치경제학적 이해의 중심축"이라면 (간혹 "노동의 부과"로 불리는) 노동의 추상은 하나의 과정으로, 즉 작업장은 물론 사회 전체로 퍼져 나가는 투쟁으로 간주되어야 한다. 이 점은 "사회적 공장" 개념에서도 강조된다. 그러나 사회적 공장 개념은 '차이화'를 내포하지 않는다.

자본의 재생산은 물신화, 즉 끊임없이 자본을 넘어서는 투쟁의 봉쇄에 달려 있다. 노동과 자본의 관계는 외적인 관계도 내적인 관계도 아니다. 이 관계는 외적이자 내적인 관계이지만, [둘 사이의] 명확한 경계선은 없다. 노동은 자본 안에서만 실존하지 않는다. 즉, 노동은 자본 안에서-자본에 대항하며-자본을 넘어서 실존한다(이번에도 안과 대항함과 넘어섬 사이에는 뚜렷한 경계선이 없다. 따라서 즉자적 계급과 대자적 계급도 명확히 구별되지 않는다). 노동은 자본에서 넘쳐 나온다. 자본은 단순히 노동의 형태로만 그치지 않는다. 즉, 자본은 노동에 형태를 부과하는 과정, 노동을 봉쇄하기 위한 부단한 자기-재구성 과정이다. 계급투쟁은 넘쳐흐름과 봉쇄의 운동이다. 달리 말하자면 계급투쟁은 물신화/탈물신화의 운동이다. 이론적 반성이 계급투쟁의 일부임은 분명하지만 그렇다고 계급투쟁이 곧 이론적이라는 뜻은 아니다. 물신화/탈물신화의 과정은 실천적인 과정이다. 물신화는 사회적 상호연관을 파괴하고 불가해한 것으로 만드는 과정이다. 물신화는 노동계급의 탈구성이다. 탈물신화는 정반대의 운동이다. 탈물신화는 투쟁, 그리고 투쟁의 일부를 이루는 이론적 반성을 통해 사회적 상호연관을 창설하고 노동계급을 재구성하는 운동이다. 물신화는 노동의 역능에 대한 봉쇄이다. 탈물신화는 저 역능의 넘쳐흐름, 부정의 절규이다. 물신화는 절규의 억압, 즉 "세상사란 다 그런 것"이라는 확언이다. 탈물신화는 절규의 해방이다. 즉, "유일한 진실 = 세상사란 그렇지 않음", "진실 = 아직 아님 또는 단지 아님"을 깨닫는 것이다.

맑스주의는 탈물신화, 자본 안에서-대항하며-넘어서는 노동의 역능에 대한 이론이다. 맑스주의는 절규가 (흔히 "계급투쟁"이라 불리는 것에서 보이는) 외적인 투쟁성으로만 나타나지 않는다는 것, 하지만 절규는 그러한 투쟁성보다 더, 훨씬 더 강력하다는 것을 보여 주는 절규의 이론이다. 절규는 바로 저 자본 개념 속에서, 일상적 삶의 가장 깊은 침묵 속에서 울려 퍼지기 때문이다. 린튼 퀘지 존슨은 다음과 같이 노래한다.

> 귓속을 파고드는 수많은 고통의 울음소리,
> 몸 안으로 터져 흐르는 억눌린 감정의 피,
> 머릿속에서 솟구치는 모반의 사상.
> 폭풍이 가까이 다가오는데도 평온할 수 있을까?
> ― 〈침묵의 양면〉

우리의 몸 안으로 "터져 흐르는 억눌린 감정의 피", 우리의 머릿속에서 "솟구치는 모반의 사상", 동일성의 외양 아래 놓인 비동일성의 실존, 현재 속의 '아직 아님'의 현존, 자본 안에서-자본에 대항하며-자본을 넘어서는 노동의 역능은 자본의 불안정성과 부단한 위기 경향이다. 위기는 이 역능의 현현顯現이며, 따라서 맑스주의의 중심적인 개념이다. 위기는 이 역능의 분출이다.

요한네스 아뇰리의 논문은 1990년에 독일어로 처음 발표되었다. 그의 논의는 베를린 장벽의 붕괴를 배경으로 하며, 1970년대를 풍미한 이른바 신사회운동이 1980년대 들어 의회정치를 거쳐 제도화되는 상황을 다루고 있다. 서독 신좌파의 "정상화"와 "책임성 강화"라는 구호는 언뜻 보기에는 무관한 듯한 영역에서의 논쟁을 수반했다. 소위 1980년대의 역사학자 논쟁이다. 이 논쟁은 독일 파시즘을 정상화하려는 신보수주의자들의 시도에 대한 하버마스의 응전으로 촉발되었다. 신보수주의자들은 파시즘을 볼셰비즘에 대항한 유럽 중간계급의 자위수단으로 정당화하고, 원형적인 굴락[1]의 아류에 불과하다는 구실로 수백만 인구에 대한 말살 행위마저 변호했다. 하버마스는 이러한 "아시아적"[2] 독일 파시즘 해석에 반발해 독일에 적합한 애국주의

---

1. [옮긴이] 굴락(Gulag, Glavnoye Upravleniye Ispravitelno-Trudovykh Lagerey) : 구소련의 국가정치보안부(1934년 내무인민위원회로 개편) 관할 하의 강제노동수용소. 원래는 교정(矯正)노동수용소 관리본부의 약칭이었지만 차츰 강제노동수용소 그 자체를 의미하는 대명사로 통용되었다. 굴락은 러시아혁명 직후의 내전기에 처음으로 설치되었고, 1929년 이후의 농업 집산화와 1937~38년의 대숙청기를 거치면서 스탈린 체제의 중요한 통치수단으로 활용되었다. 스탈린 체제는 정당한 사법절차 없이 수용한 쿨락(Kulak, 부농), 지식인, 멘셰비키, 트로츠키주의자 등 정치적 반대 세력과, 순수한 노동력 활용을 목적으로 수용한 일반 범죄자들에게 '교화'라는 명분으로 가혹한 강제노동을 강요했다.

2. [옮긴이] 1986년 『프랑크푸르트 알게마이네 차이퉁』(FAZ)에 기고된 놀테의 글 「사라지

는 오직 헌정애국주의, 즉 헌법에 대한 사랑뿐이라고 주장한다. 하버 마스의 주장은 조국 독일에 대한 민족적 자부심과 애국심의 새로운 토대를 제공하려는 신보수주의자들의 시도와 대조적이다. 순치되지 않던 신사회운동의 제도화와 역사학자 논쟁은 하버마스의 헌정애국 주의, 즉 자유민주주의 국가와 자유민주주의적인 평등·정의·자유를 최고의 가치로 신봉하는 이념을 통해 연결된다. 입헌 자유민주주의 국가의 있는 그대로를 비판하지 않고 이 국가의 기본 가치들에 대한 인정을 강요해 온 "정치적 게임"을 수용하는 행위는 국가비판을 국가 의 개량을 위한 '건설적 비판'으로 변질시킨다. 이러한 행위는 결국 권 력구조를 강화시키는 결과를 낳는다. 아폴리는 지난날의 신사회운동 이 국가의 개량을 위해 펼치는 건설적인 시도들과, 신진 사회세력을 권력구조 내부에 봉쇄하고 통합하려는 체계이론의 냉혹한 구상을 대조하고 비교한다. 이러한 체계이론의 구상은 권력구조의 변화가 아 니라 강화를 목표로 한다. 이 글은 "책임성"의 규범이 부과하는 통합 의 효력을 보여 주며, 왜 갈등이 국가권력 옹호자들에 의해 권력구조 의 안정화에 유용한 수단으로 간주되는지를 설명한다.

지 않으려는 과거」는 나치즘의 유대인 학살이 실상 소련의 위협, 즉 '아시아적 공산주 의'의 야만에 맞선 정당방위에 지나지 않았다는 과감한 주장을 제기했다. 아우슈비츠 수용소는 가스실을 사용한 것 외에는 굴락과 전혀 다를 바 없다는 것이다. 놀테 본인 의 거듭된 부인에도 불구하고 이러한 주장의 이면에는 아우슈비츠 수용소가 외부, 즉 아시아로부터 도입된 것이라는 논리로 나치즘의 범죄를 상대화함으로써 독일의 과거 를 정상화하려는 의도가 깔려 있었다. 즉, 아시아를 막연한 공포의 대상으로 여기고 타 자화하는 전통적인 이원론적 사고를 활용하려는 노림수라고 할 수 있다. 이 경우 '아시 아적인 것'은 그 실체가 지극히 모호한 '비어 있는 기표'에 지나지 않는다. 따라서 '아시 아적인 것'의 자리에는 전통적인 차르체제, 코자크족, 스탈린주의 강제수용소, 소비에 트 사회주의, 유대인, 쿠르드족 등 모든 것이 놓일 수 있다.

아놀리는 자신의 글이 독일 독자들을 위한 것이라는 말로 결론을 맺는다. 실제로 이 글은 독일적인 조건을 다루고 있다. 그렇지만 이 글은 하나의 정연한 체계 속에서 문제를 다루고 있으며, 이 사실은 곧 그의 논의가 [독일적 조건에만 국한되지 않는] 훨씬 더 포괄적인 이론적 통찰력을 지닌다는 것을 뜻한다. 요컨대 이 논문은 기본적으로 좌파와 국가형태 사이의 관계에 관한 글이다. 아놀리는 건설적 비판(따라서 건설적 갈등)과 파괴적 비판(따라서 파괴적 갈등)의 대비를 통해 자신의 주장을 입증한다. 그는 단호하게 파괴적인 비판의 관점에 서서 이러한 비판의 정당한 지위, 즉 공포를 파괴하는 그것의 지위를 복원시킬 것을 요구한다. 그에 따르면 파괴적 비판과는 대조적으로 순수한 선의의 건설적 비판은 공포를 존속시키는 조건들 그 자체의 수용으로 이어질 수밖에 없다. 아놀리의 주장에 담긴 함의는 스스로에게 진지한 좌파라면 마땅히 파괴적 좌파, 즉 인간해방의 관점에 확고히 입각한 좌파여야 한다는 것이다. 인간해방은 국가를 해방의 수단으로 간주하는 좌파적 환상의 폐기를 수반한다. 성취해야 할 세계는 인간을 수단이 아닌 목적으로 대하는 세계, 인간 존엄의 세계인 것이다.

인간의 존엄은 값비싼 대가를 요구한다. 그것은 용기를 필요로 한다. 보다 중요한 것은 인간 존엄이 인내와 아이러니[3]를 요구한다는

---

3. [옮긴이] 여기서의 아이러니는 공적인 지위에 있으면서도 소속 집단이나 국가를 향해 파괴적 비판을 가할 때 직면하는 상황 자체를 가리킨다. 예컨대 칸트가 『계몽이란 무엇인가』에서 '이성의 공적 사용'을 언급할 때 이러한 종류의 아이러니를 충분히 의식하고 있었음은 분명하다. 이 책 2장에 수록된 아놀리의 글에서 언급되는 기독교 교리를 둘러싼 국가와의 마찰, 헌법학자들과의 학문적 논쟁 등은 아이러니를 회피하지 않는 칸

사실이다.

　『공통감각』 12호에 최초 게재된 아놀리의 논문 영어판은 워너 본 펠드와 뷔르트 클라마크*Byrt Klammack*가 공동 번역한 것이다. 이 책에서는 처음의 영어판에 담긴 숱한 번역 오류들을 바로 잡았다. 재번역 과정에서 아놀리의 저서 『자본들의 국가, 그리고 정치학 비판 보론』*Der Staat des Kapitals und weitere Schriften zur Kritik der Politik*(Ça ira, Freiburg, 1995)에 실린 이 논문 독일어 개정판의 도움을 받았다. 독일어판은 『콘크레트』*Konkret*(no. 2, February 1990)에 최초 게재되었다.

트의 태도를 보여 준다. 엮은이자 영역자인 본펠드는 파괴적 비판의 의의를 강조하는 아놀리에게서 칸트의 관점과 그(아놀리) 자신의 관점을 유비하려는 태도를 읽고 있는 것이다. 아놀리의 학문적·정치적 태도에 대한 본펠드의 이러한 평가는 『무엇을 할 것인가?』 한국어판에 붙인 엮은이 서문에서도 발견된다. 본펠드 외, 『무엇을 할 것인가?』, 조정환 옮김, 갈무리, 2004.

2장

파괴, 참혹한 시대를 사는 학자의 결단[4]

요한네스 아놀리

파괴로서의 학자의 과업에 대한 결단은 요한 고트리브 피히테 Johann Gottlieb Fichte에게서 시작된다. 한편 횔덜린Hölderlin은 시대의 참혹함에 대해 주의를 환기시켰다. 피히테의 결단은 새로운 시대가 출현할 것이라는 믿음에 기초했다. 대조적으로 횔덜린은 만약 시인에게 남겨진 역할이 있다 하더라도 그것이 과연 무엇인지를 자문해야 할 만큼 자신의 시대가 참혹한 시대임을 깨달았다.

우리 시대의 참상은 기이하게 은폐되어 있어서 낯설게 느껴진다. 곳곳에서 체제순응적인 해석들이 활개를 친다. 우리 눈앞에서 가치들이 재구성되고, 자연계의 모든 동식물들과 함께 자연의 존엄성이 파헤쳐지고 있다. 수많은 균열들이 일어나지만 다른 세계에 국한된

---

4. 이 장의 주석들은 아놀리의 논의에 대한 독자들의 이해를 돕고 추가적인 참고 도서 목록을 제시하기 위해 엮은이가 붙인 것들이다.

일로 간주된다. 이는 우리 시대 진보의 물결이 영원히 지속될 것이라는 자족적이고 느긋한 관점으로 이어진다. 즉, 미국에서 생겨난 역사종말론이 여전히 공공연하게 선언되고 있는 것이다. 인류 역사의 시작에 대한 맑스의 희망과는 대조적으로 역사 종말론은 서구적 질서의 최종적인 승리를 선언한다. 역사 종말론은 축적의 은총을 찬양하면서 자유민주주의 법치국가(법과 질서에 기초한 국가)의 업적을 가장 순수하고 궁극적인 역사의 완성태로 치켜세운다.[5] 학문의 세계, 즉 순수 화학물질이나 물리량이 아닌 인간사, 인간의 조건, 인간의 고통을 다루는 과학들은 방관자로 남지 않는다. 반대로 학문의 세계는 제도적 구조들, 자유주의의 규범적 가치체계, 상호작용적인 의사소통 체계들의 안정화에 효과적으로 기여한다. 즉, 학문의 세계는 새로운 형태의 시민권, 생활양식, 생활세계의 창출과 새로운 기능적 형태들을 확립하는 일에 정력적으로 종사한다. 확실히 일찍이 유례가 없을 만큼 학자의 진정한 사명은 건설적 연구에 있는 것으로 받아들여진다. 이성은 체계적 환원(이른바 "복잡성의 감축")[6]을 통해 사물의 세

---

5. 상세한 논의는 Agnoli, "The Market, the State and the End of History," in Bonefeld, W. and K. Psychopedis (eds) *The Politics of Change*, Palgrave. London, 2000을 참조하기 바란다.

6. [옮긴이] "복잡성의 감축"(Reduktion der Komplezitat)은 루만(Niklas Luhmann)의 체계이론에서 핵심적인 의의를 갖는 개념이다. 현대사회의 특성을 복잡성으로 규정하는 루만은 체계를 무한한 가능성들(복잡성) 가운데서 유의미한 정보를 선택적으로 수용하는 단위로 개념화한다. 안팎의 구별을 통해 작동하는 특정한 체계에게 있어서 그 외부의 모든 체계들은 환경이 된다. 한 체계의 복잡성이 감당할 수 없을 만큼 증대되면 그 내부에서 하위체계가 분화한다. 즉, 독립적인 체계의 존재와 분화는 복잡성 감축의 결과라는 논리이다. 각 체계는 환경과의 접촉에서 발생하는 사건들을 이원적으로 코드화하는 방식으로 복잡성을 감축한다. 복잡성의 감축이라는 개념은 루만과 파슨스(Talcott Parsons)를 가르는 준별 기준으로도 작용할 수 있다. 루만은 하위체계가 상위

계를 단순화하는 데 착수하는 한편 자족적인 소통형태(정보과학의
데이터 처리를 모방하려는 철학적 시도)를 개선하기 시작한다.[7] 또 다
른 한편에서는 이성이 완전히 전도되어 이성 그 자체를 공격하기 시
작한다. [이성에 대한] 애정 어린 불만으로 인해 전도된 이성의 공격은
영적 세계, 즉 영혼의 입 속으로 기꺼이 뛰어드는 것과 나란히 이루어
진다.[8] 후자의 경우는 논할 만한 가치가 없다. 그렇지만 계몽의 새로
운 옹호자들이 시대를 막론하고 불복종을 유발하면서 공포를 파괴
해 온 이성의 역사적 역할을 부인한다는 것은 우려할 만한 일이 아닐
수 없다. 그러한 공포가 교회·국가·전제정의 산물이든 볼테르가 말
하려 했던 것처럼 다른 어떤 지배형태에 기인한 것이든 말이다.

학문의 세계가 표면적인 균열의 부재를 무비판적으로 받아들이
는 것은 아니다. 놀테Ernst Nolte는 역사서들을 비판하면서 이 문헌들이
아시아적 관점에서 독일 파시즘을 해석하지 않은 것에 비난을 가했
다. 반면에 하버마스는 놀테와 그의 이성 폐기를 비판했다. 한편 투겐
다트Tugendhat는 하버마스의 우호적인 놀테 비판에 —『프랑크푸르트 평
론』에 따르면 건설적인 관점에서 — 혹평을 가했다.[9] 그럼에도 불구하고

체계의 유지에 기능적이라는 구조기능주의의 가정을 문제시한다. 부분은 전체와의 관
계에서 그 자체의 존재 조건인 독자적 기능을 보유하며, 그 기능이 곧 복잡성의 감축이
라는 것이다. 따라서 파슨스의 가정과는 달리 루만의 이론화에서 상위체계와 하위체
계 간의 관계는 '중심의 부재'를 특징으로 한다.
7. 아놀리는 여기서 기술적 합리성, 즉 기능적 합리성의 형태로 나타나는 의식의 퇴행적
변형을 언급하고 있다.
8. 1980년대에 이루어진 신비술, 강신술, 비교(秘敎)의 성장을 가리킨다.
9. 1980년대의 역사가 논쟁을 언급하고 있다.『프랑크푸르트 평론』(Frankfurter Rund-
schau)은 자유주의 좌파 성향의 전국 신문이다. 파시즘에 대한 분석, 놀테를 포함하여
파시즘을 정상화하려는 시도들에 대한 비판, 파시즘이 노동계급에게 저지른 죄상에

여전히 건설적인 풍조는 지배적이며 기성체제에 대한 확신이 널리 퍼져 있다. 기존의 구성된 권력관계를 유달리 의심의 눈초리로 바라보면서 인류를 해방으로 이끄는 이성의 역사적 사명[10]에 종사하는 학자들과 긍정적인 안을 제시하지 않고 건설적인 정치 참여를 멀리하는 학자들은 부지불식간에 자신들이 명문화된 헌법 규범과 충돌하고 있음을 깨닫게 된다. 학문적 연구는 이 헌법 규범에 따라 헌정적 가치들을 제시해야만 한다(아래의 논의를 참조하기 바란다).

안정화에 성공한 권력구조들이 모든 차원에서 구체화하고 있는 우리 시대의 참상(대안사회 프로젝트에 참여하는 사람들마저 자족감에 젖어 잠잠해졌다), 이 참상은 파괴를 요구한다. "질서체계"는 해체되고, 확신은 취소되어야 한다. 그 대신에 의심의 폭발적인 역능이 다시 한번 제자리를 찾아야 한다. 그때에야 비로소 완전무결한 세계라는 고통을 완화시키는 표상에서 변화가 일어나고, 오늘날의 극적인 사태들 앞에서 긍정적인 것, 선한 것, 아름다운 것의 표상들이 자취를 감추게 될 것이다. 한편 독일은 (다행히도 최근에는 서독만) 늘 건설적인 비판이 번성하는 나라로 머물러 있는 듯하다.[11] 게르만 특유의 문화인가? 지속적이고 단절 없는 게르만의 지적 전통인가?

대한 비판으로는 아놀리의 *Faschismus ohne Revision*, Ça ira, Freiburg, 1997을 참조하라. 영어권 독자들을 위해 영역된 이 책의 서문은 Bonefeld, "On Facism," *Common Sense* no. 24에 수록되어 있다. 또한 Bologna, "Nazism and the Working Class," published in *Common Sense*, no. 16도 참조할 것.
10. 계몽이란 인간이 스스로 짊어진 미성숙에서 벗어나는 것이라는 칸트의 정의를 보라.
11. 이 논문이 동독의 격변이 정점에 달한 1990년 2월에 쓰였다는 점에 유념하기 바란다.

전범典範들

    독일의 계몽사상 제창자들 가운데 가장 위대한 인물은 우리에게 무언가 다른 가치를 일깨운다. 칸트가 전통과 그 자신의 언명에 준거해 의무를 고귀한 노력으로, 우리 마음속의 도덕률을 유용한 사회제도로 간주했다는 것은 사실이다. 또한 그는 별이 총총한 하늘을 경배했다. 그러나 칸트는 머릿속에 떠오르는 그 밖의 모든 생각들을 폐기했다. 세계의 형이상학적 통일성, 시간과 공간의 객관적 실재성, 영혼 불멸, 반박할 수 없는 신 존재……. 물론 칸트는 그 자신이 편의적으로 고안한 뒷문으로 신, 즉 괴테의 "영감님"을 다시 불러들였다. 그러나 칸트가 신을 복귀시킨 것은 오직 선한 행동을 보증할 일종의 도덕적 근거를 우리의 일상적인 삶 속에 도입하기 위해서일 뿐이다. 차라리 우리 모두가 올바른 삶을 살게 하고, 이윤을 실현하거나 의회 다수파의 지위를 획득하는 과정에서 나타나는 모습처럼 인간을 수단으로 간주하지 않고 목적으로 대하게 하려는 요청이라고 해야 할 것이다.

    괴벨스가 파괴자, 즉 "해체세력"으로 단언한 하이네[12]는 칸트를 프

---

12. [옮긴이] 나치 선전상 괴벨스(Paul Joseph Goebbels, 1897~1945)가 하이네(Heinrich Heine, 1797~1856)를 파괴자로 지목한 이유를 더듬어 볼 수 있는 역사적 근거는 비교적 뚜렷하다. 1933년 1월 공식적으로 권력을 접수한 나치 세력은 반(反)나치 사상에 대한 대대적인 정리에 착수했다. 괴벨스가 각본을 쓰고 어용단체 〈독일대학생협회〉가 주연을 맡은 1933년 5월 10일의 분서(焚書) 퍼포먼스에서는 전국의 도서관에서 수집된 2만 5천여 종의 저작들이 불태워졌다. 분서 명부의 앞자리에는 맑스, 하이네, 브레히트(Bertolt Brecht) 등 유대인, 급진주의자, '비독일적' 저자들의 이름이 올라 있었다. 괴벨스는 이 행사에 참석해 민족공동체를 좀먹는 비독일적 정신을 부추기는 파괴적 저작들의 위험성을 경고했다. 민족공동체의 상상적 회복을 통해 서구문명을 구원하려는 선지자적 사명의 담당자들이 기독교로 개종한 유대인으로서 프랑스 7월 혁명에 감명

랑스 자코뱅보다 더 결연하고 단호한 혁명가로 평가했다. 그리고 조수에 카르두치Giosui Carducci(1906년 노벨 문학상 수상)는 다음과 같은 말로 하이네의 주장을 옹호했다. "칸트는 신을 참수했고, 로베스피에르는 왕의 목을 베었다."Decapitaron Emanuele Kant Iddio, Massimiliano Robespierre il Re 이로써 칸트는 역사상의 파괴적 인물들 가운데서 수위에 오른다.

그러나 칸트는 신을 제거하는 것으로 만족하지 않았다. 그는 더욱 무도한 짓을 저질렀다. 불편부당한 과학의 목을 베어 버리고 그 자리에 이성을 들여온 것이다. 이 경우 이성이란 곧 당파성의 원리, 사회적 책무의 원리에 다름 아니다. 칸트에 따르면 평범한 개인을 도와서 존엄해지도록 만드는 과학만이 참된 과학이다(Hartenstein *Nachlaß*, 625).[13] 그는 훨씬 더 파괴적인 요소를 부가한 것이다. 1794년 10월 12일 칸트에게 철학적인 "기독교 교리 왜곡과 비하"를 중단하라는 국왕[프리드리히 빌헬름 2세]의 "특별명령"이 내려졌다(기독교 신앙을 독일 헌법의 자유민주주의 기본질서로 바꿔 해석하면 왕의

을 받아 독일의 후진적인 현실을 가차 없이 비판했던 하이네의 저작을 불사른 것은 당연할 수도 있다. 하지만 괴벨스가 그를 특별히 위험한 인물로 꼽은 이유를 좀 더 분명히 이해하려면 한 가지를 더 고려할 필요가 있다. 하이네는 정치선동을 예술로 끌어올려 제3제국의 대중을 집단적 최면 상태로 몰아넣은 괴벨스에게조차 피할 수 없는 공포를 안겨 주었다. 하이네의 책들을 분서 목록에 올려 놓았지만 정작 그의 시를 노랫말로 붙인 〈로렐라이〉와 〈노래의 날개 위에〉가 불리는 것은 어쩔 도리가 없었던 것이다. 나치 권력은 기껏해야 그가 작사한 곡 전부를 '작사자 미상'으로 처리할 수밖에 없었다. "책을 불사르는 자는 이윽고 인간도 불사르게 되리라"던 한 세기 전 하이네의 경고를 몰랐을 리 없는 괴벨스는 이러한 사태 앞에서 자신과 제3제국의 앞날에 드리운 비극의 그림자를 직감했을지도 모른다.

13. Kant, I. (1868) "Nachlaß," in *Sämmtliche Werke*, G. Hartenstein edition, vol. 8, Leopold Voss, Leipzig.

이러한 명령은 반급진주의법의 최초 구상[14]과 다르지 않다). 이러한 압력에 직면하자 칸트는 구성된 정치체제의 특성을 이해하기 시작했고, 곧 헌법학자들과의 논쟁에 착수했다. 그는 『학부들의 논쟁』*Conflicts of the Faculties* [15]에서 당파성의 원리를 완전한 상태로 발전시킨다. 칸트는 헌법학자들이 기존 정치체제가 부과하는 한계 내에서 긍정적으로 연구를 수행함으로써 현상現狀을 지지한다고 주장했다. 그러나 철학에는 보다 중요한 사명이 있다. 즉, 철학의 사명은 헌법의 "본성"을 은폐하라는 명령에도 불구하고 모든 시민들로 하여금 그것을 깨닫게 하는 것이다. 칸트가 이 "본성"이라는 개념으로 이해한 바는 무엇일까? 칸트가 말하고자 한 것은 결코 저 유명한 헌법적 규범과 헌법적 현실 사이의 간극이 아니었다. [이 논리대로라면] 양자 간의 간극으로 인한 손상을 복구할 책무는 정치가들과 학자들의 몫이다. 칸트는 "선한 헌법적 규범"과 "악한 헌법적 현실"을 구분하지 않았다. 헌법의 본성에 대한 칸트의 강조는 헌법 규범 그 자체의 부당성에 부정적

---

14. 1972년의 〈급진주의자 훈령〉(Radikalenerlaß)을 말한다. 이 법령은 헌법에 반하는 견해를 보유한 것으로 추정되는 사람들의 공직 임용을 금지했다. 임용이 금지된 공직에는 교사, 우편집배원도 포함된다. [정식 명칭은 '급진주의자 조치에 관한 훈령'이다. 사민당의 브란트가 총리로 재임하던 1972년 1월에 공포된 이 훈령을 근거로 연방정부와 주정부는 공직자와 공직 지원자의 자유민주주의 기본질서에 대한 충성심을 심사했다. 1975년 연방행정재판소와 연방헌법재판소는 독일(서독) 기본법과의 합치 결정을 잇달아 내림으로써 '급진주의자 훈령'에 법적 정당성을 부여했다. 훈령 공포 이후 1987년까지 3백 50만 명에 달하는 공공부문 취업 지원자가 사상 적격성 심사 대상이 되었고, 그 가운데 2,250명의 임용이 거부되었다. 이 조치로 인해 서독 내의 비판적 사상과 운동은 급격히 위축되고, 각자의 내면에 대한 자기검열 경향이 사회 전반으로 확산되었다. 그러나 통독 이후 좌익 급진주의가 더 이상 큰 위협이 되지 않는다는 목소리가 비등하자 〈급진주의자 훈령〉은 1991년 12월 31일 바이에른 주를 마지막으로 모든 독일 연방주에서 폐지되었다. ─옮긴이]

15. [한국어판] 임마누엘 칸트, 『학부들의 논쟁』, 오진석 옮김, 도서출판b, 2012.

으로 초점을 맞춘다. 그는 일체의 헌법적 환상을 파괴하는 철학의 권리, 그리고 사실상 통치권의 실체인 대의기관의 허구성을 폭로하는 철학의 권리를 옹호했다. 그는 헌법에 대한 일체의 찬동 행위를 "기만적 선전"이라는 단 하나의 이름으로 불렀다(*Conflicts of the Faculties*, Königsberg, 1798).

학자의 결단이라는 칸트의 신념은 무위에 그치지 않았다. 비록 (칸트와 달리 나이가 들수록 노회해진) 노년의 헤겔이 부정을 국가와의 전면적인 화해 아래로 포섭해 버렸지만, 이 개념의 파괴적 요소는 자유를 의식하는 원동력으로서의 헤겔의 부정 개념으로 이어졌다. 하지만 헤겔은 훨씬 뛰어난 학생을 둔 불운한 스승이었다. 이 뛰어난 학생은 칸트의 "비판 기획"을 좇아 헤겔의 화해를 한쪽으로 제쳐 놓았다. 맑스는 건설도 긍정도 원치 않았다. 그는 무엇보다 먼저 부정하고자 했다. 하이네와 마찬가지로 맑스 역시 해체라는 역사적 의무의 전통에 강하게 묶여 있었던 것이다. 그러나 그는 여러 걸음 더 나아갔다. 심층으로, 사회의 토대 속으로 발을 들여 놓은 것이다. 맑스는 헌법의 본성을 폭로하는 데 만족하지 않았다. 입헌국가의 구성된 기만성에 대한 인식을 넘어서 그 본성을 폭로한 다음에는 입헌국가의 본질적 실체, 즉 그 기능을 규명해야 했던 것이다. 그는 입헌국가의 그럴듯한 형태, 즉 그 추악한 내용을 은폐하면서도 구성하는 이 국가의 형태에서 생겨나는 환상을 파괴했다. 이렇게 하여 부르주아적인 목적합리성, 수익성, 체통에 젖줄을 제공하는 생산양식의 부조리가 폭로되었다. 그것은 벌거벗겨졌다. 그 자신의 노동과 노동력을 판매해서 살아가는 모든 사람들은 "이러한 국가 형태와 전적으로 대립한다. 사회의 구성원들은 지금까지 바로 이 국가 형태 속에서 스스로를 개인으로 불러왔다. 그들은 반드시 국가를 전복시켜야 한다." 아시아에 관한 바쿠닌의 언급일까? 아니다. 맑스가 독일에 대해 언급한 것이다.(German Ideology, MEW 3, p. 77).

따라서 부정과 파괴는 독일의 학문적 전통에서 사라지지 않았다. 오히려 독일의 학문적 전통에는 독일 나름의 전범典範들이 존재한다. 그들의 파괴적인 이성은 평범한 지혜의 소유자들과 학식을 지닌 중간계급이 전혀 예기치 못한 곳에서도 전형적인 인물들을 배출한다. 예컨대 이 나라에서 예의 바른 크니게Benimm-Knigge의 진면목을 알아보는 사람은 소수에 불과하다. "격식에 얽매이지 않은" 크니게 "씨"는 공포의 원인을 정확히 이해하고 "희망의 존재"Ça ira에 대해 숙고하면서 독일의 상태를 비판한 급진적 자코뱅이었다. 그는 독일에서 "훌륭한 가로등들이 전혀 활용되지 않고 있다"는 사실에 통탄을 금치 못했다.[16]

교화에 관한 노트

이 전통은 과연 주류인 '건설적 독일'에 의해 역사적으로 무시되어온 "또 하나의 독일"적 전통인가?

---

16. 아돌프 프라이허 폰 크니게(Adolf Freiherr von Knigge, 1752~1796)는 '처세'에 관한 책의 저자이다. "Benimm-Knigge"는 "크니게처럼 행동하다"(Behave-Knigge)라는 뜻을 지닌다.

다시 한번 확인해 두어야 할 것은 크니게의 가로등들이, 쓸 만하든 아니든, 여전히 철저하게 번화가들만을 비추고 있다는 사실이다. 반면에 학자들에게는 여전히 칸트적인 의무와 맑스주의적인 기획이 남아 있다. 즉, 합의를 통해 신성시되고 이렇듯 강력하게 보호되는 참상에 대한 끊임없는 철학적-정치적 파괴 말이다. 그러나 맑스주의적 기획을 계속해서 수행하는 한 이 학자들은 아마도 그늘진 삶을 피할 수 없을 것이다. 그들은 사회 일반의 후의로부터 배제되고 요주의 인물이 된다. 그러나 자기 자신과 스스로의 결단에 대해 진지하기를 바란다면 이 학자들은 그러한 위험을 감수해야만 한다. 이 사실은 결국 학자들에게는 모든 공식 명령((독일 기본법) 5조 3항)[17]에 맞서 (고대 이집트인들이 권력구조를 지칭한 것과 같은 의미로서의) "궁전"이 정립한 자유의 허구성을 드러내고 이 자유의 실존적 허약성을 폭로하

---

17. "예술과 과학, 연구와 교수 활동의 자유는 보장된다. 학문 활동의 자유는 헌법에 대한 충성 의무의 면책사유를 구성하지 않는다"((독일 기본법) 5조 3항). 신사회운동이 정점에 이른 1970년대 후반에 대학 교수들은 해고 압력에 시달리면서 국가에 대한 충성을 다짐하는 진술서에 서명하도록 강요받았다. 헌정질서에 순응하지 않는 학문 연구는 법적으로 유죄를 선고받을 위험에 놓이고 경찰의 박해를 받기 일쑤였다. 1970년대 초반의 헌법재판소 판결에서 인용한 다음의 구절은 이러한 사정을 뚜렷이 보여 준다. "의견 표명 행위가 자유민주주의 기본질서에 반할 경우 의사 표현의 자유에 관한 규범적 권리는 제한된다. 독일연방공화국(서독) 내에는 의견의 자유가 없다는 견해를 표명할 수 있는 권리를 법률로써 보장한다면 자유민주주의 기본질서를 수호하는 헌법적 가치의 정당성이 의문시될 것이다. 따라서 독일 내에 의견의 자유가 없다는 견해는 자유로운 의사표현을 허용하는 기본권에 의해 보호되지 않는다"(Preuß, *Legalität und Pluralismus*, Suhrkamp, Frankfurt, 1973, p. 24). 아뇰리의 법치국가와 자유민주주의 개념화에 관해서는 그의 *Die Transformation der Demokratie und andere Schriften zur Kritik der Politik*, Ça ira, Freiburg, 1990을 참조하기 바란다. 영어권 독자들을 위해 영역된 이 책의 서문은 Bonefeld, "Constitutional Norm versus Constitutional Reality in Germany," *Capital & Class* no. 46, 1992에서 볼 수 있다.

는 것 외에는 대안이 없음을 뜻한다. 그러나 학자들은 일단 칸트에 입각해 자신의 위치를 파악하고 나면 곧 그의 지혜(국왕의 특명에 대한 칸트의 답변을 보라)를 전용해 이중적이고 정확히 알려진 수법으로 저 구성된 자유민주주의 체제 및 권력구조들과 타협한다. 그들은 어떻게든 헌법의 본성을 은폐하려고 시도하며, 이로써 자신들의 연구를 시대정신Zeitgeist과 일치시킨다.[18]

결국 시대정신이 학문적 과제에 대한 올바른 결단에서 슬그머니 기어 나와 그 대신 합의 구축에의 참여를 택한다. 일단 현존하는 조건과 규범이 추인되고 나면 통탄스런 사태는 그 본질에서 벗어나 교정 가능한 우발적 사고들로 둔갑한다. 이 사고들을 극복할 책임은 이른바 시장, 권력, 의회의 자기조정 능력에 맡겨진다.

시대정신의 최초 현현顯現은 확실히 스스로를 비판적인 정신으로

18. 칸트의 응답은 그의 저작 『학부들의 논쟁』에 수록되어 있다. 칸트는 기독교 교리에 대한 폄하 행위를 중단하라는 국왕의 명령에 대한 답서에서 자신은 기독교를 평가한 적이 없으므로 기독교 비하라는 죄목으로 추궁당할 이유가 없다고 주장한다. 실제로 그의 답서는 선하고 정직한 행위를 보증하는 도덕적 효력을 이유로 기독교의 중요성을 강조한다. 요컨대 칸트는 국왕의 명령에 응하면서도 경화된 관계들을 약동시키는 방식을 택하고 있는 것이다. 칸트는 아이러니, 즉 결단으로 응수하면서 현존하는 권력을 신중하게 치켜세운다. 현존하는 권력 치켜세우기는 처벌할 수 없는 공격법이다. 하지만 그것은 끊임없는 갈채와도 같은 파괴력을 발휘할 수 있다. [아놀리가 보기에 칸트는 고전적 수사학에서의 용법과 유사한 아이러니의 화법을 구사하고 있다. 그의 해석에 따르면 칸트의 답서 전체는 1788년에 공포된 종교칙령에 대한 조소와 불복, 도덕적 이성 신앙에 대한 신념과 결단, 이성의 공적 사용을 가로막는 부당한 국가 검열에 대한 불굴의 저항 의지를 우회적으로 표현한다. 다시 말해 화자[칸트]는 이중적인 의미를 의식하는 반면 청자[프리드리히 빌헬름 2세]는 그 의미를 온전히 파악하지 못하는 가운데 화자의 진의에 대한 공감이 대중 사이에서 퍼져나가는 효과[끊임없는 갈채]를 의도하고 있다는 것이다. 이 경우 칸트가 사용한 아이러니의 화법은 파괴적 비판 작업이 불가피하게 직면할 수밖에 없는 '현실'의 아이러니에 대응하려는 영민한 계책의 산물이라고 할 수 있다. ―옮긴이]]

여기지만 무엇보다 먼저 "모든 것을 의심하라"de omnibus dubitandum는 부정적 결단은 인정하지 않는다. 시대정신의 비판적 차원은 선, 즉 정의·평등·자유를 추구하는 각고의 노력으로 규정된다. 여러 가지 결함에도 불구하고 헌법은 선을 보장하는 것으로 전제된다. 그러나 필요할 경우 언제든 대처할 수 있는 불순한 정치적 음모가 간혹 침투하더라도 자유민주주의 기본질서는 근본적으로 손상되지 않는다는 안락한 확신은 철학에게 교화와 국가건설이라는 순수 이론적인 과업을 부여한다. 그 모든 계몽 선언에도 불구하고, 더구나 탄복할 만큼 합리성에 충실한 강령과도 대조적으로 이 새로운 국가건설 이념은 모든 정치적 상호작용의 인간적 특성이 최초로 구현될 수 있게 하는 보편적 요소를 찾아낸다. 그것은 곧 사랑LOVE이다. 그러나 사랑 속에도 파괴적 합리성이 깃들 수 있다(괴테의 「마리엔바트의 비가」를 보라). 사랑은 교화를 통해 모든 비판의 너머에 자리 잡은 동경의 대상으로 제시됨으로써 파괴적 합리성의 위험에서 벗어나며, 심연의 가장자리에 붙잡힌 채 긍정적인 것 속으로 끌려 들어간다. 이로써 사랑은 초월성을 부여받는다. 이 초월적 사랑은 일체의 유해한 경험으로부터 지속적으로 보호되며, 따라서 그 자체로 경외의 대상이 될 수 있다. 초월적 사랑 그 자체가 경외심의 이유이자 목적인 것이다.

이 최초의 깨우침initial enlightenment은 거부할 수 없다. 사랑은 이성에 의해 규정된 목적을 부여받는다. 즉, 사랑은 감정적 야만 상태로 빠져드는 것을 방지하고 그 대신에 상당한 정도의 선량한 자질을 보장해야 한다. 또한 조국애는 - 이 단어 본래의 의미인 애국주의는 수명을 다했다 - (유통기한이 한참 지나 몹시 삭이기 어려운 음식물처럼)

불편한 문제들을 전면에 부상시킨다. 이 점에서 철학은 냉철함을 유지한다. 다시 말해 철학은 그 파괴적 특성을 보존한다. 그러나 사랑은 교화의 국면으로 접어들어 그 목적을 이루자마자 곧 파괴적 특성을 잃어버린 채 준수되어야 하고 긍정할 만한 가치를 지닌 것이 된다. 교화는 조국애를 뒷전으로 밀어내고 그 대신 헌법에 대한 사랑을 공표한다.[19] 이 대목에서 프리드리히 엥겔스가 제시한 논평의 정당성이 입증된다. 즉, 정치권력은 나머지 사회 영역 전체에 노골적으로 법의 지배와 헌정질서에 대한 순종을 강요한다. 그러나 독일에서는 법, 질서, 헌법에 대한 복종만으로는 충분치 않다. 독일인들은 더 나아가 법, 질서, 헌법을 사랑하도록 요구받는다.

한때 자유롭고도 탐색적인 성격을 지녔던 이성은 정치문화가 훼손되고 검증된 제도들에 대한 의심이 새롭게 제기될지도 모른다는 두려움 때문에 순수한 애착으로 변질되고 나서는 이중으로 해소되어 버린다. 이성은 우선 일반적인 것 속으로, 다음으로는 사랑 속으로 해소된다. 철학은 중세 후기에 – 부분적으로는 유명론의 파괴적 역능에 힘입어 – 예속에서 해방되었다. 철학은 더 이상 신학의 시녀 역에 머무르기를 원치 않았으며, 그 자율성을 회복했다. 오늘날 철학의 건설적 현현은 철학을 또다시 사회의 종복, 즉 헌법의 시녀 역으로 끌어들인다. 철학은 해방을 추구하는 사회 내의 파괴적 자율성의 가능성을 부정하고, 제도적 규범 – 이는 곧 권력과 지배의 규범이다 – 을 의혹의

---

19. 아놀리는 여기서 하버마스가 대안적인 국민적 정체성의 이성적 근거이자 정의·평등·자유의 자유민주주의 가치를 보장하기 위한 수단으로서 제시한 헌정애국주의 개념을 언급하고 있다.

눈길로 지켜보기를 거부함으로써 현상^{現狀}을 옹호한다. 또한 철학의 헌정질서 변호 행위는 헌법수호청,[20] 즉 보안기관이 고대하던 이데올로기적 정당화를 제공한다. 이 새로운 사태는 식자들이 헌법수호청을 질책하던 얼마 전의 모습과도 극명한 대조를 이룬다. 그러나 이 보안기관의 제도적인 사랑은 헌법을 위협하는 가상의 적 혹은 실재의 적들에 대처할 때마다 순수하게 건설적인 의도에서 국가를 사랑하는 사람들의 그것과는 사뭇 다른 행위들을 초래한다. 유명한 구절을 빌려서 표현하자면 자코뱅식^式 공포정치의 혁명적 비극은 헌법적 희극으로 바뀐 지 오래다(〈독일 기본법〉 18조와 함께 1793년 12월 12일자 로베스피에르의 연설을 참조하기 바란다).[21] 그 사이에 사랑은 호색한의 사냥감이 되어 버렸다. 현대의 쇼뱅[22]은 셀러 교도소의 뚫린 구멍 Celler hole [23]을 바라보며 웃고 있다.

---

20. [옮긴이] 반국가활동(자유민주주의 질서 파괴 활동)에 대한 감시와 사찰을 담당하는 독일 연방공화국의 대내 정보기구. 공식 명칭은 연방헌법수호청(BfV : Das Bundesamt für Verfassungschutz)이다. 구서독 시절 창설된 이래로 정보 수집과 분석, 방첩 활동과 극단주의 세력(특히 좌파세력) 동향 감시, 보안감사권을 활용한 인적·물적 기밀보호, 기간시설에 대한 사보타지 방지 등을 주요 임무로 해 왔다. 베를린 장벽 붕괴 이후 독일 연방 소속 16개 독립 주정부는 〈주헌법수호법〉을 근거로 주정부 내무부 산하에 헌법수호기관을 설치·운영하고 있다. 주헌법수호청은 경찰과 함께 주정부 내무부에 소속되어 있다. 연방수상청 산하 연방정보원(대외정보기관), 연방국방부 산하 연방군 기무사(군사정보기관)와 함께 독일 3대 정보기관으로 꼽힌다.

21. 〈독일 기본법〉 18조는 헌법에 명문화된 기본적 자유권을 반헌법적인 목적에 이용하는 사람들의 기본권 박탈을 규정하고 있다. 이 장 각주 14도 함께 참조하기 바란다.

22. 쇼비니즘이라는 용어는 니콜라 쇼뱅(Nicholas Chauvin)이라는 [가공의] 인물이 나폴레옹을 열렬하게 숭배하는 노병으로 등장하는 프랑스 희극에서 나왔다. 우스꽝스러울 만큼 과도한 국민적 자부심과 의무감은 가상적인 내부의 적을 겨냥한 보안기관의 공작에서 희극으로 되풀이된다(각주 21을 참조).

23. 보안기관이 니더작센(Niedersachsen) 연방주에서 수행한 공작을 가리킨다. [1978년 7월 25일] 셀러 교도소 외벽에서 일어난 폭발이, 알려진 것과는 달리 테러단체가 아니라

이런 식으로 칸트는 전도되어 왔다. 즉, 헌법의 본성은 그 자체가 진리라는 데 있다는 것이다. 따라서 헌법에 대한 일체의 진전된 사유, 그 모든 비판적 견해와 권력구조 파괴 작업은 쓸데없는 짓이 된다. 헌 정애국주의에서 파괴적 학자란 하나의 추문에 지나지 않는다.

체계에 대한 고찰 [24]

건설적 시도들이 널리 수용되고 교화의 가치가 입증된다. 시대정 신의 또 다른 긍정적 현현[25]은 이러한 현상에서도 일말의 불안감을 느낀다. 다양한 집단들과 사회적 파트너들 간의 의견 대립과 이해관 계 갈등은 과연 동태적인 국가형태에 불필요한 것인가? 동태적인 국 가형태라면 당연히 다원주의적 이익경쟁을 요구하지 않겠는가? 1943 년 이탈리아 조합부 장관에 임명된 치아네티[26]는 이미 사회적 갈등의

보안기관의 자작극이라는 사실이 1986년에 드러났다. 셸러 교도소는 테러 범죄로 유죄 판결을 받은 기결수들을 수감하고 있던 곳이다. 폭파범은 살인죄로 복역하다 감옥에서 석방된 인물이었다. 문제의 폭탄 공격은 테러리스트 색출을 강화하고 범죄자를 테러리스트 세계(서독 적군파)에 정보원으로 침투시키기 위한 수단으로 활용되었다. 따라서 아놀리가 언급한 헌법적인 희극은 필연적으로 현대의 쇼뱅, 즉 국가 테러리즘에 기초한 헌정체제의 현상(現狀)을 유지하려는 법질서의 열광적인 추종자를 수반한다.

24. 이 절(節)은 체계이론이 정치권력의 안정화에 기여한 바를 분석하고 있다. 체계 이론의 주요 제창자들은 루만(Luhman)과 파슨스(Talcott Parsons)다. 파슨스의 연구는 하버 마스의 비판이론 재구성 작업에 큰 영향을 주었다. 하버마스에 대한 파괴적 비판으로 는 Reichelt, "Jürgen Habermas' Reconstruction of Historical Materialism," in Bone- feld, W. and K. Psychopedis (eds.) *The Politics of Change*, Palgrave, London, 2000 을 참조하기 바란다.

25. [옮긴이] 루만의 체계이론을 의미한다.

26. [옮긴이] 툴리오 치아네티(Tullio Cianetti, 1899~1976)는 국가파시스트 당원이자 하원

필요성을 알아차렸다.[27] 그러나 그는 동시에 체계가 허용하는 범위 내에서 갈등이 억제되어야 한다고 단언했다. 다시 말해 전반적으로 갈등은 법에 의해 규제되어야 하며, 선동되어서는 안 된다는 것이다. 이 교묘한 발상은 갈등의 건설적 성격과 파업의 통합적 속성을 강조하는 체계이론에 의해 적극적으로 지지된다. 게다가 독일헌법은 이익분쟁을 보장하고, 헌법의 테두리 내에 머무르는 한 그러한 이익분쟁을 옹호하기까지 한다.

여기서 정치적 형태의 가장 확실한 기초로 간주되는 것은 사랑이 아니다. 오히려 그것은 갈등이다. 갈등은 체계를 안정화하는 힘으로 받아들여지며, 체계를 구조화하고, 체계의 성공을 보증한다. 그러나 갈등이 건설적인 형태나 기능적인 형태로 발현되는 경우에도 비판적 요소는 언제나 존재한다. 비판적 사고를 결여한 갈등은 결국 문제를 다루는 척하는 것에 불과하므로 기능성을 유지할 수 없다. 따라서 비판은 체계의 정치적 안정을 위한 조건처럼 보인다. 그러나 이러한 논리는 비판의 특정한 속성, 즉 많은 찬사를 받으면서 두드러지게 부각

의원(1934~43)으로 활동하다 1943년 4월에 조합부 장관으로 임명된 무솔리니 정권의 핵심 인물이다. 치아네티는 연합군이 이탈리아 남부에 상륙하고 시칠리아가 함락되자 1943년 7월 무솔리니 축출 기도에 가담했다. 이 시도가 히틀러의 명령을 받은 독일 특수부대의 무솔리니 구출 작전과 독일군의 로마진군으로 무산된 후 그는 무솔리니의 사위 갈레아초 치아노(Galeazzo Ciano), 이탈리아 군의 노(老)원수 에밀리아노 데 보노(Emilio De Bono) 등과 함께 재판에 회부되었다. 베라노 재판의 결과 치아노 등은 총살형에 처해졌지만, 치아네티는 무솔리니에게 보낸 사죄 편지 덕에 사형을 모면하고 30년 형을 선고받았다. 그 후 치아네티는 연합군의 진주와 함께 구금에서 풀려나 모잠비크 망명길에 오른다.

27. 이탈리아 파시즘이 사회적 갈등을 정치권력의 안정성을 지속시키는 힘으로 인정했음을 보여 주는 연구로는 Agnoli, *Faschismus ohne Revision*의 8장을 참조하기 바란다.

되고 있는 속성을 전제로 한다. 비판은 부정성을 포기해야 한다. 즉, 비판은 파괴를 중단해야 하며, 건설적으로 작용해야 한다는 것이다. 시대정신의 또 다른 동어반복인 건설적 비판은 끊임없이 긍정적인 계획들을 제안하면서 현상의 개량과 공고화를 시도한다. 파괴적 비판이 목표로 하는 현상 타파를 위한 모든 시도와 대립하는 한 건설적 비판은 또한 파괴적 비판에 대한 비판이다.[28] 체계이론의 눈으로 들여다 본 파괴적 비판에는 긍정적인 기능이 결여되어 있다.

체계이론은 갈등의 긍정적 요소들에 지대한 관심을 기울인다. 긍정적인 것이야말로 새로운 것 일체를 평가하는 척도이기 때문이다. 국가에 헌신하고 국가를 "절대자" 또는 "주체"로 간주하는 이론은 사랑은 물론 엄격성의 잣대까지 동원해 정치의 장에 진입하는 신진세력을 면밀하게 조사해야 한다. 주지하다시피 체계 내의 모든 영역, 과정, 활동, 사실, 개인 들은 서로 간에 영향을 주고받을 뿐만 아니라 주요하게는 촘촘하게 짜인 네트워크를 구성하기 때문이다. 이 네트워크는

---

28. 이 점을 분명하게 이해하고 싶다면 현재의 지구화 논쟁을 사례로서 참조하기 바란다. 이 논쟁에서 선의의 논평자들은 만약 국민적·초국적 수준의 새로운 자유민주주의적 개입형태 창출을 통해 지구화의 논리를 억지하지 못한다면, 지구화는 새로운 형태의 야만으로 이어질 것이라고 주장한다. 이러한 주장은 지구화가 불러온 참상이 급진 개혁주의적 긴급행동과 개입을 요구하므로 좌파는 자본과 자본의 국가에 대한 부정적 비판을 포기해야 한다고 훈시한다. 지구화가 변화를 이루어 낼 반체계적인 [자본주의 시스템에 반대하는] 저항 능력을 쓸모없게 만들어 버렸다는 것이다. 좌파는 지구화의 끔찍한 결과들을 피하기 위해서 긍정적이고 건설적인 계획을 제출하도록 요구받는다. 즉, 자본과 자본의 국가에 대한 파괴적 비판은 사회적으로 무책임하다는 이유로 거부된다. 파괴적 비판은 야만을 회피하기 위한 긍정적인 안들을 제시하지 않는데, 이 같은 이유로 암암리에 자본의 신자유주의적 지구화 기획과 공모하는 것으로 간주된다. 상세한 논의는 Bonefeld, "Globalisation and Democracy," in *Common Sense*, no. 22, 1997을 참조하기 바란다.

사회적 혼란과 균열에 민감하다. 만약 하나의 그물조직이 제대로 작동하지 않아 역기능적인 갈등, 숨은 의도 혹은 자율적 사회세력이 네트워크 속에 침입할 경우 체계와 기능 간의 복잡한 관계는 불안정해지고 파괴 행위가 나타날 수도 있다.

이러한 파괴의 가능성으로부터 국가를 수호하는 데 있어서 체계이론은 스스로 권력의 진공 공간에서 작동한다고 믿고 있는 그 어떤 잡담보다 훨씬 더 신뢰할 만한 수단을 갖추고 있다.[29] 이 수단이란 통합을 용이하게 하는 규범으로서 막스 베버Marx Weber에게서 유래한다. 이 규범의 이름은 사랑이 아니다. 그것은 책임이라는 이름으로 불린다. 신진 사회세력은 책임의 의무 아래 포섭된다. 이 세력은 확신뿐만 아니라 책임성[30]에 기초해 권력구조 속으로 진입할 때에야 비로소 그들의 "정치적 자격"Fähigkeit zur Politik을 증명하게 된다. 그들은 책임감 있게 행동함으로써 모든 전복과 반란의 잠재력을 뒤로 한 채 정치권력의 공고화와 확대에 기여한다. 이로써 신진 사회세력은 합법적인 정파로 완전히 승인된다. 이 정파는 먼저 야당으로 활동할 수 있는oppositionsfähig 지위를 취득한 다음 연립정권에 참여할 수 있는koalitionsfähig 자격을 획득하며, 최종적으로 집권regierungsfähig 자격을 획득한다. 신

---

29. 권력의 부재로 정의되는 공간들에서 수행되는 의사소통 행위라는 개념은 하버마스로부터 나온 것이다. 이 개념에 대한 비판으로는 라이헬트, 앞의 글을 참조하라.

30. [옮긴이] 막스 베버가 『소명으로서의 정치』(Politics as a Vocation)에서 구분한 '확신의 윤리'와 '책임의 윤리'를 언급하고 있다. 확신의 윤리란 선한 동기에 기초한 행위는 그 결과와 무관하게 선한 것으로 간주하는 준칙이다. 이에 반해 책임 윤리는 인간의 평균적인 악을 전제한 가운데 행위할 것을 요구하며, 동기의 선함보다는 결과의 선함에 무게를 두는 준칙으로 정의된다. 즉, 책임 윤리에 따른다는 것은 인간의 불완전성을 참작할 경우 예견 가능한 행위의 모든 결과 앞에 무한 책임을 진다는 뜻이다.

진 사회세력은 자유민주주의적인 의회민주주의 규범과 규칙, 제한 조건 들에 사로잡혀 쉬이 길들여지지 않던 이전의 특성을 잃어버린 채 구성된 권력의 확고한 구성요소가 되고 만다. 다시 말해 신진 사회 세력의 대표자들은 대의제도의 관료들로 변신함으로써 체제 안정화 기능을 수행한다. 결국 세련된 폴머A. Vollmer도 파괴적인 디트푸르트 J. Ditfurth도 헌법에 준거한 사랑의 권력보다 훨씬 더 강력한 이 통합의 메커니즘에서 발을 뺄 수 없다.[31]

체계이론이 비판이론의 상속자들[32] 못지않게 그 대상(입헌국가) 을 비판적으로 — 다시 말해 비판적이되 건설적인 방식으로 — 다룬다는 사실은 부인하기 어렵다. 가끔씩 체계이론이 불신을 표명할 때도 있 지만, 이는 형식적인 것에 불과하다. 체계이론의 공공연한 의도는 정 확히 그 반대에 있기 때문이다. 체계이론의 목표는 불신을 유발하는 것이 아니라 신뢰와 충성심의 새로운 관계를 창출하는 데 있다. 풍부 한 암시적 의미만큼이나 복잡한 논법은 이 새로운 관계를 창출하려 는 체계이론의 시도에 크게 기여한다. 체계이론은 파괴적 비판을 혐 오하며 모든 불신에 의심의 눈길을 보낸다. 불신은 발밑에 묘혈을 파 는 두더지처럼 현상現狀의 올바름에 대한 확신을 서서히 약화시키기

---

31. 폴머와 디트푸르트는 〈독일 녹색당〉 현실주의 분파(폴머)와 근본주의 분파(디트푸르 트)의 대표들이다. 현실주의 분파는 생태적 현실주의 정책을 요구하면서 〈사회민주당〉 과의 연정 참여에 적극적인 태도를 취했다. 근본주의 분파는 기성 정당체계에 대한 더 욱 전면적인 거부를 표방했고, 〈사회민주당〉과의 연립정권에 참여하기를 꺼렸다. 아놀 리의 글이 1990년에 처음 발표되었다는 사실에 유념하기 바란다. 근본주의 분파의 많 은 성원들은 1991년에 〈녹색당〉을 탈당했다. 〈녹색당〉은 현재 〈사회민주당〉이 주도하 는 연정의 하위 파트너로 참여하고 있다.
32. 2세대 비판이론의 가장 저명한 두 대표자 하버마스와 오페를 지칭한다.

때문이다. 실제로 체계이론은 부지불식간에 권력의 연속성에 대한 독일 헌법의 보증, 즉 "건설적 불신임 투표"[33]에서 정치적 완성의 경지에 도달한다.

독일헌법 기초자들이 과연 이 기괴한 관용구의 어원적인 변덕을 의식했는지 나로서는 알 길이 없다. 그럼에도 불구하고 체계이론은 이 관용구 속에서 뒤늦게 스스로를 정당화하기 위한 근거를 찾는다. 회기 중 신임 총리를 선출함으로써 현직 총리를 해임하는 투표 방식은 갈등적 상황의 산물이지만 이렇게 해서 정확히 체계 안정에 기여하는 갈등의 전형을 상징하게 된다. 건설적 불신임 투표와 같이 건설적인 방식으로 다뤄지는 불신은 권력의 연속성에 대한 확신으로부터 자라난다. 학자들의 작업은 반대로 권력의 소멸에 관심을 두어야 한다.

그러나 사랑이 신뢰의 기초인 한 결국 교화와 체계적인 연구는 다시 한 몸이 되어 새로운 국가 신정론神正論의 창출에 복무한다. 헌법에 대한 사랑은 정치세계의 악에 미혹되지 않는다. 다른 한편 체계이론은 사랑에 기능적 통합 수단을 제공한다. 체계화된 교화는 헌법에 의해 보호되는 고도의 관용으로 구현된다. 즉, 세속화된 신정론의 신新 라이프니츠주의적인 증명인 셈이다. 그러나 원본과 정확히 마찬가지로 이 새로운 신정론에도 악의 요소는 존재한다. 신은 확실히 자신의 시대에 [논리적으로] 가능한 세계들 가운데 최선의 세계를 사랑했기 때문이다. 그렇지만 신은 잘못을 바로잡고 최후의 벌을 내리기 위해 인간의 우발적인 죄악을 매우 주의 깊게 지켜본다. 헌법을 수호하

---

33. "연방하원의 총리 불신임투표는 재적 의원 과반수의 찬성으로 후임 총리를 선출함으로써 가결된다."(《독일 기본법》 7조 1항)

는 사랑은 통제 없이는 유지될 수 없다. 사랑에 의해 관대하게 다뤄지는 모든 사람들이 또한 체계적인 감시 아래 놓이는 것도 이처럼 간단한 이유 때문이다.[34]

전복적인 것

어떻든 결국에는 건설적인 요소가 존재할 것이다. "긍정적인 것은 어디에 있는가?" 우리 시대의 참혹함 때문에 우리는 오직 부정 속에서만, 즉 아무 데도 없는 곳 – 이른바 유토피아 – 에서만 긍정적인 것을 발견할 수 있다. 요컨대 모든 불평등한 구조, 종속적 구조, 권력 구

---

34. [옮긴이] 헌정애국주의와 체계이론의 이념적 공통 지반과 이론적 수렴 양상을 라이프니츠(Gottfried Wilhelm von Leibniz)의 신정론(神正論)에 빗대어 비판하고 있다. 라이프니츠는 전통적인 '악의 문제', 즉 전지·전능·전선한 '신이 존재한다면 악은 어디에서 오는가?'라는 물음에 응답하기 위해 신과 악의 논리적 양립 가능성에 대한 새로운 증명을 시도했다. 그는 악을 여러 유형으로 구분하고 각각의 경우에 신이 악을 허용하는 이유를 설명하는 논증 방식을 취했다. 형이상학적 악은 완전성의 결여에서 비롯된다. 즉, 신은 인간에게 부분적인 완전성만을 부여하는데, 그러한 불완전성은 유일하게 완전한 존재자인 신과의 구별을 위해 불가피하다는 논법이다. 자연적 악이란 지진, 폭풍, 홍수, 가뭄 등 자연적 재앙으로 인한 고통을 뜻한다. 신은 자연적 악을 원하지 않지만 죄에 대한 징벌 수단 혹은 죄의 예방과 더 큰 선의 실현을 위한 수단으로서 그러한 악을 허용한다. 도덕적인 악은 인간이 저지르는 죄로부터 생겨난다. 정의(定義)상 가장 선한 것을 선택해야 하는 신은 인간을 자유로운 존재로 창조했다. 자유롭지 않은 존재는 당연히 선도 행할 수 없기 때문이다. 신은 자유의 대가로 불가피하게 악을 허용한다. 따라서 라이프니츠식 논법에서는 인간이 저지른 도덕적 죄악의 책임은 인간을 불완전한 존재로 창조한 신이 아니라 자유를 남용한 인간 자신에게로 귀착된다. 아놀리는 사회적 갈등을 체계의 안정을 위한 조건이자 촉매력으로 여기는 하버마스와 루만의 이론화에서 악을 본래적인 것이 아니라 선을 실현하기 위한 수단으로 간주한 라이프니츠적인 사유의 도식을 읽고 있는 것이다.

조 들의 파괴로부터 출현하는 유토피아, 이 유토피아야말로 모습을 드러내고 있는 임박한 말살의 위험에서 벗어날 수 있는 유일한 길이 다. 이 사실이 학자들에게 알려주는 바는 사회적 갈등이 체계화와 안 정화의 기능에서 자유로워지고 일체의 헌법에 대한 사랑으로부터 해 방되어야 한다는 것이다. 탈안정화하는 힘으로서의 사회적 갈등이 지 닌 역사적 가치는 복원되어야 한다. 탈안정화를 옹호하는 것은 곧 자 유를 옹호하고 실현하는 것과 같다. "입으로는 자유를 간구한다고 말하면서도 안정을 뒤흔드는 모든 활동과 맞서 싸우는 사람은 자기 모순에 빠져든다."(게이모나)[35]

추기|追記

의문이 떠오른다. 나는 독일 독자들을 위해 이 글을 썼으며, 그들 은 진지한 고려를 요하는 열성적인 사람들이다. 이로부터 최종적인 문제가 따라 나온다. 게르만 특유의 격정에 휩싸인 반주伴奏 없이 학자 적 결단으로서의 파괴라는 관점에 입각해 계몽에 도달할 수 있는 방 법은 무엇인가? 경화된 관계를 약동시킬 선율은 예기치 못한 방향으 로 흐르는 통주저음通奏低音, basso continuo 36을 필요로 한다. 이야말로

---

35. 아놀리는 이 구절을 게이모나(Geymonat)의 『라 리베르타』(*La Liberta*)에서 인용한 다. 게이모나는 이탈리아 투린 대학의 철학교수이다.

36. [옮긴이] 17~18세기 중반의 바로크 음악 시대에 성행한 작곡 및 연주 양식을 가리킨다. 건반악기나 저음악기 연주자가 악보에 주어진 저음 외의 화음을 즉흥적으로 곁들여 반주를 완성시키는 연주법 또는 그 저음부를 뜻한다. '통주'라는 이름이 붙은 까닭은

건설적 사유가 제시하는 뒤틀리고 오도된 방향에 맞설 가장 확실한
방어책이다.

[영역 : 워너 본펠드]

독주나 즉흥 연주부가 휴지 상태로 들어갈 때도 저음부의 연주는 계속 이어졌기 때문
이다. 반주악기 주자는 미완성 악보에 표기된 숫자에 기초해 자유롭게 화성을 만들어
연주했다. 저음부의 숫자는 최소한의 기본적 약속에 지나지 않았으므로 반주자는 최
상의 하모니를 빚어내기 위해 늘 새로운 연주 형태를 스스로 연구해야 했다. 반주악기
는 사전에 지정되지 않았고, 상황에 따라 하나 또는 여러 악기가 다양하게 활용되었다.
18세기 중반의 고전파 음악에 이르러 연주자의 자율성을 십분 활용하는 통주저음 양
식은 차츰 사라졌다. 그러나 이 양식은 화성학의 일부로 명맥을 유지하면서 오늘날에
도 변형된 형태로 다양하게 활용되고 있다.

3장

맑시언의 범주들, 자본의 위기, 그리고 오늘날의 사회적 주체성 구성

해리 클리버

서론

이 글은 두 가지 과제를 수행한다. 첫째, 자본주의와 사회주의의 위기로 인해 제기된 맑스주의 이론의 위기를 인정하면서도, 포스트맑스주의 및 포스트모더니즘과는 대조적으로 맑스주의 이론이 지배에 저항하고 해방을 지향하는 투쟁에 여전히 필수적임을 입증할 것이다. 또한 맑스주의 내부에서 적어도 하나의 전통은 그러한 목적에 유용하게 쓰일 수 있도록 발전해 왔음을 증명해 보이고자 한다. 이 전통에 속하는 이론은 문제의 지구성[보편성]globality을 파악하고, 우리의 강점과 약점의 원인으로 작용하는 분리와 연관을 이해할 수 있는 수단을 제공한다. 그뿐만 아니라 이 이론은 추측하건대 맑스주의 이론의 범위를 넘어서 있는 것으로 보이는 사회적 주체들과 그들의 자율성을 식별하고 분석할 수 있는 틀도 제공한다. 둘째, 이 글에서는 사회적 주체들에게 적합한 긍정적 이론을 개념화하고 제시하는 데서 맑스주의 이론이 드러낸 역량의 한계를 검토할 것이다. 따라서 이 글은 출현 중인 사회적 주체들의 투쟁 속에서 발전하고 있는 자율적인 사상들을 고려함으로써 혁명적 이론을 확장시킬 필요성에 대해서도 논하려 한다. 후반부에서는 차이의 식별과 공통기반의 발견을 위해 평가를 요하는 사례로서 맑스주의 노동이론에 대한 이론적 대안을 구축하려는 페미니스트 일각의 시도를 검토할 것이다.

맑스주의 이론의 지속적인 적실성과 한계

최근의 비판적 사회사상 발전이 맑스주의 이론 앞에 제기한 지적 도전, 즉 포스트모더니즘과 포스트맑스주의의 확산은 (전통적인 노동자 운동과 사회주의의 위기를 포함하는) 자본주의의 위기에 의해 제기된 보다 심원한 역사적 도전의 이데올로기적 계기이다. 이 도전은 또한 자본지배의 토대를 허물면서 혁신적이고 대안적인 사회적 구성 기획을 정교화하고 있는 새로운 사회적 주체성들로 이루어진 연합적 구성체의 일계기이다. 돌이켜보면 노동계급의 정치적 재구성이 초래한 자본의 역사적 위기는 언제나 맑스주의 이론의 위기를 수반했다. 자본의 역사적 위기가 자본관계의 질적 편성을 변형시킴으로써 맑스주의적 범주들의 범위를 재검토하고 그 내용을 새롭게 규정할 필요성까지 수반해 왔다는 점에서 그러하다. 맑스주의적 범주들에 근거한 해석이 적의 동학에서 나타나는 변화를 파악하고 노동계급의 전략을 정교화할 수 있도록 유지되어야 하기 때문이다.

그러나 이러한 이론적 적응 과정에 앞서 맑스주의 이론은, 그 모든 이론적 단절 및 사회적 변화 가능성과의 대면으로 인한 바로 저 우발성의 위기 안에서, 언제나 정당화의 근거는 물론 한계에도 직면했다. 맑스주의 이론의 정당화 근거는 우리의 투쟁이 초래한 위기에서 찾아볼 수 있다. 그 한계는 사회적 주체들의 새로운 운동 경향을 파악하는 이 이론의 능력에서 드러난다. 맑스의 자본 변증법 분석에 대한 추상적 일반화, 즉 우주론(변증법적 유물론)으로의 변형을 거부하는 접근법[1]에 기초할 경우 우리는 자본에 대한 사회적 초월이 또한 맑스주의의 초월을 뜻한다는 것을 인정해야만 한다. 다시 말해 우리

---

1. 맑스주의자들 사이에서도 보기 드문 이 접근법은 맑스 특유의 노동관에 기초를 두고 있으며, 주목할 만한 정교화 과정을 거쳐 왔다. 우리는 맑스의 자본주의 이론에 담긴 핵심적 의의를 계급투쟁으로 파악하는 해석에 근거할 수 있을 뿐만 아니라 미하일로프스키(Mikhailovski)에 대한 맑스 본인의 답신을 언급할 수도 있다. 맑스는 이 서한에서 자신은 전체 역사를 대상으로 하는 일반적인 철학이론을 제시한 적이 없음을 분명히 했다. 상트페테르부르크에서 발행된 『조국의 기록』(Otechestvennye Zapiski) 편집인에게 부친 1877년 11월의 서한을 보라. 이 편지는 『맑스 서한집』(S. K. Padover, Letters of Karl Marx, Englewood Cliffs:Prentice-Hall, 1979) 321~22쪽에 수록되어 있다. 파리의 『전미래』(Future Antérieur)를 중심으로 활동한 질 들뢰즈(Gilles Deleuze), 펠릭스 가따리(Félix Guattari), 안또니오 네그리(Antonio Negri), 장-마리 뱅상(Jean-Marie Vincent) 등의 저작은 명시적인 반(反)변증법적 맑스주의 노동계급 이론에 속하는 당대의 역작들로 꼽힌다. 이 이론의 기본 경향은 자본주의 사회를 계급투쟁에 의해 구성되는 사회체제로 간주할 뿐만 아니라 변증법을 노동계급의 대항력 위에 부과되는 자본의 총체화 기도로 파악한다는 것이다. 자본은 이를 통해 노동계급의 대항력을 순전히 유익한 모순으로 전환시키고자 한다. 이러한 관점에서 보면 노동계급의 대항력은 반복적으로 변증법을 파열시키는 역능으로 나타나며, 변증법을 완전히 깨뜨릴 수 있는 잠재력을 지닌다.

의 투쟁이 자본에 대항하는 노동자로서의 활동을 넘어 대안적 존재양식의 구체화로 나아가야 하는 한, 즉 "자기가치화"의 과정이 되어야 하는 한 우리는 그만큼 더 맑스의 자본주의론을 넘어설 새로운 이론을 발전시켜야 한다.

게다가 코뮤니즘이 자본의 너머에 있는 미래의 사회질서가 아니라 바로 지금 진행되고 있는 자기가치화의 과정이라면 우리는 현재 안에서 새롭게 사유하고 "이론화하는" 방법을 모색해야 한다. 또한 지나간 투쟁의 역사가 보여 주듯이 우리는 자본주의 변증법의 한계 안에서 되살아나고 있지만 자율성이 충분히 성장하지 못하고 있는 혁신적 활동들도 물론 발견할 수 있다. 따라서 우리 앞에는 서로 맞물려 있는 두 가지 기획을 포함하는 하나의 연구과제가 놓여 있다. 첫째, 우리 자신의 자기활동이라는 관점에 입각해 공동의 적에게서 나타나는 전략의 변화(그리고 공동의 적과 싸울 최상의 방법)를 파악할 수 있도록 지속적으로 맑스주의 이론을 고쳐 써야 한다. 둘째, 새롭고 대안적인 분석 범주들을 찾아내어 그 가치를 정밀하게 평가해야 한다. 첫 번째 기획은 현재 진행 중인 계급투쟁의 내용을 조사하고 맑스주의 이론에 대한 우리의 현재적 해석이 적합한지 면밀히 검토할 것을 요구한다. 두 번째 기획은 출현하고 있는 자기가치화 과정들의 구성적 역능(과 한계), 이 과정들의 자기 개념화에 대한 탐색을 필요로 한다. 물론 양자는 완전히 분리된 기획들이 아니다. 자본의 지배활동에 대한 이해는 노동계급의 해방운동에 대한 이해를 요구하고, 노동계급의 해방운동은 긍정적인 대안적 존재양식의 창출뿐만 아니라 지배에 대한 저항까지 포괄하기 때문이다.

I

한 가지는 분명하다. 거대서사에 대한 포스트모더니즘의 이유 있는 항변에도 불구하고 해방을 위한 투쟁에 쓰이고자 하는 비판 사회 이론이라면 갖가지 지배의 형태들뿐만 아니라 자본주의 형태의 범지구적이고 총체화하는 특성까지 식별하고 파악할 때에야 비로소 스스로를 온전히 방어할 수 있다는 것이다. 우리는 자본이 사회관계들이나 이론 속의 총체화 경향들을 굳이 모방하려고 시도하지 않으면서도 어떻게 그 자체 내에서 사회의 총체화를 추구하는지 알 수 있다. 결국 이러한 총체화 기도들을 파열시키는 데 이바지하는 우리의 투쟁들 가운데 한 측면이 곧 우리의 자기가치화 기획들을 구성하는 또 다른 측면들만큼이나 다양한 우리의 이론인 것이다. 현대 맑스주의 이론은 환원론에 빠지지 않고 총체화에 저항하는 (이론들을 포함한) 복합적이고 독특한 요소들의 중요성을 통찰하면서 자본이 주도하는 기획의 총체성을 파악하는 방법론을 제시할 수 있도록 발전해야 한다.

지구성[보편성]과 특수성 : 계급구성 이론

자본의 총체성에 대항하는 독특한 요소들을 식별하고 분석하려는 시도들과 자본의 총체성을 파악하려는 다양한 맑스주의적 시도들은 과거에도 물론 존재했다. 그 세 가지 사례들은 다음과 같다. 첫째, 경쟁적인 국민적 자본 블록들에 의해 정복·분할·재분할된 세계라는 관점에서 자본주의를 시각화한 홉슨-부하린-레닌주의 류의 **제국주의론**이다. 둘째, 유사한 맥락에서 발전과 저발전의 위계구조라는 관점에 입각해 지구적 자본 질서의 파악을 시도한 **종속이론**이다. 셋째, 자본이 특유의 총체성 하에 세계를 결합시킬 수 있도록 만든 지구적 상호연관에 초점을 맞추어 온 **세계체제론**이다. 유감스럽게도 ─ 자본주의의 총체화에 대한 주목에서 시작된 ─ 세 사례의 이론화 양식들은 모두 계급투쟁 분석을 국민국가들 간의 대립에 관한 분석으로 대체하고 계급투쟁의 특수한 요소들을 상대적으로 경시하는 결과를 낳았다. 세 사례 전부는 자본의 총체성이 계급관계의 형태와 운동 방향을 규정하는 원동력으로서의 다양한 계급투쟁들을 내부화하려는 기도라는 점을 파악해 내지 못했다. 일반적인 것에서 세부적인 것으로 향하는 이 기획들의 경향으로 인해 자본주의 발전 논리를 바로 그 논리 자체에 맞서 투쟁하는 민중들의 자율적인 자기활동이라는 관점에서 파악하려는 시도는 어디에서도 이루어지지 않았다. 위의 이론들이 사회운동의 다양성과 차이를 강조하는 포스트모더니즘에 의해 전형적으로 활용되는 "거대서사"라는 비판을 피할 수 없었던 것도 바로 이러한 시도의 부재 때문이었다.

확실히 이 비판들은 타당하다. 하지만 위의 이론들이 일정한 호소력을 지니고 있음은 분명하다. 동구와 소련 사회주의의 붕괴 이후 자본주의 계급관계의 지구적 성격이 유례없이 명확해졌기 때문이다. 오늘날 국제통화기금을 앞세운 지구적 자본주의는 구사회주의 국가들의 제도적 틀을 낯익은 서구형 변종으로 전환시키고 있다. 이와 동시에 구사회주의 국가들의 붕괴와 현재 진행 중인 체제전환 시도들의 근저에서 중유럽과 서유럽 노동계급 투쟁 사이의 유사성이 갈수록 더 분명해지고 있다. 우리는 이제 이 투쟁들을 더욱 명료하게 이해하면서 그 유사점을 식별하고 있다. 우리가 그들의 제도적 틀에 더 익숙해지고 있을 뿐만 아니라 전통적인 동서간의 소통 장벽이 붕괴되면서 그들의 투쟁과 우리의 투쟁이 결합하고 있기 때문이다. 투쟁의 공동체들이 공명하는 가운데 새로운 공동 행동지침들도 구체화되고 있다. 여태껏 눈에 잘 띄지 않았던 저항과 자기가치화의 보고寶庫들이 대면접촉(예컨대 환경운동가들) 및 자율적인 컴퓨터 네트워크들(글라스넷, 피스넷 등)을 통해 서구의 그것들과 연결되고 있기 때문이다. 따라서 동구와 서구에서 이루어진 바로 저 사회적 투쟁의 발전은 자본주의 권력기구들의 명백한 통합을 불러왔다. 얄궂게도 포스트모더니즘의 이데올로기들이 현대의 사회적 투쟁들은 근본적으로 통약불가능하다고 떠벌리며 맑스주의 계급 분석과 계급투쟁 분석의 지위를 여러 쟁점들 가운데 하나로 격하시키던 바로 그 시점에 말이다. 결국 사회적 투쟁들이 아무리 자율적일지라도 자본주의적 억압의 편재하는 위협은 공동의 적과 맑스주의적인 분석의 지속적인 유용성에 대한 인식을 강화시킬 것임에 틀림없다. 맑스에게는 미안한 말이지만 아마도 이러한 위기의 특성은 "포스트모더니즘으로 벼락출세한 자들의 머릿속에 계급의 중요성을 주입시킬 것이다."

그러나 한편으로 문제의 비판들은 총체적인 것을 이론화하려는 위의 맑스주의적 시도들이 특수한 것을 파악하지 못한다는 점을 분명하게 부각시킨다. 이 문제는 종속이론과 세계체제론을 둘러싼 논쟁의 전개에서도 드러나듯이[2] 총체적인 것에 대한 분석을 보완하려

---

2. 종속이론과 세계체제론에 맑스주의자들이 가한 최초의 가장 강력한 비난 가운데 하나는 이 이론들이 유통 영역에 초점을 맞춤으로써 생산영역, 특히 현존하는 제3세계

는 차원에서 특수한 것에 대한 분석을 발전시키는 정도로는 해결될 수 없다. 필요한 것은 오히려 동시적으로 파악하는 능력이다. 자본이 부과하려는 총체성/지구성의 본질과 저 총체성에 저항해 온 자기활동의 다양성을 파악하면서도 반대편의 관점에서 각각의 사태 전개를 읽어낼 수 있는 능력 말이다. 우리에게 필요한 것은 더 나아가 (자본의 시각에서 이 문제들을 다루는 소위 부르주아 이론과는 반대로) 자본의 총체화에 대한 저항과 자본을 초월하려는 활동의 관점에서 이 모든 것들을 절합하는 이론이다. 따라서 문제는 과연 맑스주의 내부에 그러한 이론 또는 중요한 이론적 구성요소들을 제공하는 전통이나 [이론적] 발전의 소산이 존재하느냐다.

차이의 인정을 요구하는 포스트모더니즘과 총체화하는 자본의 특성을 강조하는 맑스주의에 응답할 수 있도록 발전해 온 맑스주의적 전통이 있다. 나는 이 전통을 "자율주의적 맑스주의"라 부른다. 이 전통은 포스트맑스주의가 흔히 수사학적인 비판 대상으로 삼는 저 결정론적 정통이론의 단순한 환원론을 오래 전에 폐기했다. 우리는 억압받는 다른 사회 부문들을 무시하거나 부차시하려던 협의의 노동계급 개념(산업 프롤레타리아)을 대신해 지난 수십 년 동안 복합적인

의 다양한 "생산양식들"을 무시했다는 것이다. 이러한 주장의 사례로는 안드레 군더 프랑크(Andre Gunder Frank)의 저작에 대한 에르네스토 라클라우(Ernesto Laclau)의 반론을 들 수 있다. 그러나 라클라우의 후속 연구 결과에서도 명확히 드러나듯이 단지 차이에 주목한다고 해서 차이에 대한 경시가 해소될 수는 없었다. 일단 차이에 주목하게 되면 (전체적인 것에 대한 이론을 포함한) 이론 전체를 새롭게 고쳐 쓰는 것은 불가피하다. 맑스주의 내에서 이 문제를 다룰 수 있는 방법을 찾지 못한 라클라우는 결국 포스트맑스주의로 이끌린다. 그러나 아래에 간략히 서술된 것처럼 또 다른 이들은 이 문제를 해결할 수 있는 방법을 제시했다.

계급구성 이론을 체계적으로 고안해 왔다. 이 이론은 환원론에 기대지 않고 다양한 인구집단들 내부의, 그리고 이 집단들 사이의 분할과 권력관계를 파악하기 위한 것이다. 자본은 이 분할과 권력관계에 기초해 사회적 공장 전역에서 노동에 대한 지배를 유지하려고 획책한다. 사회적 공장은 전통적인 공장뿐만 아니라 자본이 노동력 재생산의 요구에 맞도록 형태화하려고 시도해 온 공장 밖의 삶까지 포괄하는 것으로 간주된다.[3] 계급구성 이론은 노동계급의 관점에서 맑스의 자본구성 분석을 역전시켜 노동계급 역능의 변화하는 "구성" 이론을 구축한다.[4] 따라서 이 노동계급 개념은 자본의 논리에 (어느 정도) 종속되어 온 모든 삶들을 포괄하는 한편 그러한 삶들 사이의 차이와 갈

---

3. 계급구성 이론의 발전에 대한 개관으로는 필자의 저서 *Reading Capital Politically* [『자본론의 정치적 해석』, 권만학 옮김, 풀빛, 1986] 서문을 보라. 이 이론의 일부 주제들은 아나코-코뮨주의와 평의회 코뮨주의 경향 내에서 등장하기 시작했다. 그 후 이 이론은 1940년대에 미국과 프랑스에서 근대적인 형태를 갖추기 시작했으며, 1960년대 들어 이탈리아에서 구체화되고 정제되었다. 계급구성 이론은 노동계급의 자율성뿐만 아니라 특정한 노동계급 부문들의 구체적 특수성들까지 동시에 파악할 필요성을 인식한 제임스(C. L. R. James), 두나예프스카야(Raya Dunayevskaya), 『사회주의냐 야만이냐』편집진의 통찰로부터 맑스언의 이론과 실천 분석을 체계화한 판찌에리(Raniero Panzieri), 알꽈티(Romano Alquati), 뜨론띠(Mario Tronti), 달라 꼬스따(Mariarosa Dalla Costa)의 작업을 거쳐 더욱 가깝게는 『제로워크』, 『미드나잇 노트』, 『전미래』편집진 및 그 동료들에 의해 저술된 미국과 프랑스의 역작들에 이르기까지 집중적인 이론 발전과 광범위한 적용 과정을 거쳐 왔다.
4. "역전"의 방법론적인 차원에 대한 보다 상세한 논의로는 H. Cleaver, "The Inversion of Class Perspective in Marxist Theory, from Valorization to Self-Valorization," in W. Bonefield, R. Gunn and K. Psychopedis (eds) *Open Marxism*, London : Pluto Press, 1992[해리 클리버, 「마르크스주의 이론에 있어서의 계급 관점의 역전」, 『사빠띠스따』, 이원영·서창현 옮김, 갈무리, 1998]를 보라. 계급구성 이론과 마이클 리보위츠(Michael Lebowitz)가 자신의 저서 *Beyond Capital*에서 맑스의 자본 분석을 보완하기 위해 "임노동의 정치경제학"을 발전시킬 것을 요청할 때 의도했던 것 사이에는 상당한 유사점이 있는 것으로 보인다.

등 또한 정확하게 이해한다. 계급구성 이론은 다양한 노동계급 부문들이 투쟁 순환을 통해 자본의 변증법을 파열시키는 능력과 고유의 목표 달성 능력을 증대시키기 위해 부문들 간의 관계를 "재구성"하는 방식을 탐색한다. 시간의 경과와 더불어 재구성의 동학이 작동하면 자본은 이에 대응하여 지배력을 복원하기 위한 - 자기활동에 대한 억압 그리고/또는 내부화를 수반하는 - 노동계급의 "탈구성"을 추구할 수밖에 없다. 계급구성 분석은 변화하는 역사적 맥락 속에서 모든 개념들을 체계적으로 재가공하는 작업을 수반하면서 20세기 자본주의의 발전을 포괄적으로 분석해 왔다.

『자본』 1권에서 상세하게 설명된 맑스의 "집합적 노동자" 개념에 대한 재구성은 자본주의 계급관계 변화에 비추어 맑시언의 핵심 개념을 고쳐서 다시 만든 주요 사례 가운데 하나다. 숙련된 기술노동에서 상대적인 미숙련 대량생산 노동으로의 전환에 대한 역사적 검토는 포드주의-케인스주의 시기의 "대중노동자"론으로 이어졌다.[5] 이러한 재작업은 노동계급 부문들의 자율성과 상호연관성(상보성과 상충성)을 분명히 하면서 새로운 노동계급 구성의 복합성에 관한 분석들을 낳았다. 이 새로운 노동계급 구성에는 임금소득이 없는 주부, 학생, 농민, 도시 "주변인" 등 통상적으로 노동계급의 외부로 규정되던 집단들은 물론 임금을 받고 일하는 프롤레타리아 내부의 다양한

---

5. "대중 노동자" 이론의 발전 과정은 최근 세르지오 볼로냐(Sergio Bologna)에 의해 조사·분석된 바 있다. Sergio Bologna, "Theory and History of the Mass Worker" in *Common Sense : Journal of the Edinburgh Conference of Socialist Economists*, #11, Winter 1991 and #12, Summer 1992를 참조하라.

부문들도 포함되었다.[6] 다양성을 둘러싼 이러한 인식과 분석은 포드주의-케인스주의 시기의 위기를 거쳐 현 단계 자본주의 위기에 이르도록 계속되고 있다.[7] 이러한 분석은 노동에 대한 명령권을 복원하려는 자본의 시도가 거둔 성과와 한계를 규명하는 것은 물론 우리의 투쟁이 갖는 강점과 약점을 밝히는 데서도 필수적인 도구들을 제공해 왔다.

맑스주의 계급구성 이론은 포드주의-케인스주의식 명령의 위기와 더불어 시작된 시기 동안 자본주의 계급관계의 위기에 대한 역사적 분석을 제공해 왔다. 우리는 최근 25년간 두 개의 국면에 걸쳐 이 위기를 겪고 있다. 첫째, 광의의 노동계급이 일으킨 복합적이고 상호 연관된 반란의 국면이다. 이 반란은 계급권력 구조의 정치적 재구성 과정을 통해 자본주의적 명령의 힘줄을 파열시켰다. 둘째, 자본주의적 반격의 국면이다. 이 국면에서는 사회를 종속시키는 자본주의 특유의 능력을 회복하기 위해 노동계급의 역능을 탈구성하려는 시도가 이루어졌다. 고립과 차이를 극복하고 그 자체 내에서, 그리고 또 다른

---

6. 자본주의 재생산을 사회적 공장으로 이론화한 뜨론띠(Mario Tronti)와 자본주의 내에서 가사노동이 수행하는 역할에 대한 달라 꼬스따의 연구는 맑스주의 이론을 훨씬 더 포괄적인 노동계급의 특성에 적합하도록 개조하는 작업에서 중대한 계기로 작용했다. Mario Tronti, *Operai e Capitale*, Torino : Einaudi, 1964(이 책의 중심적인 장(章)은 『텔로스』(*Telos*) 17호에 "사회적 공장"이라는 제목으로 수록되어 있다), Mariarosa Dalla Costa and Selma James, "Women and the Subversion of the Community", 1972를 참조하기 바란다. 셀마 제임스, 필자, 앤 루카스 드 루피냑(Ann Lucas de Rouffignac), 구스따보 에스떼바(Gustavo Esteva) 등은 농민과 도시 "주변인" 노동의 자본주의적 특성에 관한 후속 연구를 수행했다.

7. 따라서 위기는 노동계급의 반란 속에 자리 잡고 있다. 노동계급의 반란은 이 계급이 더 이상 포드주의 축적체제 및 케인스주의 국가관리(國家管理) 역할과는 양립할 수 없는 존재로 스스로를 변화시킴에 따라 일어난다.

부문들로 투쟁을 순환시키는 다양한 노동계급 부문들의 능력은 두 국면 내내 주요 쟁점으로 떠올랐다.[8] 노동계급 부문들의 투쟁이 성과를 거둔 곳에서는 계급전쟁의 확고한 기반이 다져졌다. 반면에 이 부문들의 투쟁이 제대로 이루어지지 못한 곳에서는 자본의 반격이 성공을 거두었다.

우선 1960년대 후반~1970년대 초반의 "계급구성" 분석은 전후의 지구적 자본주의 권력구조, 즉 포드주의-케인스주의-팍스 아메리카나를 파열시킨 (농민·학생·여성·산업노동자·공공부문 노동자 등의 투쟁을 포함한) 다양하고 상호 연관된 투쟁들로 이루어진 투쟁주기가 (자본의 반응에서 드러난 폭력성의 핵심에 자리 잡은) 자본의 위기를 촉진하는 방식을 보여 주었다. 즉, 계급구성의 틀에 입각한 작업들은 이 투쟁들이 어떻게 계급 역능의 정치적 재구성을 이루어 내면서 사실상 자율적인 방식으로 독자적인 목표들을 향해 나아가는지를 보여 주었다.[9] 계급구성 이론은 그 후 인플레이션과 디플레이션을

---

8. 여기서 "부문들"이라는 용어는 노동계급 내 다른 부분들과의 관계에서 스스로를 자율적으로 조직해 온 각양각색의 세분화된 부분들, 예컨대 여성, 흑인, 학생, 흑인학생, 흑인여성 등을 가리키는 느슨한 의미로 사용된다.

9. 유럽을 중심으로 이 과정을 분석한 초기의 글들은 1960년대 후반에서 1970년대 초반 무렵 이탈리아에서 출현했지만(그 가운데 일부 글들은 잡지 *Radical America*와 『텔로스』에 산발적으로 번역·수록되었다), 세부적인 [계급구성] 분석을 수록한 미국 최초의 노작은 1975년 12월에 발행된 『제로워크』 창간호였다. 이 잡지 창간호에 실린 글 대부분은 〈미드나잇 노트 그룹〉(Midnight Notes Collective)의 *Midnight Oil : Work, Energy, War, 1973-1992*(Brooklyn : Autonomedia, 1992)에 포함되어 재간행되었다. 계급구성의 관점에 기초한 분석을 희석시키고 그로부터 혁명적 정치관을 박탈해 버린 판본들은 프랑스식 "조절"이론과 미국식 "사회적 축적구조론"으로 나타났다. 이름에서도 암시되듯이 이 이론들은 분석의 초점을 노동계급의 역능에서 자본주의적 명령의 필요조건으로 전환시켰다.

활용한 국제통화 재편, 산업과 사회의 재구조화 등 1970~80년대에 개시된 갖가지 자본주의적 반격에 맞서 우리의 대응에서 드러난 실수와 영속적인 우리 힘의 원천을 정확하게 기술했다.

계급구성 이론에 기초한 분석들은 우리의 약점이라는 부정적 측면과 관련하여 왜 위기로 점철된 지난 20년 동안 우리가 겪은 패배의 원인 대부분을 분할지배를 막아 내지 못한 우리의 무능력에서 찾아야 하는지를 분명히 보여 주었다. 즉, 우리의 힘에 대한 성공적인 탈구성을 저지하지 못한 우리[자신]의 무능력 말이다. 자본은 1970~80년대의 국지적 기근, 질병과 기아(특히 아프리카 기근)의 강제에서 시작해 긴축(실업과 실질임금 하락)과 경찰력을 동원한 억압(멕시코, 브라질, 모잠비크, 미국의 사양화된 공업지대, 워싱턴과 로스앤젤레스의 게토지구)의 부과를 거쳐 전쟁과 대대적 파괴(파나마, 페르시아 만)의 강요에 이르는 전 지구적 차원의 수완을 발휘했다. 이 지독히 파괴적인 반격의 성패는 ─ 부분적으로는 정보와 소통의 순환을 조작함으로써 ─ 목표 집단을 고립시키고 외부의 지지 기동을 차단할 수 있느냐에 달려 있었다.[10] 미국의 경우에 특정한 부문들을 겨냥한 반격은 성차별주의, 인종주의, 민족 배외주의 등 가장 악랄한 인간분할 이데올로기들을 부채질했다. 이러한 양상은 특히 (여성운동, "소수자"운동,

---

10. 걸프전 기간 동안 전쟁의 야만적 실상이 세계 앞에 명백히 드러나는 것을 막기 위해 국가가 자행한 노골적인 뉴스 매체 조작은 ─ 이러한 조작은 미국 내에서 비판적 기사들을 분출시키는 결과를 초래했다 ─ 일상적인 소통의 제한과 왜곡[이 초래하는 위험]에 관한 중대하고도 공공연한 교훈을 안겨 주었다. 소통에 가해지는 제한과 왜곡은 특정한 집단에 속한 사람들이 그들 자신과 타자들 앞에 놓인 상황의 공통성을 인식하지 못하도록 가로막는다.

이주자들의 자기 가동 등) 다수의 대립들을 가로지르는 요구를 제기하고 투쟁하는 부문들에 대한 반격에서 두드러지게 나타났다.[11] 사법적·입법적 수단을 활용한 젠더권 공격, 복지예산 삭감, 마약과의 전쟁, 인종적 소수자의 권리 공격에 대한 지지 동원을 목표로 한 이 이데올로기 공세들은 이미 게토화된 소수 집단을 표적으로 삼으면서 이주자들의 자율성 순환을 노골적으로 억압하는 방향으로 나아갔다. 이러한 공식적 국가폭력은 당연히 강간, 동성애자 학대, 스킨헤드족의 소수자 및 이주민 공격을 조장하는 사적 폭력의 팽창을 용인했다.

긍정적인 측면에서 볼 때 계급구성 이론은 이러한 공격에 저항하는 우리의 역능을 자본의 무능력 속에 위치시키는 데 기여했다. 현존하는 연결망들을 파괴할 수도 통제할 수도 없고, 자본주의 명령 메커니즘의 해체와 우리 자신의 자율적인 목표 추구에 참여하는 사람들 사이에서 심화된 연계가 형성되는 것을 차단하지도 못하는 자본의 무능력 말이다. 자본의 반격이 맛본 실패를 다룬 후속 연구들은 자본주의의 공격에 맞선 저항과 지속적인 자율성의 형성을 가능케 한 변형 과정들에 대한 이해를 시도했다.[12]

국제적인 측면에서 보면 독자적인 행동계획을 내걸고 지켜 낸 니카라과 혁명가들의 역능이나 팔레스타인 민중들의 봉기[Intifada] 역능

---

11. 이러한 선동은 최고위 정치인들에 의해 전파되었다. 예컨대 인종주의의 경우에는 조지 부시나 지스카르 데스탱(Giscard d'Estaing)의 얄팍하게 가려진 인종주의와 데이비드 듀크(David Duke), 장-마리 르펭(Jean-Marie Le Pen), 외르크 하이더(Jörg Haider) 또는 독일 신나치주의자들의 보다 공공연한 인종주의를 들 수 있다.

12. 미국에서 이러한 역사 연구는 주로 (1970년대의) 『제로워크』와 (1980~90년대의) 『미드나잇 노트』 기고자들, 그리고 두 잡지로부터 영향을 받은 사람들에 의해 수행되었다.

은 명백히 국제적인 관계망에 의지했다. 이 관계망은 군사적 억압을 가하려는 미국과 이스라엘 정부들의 성향이 실행되지 못하도록 억지력을 발휘했다. 신문 용지에서 사이버 공간으로 진화한 이 네트워크들을 통한 급속도의 정보 확산은 산디니스따 정권[13]을 겨냥한 미국의 파병과 팔레스타인 민중 투쟁을 겨냥한 이스라엘의 잔학한 억압에 반대하는 대중적 저항의 기동에서 핵심적인 요소였다(그로 인해 미국은 콘트라 반군과 경제 봉쇄에 의지해야 했다). 마찬가지로 — 비록 전쟁을 막아내지는 못했지만 — 1990년 가을에 발발한 걸프전의 가능성에 대비하기 위한 운동이 놀랄 만큼 신속하게 기동한 것도 군비 증강에 저항하는 사람들의 능력 덕분이었다. 이들은 지역 조직화에 쓰일 대항정보를 확산시키는 데 지구적 컴퓨터 통신 시스템(특히 피스넷)을 활용했다. 소규모임에도 더욱 끈질기게 전개된 남아공 해방

---

13. [옮긴이] 〈산디니스따 민족해방전선〉(FSLN, Frente Sandinista de Liberación Nacional)의 구성원들을 가리킨다. FSLN은 1962년 소모사 일족의 장기독재에 저항하는 니카라과 무장조직들이 모여서 결성한 정치단체다. 산디니스따는 미국의 군사적 침공을 격퇴한 1930년대 게릴라 투쟁의 지도자 아우구스또 세사르 산디노(Augusto Cesar Sandino)를 기리기 위해 붙인 이름이다. FSLN은 창설 이후 토지개혁과 주요 산업 국유화를 강령으로 내걸고 치열한 반미·반독재 투쟁을 전개했으며, 결국 1979년 소모사 정권을 무너뜨리고 혁명정부를 수립했다. 1984년 선거에서 FSLN의 오르떼가(José-Daniel Ortega Saavedra)는 과반수 지지를 얻어 대통령에 선출된다. 그러나 FSLN은 콘트라 반군과의 장기 내전으로 빚어진 삶의 피폐화, 미국의 무자비한 금수조치로 인한 경제적 곤궁, 긴축정책과 공공 서비스 축소 등 혁명 공약의 후퇴에 따른 실망감, 미국의 지원을 등에 업은 야당의 공세라는 안팎의 난제를 극복하지 못하고 11년 만에 권력을 넘겨주고 말았다. 그 후 〈입헌자유연합당〉(PLC)에 반대하는 니카라과인들의 지지에 의지해 야당으로서의 영향력을 유지하던 FSLN은 천신만고 끝에 2006년 선거에서 오르떼가를 대통령에 재당선시켰다. 그러나 재집권에 성공한 오르떼가 정부의 새로운 중립주의 노선에서 과거 혁명정부 초기에 FSLN이 보여주었던 모습은 더 이상 찾아보기 어렵다.

운동은 고립에서 벗어나 (불매운동과 투자철수 압력으로) 아파르트헤이트에 대항하는 전 세계의 반인종주의 운동을 기동시켰다. 남아공 해방운동 역량의 토대를 이루는 이 능력은 남아공 해방투쟁의 발전 가능성을 넓힌 최근의 모든 변화들을 강제했다. 아마도 가장 극적인 것은 이러한 반란의 표상들이 매우 급격하게 이 나라 저 나라로 동시에 순환함으로써 중유럽의 소련식 공산주의에 저항하는 정치혁명의 들불 같은 확산에서 핵심적인 역할을 했다는 점일 것이다.

미국에서는 이러한 연계들이 천 배나 증가했다. 이 연계들은 사회적 투쟁의 장 곳곳에 존재하는 저항의 역능과 구성적 역능을 설명해준다. 해방과 자율로의 전진을 가로막는 반동에 맞선 미국 여성들, 사회보장 및 의료 서비스 공격에 맞선 노인층, 에이즈 확산 방치에 맞선 게이 공동체, 학교급식과 식품권 제도 축소에 맞선 학부모·학생·빈민들의 저항은 1980년대 레이건 정부의 "사회적 의제"를 좌절시킨 투쟁의 전형들이다. 이 투쟁들로 인해 레이건 정부는 사회적 의제를 추진하려는 시도를 단념하거나 민간발의 또는 지방발의(예컨대 낙태권에 대한 공격, 주^州 입법, 미디어의 페미니즘 비웃기, 게토지구의 복지급여 부정수급과 노상범죄 들춰내기, 공립학교 사립화 공세)에 의지해야 했다. 레이건 정부는 심지어 내키지 않는 추가적 양보(예컨대 에이즈 연구 및 구제활동 예산 증액, 식품권 예산 증액)를 수용하기도 했다.[14]

이 집단들 사이에서 (단순한 저항을 넘어) 상황을 능동적으로 주도하는 투쟁들이 지속되고 있다는 사실은 교육과 같은 영역들에서

---

14. H. Cleaver, "Reaganism et rapports de classe aux États-Unis," in M-B Tahon and A. Corten, *L'Italie : le philosophe et le gendarme*, Montréal : VLB, 1986.

자기계발의 공간과 기회를 확대하려는 여성, 게이, 인종적 소수자 들의 끊임없는 운동을 통해 확인할 수 있다. 이들은 교육 영역의 학생이자 교수로서 새로운 자기이해와 자율적인 기획들을 구체화하는 데 필요한 시간과 기회를 제공해 줄 교육과정 및 전반적 학습 프로그램을 창출했다. 이 프로그램들은 은폐된 여성사와 성적 다양성의 역사 탐구에서 아프리카 중심주의 탐구까지를 망라한다. 이 투쟁들의 힘, 이 투쟁들이 일궈 낸 현대사회 비판의 확산, 그리고 자율적인 의제를 추진하는 과정에서 이 투쟁들이 거둔 성과는 "정치적 올바름", 다양성, 다문화주의를 겨냥한 최근의 이데올로기적 반발은 물론 포스트모더니즘을 특징짓는 차이의 강조에 공명하는 사람들도 함께 낳았다.

새로운 사회적 주체들의 자율성과 자기가치화

계급구성 이론은 이처럼 진화하는 갈등양식들이 계급관계의 특성에 물질적 기초를 두고 있다고 주장한다. 갈등양식들이 앞에서 언급한 투쟁들을 통해 발전해 왔기 때문이다. 노동계급의 구성이 점점 더 자본으로부터 자율화되어 온 방식을 파악하려는 시도들은 (계급투쟁의 범위를 넘어서 있는 운동에 대한 분석은 물론) 오늘날의 계급투쟁이 지닌 특성에 대한 분석 중에서도 가장 흥미로운 측면들에 속한다.

나는 "자율주의적" 맑스주의라는 용어를 특정한 맑스주의 전통을 가리키는 데 사용해 왔다. 이 전통은 자본주의적인 착취와 지배에 저항하면서 특유의 관심사에 따라 행동하는 노동자들의 능력을 식별하고 가치화하려는 경향을 줄곧 견지해 왔다. 노동계급 이론의 관점에서 이러한 경향의 주요한 결과는 자본에 대한 노동자들의 자기활동과 노동계급 내의 다른 부문들에 대한 각 부문들의 자기활동을 동시에 식별하고 이론화했다는 것이다. [후자의 경우] 예컨대 남성에 대한 여성의 자기활동과 백인에 대한 흑인의 자기활동을 들 수 있다. 숙련 기술노동자 연구는 부분적으로 생산과정의 통제에서 발휘된 그들의 자율성을 강조했다. 대중노동자 연구는 부분적으로 노동과정 그 자체로부터 벗어나려던 그들의 자율성을 부각시켰다. 포드주의-케인스주의 시기를 파열시킨 투쟁주기에 관한 연구는 작업현장, 논, 교실, 단독주택 등에서 이뤄진 모든 형태의 자본주의적 노동 강제에 대항하는 투쟁을 강조했다. 계급구성 이론은 지배의 특수한 요소들, 그리고 저항과 전복의 특수한 요소들을 규명하기 위해 "사회적 공장"의 수많은 영역들을 탐구했다. 예컨대 달라 꼬스따Mariarosa Dalla Costa, 셀마 제임스Selma James, 실비아 페데리치Silvia Federici 등은 여성의 일상생활을 자본의 이익에 복무하는 가사노동, 즉 노동력으로서의 생명을 생산·재생산하는 노동으로 전환시키는 은폐된 성별관계 구조를 조사했다. 이와 동시에 그녀들은 여성들로 하여금 이러한 노동에 저항하면서 일상생활의 자본주의적 종속을 파열시킬 역능을 발전시키도록 만든 힘의 원천을 식별하려고 시도했다. 이 모든 사례들에서 저 자율성의 수준과 특성은 자본의 위기와 그 반응상의 특성(특정성과 폭력성)뿐만 아니라 구체적인 해방의 가능성까지 명확히 보여 준다.

이 분야의 일부 연구자들은 노동자 투쟁들의 자율적 특성과 그 해방의 가능성 사이에 놓인 연관을 파악하려는 시도 속에서 자본주의적인 착취에 저항하는 투쟁(또는 그 저항적 측면들)과 착취를 넘어 새로운 방향으로 나아가고자 하는 투쟁을 구별하기 시작했다. 후자의 운동에 대한 한 가지 개념화 방식은 — 자본주의와 정신분열증에 관한 두 권의 저서에서 들뢰즈와 가따리가 분석한 바 있는 — 욕망의 자율성과 자기해방이라는 관점에 입각한다.[15] 또 하나의 개념화 방식은 이탈리아 신좌파 내부의 발전 과정을 거쳐 "자기가치화"라는 용어로 구체화된다. 맑스가 스스로 증식하는 자본의 특성을 가리키면서 "자기가치화"라는 용어를 자주 자본주의적 가치증식과 호환 가능한 것으로 취급했다면, 네그리는 이 용어를 차라리 노동계급의 자기결정을 가리키는 데 사용할 것을 제안한다. 따라서 네그리의 자기가치화 auto-valorizzazione는 자본에 대항해서는 물론 그들 자신을 위하여 not only against capital, but for themselves 고유한 실존을 만들어 나가는 자율적인 주체들로서의 노동자들의 행동양식을 가리킨다. 비록 실제로는 저항과 자기가치화라는 두 계기의 식별이 종종 난관에 부딪힐지라도 이러한 구별은 노동계급이 지배에 맞서 대응하는 데 그치지 않고 자기활동을 통해 새로운 세계를 구성하는 혁명적 주체로 생성되어 간다는 이해에 필수적이다.

이 용어 auto-valorizzazione는 노동계급의 자기가치화를 단일한 것이 아니라 다양한 것으로 개념화하면서 발전했다. 따라서 이 용어는 노동계급의 자율성과 다양한 노동계급 부문들의 자율성을 동시에 식별하는 "자율주의적 맑스주의" 전통을 이론적으로 절합한다. 다른 모든 활동들과 마찬가지로 자본이 지배하려는 민중들의 다양성에 뿌리를 둔 자

---

15. Gilles Deleuze and Félix Guattari, *L'Anti-oedipe*, Paris : Editions de Minuit, 1972 [질 들뢰즈·펠릭스 가타리, 『앙띠 오이디푸스』, 최명관 옮김, 민음사, 2000] 그리고 *Milles Plateaux*, Paris : Editions de Minuit, 1980 [『천 개의 고원』, 김재인 옮김, 새물결, 2001].

기가치화의 다양성을 인정하고 수용한다는 것은 하나의 온전한 정치학을 함축한다. 사회주의를 포스트자본주의적인 단일체로 간주하는 전통적 사회주의관을 거부하고 자본주의로부터 코뮤니즘으로의 "이행"을 현재에서 미래로 향하는 흐름 속에서 현존하는 자기가치화 형태들을 더욱 구체화하는 것으로 새롭게 정의하는 정치학 말이다.[16]

계급구성 이론은 새롭게 출현하는 사회적 주체들의 자율성과 그에 수반되는 다양한 자기가치화의 경로들을 이처럼 인식한다는 점에서 — 노동과정에 관한 사회학자들의 작업이나 "조절이론"에 기초한 경제학자들의 작업과 같은 — 현대의 계급관계 발전을 파악하려는 여느 맑스주의적인 시도들과 근본적인 차이를 보인다. 두 경우 모두에서 기본적인 변화에 대한 인식은 그런대로 분명하게 나타난다. 그러나 초점은 변화에 대한 자본주의적인 조작*과 자본주의적인 명령의 재편성에 맞춰진다. 현대 자본주의의 위기와 관련하여 사회학자들이 날로 유연화되고 있는 자본의 노동 조직화와 노동 착취 방식에 몰두하고 있다면 조절이론가들은 축적체제와 자본주의 조절양식에 지속적으로 마음을 빼앗기고 있다. 양자는 변화를 "포드주의"에서 "포스트포드주의"로의 변동으로 간주한다. 이러한 용어 선택은 저들의 관심이 자본에 집중되어 있음을 보여 준다. 맑스주의 계급구성 이론과 자

---

16. 자본주의에서 코뮤니즘으로의 이행에 대한 재정식화와 사회주의 개념의 한계에 관해서는 lesson 8 in Antonio Negri, *Marx Beyond Marx*, Brooklyn : Autonomedia, 1991[안토니오 네그리, 『맑스를 넘어선 맑스』, 윤수종 옮김, 중원문화, 2012] 그리고 Harry Cleaver, "Socialism" in Wolfgang Sachs (ed), *The Development Dictionary : A Guide to Knowledge as Power*, London : Zed Books, 1992 [볼프강 작스, 『반자본 발전사전』, 이희재 옮김, 아카이브, 2010]를 보라.

기가치화 이론의 관점이 지닌 특색은 이 이론들이 역전시킨 초점 그 자체에서 곧 분명하게 드러난다. 두 이론은 다양한 사회적 동학의 핵심에 자리 잡은 능동적인 노동계급 주체의 특성에 주안점을 둔다.[17]

최근의 위기 및 재구조화 시기와 관련하여, 자본주의 지배 메커니즘 안에서/대항하며/넘어서는 민중의 자기활동에서 발현된 자율성에 대한 강조는 이탈리아와 프랑스의 일부 노동계급 구성 이론가들로 하여금 다음과 같은 주장으로 나아가게 했다. 즉, "포드주의"가 처한 위기의 중심과 포스트포드주의적인 지배 형태를 구축하려는 자본주의적 시도들의 근저에 대중노동자의 주체성에서 생겨난 새로운 노동계급 주체성이 자리 잡고 있다는 것이다. 이 이론가들은 자본주의적 지배를 파열시킨 데 이어 오늘날의 자본주의적 종속 시도를 계속해서 좌절시키고 있는 저 주체성의 긍정적인 특징을 이해할 때에야 자본주의적 종속의 시도든 해방의 가능성이든 비로소 이해할 수 있다고 주장한다. (지금은 다양한 주체성들로 간주되는) 이 새로운 주체성에 대한 한 가지 초기적인 정의는 새로운 "두더지 부족"The Tribe of

---

17. 노동계급 주체의 관점보다는 오히려 자본주의적 통제의 관점을 취하는 조절이론의 경향을 부각시킨 글로는 Yann Moulier, "Les Theories Américaines de la 'segmentation du marché du travail' et italiennes de la 'composition de classe' à travers le priseme des lectures françaises," *Babylone* no. 0, 1981-1982; W. Bonefeld, "Reformulation of State Theory," *Capital & Class* 33, 1987; J. Holloway, "The Great Bear, post-Fordism and class struggle," *Capital & Class 36*, 1988(reprinted in Bonefeld & Holloway(eds.), *Post-Fordism & Social Form*, London : Macmillan, 1991); 그리고 G. Cocco et C. Vercellone, "Les Paradigmes Sociaux du Post-Fordisme," *Future Antérieur* no. 4, 1990 등이 있다. 초기의 조절이론가들이 계급구성 이론에 정통했음을 보여 주는 증거들에 비추어 볼 때 이러한 선택은 확실히 조절이론의 판이한 정치적 성향에 대한 자각이자 그 징후였다. 리피에츠(A. Lipietz)의 저작 *Crise et Inflation, Pourquoi?*(Paris : Maspero, 1979)에 수록된 "노동자주의"에 관한 논의를 보라.

Moles을 식별한 세르지오 볼로냐Sergio Bologna에 의해 1970년대에 제시되었다. "두더지 부족"이란 고도의 기동성을 지닌 기성체제 거부자, 시간제 노동자, 시간제 학생, 지하경제 참여자, 사회적 공장 속에 존재하는 대중노동자 조직의 분절화와 이 조직 내부의 위기를 촉진하는 일시적이고 변화무쌍한 사회적 삶의 자율 공간 창조자들로 구성된 느슨한 집단을 뜻한다.[18] 새로운 주체성에 대한 또 하나의 정의는 안또니오 네그리에 의해 제시된다. 네그리는 삶의 모든 계기마다 자기활동을 통해 자본주의적 지배 구조에 저항하는 바로 저 주체에 의해 사회적 공장의 위기가 초래되는 상황에 초점을 맞춰 "사회적 노동자"라는 용어를 사용했다.[19]

최근 몇 년간 네그리는 다양한 프랑스 및 이탈리아 맑스주의자들과의 공동 작업을 통해 진화하는 "사회적 노동자"의 특성을 규명하려는 노력을 기울여 왔다. 노동계급 구성 이론가들의 작업을 대표하는 네그리와 그의 동료들은 최근의 자본주의 지배 형태에 대한 사회학

---

18. Sergio Bologna, "La tribù delle talpe" *Primo Maggio* no. 8, 1977. 두더지 부족을 영어로 옮긴 "The Tribe of Moles"라는 표현은 Red Notes & the CSE, *Working Class Autonomy and the Crisis*, 1979에 등장한다. "일시적 자율 공간"은 볼로냐의 저작이 아니라 하킴 베이(Hakim Bey)의 저작 *T.A.Z.: The Temporary Autonomous Zone, Ontological Anarchy, Poetic Terrorism*, Brooklyn : Autonomedia 1991에서 빌려 온 용어다.

19. 로마노 알콰티(Romano Alquati)가 고안한 "사회적 노동자"(operaio sociale)라는 용어는 1970년대 후반 무렵 네그리에 의해 차용되었다. Romano Alquati, N. Negri and A. Sormano, *Università di ceto medio e proletariato intellectuale*, Turin : Stampatori (1976); A. Negri, *Dall'Operaio Massa All'Operaio Sociale*(1979); A. Negri, "Archeologia e proggetto : L'operaio massa e l'operaio sociale" in *Macchina Tempo* (1982)를 보라. 세 저작 중 마지막 글은 영역본으로도 접할 수 있다. "Archaeology and Project : The Mass Worker and the Social Worker"는 *Revolution Retrieved : Selected Writings of Toni Negri*, London : Red Notes, 1988 [안토니오 네그리, 『혁명의 만회』, 영광 옮김, 갈무리, 2005]를 참조하기 바란다.

적 분석을 넘어서 새로운 노동계급의 자기활동 형태를 발견하려고 시도했다. 대중노동자나 두더지 부족이 활동하던 앞선 시기에 관한 연구와 마찬가지로 이러한 시도의 목표는 노동계급의 자기활동 역량에 내재된 해방의 가능성을 식별하는 데 있다. 네그리와 그의 동료들은 이러한 시도를 통해 포스트포드주의 이론가들이 "컴퓨터 및 정보사회"와 연관시키는 대인적인 상호작용과 정보교류 속에서 나날이 집합적 특성을 더해 가는 "소통"(즉, 소통에 대한 통제력)의 전유를 발견했다고 확신한다.

이들의 분석은 다음과 같다. 대량생산 시기는 (공장 안팎에서 이루어지는) 정신노동과 육체노동 간의, 그리고 이 노동들 내부에서의 극단적인 분업을 특징으로 했다. 이러한 극단적 분업은 모든 종류의 집단적 쌍방향 소통체계에 대한 일상적 참여를 소수의 숙련된 노동자들(예컨대 엔지니어와 과학자)로 제한했다. 반면에 계급투쟁의 동학은 이러한 분업의 기반을 약화시키고 있는 노동의 시공간적 재구성을 점점 더 촉진해 왔다. 한편으로 자동화는 제조업뿐만 아니라 서비스업에서도 단순 육체노동의 역할을 극적으로 감소시키고 있다. 이와 동시에 지구적 차원의 조정과 부단한 혁신에 대한 요구는 정신노동의 역할은 물론 그 집합적 특성까지 확대시켰다. 이러한 요구는 정보 흐름의 조작, 생산과정 내에서의 지식정보기반 의사결정, 독자적인 기획, 창의성, 복잡한 협력망들의 조정을 요하는 더욱더 많은 수의 직무들을 창출했다.[20] 자동화와 소통이라는 두 가지 추세의 영향력은 육체노동과

---

20. B. Coriat, *L'Atelier et le robot*, Paris : Christian Bourgois, 1990; M. Lazzarato, "Les caprices du flux, les mutations technologiques du point de vue de ceux qui les vi-

정신노동 사이의 전통적인 구분을 허무는 데도 기여했다. 이러한 양상은 특히 "정보사회" 관련 부문들에서 두드러졌지만 그렇다고 이 부문들에 국한되지는 않았다.[21] 요컨대 사회적 차원에서 볼 때 이 새로운 사태는 점점 더 자립화하는 집합적 주체, 즉 "사회적 노동자"의 출현에 따른 자본주의적 명령의 적응 형태를 구체적으로 표현한다. 이 집합적 주체의 본질상 지성적인 노동과 유희의 자기조직화는 제한하고 통제하는 자본의 능력을 거듭해서 넘어선다.

새롭게 출현하는 집합적 주체에 대한 분석은 이 주체가 계급구성 전반에 걸쳐 그 자신의 헤게모니를 부과하기 시작했음을 시사해 왔다. 이는 "대중노동자"가 선행한 "포드주의적" 자본주의 발전의 시기를 지배한 방식과 대체로 유사하다. 즉, "대중노동자"(포드주의) 시기 동안 조립라인 공장에 고용된 노동자들은 전체도 대다수도 아니었지만 그럼에도 불구하고 그들 자신의 조직화를 통해 다른 모든 노동자들에게 영향을 미치는 패러다임의 중핵을 형성했다. 요컨대 오늘날 이 집합적 주체의 새로운 특성(연계된 지성적 협동, 사회적 소통의 전유, 새로운 가치들에 의해 차이화된 공동체의 요소, 전통적인 정치와 노동조직에 대한 거부)은 점점 더 전체로서의 계급을 규정하고 있다. 그뿐만 아니라 이 주체들은 사회적 투쟁을 더욱더 촉발시키고 강화하며 연결하는 정치적 역할을 수행해 왔다. 이처럼 집합적 구성 과

---

vent," *Future Antérieur*, no. 4, 1990를 보라.

21. 이러한 분석은 부분적으로 이탈리아와 프랑스 의류산업 노동계급의 자기활동을 다룬 네그리, 마우리찌오 랏짜라또, 지앙까를로 산띨리의 연구에 기초했다. A. Negri, Maurizio Lazzarato and Giancarlo Santilli, *Beneton et Sentier : L'Entreprise Politique et la Nouvelle Cooperation Productive Sur L'Espace Europeen*, 1990.

정의 기초를 소통에 두는 경향은 현 시기 사회적 대립의 가장 중요한 구성요소로 널리 인식되고 있는 "새로운 사회운동들"의 다양한 발전에서 나타나는 공통적인 특징이다. 몇 가지 사례를 검토해 보자.

1986년 가을의 프랑스 "학생운동"은 네그리에게 "사회적 노동자"의 출현을 보여 주는 하나의 구체적 사례, 그것도 "새로운 계급구성의 '진리'가 가장 투명하게 드러나는" 실례를 제공했다.[22] 학생들이 협동적인 "지성적 노동"의 네트워크들에 참여하고 있음은 명백하다.[23] 학생들의 집합적 노동이 날이 갈수록 더 "생산적인" 교육을 요구하는 노동시장에 의해 규율되고 (졸업 후의 유급 직장은 물론 대학 내에서 이루어지는) 그러한 "생산적인" 지성적 활동이 지구적 노동기계의 편성에서 점점 더 중심적인 요소가 되어 왔다는 사실은 매우 널리 알려져 있다.[24] 이러한 활동을 규율하고 수탈하는 데서 자본이 거둔 성과와 그들 자신의 계발 방향을 자율적으로 결정하는 데서 학생들이 (때로는 교수들이) 이루어 낸 성과의 대비는 가을의 폭발을 불

---

22. M. Lazzarato and A. Negri, "Travail immatériel et subjectivité," *Future Antérieur*, no. 6, 1991, p. 92. 또한 이보다 앞서 *The Politics of Subversion*[『전복의 정치학』]에 수록된 네그리의 소론 "Paris 1986, 26 November - 10 December"도 참조하기 바란다.

23. 적어도 학생운동이 맑스주의자들에게 노동력 생산이라는 측면에 초점을 맞추어 학교교육을 분석하도록 자극을 가한 1960년대 이후로는 그러하다(이는 여성운동이 가사노동과 관련하여 유사한 분석을 촉발시킨 것과 마찬가지다).

24. 미국에서는 ― 전통적인 "자유교양" 교육의 희생을 대가로 "직업"교육(예컨대 대학의 공학·자연과학·경영학, 전문대학과 직업훈련학교에서 실시되는 낮은 수준의 기술교육)을 극적으로 확대시킨 ― 이러한 경향이 인문주의적 태도를 지닌 자유교양 지지자들 사이에서 널리 인식되면서 탄식거리가 되었다. 그러나 문제의 "직업"교육은 자유교양 교육 내부로도(특히 사회과학 속으로) 확대되었다. 이러한 직업교육의 확대는 비판적인 분석과 자기가치화의 공간 및 기회를 확장시키는 성공을 거둔 학생 투쟁, 더 나아가 위기에 맞선 대응이었다. 이어지는 본문의 내용을 참조하기 바란다.

러온 중심적인 쟁점이었다. 더 나아가 이러한 대비는 프랑스뿐만 아니라 ─ 동서양과 남북반구에 걸친 ─ 세계 전역에서 지속적으로 "교육"을 둘러싼 핵심 쟁점이 되어 왔다.

이탈리아 학생 투쟁에 관한 이후의 연구는 갈등의 유사성뿐만 아니라 학생들이 다양한 소통수단을 활용하고 능숙하게 조작함으로써 스스로를 투쟁하는 집합적 주체로 조직하는 방식 또한 보여 주었다.[25] IMF의 아프리카 교육 "구조조정"안에 관한 미국의 최근 연구 역시 왜 교육 재구조화의 근본 목표가 학생과 교수의 자율성을 억압하고 교육을 노동력의 생산에 복속시키는 것이어야 하는지를 분명히 보여 준다.[26]

우리는 이러한 사례들에 널리 알려진 1990년의 중국 "민주주의" 운동을 추가할 수 있다. 이 운동의 선두에 선 이들 또한 분명히 새로운 사회적 노동자 분석에 적합한 사람들, 즉 중국의 대학생들과 라디오·TV 방송 부문에서 일하는 소통 부문 노동자들이었다(전통적인 공장 노동자들은 이 운동을 지지했지만 주도하지는 않았다). 그들은 이 운동을 거리로 인도했을 뿐만 아니라 그들 자신의 대열 또한 운동으로 이끌었다. 또한 그들의 투쟁순환은 정확히 "사회적 노동자"에게 어울려 보이는 특성들의 기동을 통해 이루어졌다. 대중집회와 동맹파업 등 전통적인 조직 형태들은 대응관계에 놓인 다른 나라 조직 형태

---

25. 특히 팩스의 활용과 대학 점거에 관한 [학생들의] 언론보도 조율을 예로 들 수 있다. M. Lazzarato, "La 'Panthère' et la communication," *Future Antérieur*, no. 2, 1990.

26. Committee for Academic Freedom in Africa, "The World Bank and Education in Africa," *Newsletter* no. 2, 1991.

들과의 긴밀한 협력 속에서 사실상 이용 가능한 소통 기술 전부, 즉 전화·팩스·라디오·TV·컴퓨터 통신망과 같은 업무수단을 능숙하게 활용하는 것으로 보완되었다. 이러한 활동은 국제적인 지지를 기동시키는 것은 물론 중국 내에서 그들의 투쟁을 확대하고 순환시키는 것을 목표로 했다. 중국 정부는 이 운동이 지닌 소통적 활력의 원천을 차단하는 데서 거듭된 실패를 맛본 후에야 강압적이고 유혈적인 폭력을 사용했다(예컨대 이 운동은 제3국을 경유하는 팩스를 활용해 도시들을 연결함으로써 중국 정부가 구사한 시외전화선 차단 술책의 의표를 찔렀다).

우리는 학술기관 밖에서 (어느 정도는 학술기관 안에서도 마찬가지지만) 또 다른 "지성적 노동자" 공동체들을 발견할 수 있다. 이 공동체들은 컴퓨터 네트워크들로 구성된 전자적 세계 안에서 또는 전자적 세계를 통해서 "소통"의 중심으로 활동한다. 현대의 네트워크들이 애초에 자본의 이익을 위해 복무하는 기술 개발을 촉진(아르파넷)할 목적으로 구축되고 운용되었다는 것은 사실이다. 그러나 실제로 현대의 네트워크들(예컨대 인터넷, 비트넷) 대부분은 이 네트워크들을 이용하는―따라서 네트워크들의 탈중심화되고 유동적인 기술적 편성 속에 저 자율성을 물질적으로 각인시키는―집합적 주체들에 의해 건설되었다. 더구나 현대의 네트워크들은 자본주의적인 재전유 시도들과 대다수 이용자들의 적극적인 헌신 사이에서 끊임없는 충돌의 지형을 조성한다. 대다수 이용자들은 자신들이 창출하고 부단히 새롭게 재창출해 온 "사이버" 공간 전역에서 이용의 자유와 "이동"의 자유를 지켜 내고자 한다. 이러한 자율성과 문제의 대립이 지닌 계급적 특성을 가장 뚜렷하게 보여 주는 징표는 "해커들"과 국가 간의 충돌이다. 해커들은 이 네트워크들을 통제하고 제어하려는 자본의 시도가 만들어 낸 자유로운 이동의 장벽들을 반복적으로 무너뜨린다. 그들의 활동은 주로 미국에서 두드러졌다. 최근 들어 해커들의 활동을 방해하고 억제하려는 미국 정부의 서투른 조치들이 급증했기 때문이다.[27] 무수히 많은 네트워크 참여자들은 눈에 덜 띄지만 더 중요하다. 이들은 개인 또는 기관(대학, 기업이나 국가) 네트워크들의 진입점에서 활동하면서 "공식적인" 업무는 물론 그들 자신의 (또한 동료들의) 관심사를 추구하는 데도 네트워크 기술을 활용한다. 지난 몇 년 동안 급증하는 '네트워크들의 네트워크' 구성은 사람들의 이목을 집중시켜 왔다. 이 네트워크는 현행 질서를 전복하는 일뿐만 아니라 오직 욕망의 공통성에 따라 비위계적·리좀적 방식으로 연결된 동지적 자율 공동체들을 만드는 일에도 거의 모든 노력을 기울였다. 이러한 사례들에는 피스넷, 에코넷, 유럽 대항 네트워크 같은 독립 네트워크들은 물론 비트넷 리스트서브Listserv 내의 진보적 경제학자 네트워크Pen-L, 활동가 메일링 리스트Active-L 등 공식 정보망 내의 급진적 네트워크들도 포함된다.

여기서 이 네트워크들이 단지 "컴퓨터광들"(컴퓨터를 갖고 노는 것

---

27. 또 다른 국가 개입은 널리 확산된 "해적 행위"와 프로그램 공유에 맞서 "지적재산권"을 방어하려는 사법적 개입과 경찰 개입(즉, 소프트웨어 복제 단속)으로 나타났다. 기술혁신의 성과를 이처럼 무상으로 재분배하는 행동에서 드러나는 코뮤니즘적 특성은 누가 보더라도 분명하다. 이러한 코뮤니즘적 특성은 컴퓨터 네트워크들에서 내려받아 폭넓게 이용할 수 있는 "셰어웨어"와 "프리웨어"의 확산이라는 합법적인 형태를 갖추어 왔다.

을 좋아하는 사람들)로만 구성되지는 않으며, 이 공동체 참여자들 중 훨씬 더 많은 사람들은 다양한 조직에 속한 노동자들이라는 사실을 강조할 필요가 있다. 진보적 경제학자 네트워크 등 일부 네트워크들이 주로 학자들로 구성된다면 피스넷이나 유럽 대항 네트워크와 같은 곳에는 다양한 활동과 투쟁을 벌이고 있는 사람들이 참여한다.

"사회적 노동자"의 사회적 특성은 자본이 재생산 영역(학교, 공동체, 가족 등)을 생산 영역(공장, 사무실 등)에 부속시키고 통합시켜 온 방식에서 우선적으로 도출되지 않는다.[28] 이러한 특성은 대부분 새로운 사회적 주체들이 생산과 재생산 영역의 구분을 허무는 방향으로 스스로를 재정의하고 재구조화해 온 방식에서 비롯된다. 가족 및 공동체에 속한 여성들과 학교교육 체계에 소속된 남녀 학생들은 이 장소들에서 수행되는 자신들의 활동이 어째서 자본축적에 종속될 수밖에 없는지를 깨닫게 되었다. 그들은 동시에 이 활동들에 내재된 전복적 자율성의 보존과 정교화를 시도했다. 아래에서 논의되듯이 이러한 전복적 자율성은 노동력의 생성과 재생산에서 차지하는 그/그녀들의 역할을 약화시키고 새로운 개인적·사회적 존재의 형성에 기여한다. 마찬가지로 임금노동자들 역시 업무수단을 보다 광의의 목표를 실현하는 데 활용했다. 그들은 이를 통해 작업장 내의 활동을 어느 정도로는 해방된 활동, 또 다른 삶의 영역들과 때때로 직접적인 연관을 갖는 활동으로 변형시켰다.

(다른 어느 지역보다 대규모로 이루어진) 미국의 "개인용" 컴퓨터

---

28. 이러한 [재생산 영역과 생산 영역의] 통합은 "대중노동자"와 "사회적 공장"에 대한 분석을 통해 이미 알려져 있다.

확산에서 주목할 만한 점은 다른 상황에서라면 고립되었을 사람들과 운동들을 연결하는 소통과 기동의 통로로 급속히 발전해 나간 그 확산 방식에 있었다. 모뎀과 통신망의 보급은 극적인 방식으로 집합적인 사회적 존재의 성장을 위한 활력의 원천을 제공하고 있다. 이는 많은 사람들이 (텔레비전과 마찬가지로) 사회적 존재를 화면 앞에 들러붙어 순전히 반응만 하는 원형질로 퇴락시킨 원흉으로 간주하는 1세대 아케이드형 컴퓨터 게임들과 뚜렷한 대조를 이룬다.

"사회적 노동자"의 변이로 간주될 수 있는 새로운 사회적 주체들을 둘러싼 이러한 분석과 거리를 둘 수는 있다. 그렇더라도 우리는 최신 형태뿐만 아니라 가장 낡은 형태의 자본주의적 노동에도 여전히 종속되어 있는 세계 인구 속에서 저 새로운 주체들이 성장하고 있다는 사실을 잊어서는 안 된다. 사회적 공장의 최"첨단기술" 부문에서 새로운 주체들이 출현하고 있지만 수많은 사람들은 지금도 포드주의 조립라인과 국가 과세에서 가족 내의 가부장적 노예제에 이르는 더욱 전통적인 형태의 착취에 맞서 고투를 벌이고 있다. 따라서 그들은 가능한 모든 수단을 동원해 종신 중노동형에서 벗어나고자 한다. 자기가치화 과정들, 즉 새로운 사회적 기획의 정교화 과정들은 극도로 다양한 상황에서 발생한다. 이 과정들은 최첨단 하이테크 부문에 국한되지 않는다. 농민들과 도시 주변인들의 투쟁에 관한 연구에서 드러나듯이 자기가치화 과정은 대학 캠퍼스와 업무용 고층 빌딩은 물론 농촌 마을과 도시빈민 주거지역에서도 개화하고 있다.[29] 그러

---

29. 앞에서 언급한 클리버, 데 루피냑, 에스테바의 저작을 참조하기 바란다. 볼프강 작스의 편저서 『발전 사전』(*The Development Dictionary*)은 (비록 대부분의 저자들은

나 국제적 임금 위계구조상의 판이한 지위로 인해 일부 부문들은 독자적인 자기가치화 기획을 밀고 나갈 역능을 갖추고 있지만 다른 부문들의 경우 자본주의적인 긴축과 억압에 짓눌려 겨우 생존을 위한 투쟁에 머무르고 있다는 것은 분명하다. 자본주의적인 전략과 정책이 날로 지구화되고 있는 오늘날 우리는 국제적 계급구성과 정치적 재구성 과정에 대한 포괄적 분석을 하나하나 이루어 낼 것을 요구받고 있다. 이러한 분석을 통해 앞으로 나아가고 있는 부문들과 패배를 겪고 있는 부문들, 새로운 기획에 착수할 역량을 보유한 부문들과 극도로 절망적인 착취 아래 놓인 부문들을 식별하면서 전체 노동계급 부문들 사이의 상호작용을 파악할 수 있다.

방금 언급한 사례들과 이 사례들에 대한 지금까지의 분석을 통해 내가 묘사한 맑스주의 이론이 어떻게 오늘날의 사회적 투쟁에 관한 이해를 정교화하고 있는지 확인할 수 있을 것이다. 지구적인 배열형태에서 개인의 심리구조에 이르는 모든 수준의 계급분석, 더 나아가 상호 연관된 갖가지 지배의 결정들과 긍정적인 집단적 자기가치화의 동시적 파악을 향한 이론적·정치적 기획의 개방성은 억압으로부터의 자유와 해방의 과정을 사유할 흥미로운 틀을 제공한다.

자기가치화라는 용어를 사용하지 않지만) 자기가치화를 위한 다양한 행동계획들과 자본주의적 발전 간의 대립에 초점을 맞춘 저작들을 남긴 여러 저자들을 하나로 연결시킨다.

II

    그러나 서두에서 언급한 대로 계급구성 이론과 자기가치화 이론이 아무리 호소력을 지니고 있을지라도 이 이론들은 나름의 한계를 안고 있다. 계급구성 이론은 계급이론, 즉 자본주의 사회 계급들 내부의 관계와 이 계급들 사이의 관계를 다루는 이론이다. 계급구성 이론은 포스트자본주의적인 사회관계들의 출현에 관한 이론화를 의도하지 않았을 뿐만 아니라 그러한 이론화에 적합하지도 않다. 맑스주의 이론에 속한 다른 견해들과 마찬가지로 계급구성 이론 또한 자본주의의 토대를 허물고 있는 사회세력들과 관련된 중요한 측면을 이해하는 데 도움을 줄 수 있다. 계급구성 이론은 우리의 관심을 노동계급 내부에 존재하는 자율적 운동들의 다양성에 집중시킬 수 있다. 따라서 이 이론은 다양한 방향으로 나아가는 각양각색의 운동들이 자본에 대항하는 연합의 정치를 건설할 필요성을 제시한다. 그러나 계급구성 이론은 이러한 운동들의 긍정적인 내용, 즉 새로운 지침이나 발전 양식에 대한 이해를 제공하지는 않는다. 마찬가지로 자기가치화 이론 또한 우리의 이목을 노동계급의 자기활동, 예컨대 산 노동이 어떻게 자본주의의 속박을 벗어던질 수 있는 혁명적 주체로 생성되고 죽은 노동의 흡혈로부터 스스로를 해방시킬 수 있는가에 집중시킬 수 있다. 그러나 자기가치화 이론 그 자체는 그러한 운동에 대한 매우 일반적인 개념 이상을 제공하지 않는다. 자기가치화의 다양성에 대한 세부적인 탐색에 착수할 경우 우리는 생성되고 있는 각양각색의 사회적 관계들과 마주치게 된다. 이러한 사회적 관계들은 자본주의에서 벗어남으로써 우리의 맑스주의로부터도 벗어난다.

맑스주의 내부가 아니라면 이러한 사회적 관계들에 대한 유용한 이해들은 어디에서 발견할 수 있는가? 아마도 우리는 (일체의 '보편화하는' 철학 사조들과 대립적인) 맑스주의의 정신에 따라 출현하고 있는 저 운동들 자체를 들여다보아야 할 것이다.[30] 새로운 노동계급 운동이 이전과는 다른 자본의 적응 형태와 새로운 개념화의 필요성을 야기하듯이 자본주의 사회관계와는 다른 사회관계를 만들어 내기 위해 투쟁하고 있는 어떠한 운동도 그 자체의 고유한 특성과 대체로 일치하는 새로운 개념화를 이루어 낼 수 있다.[31] 다양한 운동들이 존재하는 곳에서 우리는 맑스주의 이론의 여타 유사한 개념들과는 판이하게 다른 다양한 개념들의 발견을 기대할 수 있다.

이러한 가능성에 대한 개방의 요구는 지적인 특성뿐만 아니라 내재적인 정치적 특성을 지닌다. 가따리와 네그리의 주장대로 분자적 자율성과 자기가치화의 다양성에 대한 이론은 연합의 정치를 내포한다. 즉, "새로운 프롤레타리아적 형태를 조직화하는 과제는 각양각색의 특이성들에 내재된 관계들의 복수성과 관련을 맺어야 한

---

30. 이 제안은 변증법을 불가피한 것으로 여기는 저 완고한 변증법적 유물론자 또는 역사 유물론자들조차도 흥미롭게 여길 것이다. 물론 유일한 문제는 그들이 무엇을 찾아내건 다른 관계들의 현존을 볼 수 없도록 자신들의 눈을 가리는 "변증법적" 논리에 귀속시키려 들 공산이 크다는 것이다.

31. 여기서는 "대체로 일치하는"이라고 표현하고자 한다. 노동자 운동의 역사에 비추어 볼 때 이 운동의 동학과 사뭇 다른 관계에 놓인 각양각색의 개념들이 생성될 수 있으리라는 것은 분명하기 때문이다. "사회주의"와 "코뮤니즘"의 의미는 물론 투쟁들에 의해 대두된 다른 모든 대당적 개념들의 의미 또한 크게 달라졌다.

다. 이러한 복수성은…… 기능적 다중심주의로 …… 발전한다."[32] 가따리와 네그리는 이 복수성에 기초하여 구성되는 어떠한 "투쟁기계들"도 "그 구성요소들 각각의 전적으로 자유로운 운동"을 수반해야 하며, "구성요소들 자체의 시간 — '이해하거나 이해를 거부하는 데 필요한 시간, 통합되거나 자율적이기 위한 시간, 동일화 혹은 가장 두드러진 차이들의 시간 — 을 절대적으로 존중'해야 한다고 주장한다."[33] 가따리와 네그리가 분명하게 인식한 것처럼 이러한 정치는 — 이론적 범주들의 의미나 가치에 관한 합의를 포함하는 — 어떠한 부류의 "이데올로기적 통합"에도 의지할 수 없다.[34] 이러한 연합의 조건과 동력을 성취하기 위해서는 그 구성요소들 속에서 급증하는 견해 및 가치들의 다양성과 직접적으로 대면해야 한다는 것은 의심할 여지가 없는 듯하다. 가장 긴급한 관심을 요하는 이 견해들이야말로 누구나 가장 연대하고 싶어 하고 정치적 연합의 건설에 함께하기를 바라는 다양한 자율적 운동들의 개념적 세계관들conceptual world views [35]에서 중심적이라는 사실 또한 명확해 보인다. 따라서 다시 한번 이중의 과제가 제기된다. 즉, 자기 영역에 대한 분석에서 진전을 이루어 내는 가운데 "인접

---

32. F. Guattari and A. Negri, *Communists Like Us*, Brooklyn : Autonomedia, 1990, p. 107.
33. 같은 책, p. 120.
34. 같은 책, p. 108.
35. [옮긴이] 토마스 쿤(Thomas Kuhn)이 『과학혁명의 구조』(1962)에서 한 시대의 지배적인 과학적 사고와 연구활동(정상과학)을 규정하는 '패러다임의 변동'(paradigm shift)을 묘사하기 위해 사용한 개념이다. 쿤은 정상과학의 테두리 내에서 연구를 수행하는 과학자 공동체의 개념적 세계관이 또 다른 개념적 세계관으로 교체된다는 점을 과학혁명의 주요한 특징 가운데 하나로 꼽았다. 여기서는 연합의 정치에 참여하는 자율적 주체들의 다양한 활동, 가치, 견해들에 내재하는 환원 불가능한 복수성을 강조하기 위해 '개념적 세계관들'이라는 복수형 명사로 쓰이고 있다.

영역의" 활동, 가치, 견해 들을 비판적으로 탐색해야 한다는 것이다.

이러한 대면을 통해 우리가 찾고자 하는 것이 새로운 사상, 즉 자본의 실재를 초월하는 새로운 실재를 명료화하는 사상이라면 우리 앞에는 두 가지 과제가 놓여 있다. 첫째, 검토 중인 새로운 사상들을 자본주의 사회관계에 관해 우리가 이미 발전시켜 온 (맑스주의) 사상들과 나란히 놓아야 한다. 이 새로운 사상들이 진정으로 혁신적인지를 확인하기 위해서 말이다. 둘째, 이 사상들이 혁신적인 것으로 드러나는 정도에 따라 문제의 사상들을 생성시킨 사회운동들을 면밀히 조사해 해당 투쟁들의 혁신적인 측면을 더욱 분명하게 파악해야 한다(이 사회운동들과 어떠한 관계를 맺어야 할지를 판단하기 위해서 말이다).[36]

맑스주의 노동이론과 페미니즘 노동이론

나는 그러한 노력에 대한 하나의 사례 내지 기여로서 마리아 미즈에 의해 제기된 페미니즘적인 맑스주의 노동 개념 비판에 대해 간략한 논평을 붙이고자 한다. 이와 더불어 대안적인 페미니즘 노동이론의 개요를 진술하려는 그녀의 시도에 대해서도 간단한 소견을 제시할 것이다. 이 시도는 그녀의 저작 『세계적 규모의 축적과 가부장제』[37]에 수록되어 있다. 여기서의 논평은 방금 언급한 두 가지 과제

---

36. 이러한 정식화는 당연히 이 글의 지적/정치적 기획에서 비롯된다. 의심할 여지없이 자율성의 정치학은 다른 투쟁들이 흥미롭고 새로운 사상을 제출해 왔는가, 오래되고 익숙한 사상에 기초하고 있는가에 관계없이 그 투쟁들을 연구하고 상보적인 행동의 가능성을 탐색하도록 요구한다.

37. Maria Mies, *Patriarchy and Accumulation on a World Scale*, London : Zed Books,

가운데 첫 번째 과제로 한정된다. 즉, 나는 그녀의 작업이 실제로 맑스주의의 개념들을 뛰어넘어 새로운 사회관계를 조명하는지, 만약 그렇다면 과연 어느 정도나 그러한지에 초점을 맞출 것이다.

미즈의 연구는 흥미로울 뿐만 아니라 서구와 제3세계의 페미니즘 운동, 그리고 두 지역의 자율적인 운동들 사이의 연대 형성에 광범위한 영향을 미쳤다. 두 가지 이유에서 그녀의 논의와 대면하는 작업은 비교적 수월할 수 있다. 첫째, 그녀는 지구적 자본주의와의 관계 속에서, 그리고 지구적 자본주의에 대항하는 다양한 투쟁들의 자율성에 근거해서 페미니즘의 쟁점들과 페미니즘 정치를 사유하는 작업의 의의를 인정한다.[38] 둘째, 그녀는 부분적으로 맑스주의 문헌 연구를 통해 이러한 입장에 도달했다. 그녀는 이 연구를 통해 이탈리아 맑스주의 페미니스트들의 작업에서 공통적으로 발견되는 영감의 원천을 계급구성 및 자기가치화 이론가들과 공유한다.

미즈 본인의 설명에 따르면 그녀, 그리고 그녀와 함께 공동 연구를 수행한 다수의 독일 페미니스트들은 마리아로사 달라 꼬스따와 셀마 제임스의 이론적 성과에 의지했다. 『여성의 힘과 공동체의 전복』을 시작으로 하는 달라 코스따와 제임스의 저작들은 가사노동을 "비생산적"인 것으로 간주하는 관념들과 여성들의 투쟁에 유리한 공간

1986 [마리아 미즈, 『가부장제와 자본주의』, 최재인 옮김, 갈무리, 2014].

38. 마리아 미즈의 책[『가부장제와 자본주의』] 1장은 이 주제들 전부에 대한 논의를 싣고 있다. 그녀의 자율성 개념은 그 어느 자율주의적 맑스주의자들의 개념 못지않게 면밀하다. 미즈는 페미니즘 운동 내부의 자율성을 향한 요구에 대해 다음과 같이 쓰고 있다. "중심, 위계질서, 공식적이고 단일한 이데올로기, 형식에 사로잡힌 리더십이 없기 때문에 다양한 발의자들, 집단들, 공동체들의 자율성은 이 운동의 진정한 인간주의적 관점과 역동성, 다양성을 유지할 수 있는 유일한 원리이다." p. 41.

을 오직 임금노동인구 속에서만 찾는 발상들을 맹렬하게 비난했다.[39] 미즈는 가족, 집, 공동체 내에서 수행되는 여성의 활동이 어떻게 노동력을 창출하고 재생산하는가(즉, 여성의 활동이 어떻게 자본을 위한 노동의 일부가 되는가)에 대한 세부적인 분석을 기초로 이러한 노동이 자본 축적에서 차지하는 근본적인 중요성, 이러한 노동을 통해 여성의 삶이 착취당하는 방식에 대한 인식의 중요성과 비임금노동을 둘러싼 여성 투쟁의 필연적인 자율성을 주장했다. 미즈는 이 모든 논의들과 그 후에 전개된 "가사노동 논쟁"을 "페미니즘 노동이론에 대한 중대한 기여"로 간주한다.[40] 미즈의 페미니즘과 자율주의적 맑스주의 이론들 간에는 자본주의 하의 노동을 바라보는 이러한 관점 면에서 상당한 일치점이 존재한다.

양자 간의 견해차는 미즈가 모든 자본주의 국가들과 사회주의 국가들에서 널리 수용된 것으로 여기는 노동 개념으로부터 비롯된다. 그녀는 맑스 역시 문제의 노동 개념을 공유했다고 생각한다.[41] 미즈가 보기에 "생산력 또는 기술 발전에 의해 가능한 한 축소되어야 할……불가피한 짐"으로서의 노동이라는 개념은 사실상 편재遍在하는 개념이다. "자유, 인간의 행복, 창조적 능력의 실현, 친밀하고 소외

---

39. Mariarosa Dalla Costa and Selma James, *Potere Femminile e sovversione sociale*(The Power of Women and the Subversion of the Community), Padova : Marsilio, 1972. 이 저작은 *Radical America* 1972년도 1~2월호에 영어판으로 최초 게재되었다가 영국의 Falling Wall 출판사에 의해 [단행본으로] 간행되었다.
40. 같은 책, p. 33.
41. 세부적인 내용으로 들어가지 않는다면, 20세기의 사회주의와 자본주의를 근본적으로 유사한 것으로 간주하는 미스의 관점은 자율주의적 맑스주의자들도 공유하는 관점이라고 보아야 할 것이다.

로부터 자유로운 타인들과의 관계, 자연의 향유, 아동들의 놀이와 같은 모든 것들이 이러한 노동의 영역에서 배제된다. 이 모든 것들은 오직 비노동non-work의 영역, 즉 자유시간 속에서만 가능하다."[42] 이처럼 명확한 표현의 출처는 대번에 알 수 있다. 게다가 미즈는 곧 『자본』 3권에 등장하는 필연의 왕국과 자유의 왕국에 관한 구절을 인용함으로써 그 전거를 분명히 한다. 그녀는 『1844년 초고』[43], 『정치경제학 비판 요강』[44], 『독일 이데올로기』[45]에서도 다양한 구절들을 끌어오거나 인용한다. 미즈가 맑스의 사유에 대한 그녀 자신의 견해를 과거 『정치경제학 비판 요강』을 전자동화全自動化의 전망에 바치는 찬가로 해석했던 알프레드 슈미트Alfred Schmidt에게서 끌어내거나 그와 견해를 같이하고 있다는 사실은 이내 분명해진다.[46] 미즈가 보기에 이러한 [맑스식] 노동 개념이 도달하게 되는 막다른 골목의 전형은 앙드레 고르André Gorz의 망상이다. 그녀의 지적대로 고르는 "극소전자공학, 컴퓨터, 자동화와 더불어 필요노동이 영零에 근접하는 수준까지 감소할 수 있기 때문에" 시대는 이미 "맑스주의적인 낙원으로 가는 일직선의 흐름에" 접어든 것으로 보았다.[47]

---

42. 같은 책, p. 212.
43. [한국어판] 칼 마르크스, 『경제학-철학 수고』, 강유원 옮김, 이론과실천, 2006.
44. [한국어판] 칼 맑스, 『정치경제학 비판 요강』 I, II, III, 김호균 옮김, 백의, 2000.
45. [한국어판] 칼 맑스·프리드리히 엥겔스, 「독일 이데올로기」, 『칼 맑스 프리드리히 엥겔스 저작선집』 1, 최호진 외 옮김, 박종철출판사, 1995.
46. 미즈는 슈미트의 저작 The Concept of Nature in Marx(London : New Left Books, 1973)에 동의를 표하면서 그 내용을 인용한다.
47. 그녀는 고르의 1983년도 저작 Les Chemins du Paradis를 언급하고 있다. 이 책은 일반적으로는 인정되기 어려운 방식으로 자율주의적 맑스주의자들의 사유를 이용하지만 고르 자신의 의도에 맞도록 그들의 사유를 왜곡한다. [각주 17에서 언급된] Cocco and

이러한 해석에서는 두 가지 문제점이 곧바로 드러난다. 첫째, 이 해석은 사회주의와 공산주의의 실현이 노동의 폐지가 아니라 만인의 노동자화를 통해 인간의 잠재력을 남김없이 구현할 것이라는 정통 맑스주의자들의 정반대되는 주장을 완전히 간과하고 있다. 야만적인 사회주의적 노동 강제를 정당화한 바로 그 이데올로기 말이다. 둘째, 이 해석은 맑스의 논의와 자기가치화 이론 둘 다에 내재하는 바로 저 긍정적이고 창조적인 노동의 역할에 관한 이론까지 놓치고 있다. 그러나 필연과 자유에 관한 구절은 노동을 통한 인간의 완성을 배제하지 않는 것으로 해석될 수 있다. 또한 (위에서도 언급된) 『1844년 초고』에 (부분적으로만) 담겨 있는 소외되지 않은 노동에 관한 분석 역시 노동의 잠재력이 폐지되어야 할 어떤 것이 아니라 인간의 자기실현을 위한 원천으로 인식된다는 사실을 입증한다. 『자본』의 논의에서 "자유의 왕국"은 필요노동이 끝나는 곳에서 비로소 시작된다.[48] 그러나 자유(즉, 가처분시간)의 영역에는 자유롭게 수행되는 노동이 포함될 수 있다. 더구나 맑스가 필연의 영역에서 노동이 성취감을 제공할 수 없는 이유, 즉 자율적인 자기 재구성의 필수적인 요소가 될 수 없는 이유에 대해 언급한 적도 결코 없다. 맑스가 코뮤니즘 사회에서도 끊임없이 계속될 것으로 내다본 "자연과의 고투"를 인간의 발달을 한정짓는 제약조건인 양 부정적으로 해석할 필요는 없다. 특히 어떻게 해

Vercellone, "*Les Paradigmes Sociaux du Post-Fordisme*," pp. 90-91도 참조하기 바란다.

48. 『자본』 3권, 48장 삼위일체 공식. 이러한 구분에 대한 페미니즘의 비판과 [자율주의적 맑스주의의] 응답에 관해서는 이어지는 본문의 논의를 참조하라.

서 그러한 일이 일어날 수 있는지에 대한 맑스 자신의 묘사가 "인간성에 가장 어울리고 적합한 조건"을 환기시킬 때가 그렇다. 인간들 간의 투쟁이 (상황에 따라) 그들의 상호적인 발전에 기여할 수 있는 것과 꼭 마찬가지로 이러한 자연과의 상호작용은 인간의 신체 안에서 유기적 형태를 부여받을 수 있다. 맑스는 『1844년 초고』에서 자본주의적인 노동 소외의 내용을 숙고한 후 다소 함축적인 표현으로 "소외되지 않은" 노동의 개요를 제시한다. 예컨대 노동자의 개성과 욕망에 기원을 둔 생명을 불어넣는 대상화로서의 노동,[49] 개인들 사이에서 긍정적인 사회관계를 형성하는 공동노동, 사회적 유대의 구성요소인 노동의 산물에 대한 공유, 개인과 인간의 유적 "존재"를 연결하는 고리로서의 노동 등이 그것이다. 맑스는 노동과 노동계급의 주체성 발전을 둘러싼 추후의 분석에서 그러한 주체성의 발전이 어떻게 "자유로운" 노동의 특성을 변형시킬 수 있는가와 관련하여 『1844년 초고』에서와 같은 상세한 논의로 결코 되돌아가지 않았다. 그럼에도 불구하고 네그리가 보여 주었듯이 『정치경제학 비판 요강』은 이러한 주체성의 발전이 어떻게 점점 더 자율적인 "자기가치화" 과정으로 생성되어 가는가에 대한 전체적인 (대체로 추상적인) 논의를 담고 있다. 곧 알

---

49. 이러한 규정은 이어지는 페미니즘 이론에 관한 논의에서 중요한 의의를 지닌다. 따라서 인간의 노동이 "생명을 불어넣는" 특성을 지닌다는 맑스의 견해는 발전하는 자본주의적 착취형태에 보다 집중한 그의 후기 저작들에서도 결코 사라지지 않았음에 유의할 필요가 있다. 자본과 산 노동의 관계 묘사에서 자주 반복되는 맑스의 흡혈귀 은유는 그가 노동을 "사회적 생명체의 혈액"으로 보았다는 극적인 증거이다. 이러한 견해는 인간과 나머지 자연의 구별을 둘러싸고 맑스와 헤겔이 공유한 바로 저 인간중심적 관점, 즉 인간이 그들 자신의 상상력과 의지에 따라 이 세계 속에서 새로움을 창조/생산한다는 관점에서 비롯되었다.

게 되겠지만 사실상 이러한 분석의 일부 요소들은 페미니즘 노동이론을 정식화하려는 미즈의 독특한 시도와 대단히 유사하다. 심지어그녀가 『독일 이데올로기』에서 인용한 저 유명한 구절조차 갖가지 노동을 통한 자기실현을 환기시킨다. 코뮤니즘 사회는 어떻게 "내가 마음먹은 그대로 오늘은 이 일을 하고 내일은 다른 일을 하면서, 아침에는 사냥을, 오후에는 낚시를, 저녁에는 소 먹이는 일을, 만찬 후에는비평을 할 수 있게 하는가"라는 구절 말이다. 맑스의 정의에 따르면사냥, 낚시, 가축을 돌보는 일은 모두 노동의 형태이며, 오직 "비평"만이 "순수한 여가 활동"에 가깝다.

미즈가 공박을 가하는 해석에 내재된 혼란, 즉 슈미트와 고르에게서 전형적으로 드러나는 혼란은 자본주의적 노동에 저항하는 노동자 투쟁의 양적 차원, 다시 말해 더 적은 노동을 통해 착취를 축소하려는 노동자들의 시도와 노동 및 노동-비노동 활동 관계에서 일어나는 질적 변형을 연관시키지 못하는 무능력에 기인한다. 노동자들은 노동의 완전한 제거라는 환상을 추구하지 않았다. 오히려 성취된것은 노동시간의 단축이었다. 노동시간 단축은 생산성 증대를 강제하는 것으로 그치지 않았다. 그것은 또한 노동의 특성과 노동-비노동 관계를 변형시킬 질적인 투쟁들을 촉진했다. 1960년대의 (자본주의적) 노동 거부 전략은 보다 직접적으로 노동을 통제할 수 있을 뿐만 아니라 노동의 전유나 비노동으로의 전환이라는 측면에서도 더욱많은 가능성을 보유한 "사회적 노동자"가 "대중 노동자"를 대체하는데 도움을 제공한 질적 변화들을 이끌어 내었다. 그렇지만 미즈가 지적한 대로 (주당 노동시간, 정년 등) 공식적인 노동시간 단축이 좀처럼 비임금 가사노동의 축소로 이어지지 않았다는 것 또한 틀림없는 사실이다.[50] 사실 미즈는 다음과 같은 주장을 덧붙였어야 했을지도 모른다. 역사적으로 아동과 여성이 기나긴 공장시간에서 해방/배제되고 공식적인 노동시간도 단축되었지만, 그 성과는 "자유시간"의 자본주의적 식민화, 일반화된 학교교육, 가정학, 비임금노동 부과를 보증할 그 밖의 20세기 제도들 대부분의 신설로 귀결되었다는 주장 말이다.

그러나 비임금 노동자들 역시 노동을 거부하자, 즉 비임금 노동자들의 일상적인 활동이 자본에 대한 실질적 종속[포섭]에서 벗어나자 결국 노동을 축소시키려는 투쟁은 일반화되었다. 여성들은 생식노동과 여타 형태의 가사노동을 거부했다. 학생들은 배움이 직업훈련에 종속되는 것을 거부했다. 농민들은 상품시장을 위해 일하거나 노동시장에 결합하기를 거부했다. 대중노동자론은 **사회적 공장론**으로 발전했다. 그리고 부분적으로는 달라 꼬스따, 셀마 제임스와 같은 페미니스트들 덕분에 사회적 공장 내에서는 노동력 상품 이외의 상품을 생산하는 포드주의 조립라인 노동자들보다 더 많은 수의 노동자들이 노동력을 재생산하는 비임금 노동에 종사한다는 사실도 밝혀졌다.[51] 그렇지만 저 재생산노동 거부 투쟁들이 단지 더 적은 활동이나

---

50. Mies, *Patriarchy and Accumulation on a World Scale*, p. 217 [미즈, 『가부장제와 자본주의』].

51. 이러한 이론적 발전은 이탈리아에서 투쟁의 성장과 더불어 이루어졌다. 공장의 사회적 성격에 대한 뜨론띠의 인식은 시기적으로 앞서 있었지만 상당히 빈약했으며, 자율적인 여성들과 학생들의 폭발적인 투쟁으로 "노동력 재생산"의 실재적 내용에 이론적 관심이 집중되고서야 비로소 구체화되었다. 뜨론띠의 "La fabbrica e la societe," *Quaderni Rossi* no. 2, 1962; "Il piano del Capitale," *Quaderni Rossi* no. 3, no. 3, 1963과 앞서 언급된 달라 꼬스따와 제임스의 "Power of Women"을 비교해 보기 바란다.

(예컨대 아이 적게 갖기, 학업 축소, 곡물 매매 중개인들과의 거래 횟수 감소) 대체로 더 적은 활동이 아니라 활동 유형에서의 변화를 수반한다는 것은 분명하다. 즉, 자본을 위한 노동에서 벗어나 또 다른 유형의 자기활동으로 나아가는 노동과 비노동 양편에서의 변화 (예컨대 새로운 성별관계의 발전, 자발적인 학습, 전통적인 기술을 혁신하려는 실험) 말이다. 그러나 그 가운데서도 거대한 비임금 부문, 특히 비임금 여성 노동자들은 자본주의적인 소득/권력 위계구조의 밑바닥에 놓인 채 지금 우리가 분석하고 있는 변화들의 혜택을 덜 누리면서 자본주의의 반격에 한층 더 취약해져 왔다는 것 또한 사실이다. 맑스주의 계급구성 이론 전통에 속하는 이들 모두가 저 "천국의 이면"을 연구하는 데 매달려 온 것은 아니다. 하지만 [이 문제에 대처해 온] 맑스주의 계급구성 이론의 전통이 맑스와 고르를 겨냥한 미즈의 비판에 그다지 취약하지 않다는 것을 [더 많은 이론가들이] 충분히 보여줄 수 있어야 할 것이다.[52] 관점을 달리하면 맑스주의 계급구성 이론과 미즈 사이에는 광범위한 공통지대가 놓여 있다. 나는 이를 토대로 우리가 공동작업을 수행하기에 충분할 만큼 서로를 이해할 수 있음을 분명히 보여 주고자 한다.

공통성과 차이의 정도를 더욱 깊이 탐색하기 위해 미즈의 대안,

---

52. 먼저 내가 달라 꼬스따와 제임스를 맑스주의 "계급구성" 분석의 전통에 포함시킨다는 점을 밝혀 두어야겠다. 달라 꼬스따의 독특한 사유는 이탈리아 아우또노미아(혹은 노동자 자율) 공간 내에서 성장했고, 제임스의 작업은 이보다 앞선 미국의 존슨-포리스트 경향 및 그 분파들과 연계된 활동에 뿌리를 두었다. 다음으로 다양한 비임금 부문에 대한 우리의 연구 가운데 일부는 직접적으로 그녀들의 연구, 특히 농민과 학생 연구에 기반을 두어 왔다.

즉 그녀가 정교화하고 있는 **페미니즘 노동이론**을 그녀 자신의 맑스 해석과 다소 직접적으로 대비시켜 검토해 보자. 먼저 미즈의 "페미니즘적 노동관"은 맑스의 이론처럼 (각고 끝에 코뮤니즘적인 경향을 발견할 수 있는) 자본주의 하의 노동에 대한 비판을 본래의 목적으로 하지 않는다는 사실을 인식할 필요가 있다. 미즈가 자신의 저서와 그밖의 지면들에 자본주의 내의 여성 노동에 대한 다량의 글을 남긴 것은 사실이다. 그러나 그녀의 "페미니즘적 노동관"은 기본적으로 여성들이 쟁취해야 할 유형의 노동에 대한 (그리고 현재의 노동과정에서 보존할 만한 가치를 지닌 요소들에 대한) 이론이다. 따라서 현재의 노동 행위에서 나타나는 문제점에 대한 분석은 부차적일 뿐이다.

미즈는 맑스가 패러다임으로 받아들였던 산업 임금노동자나 이탈리아 맑스주의 페미니스트들의 연구에서 관심의 초점이 되었던 가정주부가 아닌 **어머니**를 자신의 모델로 삼는다.[53] 그녀는 노동이 어머니에게 순전히 부담이기만 한 것은 아니라고 주장한다. 어머니에게 노동은 "향유, 자아실현, 행복의 원천"[54]이기도 하다는 것이다. 마찬가지로 그녀는 "생산[활동]이 상품생산과 시장의 강제 아래 아직 완전히 포섭되지 않은" 비임금 농민, 특히 여성 농민에게 있어서도 노동은 이와 동일한 이중성을 지닌다고 주장한다. 즉, 부담스러운 고역이자 향유 및 창조적인 사회적 상호작용의 기회라는 것이다. 미즈는 독

---

53. 역사적으로 페미니스트들 사이에서 모성이 여성을 사유하고 '어머니 되기'를 거부할 권리를 쟁취하려는 여성들의 투쟁을 사유하기에 적합한 패러다임으로 받아들여지지 않았음을 고려할 때 이러한 선택은 흥미롭다.
54. 이 구절과 뒤따르는 내용은 미즈의 책 마지막 장 216~19쪽의 "Towards a feminist concept of labor"에서 인용한 것들이다.

일과 인도에서의 체험에 의지해 고된 공동노동 도중 노래와 춤이 어우러지던 광경을 환기시킨다. 그녀는 그러한 노동과정이 "전적으로 삶 또는 사용가치의 직접적 생산과 연결된다"는 점에서 소외된 공장노동과 구별된다고 주장한다. 따라서 미즈는 "페미니즘의 노동관은 노동의 목적을 사물과 부의 생산이 아니라 생명의 생산에 두어야 한다"고 결론 짓는다(강조는 클리버).

대안적인 맑스 해석에 대한 앞에서의 검토로 분명히 드러났듯이, 이러한 미즈의 주장은 『1844년 초고』에 담긴 맑스의 분석, 즉 자기결정적인 노동은 어떻게 필요노동의 범주 안에서조차 생명을 창조하는 노동이 될 수 있는가에 관한 분석과 모순되지 않는다. 그녀의 주장은 네그리가 『정치경제학 비판 요강』에서 찾아낸 자기가치화 이론과도 모순되지 않는다. 오히려 위의 맑스주의 이론은 미즈가 원하는 구별, 즉 생명을 파괴하는 노동과 생명을 부여하는 노동을 구별할 수 있는 바로 그 개념적 틀을 제공한다. 농민과 마찬가지로 (사실 어느 정도는 자본주의의 테두리 내에서 살아가는 거의 모든 사람들이 그러하듯이) 어머니에게도 일상생활이 양자택일적인 경우는 드물다. 일상생활은 자본주의적 명령에 결부된 소외와 자신들의 활동을 재전유하려는 개인적·집단적 시도들 사이의 긴장으로 가득 차 있는 경우가 더욱 일반적이기 때문이다. 예를 들어 어머니들이 활력을 지니고 있을 때면 서로에게 생명을 부여하는 (자기가치화의) 방식으로 자녀들과의 상호작용을 시도할 수 있지만, 그녀들은 또한 그와 같은 상호작용에 가해지는 생명 파괴적인 자본의 압력을 너무도 빈번하게 경험한다. 자본의 압력은 아이들이 숙제를 망치지는 않는지 감시하라는 학교의 요구나 자신의 노동력 재생산을 위한 노동을 바라는 (때때로 폭력적인) 남편의 요구라는 형태로 나타난다. 농민들도 자율성을 추구하는 개인적·집단적 시도(예컨대 미즈가 묘사한 친밀한 인간적 교류)와 그들의 활력 및 시간을 고갈시키는 기업농이나 국가의 압력 사이에서 유사한 모순을 경험하며 살아간다. 그리고 이는 우리를 미즈의 페미니즘 노동이론 가운데 두 번째 측면으로 이끈다.

그녀는 페미니즘의 노동관은 반드시 **독특한 시간 개념을 내포해야** 한다고 주장한다. 즉, 시간이 (세계 속에서든 이론 속에서든) 고단한 노동시간과 즐거운 자유시간으로 분할되어서는 안 된다는 뜻이다. 미즈는 (그녀가 논박하고 있는 예의 그 구분이 유지되고 있는 듯한) "노동시간과 휴식·향유시간"의 교호交互 및 산재散在를 이러한 분할의 대안으로 제시한다. 하지만 보다 명료한 표현은 그녀의 앞선 논의, 즉 노동을 통해 어떻게 보람을 느낄 수 있으며, 또 그렇게 되어야 하는가에 관한 논의에서 제시된다. 즉, 갖가지 노동들이 다른 활동들과 함께 그 자체로 보람을 맛볼 수 있도록 편성된다면 이런저런 일들에 어느 정도의 시간을 들일 것인가 하는 문제는 다양한 수준의 여러 가지 노력을 요하는 일련의 대안적 자기가치화 유형들 사이에서 이뤄지는 개인적·집단적 선택의 문제가 될 수 있다는 것이다. 이는 분명히 맑스가 앞에서 인용된 소 먹이기, 낚시, 사냥, 비평에 관한 구절을 『독일 이데올로기』 속에 남길 때 염두에 두었던 것이다. 만약 그가 농민에 관해 좀 더 많은 것을 알았더라면 노래, 춤 또는 이야기까지 함께 언급했을지도 모른다.[55]

---

55. 이러한 묘사는 "자유시간"에 이루어지는 활동을 포함한 모든 활동들을 소외된 노동으로 전환시키는 자본주의적 경향의 역전을 환기시킨다. 여기서 우리는 소외되지 않은

미즈의 페미니즘 노동이론 가운데 세 번째 및 네 번째 측면은 감성적인 노동의 의의, 다시 말해 감성적인 노동이 "자연과의 상호작용, 곧 유기물 및 생명체와의 직접적이고 관능적인 상호작용"을 제공하는 방식이 지닌 가치에 초점을 맞춘다. 미즈는 분명히 노동자로서의 어머니와 땅을 일구는 자급농이라는 전형에 의지해 기계 및 근대적 자동생산 방식의 발달을 동반한 노동자와 유기적 자연 간의 상호작용 제거를 비난한다. 미즈에 따르면 기계와 근대적 자동생산 방식의 발전은 — 그녀는 맑스가 이러한 사태의 전개를 진심으로 환영했다고 믿는다 — "인간의 풍부한 역능 전부, 자연에 대한 일체의 이해, 특히 모든 관능적 향유의 능력을 완전히 말살"하고 있는 컴퓨터 기술의 출현으로 최악의 상황에 도달한다. 그녀는 이러한 흐름에 반해 오직 유기적 자연과의 상호작용을 수반하는 노동과정을 통해서만 "향유, 관능의 충족, 성애적·성적 만족"을 위한 건강한 신체적 능력을 유지할 수 있다고 주장한다. 미즈는 이러한 논의를 기반으로 여성의 신체에 대한 남성의 집착 및 여성에 대한 폭력의 경향적인 증가와 관련된 병적 신비화의 원인을 부분적으로 밝혀낸다. 그녀는 운동경기와 취미생활이 이러한 소외와 그 병리적 현상들에 해독제를 제공할 수도 있다는 주장에 반대해 양자는 해결책이 될 수 없다고 결론을 내린다. 운동경기와 취미생활은 노동과는 달리 "목적의식"과 "유용하고 필수적인" 특성을 지니지 않는 데다 "유용하고 필수적인" 산물을 창출하지도 않는다는 이유에서다.

삶의 한 계기로서의 소외되지 않은 노동을 상상한다.

감성적으로 건강한 노동과 목적의식적인 노동의 가치를 강조하는 이 논의의 주요 부분들과 맑스주의적 분석은 전적으로 방향을 같이 할 뿐 결코 대립적이지 않다. 맑스는 아담 스미스와 같은 앞선 시대의 인물들처럼 자본주의적 노동의 파괴적 특성을 비판했다. 그는 특히 노동자들에게 심각한 손상을 입힐 정도의 탈숙련화를 초래하는 노동분업 방식, 그리고 자본주의적인 목적이 노동자들을 노동으로부터 소외시키는 노동의 한 측면으로 부과되는 방식에 대해 통렬한 비판을 가했다. 이미 언급했듯이 이러한 맑스언적 분석의 함의는 다음과 같다. 즉, 노동자들은 그들의 노동과 삶을 보다 전면적으로 통제할 수 있는 한 앞에서 언급한 파괴적 노동편성을 극복하기 위해 노동조직을 변형시킨다는 것이다. 사회주의 관리자들은 자본주의적 노동조직(예컨대 소련식 테일러주의)을 무비판적으로 수용하느라 이러한 상황에 대한 맑스의 분석을 고의적으로 무시할 수밖에 없었을 것이다. 하지만 그러한 분석은 존재할 뿐만 아니라 다시 한번 미즈의 논의와 조화를 이룬다.

노동자들이 이처럼 긍정적인 감성으로부터 멀어지면서 나타난 결과들에 대한 그녀의 논의는 노동분업과 성별분업의 관계 분석에 흥미롭고도 유익한 도움을 제공한다. 미즈의 논의는 이러한 소외로 인한 절망에 수반하여 날로 그 영향력이 커져 가는 폭력적 요소들을 강조하면서 잃어버린 성별 특성에 대한 개인들의 탐색을 주제로 삼는 융 학파의 이론을 보완한다.[56] 그녀의 논의는 소외된 노동조건의 극

---

56. 미즈의 논의와 융 학파 정신분석가 로버트 존슨(Robert Johnson)의 최근 저작 *Ecstasy*에서 제시된 논의 사이의 유사성은 인상적이다. 이 책은 기쁨(Dionysios)의 결핍

악한 효과를 분석하는 맑스주의 전통들과도 매우 일치한다. 맑스가 대체로 중독, 극도의 체력 소모 등 신체적인 효과를 기술하는 데 보다 많은 시간을 들였다면 다수의 현대 맑스주의 이론가들은 심리적인 손상의 분석에 초점을 맞추어 왔다. 맑시언적 사유와 다양한 정신분석적 사유들의 교직交織이 언제나 생산적인 결과로 이어진 것은 아니다. 그러나 두 사유의 교직은 자본주의와 심리적 현상들 간의 연관에 대한 우리의 인식을 심화시켰다. 계급구성 이론과 자기가치화 이론의 발전에서 가장 중대한 의의를 지니는 것은 질 들뢰즈·펠릭스 가따리의 분열분석적 사유와의 교직이다.[57] 그 결과는 미즈가 규명해 온 문제에 고도로 섬세하게 접근하는 분석 방법으로 나타났다. 가따리와 네그리는 여성운동에 관한 논의 속에서 몸의 정치학에 대한 강조가 지닌 의의를 인정했다. "해방의 신체화가 일차적인 것이 되었다. 몸들의 반란은 주체성을 표현하고, 욕망들과 욕구들의 물질성을 체현하며, 미래에는 경제적 발전의 집합적 특성이 그 목적의 특이성과 분리될 수 없을 것임을 약속한다."[58] 공통 관심사 탐색의 중요한 기반은 미즈가 자신의 노동이론에서 핵심적이라고 여기는 바로 저 논점들을 받아들여 이론화하려는 이와 같은 인식에 있는 것으로 보인다.

미즈가 페미니즘 노동이론에서 근본적인 것으로 여기는 마지막 이론적 문제는 생산과 소비 사이의 분리와 간극을 축소하거나 폐지

과 그로 인한 파멸적인 탐닉을 주제로 다루고 있다.

57. Deleuze and Guattari, *Anti-Oedipe* (1972)[들뢰즈·가타리, 『앙띠 오이디푸스』] 그리고 *Milles Plateaux* (1980) [『천 개의 고원』].

58. Guattari and Negri, *Communists like Us*, p. 44.

하는 것과 관련된다. 그녀는 이 문제가 "노동 및 노동 생산물과 관련된 유용성, 필요성, 목적을 이해"하는 데 있어서 필수적이라고 주장한다. 생산에서 소비에 이르는 생산물의 전체적인 물질적 순환을 이해할 때에야 비로소 그녀가 묘사한 바와 같은 노동의 창조를 향해 나아갈 수 있다는 것이다. 이러한 접근법이 그녀를 다수의 지역 공동체와 지역적 자급자족의 수용으로 이끈다는 것은 놀랄 만한 일이 아니다.

앞의 마지막 논점, 그리고 모성적 보살핌과 자급농업에 대한 그녀의 관심으로 미루어 볼 때 미즈는 다분히 "작은 것이 아름답다"[59] 운동의 일원인 듯하다. 이 운동은 소규모의 자율적이고 전통적인 농경 공동체와 사회관계의 직접성을 가치화하는 경향이 있다. 다시 말해 매개, 특히 시장·자본주의 관리자·국가에 의한 매개를 거부한다는 것이다. 이 마지막 특징들은 맑스주의 계급합성 이론과 계급구성 이론이 자라난 "노동자 자율" 운동에서도 두드러지게 나타났다. 후자가 대체로 농촌적이고 소규모적인 것보다 도시적이고 대규모적인 것에 준거하는 경향을 보여 왔지만 자율성을 존중하고 매개를 거부한다

---

59. [옮긴이] 에른스트 슈마허(Ernst Friedrich Schumacher, 1911~1977)의 저서 『작은 것이 아름답다』(1973)에서 유래한 표어다. 슈마허는 독일 출신으로서 오랫동안 영국의 경제 관료로 활동한 드문 이력의 소유자였다. 그는 인도, 버마(현재의 미얀마)에서의 풍부한 경제자문 경험을 바탕으로 개발도상국이 생산성 향상과 고용 증대를 동시에 달성하기 위해서는 소규모의 중간기술(적정기술)을 채택해야 한다고 주장했다. 그의 관심은 주로 생태적 수용능력을 초과하는 욕망의 확장, 대량생산 체제의 유지를 위한 자원 투하량 증가, 생산성 제고를 위한 투자의 대규모화와 거대 조직화로 인한 부국과 빈곤국 간의 격차 확대, 규모의 문제 등에 집중되었다. 유기적 농업경영과 인간 중심의 기술을 중시하는 그의 사상에는 불교 철학적 관점과 생태 사회주의적 색채가 혼재되어 있다. 슈마허의 저작은 1970년대의 1~2차 유가파동을 경과하면서 제3세계는 물론 구미 공업국들의 생태주의 실험에도 적지 않은 영향을 미쳤다.

는 면에서 양자는 유사하다.

　주체성의 성장에서 컴퓨터가 차지하는 역할에 대한 맑스주의자들의 보다 긍정적인 평가와 대조를 이루는 미즈의 컴퓨터 비판은 컴퓨터 이용에서의 역사적인 성별 특수성뿐만 아니라 부분적으로 이 규모에 대한 견해차에서도 비롯된 것으로 보인다. 여성들이 컴퓨터를 통해 남성들보다 더 노골적으로 착취당하고 컴퓨터로부터 한층 더 소외되어 왔다는 사실에는 의심할 여지가 없다.[60] 여성들의 상호작용은 대체로 여성용 기계[타자기]가 허용하는 수준(비서직의 문서 작성 및 데이터 입력)으로 제한되어 왔다. 이 기계의 일부 성능(즉, 분당 타수 기록 기능)은 강화되다 못해 심각한 장애를 유발할 정도의 노동강도를 부과하는 데 활용되고 있다. 그렇지 않을 경우에도 여성들은 장애를 초래하는 마찬가지인 작업방식 (예컨대 현미경 납땜 작업) 하에서 컴퓨터 조립작업에 내몰렸다. 반면 남성들의 경우 컴퓨터와 관련된 집단적이고 쌍방향적인 계획에 참여하거나 앞에서 언급한 연구수단과 놀이 및 소통의 수단으로 컴퓨터를 활용하는 일이 더욱 잦았다. 최근에 와서야 일부 여성들은 이러한 기계들과의 관계를 역전시켜 그녀들의 자율적인 투쟁에 기계들을 결합시키기 시작했다. 예컨대 페미니스트 경제학자 토론 그룹Femecon-L, 여성학 리스트서버Wmst-L, 젠더Gender, 시스터즈Systers 등 경험의 전파와 정치적 토론을 공개적인 목

---

60. 1991년 6월 베니스에서 약 2천 명의 풀뿌리 활동가들이 참가한 "국제회의"의 일환으로 '투쟁순환 속의 컴퓨터 네트워크'에 관한 워크숍이 개최되었는데, 참가자들 가운데 대다수는 남성들이었다. 그들은 여성들의 불참에 대해 새삼스럽게 언급했지만 그래 봤자 별다른 소용은 없었다.

표로 하는 페미니스트들의 컴퓨터 네트워크가 급증하고 있다. 여성과 컴퓨터 사이의 두 가지 관계들이 모두 고려되어야 한다. 기술의 전유가 이루어지는 방식은 물론 그러한 기술의 전유 가능성에 대한 여성들의 판단에서 나타나는 변화 또한 "사회적 노동자"의 구성에 변화를 가져올 새로운 사태이다. 따라서 [기술의 전유라는] 발상이 우리에게 도움이 될 수 있고 의미가 있는지를 검토할 필요가 있다.

요컨대 미즈의 페미니즘 노동이론을 면밀히 검토해 보면 맑스주의 이론과의 극적인 대비를 확립했다는 그녀의 주장과는 달리 두 이론 간의 상당한 공통점이 드러난다. 그녀의 분석 속에 페미니즘의 자기재구성 기획을 보다 명료화하려는 맑스주의 이론을 넘어서는 점이 있다면, 아마도 그것은 인간과 자연 사이의 관계를 새롭게 개념화하려는 그녀의 열망에서 찾을 수 있을 것이다. 그녀는 여성과 자연의 결합을 이 새로운 개념화의 핵심으로 여기는 듯하다. 미즈와 여러 생태-페미니스트들이 함께하는 이 열망 속에는 맑스가 헤겔로부터 이어받고 대부분의 계몽사조와도 공유하는 "인간/능동(주체) ─ 자연/수동(객체)" 이분법을 극복하려는 시도가 놓여 있다.[61] 다른 저작에서 미즈가 언급했듯이 페미니즘 노동이론은 "'자연'에 대한 인간의 약탈경제적 관계를 협동적 [혹은 호혜적] 관계로 대체해야" 한다.[62] 인간-자연

---

61. 초기의 『1844년 초고』에서 후기의 『자본』에 이르기까지 이러한 맑스의 성향은 변함이 없었던 것으로 보인다. 인간이 인간세계에 자연을 합체시켜 생명을 불어넣기 위해 수동적인 자연에 작용한다는 "소외된 노동"에서의 논의와 인간의 노동, 노동수단, 원료를 노동과정의 세 가지 요소로 규정하고 그 중 마지막인 원료를 자동성이 결여된 수동적인 요소로 취급하는 『자본』 1권 7장의 "노동과정"에 대한 논의를 비교해 보기 바란다.
62. 아리엘 살라(Ariel Sallah)와 미즈의 인터뷰 내용을 참조하라. "Patriarchy & Progress : A Critique of Technological Domination," *The Fifth Estate*, Vol. 26, No. 3, Issue

관계를 새롭게 사고하려는 이러한 시도는 매우 흥미로우며, 페미니즘 운동은 물론 환경운동에 대해서도 시사하는 바가 가장 많은 견해들 가운데 하나였다. 하지만 유감스럽게도 그녀의 저서나 방금 인용한 기사 어느 곳에서도 착취의 부재라는 것 외에는 "협동적[혹은 호혜적]" 관계의 의미를 알려주는 실질적 내용을 전혀 찾아볼 수 없다. "협동적", "호혜적"이라는 두 용어는 서로에게 유익하도록 어우러져 함께 행위하는 다양한 생명체들의 현존을 암시한다. 하지만 우리는 어떤 의미로 비인간적 자연이 행위한다고 말할 수 있는가? 헤겔과 맑스는 인간이 "의지"를 보유한다는 점에서 다른 생명체들과 구별되는 것으로 간주한다. 맑스는 『자본』 1권 13장을 통해 인간의 노동이라는 맥락에서 "협동"의 의미를 분석하지만 이 개념을 인간과 나머지 자연 간의 관계로까지 확장시키지는 않는다. 오늘날 동물권 활동가들과 생태주의자들은 물론 과학자들까지를 포함하는 많은 사람들이 다른 생물종들도 많든 적든 "의지"를 지니고 있음을 기꺼이 인정한다. 하지만 이러한 이종異種 간의 맥락에서 "협동"이 의미하는 바는 과연 무엇인가? 인간은 어떻게 유인원, 고래, 개, 고양이, 흰쥐 및 생쥐와 "협동"하는가? 게다가 동물을 넘어서 동물, 식물, 강, 바람, 암석, 태양으로 이루어진 전체 생태계라는 논란거리도 있다. 많은 생태주의자들은 인간과 환경 간의 "덜 착취적인" 관계가 의미하는 바에 대해 숙고해 왔다. 노동의 본질을 새롭게 개념화하고 변화시키기 위한 우리의 공동 노력에 보다 많은 관심이 기울여지기를 바란다.

338, 1992 pp. 8-9, 17.

나는 더 나아가 개념에 부가된 수식어들만이 아니라 "자본주의적 노동work" 혹은 "노동"labor이라는 개념 그 자체를 문제로 삼아야 한다고 본다. "자본주의적 노동work"은 매우 다양한 구체적 활동들로부터의 추상, 다시 말해 오직 자본주의 상품생산 사회에서만 이해될 수 있는 추상이다. 자본주의는 본성상 인간의 모든 활동을 그 자체의 기본적인 사회통제 메커니즘인 사물의 "생산"으로 변형시킨다. 이러한 세계로부터 우리를 해방시키는 자기가치화 과정들의 일부는 오늘날 노동work이라 불리는 활동들의 재구체화를 수반하는 듯하다. 폴라니의 용어를 빌리자면 새로운 의미와 사회관계의 맥락 속에 새롭게 "착근"한다는 것이다. 예컨대 먹거리를 기르는 일은 노동자와 자연을 착취해 상품을 생산하는 또 하나의 자본주의적 노동 형태가 아니라 집합적인 인간과 나머지 자연 간의 교류, 그리고 비착취적인 인간적 상호작용과 의미들로 구성되는 사회양식의 한 요소가 될 수 있다. 이를테면 인간이 참여의 계기로 놓이는 복합적 생태계를 재생시키는 (협동적?) 신진대사 과정의 일부가 되는 셈이다. 또한 모성적 보살핌은 노동력을 생산하는 노동이 아니라 젊은이들과 노인들 사이에서, 그리고 노인들 사이에서 서로 버팀목이 되어 주고 힘을 북돋는 일종의 감정적 유대로 작용할 수 있다. "모성적 보살핌"을 개별적인 어머니의 활동에 국한된 것으로 보아야 할 아무런 선험적 근거도 없기 때문이다.

미즈는 연구 활동과 행동주의를 통해 인도와 독일 두 나라에서 주목할 만한 경험을 쌓아 왔다. 그녀는 인도와 독일 여성들이 보다 나은 삶을 창조하기 위한 투쟁의 일환으로 공들여 만들어 낸 새로운 의미와 사회관계 분석을 통해 노동을 새롭게 정의하려는 자신의 시도에 실질적 내용을 더할 수도 있을 것이다. 미즈는 이 여성들의 삶을 환기시킴으로써 그러한 창조력의 실존을 암시한다. 하지만 미즈는 이 창조력에 의해 생성되어 그녀들의 활동을 맑스주의 이론의 노동 개념보다 더 풍부한 개념으로 변형시키는 그 무엇을 보여 주기에 충분할 만큼의 이야기를 들려주지는 않는다.

미즈의 분석이 지닌 이러한 한계에도 불구하고 자본주의적인 노동소외에서 벗어날 방도를 모색해 온 다른 이들의 작업과 마찬가지로 그녀의 작업은 자본주의의 초극에 관여하는 우리 모두의 각별한 주목을 끌 만하다. 앞으로 나아갈 길들은 궁극적으로 이러한 창조적 시도들 속에서만 찾아낼 수 있다.

결론

앞에서 이루어진 모든 논의는 다음과 같은 사실을 시사하는 듯하다. 즉, 최근의 "계급" 재구성 형태와 (계급을 넘어선) 집합적 구성 형태에 주목해 출현하는 해방의 가능성을 파악하기 위해서는 다양한 주체들이 추구함직한 갖가지 목표들, 각양각색의 구상과 기획을 둘러싼 그들 간의 이론적·정치적 상호작용을 최대한 면밀히 검토해야 한다는 것이다. 오직 이러한 연합의 정치학만이 대립의 조장(예컨대 성별적, 인종적 혹은 민족적 분리의 격화)을 활용한 자본의 분할지배 가능성을 최소화할 수 있다. 이 연합의 정치학을 통해서만 맑스

주의 범주들의 구성은 투쟁의 발전을 따라잡을 수 있다. 우리로 하여
금 새로운 사회적 존재양식의 출현을 파악하는 데서 맑스주의 범주
들이 드러내는 능력상의 한계를 탐색할 수 있도록 하는 것도 바로 이
연합의 정치학이다.[63]

---

63. [엮은이] 클리버의 글이 『공통감각』 14호에 처음 게재된 후로 이 글의 주제와 관련된
다음과 같은 중요한 저작들이 발간되었다. Hardt, M. and A. Negri (2000) *Empire* [안
토니오 네그리·마이클 하트, 『제국』, 윤수종 옮김, 이학사, 2001]; D, Dyer-Witheford
(1999) *Cyber-Marx* [닉 다이어-위데포드, 『사이버-맑스』, 류현·신승철 옮김, 이후,
2003]. 또한 본서에 수록된 네그리와 달라 꼬스따의 글도 참조하기 바란다. 클리버
는 프랑스의 정기간행물 『전미래』에 수록된 논문들을 폭넓게 참조하고 있다. 이 잡
지는 지금은 폐간되었지만, 그 관심은 프랑스에서 발간되는 *Multitudes*와 이탈리아의
*Posse*로 이어지고 있다. 사이버 공간에 대한 클리버의 보다 진전된 논의는 Holloway,
J. and E. Pelaez(eds) (1998) *Zapatista*, 그리고 클리버의 웹사이트 〈http://www.eco.
utexas.edu/facstaff/Cleaver/index2.html〉에 올라 있는 이 주제와 관련된 온라인 논
문들에서 찾아볼 수 있다. 또한 지구적인 화폐와 계급 탈구성 및 재구성을 둘러싼 자
율주의적 맑스주의자들의 평가로는 Cleaver, "Subversion of Money-as-Command in
the Current Crisis"[클리버, 「현재의 위기에서 명령-으로서의-화폐의 전복」]과 Marazzi,
"Money in the World Crisis"[마랏찌, 「세계위기에서의 화폐」]를 참조하라(두 논문은
Bonefeld, W. and J. Holloway, (eds), (1995) *Global Capital, National State and the
Politics of Money*[워너 본펠드·존 홀러웨이 엮음, 『신자유주의와 화폐의 정치』, 이원영
옮김, 갈무리, 1999]에 수록되어 있다).

4장

인간의 실천과 전도

자율성과 구조를 넘어

워너 본펠드

서론

맑스주의자들은 계급투쟁을 역사의 원동력으로 간주한다는 점에서 의견이 일치한다. 그러나 자본에 대한 계급투쟁의 "지위"를 놓고서는 첨예한 견해 차이를 보인다. 예컨대 알뛰세르, 풀란차스에 더하여 히르쉬Hirsch, 제솝Jessop과도 관련된 구조주의적 접근법처럼 계급투쟁을 자본주의 구조들의 틀 내부에서 전개되는 투쟁으로 간주할 수 있다. 또는 네그리, 뜨론띠Tronti 등과 관련된 자율주의적 접근법처럼 계급투쟁을 노동의 혁명적 실존을 해체하려는 자본의 부단한 투쟁으로 이해할 수도 있다. 이처럼 뚜렷이 다른 계급투쟁 개념들은 자본의 객관성을 한편으로, 계급투쟁의 주체성을 다른 한편으로 하는 구분에 근거한다. 이 글은 계급투쟁에 대한 구조주의와 자율주의의 접근법들을 평가한다. 이러한 평가 작업은 구조와 투쟁 간의 내적 연관에 대한 이해에 기초한다. 나는 구성적 역능으로서의 "노동"에 대한 강조를 통해 이 내적 관계를 논하려 한다. 구성적 역능으로서의 노동에 대한 강조는 통합과 초월 간의 변증법적 연관이라는 관점에 따라 전개된다. 두 가지 용어들은 노동의 혁명적 역능(초월)과 전도된 자본 형태 내에 존재하는 노동의 실존양식(통합)을 의미한다.

문제점

구조주의적 접근법은 부르주아 사회에 새겨진 정치와 경제의 분리를 수용한다(Poulantzas 1973; Jessop 1985; and Hirsch 1978을 보라). 따라서 구조주의적 접근법은 사회적 실존의 독특한 부분들인 분절된 영역들 각각에 대한 분석을 제안한다. 포스트포드주의 논쟁이 예증하듯이, 뒤따르는 역사적 구체 분석은 별개의 영역들 사이에서 이루어지는 상호작용 양식을 설명하기 위해 역사–특수적 결합이라는 방식을 채택해야만 한다.[1] 구조주의 이론들은 부르주아 사회의 분절화된 특성을 당연한 것으로 받아들임으로써 이러한 분절적 특성의 사회적 구성이라는 문제를 간과하게 되며, 그 후에야 계급투쟁을 이론적 분석에 통합하기 위해 필사적인 노력을 기울인다. 아글리

---

1. 포스트포드주의 논쟁에 관해서는 Bonefeld/Holloway (eds.) (1991)와 이 책[5장]에 수록된 감비노(Gambino)의 논문을 보라.

에타[2](Aglietta 1979, 67)의 이해에서도 드러나듯이 계급투쟁은 "어떠한 법칙도" 넘어서 있다. "자본"이 노동 속의, 노동을 통한 사회적 관계로 파악되지 않고 있는 것이다. 그 대신에 "자본"은 그 자체의 고유한 논리, 즉 계급관계를 초월하는 논리를 지닌 실체로 간주된다. 따라서 "자본"은 계급투쟁이 아니다. "자본이 곧 주체"(Jessop 1991, 150)이기 때문이다. 구체적인 것, 경험적인 것, 계급투쟁의 조건에 대한 적절한 이해가 계급투쟁이 수행되고 펼쳐지는 자본주의 구조를 상술하는 작업을 기초로 해야 하는 한 계급투쟁은 분석에서 배제된다. 따라서 구조주의는 자본주의 발전의 객관적 경향을 강조하게 된다. 구조주의는 구조들을 유일한 주체로 승인한다. 계급투쟁은 구조적인 발전의 파생물로 취급된다. 자본주의 발전의 원동력은 자본 그 자체에 주어져 있다. 모순은 자본 내적인 것으로 간주된다. 따라서 자본주의의 발전은 이러한 모순들의 결과이다.

구조주의적 접근법이 계급투쟁을 이론적으로 억압하는 것과는

---

2. [옮긴이] 미셸 아글리에타(Michel Aglietta, 1938~) : 파리 10대학 경제학 교수이자 조절학파의 주도적인 이론가. 사회당 정부 시절 〈경제분석위원회〉 자문위원으로 활동한 바 있으며, 현재는 파리 소재 〈국제경제전망예측센터〉(CEPII; 한국개발원과 유사한 기구)와 〈그루파마 자산관리회사〉(Groupama Asset Management)의 자문위원으로 일하고 있다. 알랭 리피에츠, 로베르 브와예(Robert Boyer) 등과 함께 '위기'와 '조절' 개념에 입각한 자본주의 동학(動學) 이론 정립을 시도해 왔다. '외연적 축적체제 — 경쟁적 조절양식', '내포적 축적체제 — 독점적 조절양식'라는 도식에 기초해 1870~1970년대 미국 자본주의의 변화를 설명한 그의 저서 『자본주의 조절과 위기』(1974)는 조절학파의 시작을 알린 책으로 평가받아 왔다. 아글리에타의 모든 연구들은 "사회체계를 변형시키고 그것의 장기적 응집(cohesion)을 보장하는 힘은 무엇인가? 이러한 응집조건 및 응집양식은 발전할 수 있는가"라는 문제의식에서 출발한다. 미셸 아글리에타, 『자본주의 조절이론』, 성낙선 외 옮김, 한길사, 1994, 38쪽. 최근 들어 그의 관심은 임금과 생산성 간의 관계 복원에 기초한 새로운 성장체제(growth regime), 그리고 이를 뒷받침할 금융제도와 지역 통화공조 시스템 구축 가능성에 집중되고 있다.

달리 자율주의적 접근법은 노동계급의 자기활동을 중심에 놓는다. 계급투쟁은 근본적인 것으로 간주된다. 노동의 혁명적 역능이 강조된다. 자율주의는 모든 사회적 관계들이 본질상 실천적이라는 맑시언적 견해를 출발점으로 삼는다. 구조 중심적 접근법과의 주요한 차이는 노동의 혁명적 역능을 강조한다는 점이다. 자율주의적 접근법에 고유한 난점은 "노동"을 근본적인 것으로 이해한다는 데 있지 않다. 문제는 그러한 이해가 근본적인 해법으로 발전하지 않는다는 사실이다.

노동의 자기활동이라는 개념에 입각한 접근법에는 기계와 같은 자본논리를 한편으로 하고 사회적 실천의 초월적 역능을 다른 한편으로 하는 별개의 영역들로 사회적 실존을 분할하는 경향이 있다. "노동의 자기활동"에 대한 강조는 계급 관점의 "역전"에 기초한다.[3] 계급 관점의 역전은 자본주의의 발전보다는 노동계급의 투쟁에 초점을 맞출 것을 주장한 뜨론띠에 의해 주창되었다. 뜨론띠(Tronti 1965/1979, 10)가 언급한 바와 같이 자본은 착취를 "노동자-생산자 계급에 대한 실질적인 종속"에서 벗어나기 위한 수단으로 사용한다. 이러한 정식화는 노동이 구성적 역능이라는 통찰과는 모순된다. 자본을 자립적인 삶을 영위하는 주체로 이해하기 때문이다. "자본"은 노동의 자기활동에 대응할 뿐만 아니라 자본주의적 대의에 복무하도록 노동의 자기활동을 부추겨 "삶을 영위하는" 그 어떤 것으로 간주된다. 다시 말해 계급 관점의 역전이 두 "주체들"에 달려 있다는[즉, 노동계급과 자본가 계급이 하기 나름이라는] 것이다. 즉, 노동의 자기활동

---

3. '역전'에 관해서는 Cleaver(1992)와 본서에 수록된 그의 논문을 참조할 것.

과 자본의 회유 능력이 존재한다. 이러한 "역전"의 강조는 "노동"이 전도된 형태의 생산자라는 문제를 제기하지 않는다. 그 대신에 [이 입장은] 노동을 그 자신의 산물인 전도된 사회적 세계 외부에 존재하는 힘으로 간주하는 경향이 있다. 즉, 노동의 구성적 역능은 그 자신의 전도와 무관하다는 것이다. 이러한 전도는 "자본"으로 가정된다. 자본은 그 자체가 지닌 "회유 능력" 때문에 전도된 권력으로 간주되며, 이와 동시에 노동은 자기결정적인 힘으로 파악된다. 이로부터 "마법을 거는 권능"으로서의 자본에 대한 네그리(Negri 1992)의 강조가 뒤따라 나온다. 구조와 투쟁 간의 관계에서 투쟁의 요소를 강조하는 것으로는 양자의 이론적 분리를 극복할 수 없다. '어째서 인간의 실천이 전도된 자본주의적 지배의 형태로 나타나는가'라는 문제가 제기되지 않는 것이다. 형태 문제를 질문하지 않고서는, 즉 노동의 구성적 역능이 그 안에서/그것을 통해 모순적인 방식으로 실존하는 사회적 형태에 대해 명확히 말하지 않는다면, 자본에 대한 노동의 자율성이라는 개념은 오직 혁명적 주체의 직접성에 대한 낭만적 호소로 귀결될 수 있을 뿐이다(Bonefeld/Gunn 1991을 보라). 노동의 혁명적 직접성에 대한 호소에 그칠 경우 구조를 주체로부터 분리시켜 외재화하기 쉬우며, 그로 인해 구조주의와 동전의 이면 관계에 놓인 주관주의적 사고로 이어지게 된다. 구조주의적 접근법과 달리 계급투쟁이 강조되지만 투쟁은 여전히 그 대상의 외부에서 작용한다. 자본은 변함없이 오직 그 자체의 한계 내에 존재하는 논리라는 관점에서 해석된다. 이 논리의 부조화는 단독으로, 그리고 자본-노동 관계를 구성하는 모순들로부터 추상된 채로 혁명적 자율화를 위한 지렛목을 제공한다. 자본

-노동관계가 이원론적이고 외재적인 방식에 따라 단지 주체적 역능에 대립되는 억압적 체계 논리의 관점에서 파악되고 있는 것이다.

구조주의와 자율주의 접근법은 자본주의의 모순적인 구성을 외적으로 연관된 두 개의 사물들이라는 관점에서 파악한다. 구조주의에서 모순은 구조적 불충분성 그리고/또는 "경제적인 것"과 "정치적인 것" 등 각기 다른 영역들 사이의 기능장애라는 형태로 존재한다. 이에 반해 자율주의에서는 모순이 혁명적 주체들의 자율성과 자본주의 체제 사이에 놓인다. 자율주의와 구조주의 어느 쪽도 노동의 구성적 역능 안에서/노동의 구성적 역능을 통해서 자본의 모순적 성격을 파악하지 못한다. 즉, 자본 안에서/자본에 대항하며/자본을 넘어서 실존하는 노동의 구성적 역능 말이다. 구조주의의 노동에 대한 이론적 억압과 자율주의의 노동에 대한 이론적 주체화 그 어느 것도 객체성을 주체성과 화해시킬 수 없으며, 그 역의 경우도 마찬가지다.

노동과 자본

구조주의 및 혁명적 주체의 직접성에 호소하는 접근법과는 반대로 문제는 사회적 현상들 간의 "내적 연관"(Marx 1983, 28)을 규명함으로써 사회적 현상들이 맺고 있는 관계의 "내적 본성"(Marx를 참조하라)을 분명히 하는 것이다. 사회적 현상들 간의 내적 연관을 규명한다는 것은 현상들의 사회적 본질을 상호연관된 것으로, 서로 다르지만 결합되어 있는 복합적인 형태들로 구성하는 인간적 내용을 이론화한다는 뜻이다. 이론적 접근법은 이 상호연관을 이론화하기 위해 사회적 현상들이 통일 속에서 차이를 갖도록 만드는 구성력을 구체적으로 명시해야만 한다. 다양한 사회적 현상들은 서로의 안에서 서로를 통해 실존한다. 각각의 현상은 다른 현상을 전제조건으로 한다. 이는 예컨대 경제논리·정치논리와 같은 추상적인 논리들의 구성과 계급투쟁을 통해 매개될 뿐인 세계, 현실세계 속에서의 이 "논리들"(Jessop 1985를 참조)의 실존이 구분될 수 없음을 뜻한다. 사회적 총체는 또한 자본논리와 주체의 역능으로 분리될 수도 없다. 구조와 투쟁은 하나의 과정을 이루는 계기들로서 서로를 내포한다. 구조와 투쟁 등 다양한 현상들은 어느 한편이 다른 한편을 결정하는, 그리고/또는 지배하는, 외적으로 연관된 독립적 실체들이 아니라 이 실체들을 구성하는 관계의 실존 형태로 존재한다. 바크하우스(Backhaus 1969)가 주장한 바와 같이 사회적 객체성이라는 개념은 객체성을 현존하는 추상으로, 즉 실천 속에 존재하는 추상^{daseinde} ^{Abstraktion}으로 간주할 때에야 비로소 충분하게 이해될 수 있다. 사회적 관계는 실천적 관계이다. 사회적 관계가 실천 속에서/실천을 통해 정초된다는 인식은 분절된 사회적 세계라는 개념을 옹호하는 사람들이 취하는 것과는 전혀 다른 출발점을 함축한다. 출발점은 노동의 역사적 운동에서 비롯된 사회적 구성이다. 노동의 역사적 발전은 사회사의 열쇠를 쥐고 있다. 이 열쇠는 위에서 언급된 추상 속에 봉쇄되어 있다. 즉, 자본주의 사회에서 인간적인 내용은 '부정되는 존재양식'으로 실존한다.

인간은 그 어떤 사회에서도 생산자로서의 역할을 수행한다. 그러나 자본주의 사회에서 가장 단순한 범주, 즉 노동은 신비화하는 특성을 지닌다. 부의 물적 요소들이 노동의 산물에서 상품 고유의 속성으로 변형되고 이러한 속성은 생산관계 그 자체를 한층 더 뚜렷이 사물들 간의 관계로 변형시키기 때문이다. 사회적 노동생산력은 "전도된" 가치형태로 실존한다. 따라서 "객관적인" 혹은 사실로서의 "자본"의 실존은 개념적 출발점으로 간주될 수 없다. 경제적 정신의 소유자들에게서 "객관성," "객관적 논리" 또는 "객관적 존재"로 나타나는 것이 맑스에게서는 소외된 주체성으로 이해되기 때문이다(상세한 논의는 Backhaus 1992를 참조). 노동은 전도된 세계의 생산자라는 그 자신의 사회적 실존으로 인해 소외된 주체이다. 이는 물신화된 자본주의 세계라는 형태 하에서는 노동의 실천적·비판적 활동이 그 자체로서 자기 자신과 대립적으로 실존함을 뜻한다. "세계의 구성은 개인들의 배후에서 이루어진다. 그럼에도 불구하고 그것은 그들 자신의 [활동의] 결과물이다"(Marcuse 1937/1988, 151). 다시 말해 인간이 날마다 활동을 영위하는 현실 속에 불변의 속성, 즉 인간에게서 자립적으로 실존하는 그 어떤 것이란 없다. 전도된 자본주의 세계를 구성하고 가득 채우면서도 이 전도된 세계와 모순을 이루는 것은 노동의 사회적 실천이다. 노동은 전도된 형태에 대해 "외적으로" 실존하지 않는다. 반대로 자본의 "회유 능력"을 포함하는 "전도된 형태들"은 노동의 사회적 실천 속에서/사회적 실천을 통해 실존한다. 따라서 "주체와 객체"는 서로에게 정적으로 맞서지 않는다. 양자는 오히려 "주체가 객체로 전도되고, 역으로 객체가 주체로 전도되는" 끊임없는 과정"에 휩싸인다"(Backhaus 1992, 60). 전도된 형태의 구성을 이처럼 파악한다면 일반적인 것이 특수한 것에 내재하고 추상적인 것이 구체적인 것에 내재한다는 이해가 가능해진다(Marx 1973 서문을 보라). 이 관점은 사유 대상(즉, 인간관계의 사회-역사적 형태)의 내부에서 운동하는 사유의 방법을 내포한다. 변증법은 대상의 외부가 아니라 그 내부에서 대상으로 나아간다. 변증법적 사유는 사회적 실천을 통해 구성되고 사회적 실천을 구성하는 요소이기도 한 모순적 실존양식에 대한 개념적 전유를 시도한다. 변증법적 사유는 그 자체를 대상의 내부에서 대상의 일계기로 개념화한다(Gunn 1989; 1992). 사회적 실존에 대한 이러한 개념화는 '외관상 분리된 듯한 삶의 사실들'이 사회적 관계의 실존양식을 구성한다는 것을 파악하려는 시도이다. 변증법은 구조와 투쟁 사이에 존재하는 '차이 속의 통일'을 강조한다. 차이 속의 통일에 대한 강조는 "모든 사회적 관계들이 본질상 실천적"이며 구성적인 노동의 실천적-비판적 활동들을 포함한다는 해석에 기초한다.

(구조주의와 같이) 표면상의 형식논리에 초점을 맞추어 "자본"을 개념화하려는 모든 이론은 맑스 이론의 특수성을 무시한다. 이러한 이론들은 그 대신에 사물화된 자본주의 세계를 이론의 대상이자 목적으로 받아들인다. 더 나아가 오직 자본에 대한 노동의 자율성에만 초점을 맞추는 그 모든 개념화는 역사적으로 특수한 노동의 실존 형태를 경시한다. 이러한 개념화는 그 대신에 존재의 존재론적 구성, 즉 통제에서 벗어나 자본의 혁명적 폐기라는 위협을 가하는 존재의 주체성에서 – 외관상으로 – 발견될 수 있는 구성을 옹호한다. 자본주의라는 "마법에 걸려 전도된 세계"(Marx 1966, 830)의 끊임없는 전위와 재구성에 기초해 사회를 구성하는 것은 계급 속에서/계급을 통해 상

품화된 노동으로서의 인간의 실천을 연결 짓는 관계의 모순적인 통일이다. 사회적 실천이 자본주의 재생산의 구성요소가 된다는 것은 계급적대의 구체적인 내용을 보여 준다. 자본을 역사의 박물관 속으로 밀어 넣는 과업은 자본을 생산하는 소외된 주체로서의 노동의 실존을 혁명적으로 변화시킬 때에야 비로소 진전될 수 있다.

자본주의 사회에서 노동의 실존/운동 양식을 구성하는 사회적 관계는 필요노동과 잉여노동 간의 관계, 다시 말해 사회적 노동일을 구성하는 자본과 노동 간의 계급적대이다. 자본주의적인 노동의 실존양식은 잉여노동을 증대시키기 위해 필요노동과 잉여노동 간의 관계를 급격히 변화시키려는 부단한 충동을 특징으로 한다. 그러나 잉여노동은 오직 필요노동의 반정립으로 나타날 뿐이다. "자본"은 오직 가치실체인 산 노동을 통해서만, 따라서 [산 노동이 창출하는] 잉여가치를 통해서만 실존한다. 노동의 사회적 형태가 빚어내는 적대적 경향은 자본으로 하여금 오직 노동 안에서/노동을 통해서만 존속하는 그 자체의 실존적 토대를 침식하는 필요노동의 제거로 나아가도록 강요한다. "자본" 그 자체는 산 노동으로부터 자율화될 수 없다. 유일하게 가능한 자율화는 노동 편에서의 자율화이다. 노동은 자본에 대해 외적인 존재가 아니다. 노동은 자본 안에서/자본에 맞서 실존하지만 자본은 오직 노동 안에서/노동을 통해서만 실존한다. 노동의 모순적 실존은 자본의 명령에 대한 반정립으로, 그리고 자본의 생산자라는 실존으로 나타난다. 노동은 가치창출적인 특성을 갖는다. 다시 말해 노동은 노동하는 상품labouring commodity으로서 그 자신에 맞서 실존한다. 노동의 사회적 실천은 자본에 대립해서 실존함과 동시에 자본의 실존을 구성하는 일계기로도 실존한다. 노동의 사회적 실천이 지닌 구성적 역능은 초월과 통합의 운동이라는 모순적 실존을 획득한다. 이러한 운동은 계급적대의 비대칭적 구성에 기초한다. 초월과 통합은 분리된 운동이 아니라 단일한 과정 속의 운동으로 실존한다. 초월과 통합은 사회적 실천으로 표현되는 변증법적 연속체의 양극兩極이다. 초월과 통합은 변증법적 연속체의 양극으로서 투쟁의 과정 그 자체에 열려 있는 모순적 과정을 구성한다. 계급적대를 의존과 분리 간의 모순적 운동으로 이해하고 사회적 현상을 계급적대의 실존양식이자 작동양식으로 개념화하면 당연히 노동은 자본에 대해 내적인 것도 외적인 것도 아니라는 결론이 나온다. 노동은 자본 안에서/자본에 맞서서 실존한다.

안에서/맞서IN AND AGAINST

'안에서 맞서'라는 용어는 노동의 자기활동이 갖는 우선성을 강조하는 접근법에 내재된 주관주의의 위험성을 극복하려는 시도이다. 이 접근법에 속하는 당대의 역작은 혁명적 주체의 **직접성**을 환기시키는 사상의 발전에서 발견된다. 주관주의는 자기-구성력으로서의 노동이라는 이해 속에 깃들어 있다. "자본"은 더 이상 노동의 실존양식으로 인식되지 않는다. 차라리 자본은 그 자체의 본질과 대면하는 실체로 간주된다. 이러한 자본과 노동 간의 이원론은 노동이 자본의 독자적인 기획에 참여하기를 거부함에 따라 가치가 "탈구성되고" 있다는 발상에 기초한다(Negri 1992). 따라서 "소외된 주체성"이라는 개념은 폐기되고 자기 구성적인 혁명적 주체로서의 노동이라는 개념으로 대체된다. 자본은 단지 "최면을 걸고 매혹하는 권능", 그 자체로 반혁명적인 "환영, 우상"이 된다. "자본의 주위에서 발본적으로 자율적인 자기가치화 과정들이 전개되며, 오직 정치권력만이 당근과 채찍을 활용해 이 과정들이 차츰 자본주의적 형태⁴로 주조되도록 강제하는 데 성공할 수 있다"(Ibid., 89). 네그리에게서 "자기가치화"란 주체적 역능의 구체적인 실존을 의미한다.⁵ 주체의 역능은 피착취 계급의 가치들을 추구하기 위한 공간을 창출하고 보호한다. 요컨대 자기가치화란 주체로서의 노동을 생산하고 재생산하는 것이다(Negri 1989). 이 접근법은 사회 내부에 계급관계와 무관한 공간들이 존재함을 전제로 한다. 그리고 이 공간 속에서 "진정한 주체성"의 획득을 위한 실험들이 자본의 마법에서 풀려난 세계를 촉구하고 환기시키는 것으로 전제된다. 이 접근법은 자본주의 하에서는 노동이 [특정한] 형태 안에서/형태를 통해 실존한다는 것을 무시한다. 주체의 사회적 실존이 사회의 외부에 성립되어 있는 한 주체의 본질화는 여전히 추상적이다. 이는 "노동의 자율성"이라는 개념이 이미 자본으로부터 해방되어 있는 공간의

---

4. [옮긴이] 이 인용문에서는 네그리의 원문에 등장하는 'capitalist form'이 아니라 'capital form'이라는 용어가 사용되고 있다. 그러나 이는 인용 과정상의 착오로 보인다. 본펠드가 네그리의 원문이 수록된 *Open Marxism* 전3권의 공동 엮은이로 참여했다는 점을 고려하면 'capital form'이 단순 오기(誤記)라는 것은 더욱 분명해진다. 따라서 여기에서는 네그리의 원문을 따라 문제의 용어를 **자본주의적 형태**로 옮긴다. 본펠드가 인용한 네그리의 논문은 『지배와 사보타지』, 윤수종 편역, 중원문화, 2010 3부에 "맑스에 관한 20가지 테제: 오늘날의 계급상황에 대한 해석"이라는 제목으로 국역되어 있다.

5. 네그리의 저작을 이처럼 해석한 논문으로는 Moulier(1989)를 참조하라.

존재를 전제로 하기 때문이다. 따라서 서로에 대해 외적인 상태로 머무르는 두 가지 전제들 사이에는 이원론이 존재하며, 그와 동시에 이 전제들은 각자의 대립항에 일관성을 부여하는 것으로 간주된다. 두 가지 전제들이란 곧 미리 가정된 사회적 주체의 자유와 자본주의 체계논리이다. 노동의 자기활동과 자본의 회유 능력이 어떻게 구성되는가에 관해서는 어떠한 대답도 제시되지 않는다. 유일하게 가능한 해결책이란 노동의 자율성을 종속시킨다는 이유로 자본에 비난을 가하면서 전제된 자본논리에 대립하는 것으로 간주되는 노동의 혁명적 주체성에서 나타나는 구성composition의 변화를 연구하는 것이다.

결국 자본과 노동 간의 내적 관계는 단순한 대립 관계로 변형되며, 따라서 형태와 물질성 간의 내적 관계도 단순한 대립물의 병치로 환원된다. 이로 인해 노동은 일면적인 추상으로 해석된다. 이와 동시에 주체를 본질화하는 과정과 "마법을 거는 권능"으로 자본을 물신화하는 과정이 나란히 진행된다. 자본과 노동 간의 관계를 이 관계 자체에 의해 구성되는 형태 안에서/형태를 통해 실존하는 모순적인 사회관계로 이해하기를 거부하고 단지 자본에 "대항하는" 노동만을 강조할 경우 대상의 내부에서 운동하면서 대상의 일계기를 이루는 개념으로서의 변증법은 기각된다. 앞에서 언급한 대로 노동이 자본에 대항하여 실존한다는 이해는 필연적으로 기계와 같은 실체로서의 자본이라는 개념화를 수반한다. 자본은 하나의 논리가 되어 버린다. 이 논리는 그 자체의 비합리성으로 인해 봉기를 위한 저항의 공간을 제공하는 불가피한 법칙으로 정의된다. 구조와 투쟁 간의 관계는 고작 인과관계로 간주될 뿐이다. 다시 말해 노동계급의 파괴적이고 혁명적인 권력은 파열과 위기를 초래하고, 차례로 자본은 노동에 대한 지배를 재부과하는 것으로 대응한다(Negri 1979를 보라). 이러한 관점은 구조와 투쟁 간의 내적 관계를 무효화한 다음 이를 자본주의 체계의 부정합성을 활용하는 봉기적인 존재형태에 대한 사회학적 연구로 대체한다. 자본 안에서/자본에 대항하는 노동의 현전이라는 개념은 노동이 자본의 외부에 실존하지 않음을 웅변한다. 계급투쟁은 오직 형태 안에서/형태에 대항해 실존하는데, 노동의 구성적 역능은 이 형태 안에서/형태를 통해 모순으로 실존한다. 물론 어떤 의미에서 계급투쟁은 혁명적 분리의 형태로도 실존한다. 그러나 오직 초월과 통합이라는 변증법적 연속체의 한 극으로서만 그러할 뿐이다. 이 연속체의 발전은 계급투쟁 자체에 열려 있다. 자율주의적 접근법은 사회적 실천을 초월의 측면에서만 해석함으로써 초월과 통합 사이의 내적 관계를 해소해 버린다.

반면에 노동이 단지 자본 "안에서" 실존함을 강조하는 접근법들은 자본주의의 적대적 특성을 간단히 처리함으로써 초월과 통합의 모순적인 관계를 무시해 버린다. 그 대신에 이 접근법은 자본을 일면적 추상으로 이해하면서 동시에 사회적 실천을 과학주의의 제단에 희생물로 바친다. 이러한 접근법들은 구조주의적이자 기능주의적이다. 이 접근법들이 실제로 중요하게 여기는 것은 자본의 기획들에 의해 확정된 불가피한 추세와 방향의 윤곽[외형]이기 때문이다. 노동은 더 이상 자본에 대립적으로 실존하지 않는다. 반대로 노동은 자본이 독자적으로 추구하는 기획의 일부를 이룬다. 구조주의적 접근법은 자본의 재생산이 자본논리에 의해 주어지는 것만은 아니라고 주장한다. 자본주의의 재생산은 계급투쟁을 통해 진행된다. 사회의 발전이 구조에 의해 사전 결정된다는 견해는 고작 (그렇지만 적어도) 사회적 범주들의 담지자^{Träger}로서의 주체라는 발상을 함의한다. 범주들을 담지하는 주체들은 동시에 그것들을 변형하는 주체여야만 할 것이다. 그러나 구조주의적 접근법에 따르면 그 또는 그녀는 오직 사회적 범주들을 재생산하는 한에서만 이 범주들을 변형할 수 있다. 모순적인 자본논리는 "인간의 행위대리"$^{\text{human agency}}$를 요구한다.

　"인간의 행위대리"라는 관점에 입각한 인간 실천의 이해는 자본주의 법칙들의 추상적인 본성이 계급관계를 초월한다는 발상에 기초한다. 따라서 계급투쟁은 인간해방을 지향하는 투쟁에서 자본주의 재생산과 관련된 사회학적 범주로 변형된다. 자본은 자립적인 주체로 간주되고, 노동은 오직 자본 내부에서만 실존한다. 계급투쟁은 예컨대 정치적인 것과 경제적인 것에서 볼 수 있듯이 서로 다른 사회구조들의 내적 논리에 종속되며, 따라서 주의주의의 매개를 통해서만 특정한 계급적 관점에 도달할 수 있다. 구조주의는 주의주의적인 계급관의 형식을 따옴으로써, 즉 계급이 구조를 재생산하는 행위주체라고 간주함으로써, 주체적인 것$^{\text{the subjective}}$의 존재를 단정한다. 예컨대 제숍의 접근법에서 계급갈등은 "그 자체로 총체성을 창출하지도 [자본주의의] 운동 궤적을 생성하지도 않는다"(Jessop 1991, 154). "계급관계의 개념적 동일성이 자본관계를 형성하는 계급들에 의해 구성되기보다는 오히려 자본관계 그 자체에 의해 주어지기"[6] 때문이

---

6. [옮긴이] 이 문장은 "(the) conceptual identity of classes is given by the capital relation itself rather than being constrained by the classes which shape the capital rela-

다(Ibid.). 즉, 제숍은 "자본"을 그 자체의 내적 논리에 따라 "현실"세계의 계급투쟁을 구조화하는 자기관계로 여기고 있는 것이다. 다시 말해 계급투쟁의 장소는 자본의 내적 논리에 의해 확립된 틀 내부로 고정된다.[7] 따라서 "자본"은 사회적 관계를 결정하는 어떤 것으로 간주되며, 계급투쟁은 이러한 "사물"의 파생물로 취급된다. 계급투쟁의 의의는 자본주의의 제도적 논리와 변동 양식[동학]이 경제적 계급투쟁에 의해 중층결정되어야 한다는 데 있다. 이 "경제적 계급투쟁 속에서 가치형태 자체의 너머에 있는 다수의 요인들이 계급 세력들의 균형을 형성한다"(Jessop 1983, 90). 즉, 가치형태는 자본주의 생산양식의 응집성을 규정하는데, 이러한 응집성은 "현실"세계 안에서 우발적으로 충돌하는 세력들을 통해 실천적으로 획득된다는 것이다. 구조주의와 주의주의는 상보적이다(Bonefeld 1993을 보라). 구조주의는 구조와 투쟁의 구별에 의존한다. 그럼에도 불구하고 구조와 투쟁은 각각 자신의 대립항에 응집성을 부여하는 것으로 상정된다. 구조는 행위에 의해 한정됨으로써 결정론의 위험에서 벗어나는 것으로 간주된다. 또한 행위는 "구조적 제약"에 의해 한정되어 주의주의에서 벗어나는 것으로 간주된다. 그렇지만 구조의 이해가능성은 행위에서, 역으로

---

tion."이라는 인용문을 옮긴 것이다. 그러나 이 인용문과 제숍의 원문 간에는 다소 차이가 있다. "(the) conceptual identity of class relations is given by the capital relation itself rather than being constructed by the classes which shape the capital relation." Bob Jessop, "Polar Bears and Class Struggle," in Bonefeld, W. and J. Holloway (eds.) *Post-Fordism and Social Form*, Macmillan, London, 1991. 여기서는 제숍의 원문에 수록된 내용 그대로를 우리말로 옮겼음을 밝혀 둔다.

7. 유사한 관점에서 히르쉬의 접근법을 비판한 글로는 Clarke(1991)를 참조하라. 또한 풀란차스를 겨냥한 비판으로는 Clarke(1977/1991)를 보라.

행위의 이해가능성은 구조에서 도출된다. 따라서 구조와 투쟁 간의 이원론은 오직 동어반복적인 사유 운동을 통해서만 지탱될 수 있다. 불합리한 두 명제들의 절충적 취합으로는 둘 중 어느 하나라도 구해 낼 수 있는 이론화조차 여의치 않을 것이다.

결국 자율주의 그리고/또는 구조주의의 문제는 노동을 단지 자본에 대항해서(자율주의) 혹은 단지 자본 안에서(구조주의) 실존하는 것으로 개념화하는 데서 비롯된다. 구조주의적 접근법과 자율주의적 접근법은 서로를 보완한다. 두 접근법 모두 논리적 실체로서의 "자본" 개념에 의존하기 때문이다. 구조주의적 접근법이 자율적 주체로서의 자본을 강조한다면 자율주의적 접근법은 기계적인 실체로서의 자본을 강조한다. 자본을 인간 외적인 실체인 양 물신적으로 이해하는 한 두 접근법 모두는 결정론적인 자본관에 의지한다.

노동이 자본 안에서/자본에 대항하여 실존한다는 견해는 예컨대 "객관적 법칙 그러나 또한but also 계급투쟁"이라는 관념이 함축하듯이 문제에 대한 중도적 접근방식을 제공하는 데 그치지 않는다. 포스트포드주의 논쟁의 중심에 놓인 이러한 관념은 자본을 일면적 추상으로, 즉 그 전개와 더불어 사회적 갈등의 견지에서 정의되는 사회효과들을 유발하는 추상으로 이해한다. 이 시각은 구체적인 것을 기저에 놓인 (즉, 일반적인) 경향들에 대한 "경험적 지표"의 제시로 간주한다. 이러한 관점에서 구체적인 것은 보다 근본적인 법칙의 표현으로 이해되며, 근본적인 법칙의 존재는 논리적으로 전제된다. 즉, 자본의 가상적인 내적 논리와 자본주의에 대한 역사적 분석 사이에서 구별이 이루어진다. 인간의 실천은 근본적인 자본의 법칙에 대해 외적인 상태로 머무른다. 구조와 투쟁의 통일은 추상적인 개념들이 형성되는 근본적인 차원이 아니라 객관적 법칙의 틀 내에서 전개되는 우발적인 역사 발전의 차원에서 실현된다. 이러한 이해와는 대조적으로 자본 안에서/자본에 대항하여 실존하는 노동이라는 발상은 물질성과 사회적 형태 간의 내적인 관계를 강조한다. 자본 안에서/자본에 대항하는 노동의 역능은 자본주의적인 사회적 재생산 형태 속에 "부정되는 존재양식"으로 실존하는 노동의 구성적 역능으로 이해된다. "부정되는 존재양식"이란 개념은 순수한 사물성으로서의 사회관계들 전면率面에 저절로 드러나는 사회적 구성, 즉 자본 안에서/자본에 대항하는 현전으로서의 노동의 현전을 통한 모순적 통일성을 강조한다. 자본 안에서/자본에 대항하여 실존하는 노동이라는 개념은 사회적 현상들의 모순적인 실존양식을 파악함으로써 이러한 모순의 운동을 인간의 실천이 지닌 변형력의 운동으로 이해할 수 있게 해준다. 즉, "안에서/대항하여"라는 개념은 두 가지 상보적인 관점들 간의 외재성, 즉 안에서 "또한" 대항함을 의미하지 않는다. 반대로 이 개념은 객체성과 주체성이 서로 내적으로, 그럼에도 불구하고 모순적으로 관계하는 사태를 강조한다. 나는 이 점을 부각시키기 위해 "소외된 주체성"이라는 개념을 제시했다. 이 개념은 자본주의 하에서 인간관계가 모순적으로, 즉 사물들 간의 관계 형태로 실존함을 의미한다. 정치경제학 비판이란 결국 인간에 의거한ad hominem "경제적 범주" 비판과 같다. 즉, 물신주의 비판은 사회적 세계를 현상(물신화된 형태)과 본질(인간적 내용)로 분리시키지 않는다. 차라리 인간관계들은 이 [물신화된] 형태들 안에서/형태들을 통해 존속한다. 인간관계들은 모순적 방식으로 그처럼 존속한다. 자본주의적인 계급적대의 비대칭적 구성이라는 개념을 제시한 것은 바로 이 점을 강조하기 위해서다.

결론

구조주의는 이른바 구조들의 물신성에 주체성의 역능을 대립시키는 접근법이 예찬하는 바로 그 낭만화된 주체에 대한 호소로 귀착된다. 한편 노동의 자율성이라는 개념에 입각한 접근법은 이른바 모든 법칙의 테두리를 넘어선 계급투쟁의 실존에 구조의 효과를 대립시키는 구조주의적 접근법이 예찬하는 바로 그 이론화되지 않은 객체에 대한 환기로 귀결된다. 기성 범주들에 대한 경험적 테스트를 추구하는 데 그치는 한 구조주의의 주체 해석은 자본주의적인 재생산의 필연성을 함의한다. 한편 구조와 투쟁 간의 내적 관계에 대한 인식을 결여한 "노동의 자율성"이라는 개념은 그것 자체로는 파악할 수 없는 현실의 혁명적 시험을 필요로 한다. 두 접근법은 모두 주체성의 객체성과 객체성의 주체성이라는 논점을 교묘하게 회피한다. 만약 형태와 내용이 통합될 수 있다면 자본과 노동의 비대칭적 관계(즉, 자본은 노동에 의존하지만 노동은 자본에 의존하지 않는다는 발상)는 계급투쟁의 관계로, 사회적 현실을 구성하며 구성된 사회적 전제이자 구성하는 사회적 실천인 투쟁의 관계로 분석될 수 있다.

나는 자본과 노동 사이의 이 비대칭적인 관계를 개념화하기 위해 "초월"과 "통합"이라는 용어를 제시했다. 통합과 초월의 변증법적 연속체는 노동의 자본관계로의 통합과 자본의 혁명적 초월이 논리적으로 전제되지도 역사적으로 결정되지도 않는 실천적 세계에 대한 사상을 강조한다. "통합/초월" 개념은 구조와 투쟁이 통일 속의 차이라는 관계 속에서 서로에게 대항한다는 사상을 내포한다. 구조들은 노동의 구성적 실천과 일치하지도 노동으로부터 독립적으로 존재하지도 않는다. "통합"과 "초월"의 변증법적 연속체는 "전도된" 세계라는 개념에 기초를 두고 있다. 이 전도된 세계에서 사회적 실천의 구성적 역능 그 자체는 모순으로 실존한다. 사회적 실천의 구성적 역능은 부정되는 존재양식 속에 실존한다.

　요컨대 구조주의적 접근법은 사회를 그 자체의 내재적 법칙들에 따라 진화하는 유기체로 간주한다. 노동은 기껏해야 이 유기체의 일면으로 이해된다. 구조주의는 사회적 실천을 사회학적 범주로 간주함으로써 인간의 활동을 물신화된 상품 형태로 다룬다. 구조주의는 자본주의를 위한 변호론을 제공한다. 구조주의와 자율주의는 서로를 보완하면서도 비대칭적으로 맞서고 있다. 구조주의는 사회적 실천을 '구조를 재생산하는 실체'로 간주하는 주의주의적 해석에 의존한다. 자율주의는 사회적 실천을 '구조를 변형하는 인간의 활동'으로 이해하는 혁명적 해석에 의존한다. 자율주의적 접근법은 인간의 실천이 수행하는 변형적인 역할을 강조한다. 자율주의는 "초월", 즉 인간이 상품으로 실존하는 사회를 혁명적으로 변형하는 데 역점을 둔다. 구조주의적 접근법과의 중요한 차이는 여기에 있다. 확실히 자율주의적 접근법은 "통합과 초월" 간의 모순적 통일성에 훨씬 더 민감하다. "혁명적 주체성"에 대한 강조가 혁명적 변형에 대한 "예견적 관점"을 대리·보충한다. 따라서 자율주의적 접근법은 "통합"에서 "초월"을 혁명적으로 해방시키는 데 초점을 맞춘다. 이 접근법은 통합과 초월 간의 변증법을 개념화하기보다는 정치권력^{Macht} 문제를 제기한다. 그러나 자율주의는 그 특유의 비판적 관점과는 모순되는 방식으로 문제를 제기한다. 앞에서 논의한 대로 자율주의적 접근법에서 주체는 그 자신의 전도된 세계에 대해 외적인 역능으로 이해된다. 그러나 정치경제학 비판은 대중을 사로잡을 때에야, 즉 그들을 억압하는 세계를 창조하는 것이 바로 그들 자신의 노동, 그들 자신의 사회적 실천임을 대중이 이해하게 될 때에야 비로소 실천적으로 증명될 수 있다(Marx 1975, 182를 참조하라). 따라서 자율주의적 접근법은 사회적 주체의 혁명적 직접성을 전제하기보다 전도된 형태를 구성하고 넘쳐흐르며 부정하는 역능으로서의 노동의 사회적 실존에 대한 비판으로 심화되어야 한다.

2부

노동의 봉기와 지구적 자본

5장

조절학파의 포드주의 비판

페루치오 감비노

서론

포드주의, 포스트포드주의, 비물질적 생산 등 최근 몇 년간 생산 영역의 변화를 묘사하는 데 사용된 일부 범주들은 매우 무딘 도구에 불과하다는 사실이 드러났다.[1] 나는 이 글에서 조절학파의 "포드주의" 및 "포스트포드주의" 개념 사용법을 주제로 다루고자 한다. 조절학파는 포드주의라는 용어를 특유의 방식으로 비틀어 포스트포드주의라는 새로운 용어를 주조했다. 이 글은 갈등을 배제하는 주문呪文을 깨뜨리는 데 이바지하는 것을 목적으로 한다. 조절학파는 바로

---

1. "비물질적 생산"이라는 용어에 대한 시의적절한 비평으로는 Sergio Bologna, "Problematiche del lavoro autonomo in Italia"(Part I), *Altreragioni*, no. 1(1992), pp. 10-27 을 보라.

이 주문에 따라 포드주의와 포스트포드주의에 마법을 걸어왔다.

1970년대 중반 이후 미셸 아글리에타의 저작[2]을 필두로 브와예, 꼬리아[3], 리피에츠 등 조절학파 주창자들의 저작이 출간되자 포드주의는 중립적인 의미를 갖기 시작했다. 그 이유는 부분적으로 조절학파의 역사기술이 매우 부주의하다는 데서 찾을 수 있으며, 또한 조절학파의 분석에서 사회계급들의 운동이 순수한 추상으로 환원된다는 점도 이유로 들 수 있다.[4]

---

2. Michel Aglietta, (1974), *Accumulation et régulation du capitalisme en longue période. L'exemple des Etats Unis(1870-1970)*, Paris, INSEE, 1974; 이 책의 불어본 제2판은 1976년에 *Régulation et crises du capitalisme*라는 제목으로 Paris의 Calmann-Lévy 출판사에서 출간되었다. 영어본 초판은 *A Theory of Capitalist Regulation : the US Experience*, London and New York, Verso, 1979이며, 1987년에 같은 출판사에서 영어본 제2판이 출간되었다. 포드주의와 포스트포드주의 범주 사이의 연결 고리는 아글리에타의 저서 초판 발행 2년 후에 크리스띠앙 빨루아(Christian Palloix)가 제시한 "네오 포드주의"라는 용어로 볼 수 있다. Christian Palloix, "Le Procés du travail. Du Fordisme au neo-fordisme," *La Pensée* no. 185 (February 1976), pp. 37-60을 참조하라. 빨루아에 따르면 네오 포드주의란 노동력 관리상의 새로운 요구에 대한 반응으로서 출현한 직무 확충 및 재구성과 관련된 새로운 자본주의적 관행을 가리킨다.

3. [옮긴이] 뱅자맹 꼬리아(Benjamin Coriat, 1948~) : 파리 13대학 경제학 교수로서 미셸 아글리에타, 알랭 리피에츠, 로베르 브와예 등과 함께 조절이론을 대표하는 이론가로 활동했다. 최근까지 지적 재산권 시스템, 혁신과 기술변동, 제도경제학 분야의 연구에 주력해 왔으며, 개발도상국에서 심각한 문제로 대두되어 온 에이즈 퇴치를 위한 활동에도 정력적으로 종사하고 있다.

4. 1991년까지 이루어진 조절이론의 포드주의 해석에 관해서는 워너 본펠드와 존 홀러웨이가 편집한 *Post-Fordism and Social Form : A Marxist Debate on the Post-Fordist State*, London, Macmillan, 1991을 빠뜨릴 수 없다. 이 책에는 맑스주의자들의 포스트포드주의 국가 논쟁에 관한 주요 참고문헌 목록이 수록되어 있다. 조절학파에 관해서는 특히 다음의 책들을 참조하기 바란다. Robert Boyer, *La théorie de la régulation : une analyse critique*, Paris, La Découverte, 1986; Robert Boyer (ed.), *Capitalismes fin de siécle*, Paris, Presses Universitaires de France, 1986; Alain Lipietz, "Towards Global Fordism?," *New Left Review* no. 132 (March-April 1982), pp. 33-47 : Alain Lipietz, "Imperialism as the Beast of the Apocalypse," *Capital and Class*, no. 22 (Spring 1984), pp. 81-109; Alain Lipietz, "Behind the Crisis : the Exhaustion

조절학파는 기본적으로 포드주의라는 용어를, 상대적으로 높은 수준의 산업 생산성 달성을 가능케 하는, 조립라인에 기초한 생산 시스템을 가리키는 데 사용한다.[5] 조절이론가들은 기록상으로도 충분히 입증된 포드주의 생산과정의 경직성, 노동력의 필연적인 탈숙련화, 포드주의 명령구조와 생산적·사회적 위계제도들의 엄격성에 관심을 두지 않는다. 그들은 포드주의 체제 내에서 발생하는 산업 갈등의 내용과 형태에도 관심이 없다. 조절이론가들은 오히려 사회세력들 간의 조정과 제도적 타협의 장소로 작용하는 국가에 의한 생산관계 조절에 주목한다. 나는 이러한 해석을 "조절이론적 포드주의"regulationist Fordism라고 부를 것이다. 한편 이 글에서는 1920년대 초반부터 심지어 1970년대[6]

of a Regime of Accumulation. A 'Regulation School Perspective' on Some French Empirical Works," *Review of Radical Political Economy*, vol. 18, no. 1-2(1986), pp. 13-32; Alain Lipietz, *Mirages and Miracles : the Crisis of Global Fordism*, London, Verso, 1987; Alain Lipietz, "Fordism and post-Fordism" in W. Outhwaite and Tom Bottmore (eds.), *The Blackwell Dictionary of Twentieth-Century Social Thought*, Oxford, Blackwell, 1993, pp. 230-31; Benjamin Coriat, *Penser · l'envers. Travail et organisation dans l'enterprise japonaise*, Paris, Christian Bourgois, 1991. 이탈리아어판으로는 미렐라 지안니니(Mirella Giannini)가 서문 집필과 번역을 맡은 *Ripensare l'organizzazione del lavoro. Concetti e prassi del modello giapponese*, Bari, Dedalo, 1991이 있다.

5. 조립라인이 항상 성과를 거둔 것은 아니기 때문에 여기서는 "상대적으로 높은 생산성"이라고 표현한다. 예컨대 제1, 2차 5개년 계획기(1928~32, 1933~37)의 소련식 포드주의는 상당한 실험을 거쳤으며, 이러한 실험은 특히 (부분적으로 포드사 기술진의 지원까지 받은) 고리끼 자동차 공장 조립라인에서 집중적으로 실시되었다. 그러나 고리끼 공장의 생산성은 포드사 미국 공장에 비해 50% 가량 낮은 수준에 그쳤다. 이에 관해서는 John P. Hardt and George D. Holliday, "Technology Transfer and Change in the Soviet Economic System," in Frederic J. Fleron, Jr., *Technology and Communist Culture : The Socio-Cultural Impact of Technology under Socialism*, New York and London, Praeger, 1977, pp. 183-223를 참조하라.

6. [옮긴이] 영역본에는 '1960년대'로 옮겨져 있지만 이탈리아어판 원문에는 1970년대로 되어 있다.

까지 유럽에서 통상적으로 수용되던 의미의 포드주의를 가리켜 "노동조합 이전의 포드주의"pre-trade union Fordism라는 용어를 사용하고자 한다.[7]

7. 리피에츠는 "Fordism and post-Fordism"에서 "포드주의"라는 용어가 "1930년대에 이탈리아 맑스주의자 안토니오 그람시와 벨기에 사회주의자 헨릭 드 만(Henrik de Man)에 의해 만들어졌다"는 부정확한 주장을 제시한다. Alain Lipietz, "Fordism and post-Fordism"(1993) in Outhwaite, William and Bottomore, Tom, *The Blackwell Dictionary of Twentieth Century Social Thought*, Oxford, Blackwell, p. 230. 여기서 리피에츠는 그람시의 『옥중수고』에 수록된 「미국주의와 포드주의」에 의지하고 있음이 분명하다. "Americanismo e fordismo"(1934) in Antonio Gramsci, *Quaderni del carcere*, vol. 3. ed. Valentino Gerratana, Torino, Einaudi, 1975, pp. 2137-81 [안토니오 그람시, 「미국주의와 포드주의」, 『그람시의 옥중수고 1』, 이상훈 옮김, 거름, 1999]. 그람시는 이 일련의 노트에서 수많은 저작들 가운데서도 유독 포드주의를 직접적으로 다루지 않은 드 만의 책 한 권에 눈길을 주었다. 드 만의 저작 초판은 1926년 독일에서 출간되었다. Hendrik de Man, *Zur Psychologie des Sozialismus*, Jena, E. Diederichs, 1926. 이 책의 일부 내용은 1927년 브뤼셀에서 불어판으로 출간되었다가 1929년에 파리 알캉(Alcan) 출판사에 의해 *Au delá du Marxisme*(맑스주의를 넘어서)라는 제목으로 완역 출간되었다. 이 불어판 완역본은 디드리히 출판사의 독일어본 제2판(1927)을 기초로 했다. 그람시는 옥중수고의 「미국주의와 포드주의」 장을 집필하기 위해 바로 이 알캉 출판사 불어판을 모본으로 한 이탈리아어판을 입수했다. Henri de Man, *Il superamento del Marxismo*, Bari, Laterza, 1929. 유럽에서는 "포드주의"라는 용어가 시기적으로 드 만과 그람시에 선행하며, 1920년대 초반부터 이미 사용되었다. 특히 Friedrich von Gottl Ottlilienfeld, *Fordismus? Paraphrasen über das verhältnis von Wirtschaft und technischer Vernunft bei Henry Ford und Frederick W. Taylor*, Jena, Gustav Fischer, 1924; H. Sinzheimer, "L'Europa e l'idea di democrazia economica"(1925), *Quaderni di azione sociale* XXXIX, no. 2 (1994), pp. 71-74를 참조하기 바란다. 이 사실을 인지하게 해 준 두 번째 책의 편역자 산드로 메짜드라에게 사의를 표한다. 리피에츠는 위에 인용된 논문에서 이와 유사하게 "1960년대 들어 이 용어[포드주의]가 다수의 이탈리아 맑스주의자들(R. Panzieri, M. Tronti, A. Negri)에 의해 재발견되었다"는 또 하나의 그릇된 주장을 제시한다. 그람시와 비판적인 거리를 유지한 이탈리아에서의 포드주의 논의를 다룬 저작들로는 다음을 참조하라. Romano Alquati, *Sulla FIAT e altri scritti*, Milano, Feltrinelli, 1975; Sergio Bologna, George P. Rawick, Mauro Gobbini, Antonio Negri, Luciano Ferrari-Bravo, and Ferruccio Gambino, *Operai e Stato : Lotte operaie e riforma dello stato capitalistico tra rivoluzione d'Ottobre e New Deal*, Milano, Feltrinelli, 1972. 앞의 저작에는 1961~67년 당시의 문헌들이, 그리고 뒤의 저작에는 1967년 파도바에서 개최된 컨퍼런스 회의록이 실려 있다.

조절이론적 포드주의

아래에서는 조절이론적 포드주의 개념의 창안자들이 구상한 시기 구분의 개요를 간단히 살펴보고자 한다. 시기 구분에 대한 검토는 노동조합 이전의 포드주의와 포드주의의 의미론적 구별 방식을 이해하는 데 있어서 결정적이기 때문이다. 다음으로 나는 노동조합 이전의 포드주의가 갖는 기본적인 특징을 개괄할 것이다.

조절학파에 따르면, 확실치는 않지만, 포드주의는 대략 1920년대에 미국 엔지니어링 산업에서 핵심적인 의의를 차지하는 중추 산업들에 보급되어 이 산업들의 촉매력으로 자리 잡았다. 조절학파는 이 무렵 포드주의가 고임금을 제공함으로써 내구성 소비재 대량소비의 활력소로 작용했다고 주장한다. 포드주의는 그 후 대공황과 2차 세계대전의 시련을 거치면서 미국 내의 케인스주의적 유효수요 확대를 위한 토대를 제공했다. 포드주의는 대략 1940년대 말 이후로 미국 "복지"제도의 기반을 제공함으로써 안정적인 지구적 사회 재생산의 토대를 조성했다. 조절이론가들은 1950년대 들어 포드주의 생산체계가 미국에서 서유럽 국가들과 일본으로 확산되었다고 본다. 따라서 조절이론의 시기 구분에 따를 경우 실제로 포드주의의 전성기는 매우 짧았다는 사실이 드러난다. 비록 이론적인 논의라고 하더라도 [조절이론의 시기 구분대로라면] 1930년대 말 경에 포드주의와 케인스주의는 수렴하기 때문이다. 그럼에도 불구하고 조절이론가들은 포드주의가 1950년대 초에 구체적인 실재가 된 후 돌이킬 수 없는 위기로 접어든 1960년대 말까지 지속되었다고 주장한다. 포드주의의 위기 시점을 지금까지도 우리가 경험하고 있는 포스트포드주의 시대의 시발점으로 보고 있는 것이다.

조절학파는 물론 가치화 과정의 변형과 사회·정치적 영역에서 발생한 변화의 결합, 그리고 그 역의 결합에 대한 해석상의 기여를 자신들의 공적으로 내세울 수 있다. 조절학파는 이러한 입장을 그들 특유의 것으로 발전시켰고, 그 후 국가장치 및 국가장치와 근현대 자본의 관계에 대한 논문들을 통해 이를 확장시켰다.[8] 이 글들은 독일의 히르쉬와 로트[R. Roth], 영국의 제솝이 펴낸 저작들에 수록되어 있다. 제솝에 따르면 조절학파는 네 가지 주요한 연구 경향들로 이루어진다.[9]

아글리에타에 의해 시작된 첫 번째 경향은 축적체제와 성장모델들을 그 경제적 결정요인에 입각해서 연구한다. 이 경향은 최초의 해석적 도식을 미국에 적용시킨다. [이 경향에 속하는] 또 다른 연구들은 때로는 포드주의의 확산을 조사하고 때로는 포드주의 발전의 특수성을 추적하기 위해 '국가 단위의 경제적 구성체들'을 검토한다. 이 경우 국가 단위의 경제적 구성체들이 국제경제 순환 회로 내부에 통합되어 있느냐는 고려되지 않는다.

두 번째 경향은 국제경제적인 조절의 차원에 초점을 맞춘다. 이 경향은 서로 다른 국민적 성장모델들 사이에 존재하는 상호보완성의

---

8. 특히 워너 본펠드와 존 홀러웨이가 공동으로 편집한 *Post-Fordism and Social Form*에 게재된 요아힘 히르쉬의 논문과 밥 제솝의 논문 두 편을 참조하기 바란다. Joachim Hirsch, "Fordism and Post-Fordism : The Present Social Crisis and its Consequences," pp. 8-34; Bob Jessop, "Regulation Theory, Post-Fordism and the State : More than a Reply to Werner Bonefeld," pp. 69-91; "Polar Bears and Class Struggle : Much less than a Self-Criticism," pp. 145-69. 이 논문들에는 추가적인 참고문헌들이 실려 있다.

9. Bob Jessop, "Regulation Theory, Post-Fordism and the State," pp. 87-88.

형태와 정도, 각양각색의 특수한 국제적 조절 모델들을 함께 연구한다. 또한 [국제]경제 질서 하에서 이루어지는 국가 및 지역 단위 구성체들의 포섭/배제, 특정 국가들의 자립경제적 폐쇄 성향/국제주의적 개방 성향과 같은 주제들도 검토된다.

세 번째 경향은 국민적 수준의 총체적인 사회적 축적구조 모델을 분석한다. 사회적 재생산은 제도적으로 매개되는 실천의 총체에 의존한다. 제도에 의해 매개되는 실천의 총체는 적어도 일정 수준까지는 다양한 구조들 간의 조응과 사회세력들 간의 타협적 균형을 보증한다. 이 경향은 국가와 헤게모니 범주에 각별한 관심을 기울인다. 두 범주들은 사회적 조절의 중심적인 요소들로 간주된다.

가장 덜 발전된 네 번째 경향은 출현하고 있는 국제적 구조들의 상호의존을 연구한다. 이 경향은 또한 국제질서의 확립 혹은 재확립을 목표로 하는 (조절이론가들이 레짐이라 부르는) 국제제도들을 매개로 세계질서의 기초를 세우려는 다양한 시도들을 연구한다.

조절학파의 주요 주제들을 이처럼 간략히 열거하는 것만으로도 이 학파가 사회적 생산관계가 아니라 생산관계의 작동을 관리하는 경제적/국가적 제도들을 분석하는 데 관심을 집중하고 있다는 사실이 분명하게 드러난다. 요컨대 조절학파는 구조의 영속성을 강조하면서 인간 주체들, 인간 주체들에게서 나타나는 변화, 사회적 생산관계의 해체와 재조직화가 인간주체들에게 초래하는 결과에 눈을 감는 경향이 있다.

조절이론은 출발 당시부터 1968년 혁명 이후로도 지속되고 베트남에서의 패배마저 견뎌 낸 미국 자본의 내구력에 매혹되었다. 조절이론가들은 2차 세계대전 이후의 미국에 "지배적인 제국주의 국가로서의 지위"가 부여되어야 한다고 주장한다.[10] 따라서 조절이론가들에게는 미국과 그 동맹 산업국의 구조들이 어떻게, 그리고 어떠한 제도 덕분에 안정을 유지할 수 있었는가를 이해하는 것이 필수적인 과제가 된다. 이러한 가설 속에는 하나의 기본적인 전제가 자리 잡고 있으며, 바로 이 전제에 따라 서구의 제도들은 여전히 견고한 것으로 간주된다. 반면에 노동운동 조직들은 물론 산 노동의 역능 전체가 제지할 수 없는 축적의 진행에 불가피하게 종속된 존재로 등장한다. 즉, 자본은 중장기적으로 장엄한 발전을 지속할 운명을 부여받지만 자본의 아포리아는 지평에서 사라져 버리는 것이다. 따라서 서구 자본을 영속화하는 법칙을 연구하는 것이 과제가 된다. 1차 유가파동 이듬해이자 워싱턴이 베트남에서 정치·군사적인 패배를 겪은 해에 미셸 아글리에타의 저작[11]이 출현한 것도 바로 이와 같은 관점에 따른 것이다.

조절이론적 포스트포드주의의 모호한 윤곽

조절학파에게 포스트포드주의란 "아직 완전히 내다볼 수 없는 분자공학과 유전공학의 영향을 논외로 한다면" 미래의 징후를 어지간히 점칠 수 있는 수정 구슬과 같다. 조절이론가들은 특히 "초산업화"

---

10. Joachim Hirsch, "Fordism and Post-Fordism : The Present Social Crisis and its Consequences," p. 15.
11. Michel Aglietta, (1974), *Accumulation et régulation du capitalisme en longue période. L'exemple des Etats Unis (1870-1970)*, Paris, INSEE, 1974.

의 토대로 작용한 신정보기술과 통신 및 정보처리 기술에서 생산 영역의 혁명에 필요한 잠재력을 발견한다. "전자혁명"은 노동을 근본적으로 변형시키고 "테일러주의 대중노동자"를 파편화하면서 노동력을 새롭게 계층화한다. 또한 이 혁명은 노동력을 상대적으로 한정된 규모의 초숙련 노동자들로 이루어진 상층과 대규모의 평범한 포스트포드주의 실행자들로 이루어진 하층으로 분할한다. 요컨대 포스트포드주의는 노동력을 위계적·공간적으로 구획하고 분할한 후에 단체협상 구조를 파괴하는 것으로 완성된다.[12] 그 결과 축적 리듬은 더욱 강렬해지며, 완벽하게 유지되는 정치적 안정과 더불어 저항 없는 자본주의의 장기 전망 – **초고속 자본주의**turbo capitalism – 이 펼쳐진다. 조절학파의 포스트포드주의 노동자들은 원자화·유연화되고, 점점 더 노동조합에 무관심한 태도를 취하며, 저임금 상태에서 불가피하게 만성적 고용 불안에 시달리는 개인으로 등장한다. 국가는 더 이상 노동력 재생산에 소요되는 물질적 비용 부담을 보증하지 않으면서도 노동자들의 소비 위축을 감독한다. 조절학파의 주장에 따르면, 노동자들에게 그들 자신의 손으로 생산한 내구성 소비재를 구매할 수 있는 임금직의 지위를 부과한 것으로 알려진, 이른바 포드주의적 소비 규범이 이보다 더 철저하게 붕괴될 수는 없었을 것이다.

이어서 포드주의와 포스트포드주의 간의 불연속성을 세밀하게 살펴보면, 이 불연속성은 두 가지 필수적인 조건의 파탄에서 비롯된 것으로 보인다. 즉, 포드주의적 자본주의 축적양식의 쇠퇴와 더불어

---

12. Joachim Hirsch, "Fordism and Post-Fordism : The Present Social Crisis and its Consequences," pp. 25-6.

강렬한 [내포적인] 축적의 산물인 생산성 증대에 맞춘 대중소비 조절도 이행되지 않았다.[13] 2차 세계대전 이후의 "황금시대"에 이 두 가지 조건들은 충족되었다. 포드주의는 고숙련 노동과 저숙련 노동 양극단에서 산업노동자들의 최대 생산능력을 동원하면서도 이러한 양극화로 인한 시스템 불안정을 겪지 않았다. 대중소비에서는 만족할 만한 이윤이 산출되었고, 이는 투자증대와 보조를 맞추었다.[14] 이 한 쌍의 조건은 1970년대부터 더 이상 충족되지 않았다. 산업국들의 상품생산 부문 투자가 생산성보다 더 빠르게 증가하면서 위기를 초래했기 때문이다.[15] 자본은 제3세계에서 생산옵션과 판로를 찾는 것으로

---

13. Alain Lipietz, "Towards Global Fordism?," *New Left Review* no. 132 (March-April 1982), pp. 33-47. [이 문장에서 영역자는 '자본주의 축적양식'(the mode of capitalist accumulation)과 '강렬한 축적'(intense accumulation)이라는 용어를 사용하고 있다. 영역자의 번역어 선택은 감비노의 이탈리아어판 논문에 실린 다음과 같은 문장을 충실히 옮긴 것이다. "Se poi guardiamo alla discontinuità tra fordismo e postfordismo, essa sembra derivare dal venir meno di due condizioni essenziali: il modo dell'accumulazione capitalistica e il mancato aggiustamento del consumo di massa all'aumento della produttività generato dall'intensa accumulazione." 감비노의 이탈리아어판 논문은 "Critica del fordismo della scuola regolazionista," *Stato Nazionale, lavoro e moneta*, Napoli, Liguori, 1997, pp. 215-40에서 찾아볼 수 있다. 그러나 리피에츠의 논문에서는 위의 두 개념과 직접적으로 일치하는 표현이 발견되지 않는다. 리피에츠는 포드주의적 '자본주의 축적 시스템'(the system of capitalist accumulation) 또는 '자본축적 양식'(a mode of capital accumulation)이라는 개념, 그리고 "노동자들의 실제적인 지식과 경험을 기계 형태 속에 병합"하고, "노동생산성 상승과 [노동자] 일인당 고정자본량(자본의 기술적 구성)의 증가를 결합"시킨 자본축적 양식을 지칭하는 '내포적 축적'(intensive accumulation)이라는 개념을 사용한다. ─ 옮긴이]

14. 같은 책, pp. 35-6.

15. [옮긴이] 포드주의의 위기 원인에 대한 리피에츠의 설명은 좀 더 자세히 살펴볼 필요가 있다. "명목임금을 생계비 및 생산성과 연동시켜 최종수요가 공급과 보조를 맞추도록 보증"하는 독점적 임금조절 형태와 연계된 "이 내포적 축적 시스템은 대중의 구매력 증대를 통해 과잉생산 위기를 면할 수 있다면 무한히 지속될지도 모른다. 그러나 자본의 수익성은 오직 두 가지 조건 하에서만 유지될 수 있다. 즉, 생산재 부문의 증대된 생

이 위기를 해소하려고 시도했다.

조절이론가들에 따르면 이 위기의 사회적 결과는 방대하다. 국가의 사회적 영향력은 약화되었다. 국가 규모는 축소되었다. 대다수 비특권 부문은 살아남기 위해 생활수준을 낮추었다. 낡은 조직들의 잔해 위에서 솟아나 집단적 연대를 표현할 수 있는 새로운 조직체들의 조짐도 보이지 않는다. 조절이론가들은 생산 현장에서의 파업, 운동, 투쟁들을 (대학의 연구가 관심을 기울일 리 없는) 살아 있는 장식품 vivace ornamento과 잔여현상 사이에서 부유하는 전前정치적 연속체로 간주한다.

친親도요타주의적 변종

포스트포드주의의 출현을 지지하는 사람들은 1980년대 말 무

산성이 자본의 기술적 구성비 상승을 상쇄하지 않는다면 고정자산 비율은 위험한 수준까지 치솟을 것이다. 또한 소비재 부문의 증가된 생산성이 대중의 구매력 상승과 균형을 이루지 않는다면 총부가가치 대비 임금 몫은 이윤 손실을 초래할 정도로 상승할 것이다. 내포적 축적이 이루어진 전후 황금시대 동안에 이 두 가지 조건은 대체로 충족되었다. 예컨대 프랑스에서는 20년 동안 세 가지 기본 변수(생산성, 구매력, 일인당 고정자본) 모두가 세 배로 증가했다. 그러나 1960년대 말에 이르러 전반적인 생산성 증가 속도가 완만해지자 포드주의는 갈수록 더 고비용을 요하는 시도가 되었다. 그러자 정부와 사용자들은……대중의 구매력 증가를 중단시키려고 시도함으로써 위기를 재촉했다. 확실히 위기는 대중의 과소소비 위기라는 형태로 나타났는데, 프랑스의 경우 특히 자동차 및 건설 산업에서 두드러졌다. 그러나 1930년대와는 달리 위기는 공급의 대중 수요 초과 경향이 아니라 투하자본량의 증가에도 불구하고 불충분한 잉여가치가 산출된다는 사실에……기인한다. 자본 일반에게서……문제가 되는 것은 시장의 발견이 아니라 오히려 착취율의 제고인 것이다." 같은 책, pp. 34-6.

렵 포스트포드주의의 변종인 도요타주의를 발견했다.[16] 서구는 1970
년대 들어 일본 자본주의의 팽창에 뒤늦게 주의를 기울이기 시작했
다.[17] 그 무렵 일본 자본주의의 팽창은 특유의 순응주의를 활용한 발
빠른 통상전략과 미흡한 사회정책의 결합에 따른 현상으로 이해되었
다.[18] 좌파 중에는 일본의 팽창에서 동아시아의 일본으로 부상하려
는 새로운 헤게모니적 충동을 – 정확히, 그것도 앞질러서 – 감지한 이
들이 있었다.[19] 그로부터 몇 년 후 일본의 경제성장률을 찬양하는 한
논자는 일본의 규칙적인 생활수준 향상과 1970년대[20]의 유가 "충격"
흡수 방식에 대한 관심을 환기시켰다.[21] 또한 일본 사회의 엄격한 통
제와 일본 내에서 싹트고 있던 서구 규범에 대한 거부를 경고하는 이
들도 있었다.[22] 한편 일본인 저자들 사이에서는 서구인들을 대상으로
일본의 성공에 대해 미심쩍지만 손쉬운 설명을 제공하려는 유행이

---

16. 보다 진전된 내용은 주세페 보나치(Giuseppe Bonazzi)가 개관한 "La scoperta del
    modello giapponese nelle società occidentali," *Stato e Mercato*, no. 39 (December
    1993), pp. 437-66을 참조하기 바란다. 보나치의 글은 서구 사회학계 내부에서 다양한
    방식으로 이루어진 일본 모델의 비판적 수용을 검토하고 있다. 좀 더 간명하고 일상
    적인 용어를 사용한 글로는 Pierre-François Souyri, "Un nouveau paradigme?," *An-
    nales*, vol. 49, no. 3 (May-June 1994), pp. 503-10을 참조하라.
17. Robert Guillain, *Japon, troisiéme grand*, Paris, Seuil, 1969; Herman Kahn, *The
    Emerging Japanese Superstate*, Minneapolis, Minn., Hudson Institute, 1970.
18. Robert Brochier, *Le miracle économique japonais*, Paris, Calmann-Lévy, 1970.
19. Jon Halliday and David McCormack, *Japanese Imperialism Today : Co-prosperity in
    Greater East Asia*, Harmondsworth, Penguin, 1973.
20. [옮긴이] 영역본에는 '1960년대'라고 옮겨져 있지만 번역 과정에서의 실수가 분명하므
    로 바로 잡는다. 감비노의 이탈리아어판 원문에는 이 부분이 "1970년대의 유가파동 흡
    수 방식"(l'assorbimento degli *shock* petroliferi degli anni Settanta)으로 되어 있다.
21. Erza Vogel, *Japan as Number one : Lessons for America*, Cambridge, Mass., Harvard
    University Press, 1979.
22. Karel Van Wolferen, *The Enigma of Japanese Power*, New York, N.Y., Knopf, 1989.

상당히 일기도 했다. 이 설명들은 일본의 문화적·종교적 생활양식에 기초를 두었다.[23]

서구 통상업계의 반감이 고조되고 대중매체를 통해 일본의 산업 시스템을 비난하는 일들도 잇따랐지만 1980년대 들어 일본의 경제구조를 다룬 다수의 주요 저작들이 출판되자 논쟁은 공적인 영역으로 진입했다.[24] 그러나 영어로 번역된 일본 경제학자 및 사회학자들의 연구 가운데 상당수는 1980년대까지도 여전히 주목받지 못했다.[25] 심지어 "도요타주의"라는 용어의 주 #창안자이자 보급자인 오노 다이이치大野耐一 [26]의 저작조차 일본 산업계가 산업생산성 논의의 주요 쟁점 가운데 하나로 부각되던 1980년대 말에야 겨우 서구에 번역·보급될 정도였다.

1990년대 초반에 들어서자 무엇보다 꼬리아의 저작[27] 때문에 유

23. Chie Nakane, *Japanese Society*, London Weidenfeld & Nicholson, 1970; 이탈리아어 번역본은 *La Societá giapponese*, Milan Cortina. Michio Morishima, *Why Has Japan "Succeeded?"*, Cambridge, Cambridge University Press; 이탈리아어 번역본은 *Cultura e technologia nel successo giapponese*, Bologna, Il Mulino, 1984.

24. Jean-Loup Lesage, *Les grands sociétés de commerce au Japon, les Shosha*, Paris, PUF; Chalmers Johnson, *MITI and the Japanese Miracle : the growth of industrial policy, 1925-75*, Tokyo, Tuttle, 1986.

25. Masahiko Aoki, *The Economic Analysis of the Japanese Firm*, Amsterdam, Elsevier, 1984; Kazuo Koike, *Understanding Industrial Relations in Modern Japan*, London, Macmillan, 1988.

26. Tai'ichi Ohno, *Toyota Seisan Hoshiki*[*The Toyota Production Method*], Diamond Sha, 1978; 영어 번역본은 *The Toyota Production System : Beyond Large-scale Production*, Productivity Press, Cambridge, Mass; 불어 번역본은 *L'esprit Toyota*, Paris, Masson, 1989; 이탈리아어 번역본은 *Lo spirito toyota*, Torino, Einaudi, 1993.

27. Benjamin Coriat, *Penser · l'envers. Travail et organisation dans l'entreprise japonaise*, Paris, Christian Bourgois, 1991; 이탈리아어 번역본은 *Ripensare l'organizzazione del lavoro. Concetti e prassi del modello giapponese*, Bari, Dedalo, 1991.

럽 대륙에서도 일본 산업을 둘러싼 논쟁의 초점은 문화적 동기에서 경영전략 쪽으로 옮겨 갔다. 반면 그보다 앞서 출간된 그런대로 쓸 만한 일부 저작들은 그다지 큰 관심을 끌지 못했다. 꼬리아에 따르면 도요타 공장들의 경험에서 나온 교훈은 새로운 생산성 패러다임을 제시했다. 그는 이 새로운 패러다임의 의의를 당대의 테일러주의와 포드주의의 의의에 견줄 만한 것으로 보았다. 이로써 도요타주의는 모든 것을 갖춘 데다 이제는 이미 불가피해져 버린 포스트포드주의의 외피를 쓴 채로 집중적인 조명의 대상이 된다. 도요타주의는 포스트포드주의라는 범주를 통해 분명히 이해되기 시작한 새로운 합리화 경향의 실현으로 간주된다. 하지만 서구의 경우 그러한 경향은 뚜렷해 보이지 않았고, 아직까지 특정한 생산형태와 통합된 사회적 공간 속에서 구체화되지 않았다. 그럼에도 불구하고 꼬리아는 포스트포드주의가 도요타주의 속에서 경영 합리화와 생산비 절감 시도들의 총체이자 새롭고 보다 진보적인 생산관계를 열기 위한 일대 실험으로 구현된다고 주장한다. 즉, 도요타주의는 혁신적인 산업민주주의 형태를 예시하는 새로운 사회적 관계socialità [28]를 실험에 옮겼다는 것이다. 꼬리아의 저작에서 서구는 전면에 등장하지 않는다. 그러나 일본의 위태로운 생산성 균형에서 그 유럽적 변종인 "확산공장"으로 관심을 돌리면 개별적 노동계약에 기초한 비공식적 도요타주의가 이미 그곳에서도 작동하고 있음을 발견할 수 있다. 예컨대 저 유명한 이탈리아 산업지구

---

28. [옮긴이] 영역본에는 'sociality'로 옮겨져 있다. 그러나 이탈리아어의 'socialità'에는 사회성, 집단성이라는 의미 이외에 사회적 교류의 총체(insieme dei rapporti sociali)로서의 '사회적 관계'라는 뜻도 있다. 여기서는 전후 문맥을 고려해 '사회적 관계'로 번역했다.

들에는 단체협상 제도를 파괴하기 위해 자사 노동자들과의 개별적인 [노동]관계 수립을 시도하는 "확산공장" 고용주들이 존재한다.

도요타주의의 표준적 해석에 따르면 이 새로운 생산성 시스템은 주로 한국전쟁(1950~1953) 특수기特需期와 그 후의 내생적인 수요 요인들의 결과로서 나타났다. 이 시스템은 "적기생산방식"just-in-time, 즉 주로 상품인도기간 단축과 노동력 감축 시도로 나타났다.[29]

도요타주의의 새로운 면모는 기본적으로 "적기생산방식"과 시장의 요구에 대한 신속반응의 원칙에 있다. 즉, 여러 대의 기계를 운전하는 노동자들에 대한 동시적 혹은 순차적 다중직무 부과, 전체 작업과정에 걸친 품질관리, 공장 내의 생산흐름에 대한 실시간 정보, 생산에 차질을 빚는 사건이 발생할 경우 사회적 당혹감과 공포감을 조성하기 위한 철저한 정보 수집과 권위주의적 정보 여과 등이다. 생산은 언제든 중단될 수 있다. 그 경우 지정 작업팀이나 부서, 심지어 공장 전체가 문책을 당한다. 도요타사의 생산성 요구에 임금노동자답게 무관심한 태도를 보이며 "품질관리" 그룹에 결합하지 않은 노동자는 모두 낙인찍힌 채 퇴사를 요구받았다. 꼬리아는 우리에게 "민주주의"와 "도편추방"의 딜레마 속에서 품질관리 그룹이야 어느 정도 민주주의를 누릴 수 있을지 모르지만 낙인찍힌 사람은 반드시 추방되고야 말 것이라는 점을 알려준다. 꼬리아[30]는 도요타주의의 경이로움을 묘사하면서 완벽함을 기하기 위해 가마타 사토시鎌田慧에 대한 짧은 주석을 붙인다. 가마타는 1972년 도요타 공장에 [기간제 노동자로]

---

29. Benjamin Coriat, *Ripensare l'organizzazione del lavoro*, pp. 32-33.
30. 같은 책, p. 85.

취업했던[르포] 작가이며, 그의 체험은 "도요타, 절망의 공장"이라는 의미심장한 제목을 단 책 속에 담겨 있다.[31]

　서구를 뒤덮은 선전적 분위기에도 불구하고 일본의 생산성 우위는 빈약한 것으로 드러나고 있다. 그러나 도요타주의는 서구 경영자의 전망과 관련해서라면 조절학파에게 몇 가지 이점을 제공한다.[32] 우선 도요타주의는 지리적으로 멀리 떨어져 있지만 영리적 측면에서 성공적인 실험이다. 비록 도요타주의는 조절학파 광신자들이 주입시키려는 것과 정반대로 평시 상황이 아니라 전전 및 전시 비상사태 하에서 이뤄진 실험이긴 하지만 하나의 축적경로를 명확히 보여 주기 때문이다. 둘째로 도요타주의적인 방식들은 점증하는 개인화 추세를 반박하는 것처럼 보인다. 개인화 추세는 몰개성화massificazione와 통제에 대한 서구 노동자 특유의 저항에서 자주 근거로 제시된다. 셋째로 도요타주의는 노동자의 제3부문화, 소위 블루칼라 노동자 "백색화"白色化 프로그램의 담지자이다. 이 프로그램은 실제로는 상당히 제한적인 소수의 노동자들에게 영향을 미칠 뿐이다. 그럼에도 불구하고 이 프로그램은 포스트포드주의자들이 불가피한 것으로 간주하는 노동인구의 이원적 재계층화라는 예상에 부합한다.

---

31. Satochi Kamata, *Toyota, l'usine du désespoir*, Paris, Editions Ouvriéres, 1976. 가마타 사토시의 저작은 1980년 *L'envers du Miracle*(기적의 이면)이라는 제목으로 파리의 마스뻬로 출판사에서 재간행되었다. 영어판으로는 *Japan in the Passing Lane : Insider's Account of Life in a Japanese Auto Factory*, New York, N.Y., Unwin Hyman, 1984가 있다.
32. Ray and Cindelyn Eberts, *The Myths of Japanese Quality*, Upper Saddle, N.J., Prentice Hall, 194.

노동조합 이전의 포드주의

포드주의를 직접 체험한 노동자들은 그 실체를 어떻게 받아들였을까? 간단히 말해 포드주의는 노동자의 단체교섭권 인정 없이 임금과 노동조건을 조작하면서 조립라인을 통해 "객체적으로" 부과된 권위주의적 생산 시스템이라는 것이다. 노동강화, 무장 경비원, 작업장 내의 신체적 위협, 외부 선전을 활용한 1920~30년대 노동조합 이전의 포드주의는 장기간에 걸친 강제수용소 세계 구축의 핵심적인 구성요소 가운데 하나가 되었다. 이 강제수용소 세계는 스탈린 시대의 소련에서 처음으로, 그리고 얼마 지나지 않아 나치 독일에서 발톱을 내밀었다. 반대로 미국에서는 대공황기에도 산업별 노동조합 건설을 목표로 한 기층 노동자들의 민주적 행동양식이 지속되었을 뿐만 아니라 심지어 더욱 강화되었다. 그리고 이 민주적 행동양식은 포드주의를 포위 공격해 파멸로 몰아넣었다. 포드사 경영진과 청부폭력단은 1941년 포드 노동조합이 건설되기 전까지 20여 년 동안 구타, 해고, 공식적 관계를 활용해 반노동자적인 억압을 자행했다. 어빙 번스타인Irving Bernstein은 당시의 포드사 주[*] 공장에 대해 "리버 루지River Rouge 33는 …… 공

---

33. [옮긴이] 미시건 주 웨인 카운티에 위치한 도시로 디트로이트와 인접해 있다. 1922년 완공된 포드사의 주 공장이 이곳에 자리 잡았다. 리버 루지 주 공장은 자체 발전소, 제련소, 압연공장, 자체 항만시설을 갖추었고, 반제품 제작에서 조립에 이르기까지 일관생산 공정을 구축했다. 1927년 헨리 포드는 리버 루지에 T형 모델 전용 생산라인을 대폭 증설했다. 그러나 신설된 생산시설은 과잉공급과 단일모델에 대한 구매자들의 염증 때문에 완공과 동시에 거대한 적자괴물로 전락하고 말았다. 한국전쟁이 발발한 1950년 당시 리버 루지 주 공장은 일일 8천 대의 생산능력을 자랑했다. 당시 전쟁 특수를 톡톡히 누리던 도요타 고로모(擧母, 1959년 도요타 시로 개칭) 공장의 일일 생산능력이 40대에 그쳤다는 사실에 비추어 보면 리버 루지 공장의 규모를 쉽게 짐작할 수 있다.

포와 신체적 폭력 위에 세워진 거대한 강제수용소였다"라고 썼다. 언젠가 우리 손으로 그가 쓴 것보다 더 상세한 기록을 남길 수 있는 날이 올지도 모른다.[34] 실상 인간의 활동 리듬을 도용하고 세계적 차원의 경직된 계획 속에 가두기 위해[35] 활동 리듬 그 자체를 파괴하려던 포드주의의 광기는 미국에서 좌절을 맛보았다. 하지만 그 사이에 벌써 포드주의의 광기는 화염에 휩싸인 유럽으로 파고들었다. 우리는 20세기의 전체주의 국가체계와 인종적 민족주의에 더하여 조립라인 역시 대규모 집단 수용소 범죄의 원인을 포괄적으로 보여 주는 발생 구조들 가운데 하나라고 주장할 수 있다. 이는 노동조합 이전의 포드주의와 선행한 테일러주의 시스템 내부에 당시까지 두 시스템과 대적할 만한 역량을 갖춘 세력이 없었음을 뜻한다. 에이브러험 링컨 시절과 같은 "자본에 대한" 노동의 우위도 없었고, 〈산업별조직회의〉[CIO]도 건설되지 않았으며, 인종주의적이고 남성우월적인 노동분업도 여전했기 때문이다. 하물며 파업권은 더 말할 것도 없었다. 파시즘과 나치즘은 태생적으로 패배할 운명을 타고난 포드주의의 변형태들이 아니었다. 파시즘과 나치즘은 미국에서 전개된 1930년대의 사회적 투쟁과 노동계급 투쟁에 의해 패배할 수밖에 없도록 강제된 것이다. 이 투쟁들은 1932~33년 1기 루즈벨트 정부 조각 당시 조합주의적 해결책 쪽으로 나아가던 지배계급의 앞을 가로막았다.

---

34. Irving Bernstein, *Turbulent Years : A History of the American Worker 1933-1941*, Boston, Houghton Mifflin, 1969, p. 737.
35. [옮긴이] 이탈리아어판은 이 대목을 "세계적 차원의 경직된 계획에 맞춰 인간의 활동 리듬을 억제하기 위해(per comprimerlo secondo un piano rigido su scala planetaria)"로 표현한다.

주지하다시피 미국 조립라인의 기원은 오래 전으로 거슬러 올라
간다. 20세기의 내구재 계열생산 공정[36]은 미국 제조업 시스템, 즉 19
세기 미국 산업에서 이미 운용 중이던 호환부품을 활용한 생산방식
을 발판으로 했다.[37] 포드 공장의 실험은 20세기 초까지 미국에서조
차 사치재로 간주되던 내구성 소비재, 즉 자동차에 적용되었다는 점
에서 이러한 계열생산의 결정적 계기라고 할 수 있다. 포드사는 이
를 통해 날로 확대되고 긴급성을 더해 가던 소비자 수요를 조직화했
다.[38] 조직화된 소비자 수요는 차례로 20세기 초반에서 2차 세계대전
전야에 이르기까지 포드 공장 특유의 권위주의적 조치를 정당화하
는 여론을 조성했다.

포드사의 실험 묘사에 "권위주의적"이라는 용어를 사용한 것은
다분히 의도적이다. 포드사의 실험은 그 특유의 방식 면에서 20년 전
에 제시된 테일러[F. W. Taylor]의 계획보다 더 권위주의적이면서도 특히

---

36. [옮긴이] 계열생산(series production)이란 동일 계열 내에서 호환 가능한 다수의 부품
   들을 순차적으로 조립하여 한정된 모델의 완제품을 연속 제작하는 생산방식을 말한다.
37. David A. Hounshell, *From the American System to Mass Production(1800-1932)*,
   Baltimore and London, The Johns Hopkins University Press, 1984.
38. [옮긴이] 미국은 1901~20년 사이에 이른바 모터라이제이션 시대를 맞이했다. 1903년
   올즈모빌(Oldsmobile)의 커브드 대쉬(Curved Dash) 모델 시판 이후 1904년 포드 N
   형, 1908년 포드 T형 잇따라 출시되자 자동차 양산 경쟁은 본격화되기 시작했다. 미
   국의 자동차 생산 능력은 1910년에 연산 18만 7천 대로 늘어났고, 1920년에는 연간 세
   계 자동차 생산량의 90%에 달하는 222만 7천 대 규모까지 급증했다. 1차 세계대전 기
   간의 전쟁특수 요인도 무시할 수는 없지만 생산량이 10년 사이에 12배나 급증한 현상
   은 판매가격의 하락과 소비자 수요의 증가세를 빼놓고는 제대로 설명하기 어렵다. 특
   히 포드 T형 모델에 대한 초창기 시장 반응은 폭발적이어서 당시 미국 자동차 부문 일
   일 생산능력의 3배에 달하는 하루 평균 1만 5천 대의 주문이 쇄도할 정도였다. 이러한
   추세가 꾸준히 이어지면서 미국의 자동차 보유 대수는 1920년 924만 대(11.4명당 1대)
   에서 1930년 2,675만 대(4.6명당 1대)로 증가했다.

한층 더 현실적이었기 때문이다.[39] 포드사의 노동자는 개인들 간의 교류 지점을 증식하는 수단을 생산하는 개인이다.[40] 그러나 역설적으로 들릴지 모르지만, 엄밀히 말해 그는 몇 시간 동안이나 계속 생산의 장소에 갇힌 채 그러한 수단을 생산한다. 포드 노동자는 생산의 장소에서 유례없이 심각하게 활동의 권리를 박탈당한다. 그의 일상적 재생산에 종사하는 여성이 가사노동이라는 사회적 경계 불분명 지대에 갇혀 산업적인 생산의 리듬에 구속되는 것과 정확히 마찬가지다.

---

39. [옮긴이] "더 권위주의적이면서도 특히 한층 더 현실적"이라는 문구는 기계장치의 도입으로 노동의 리듬이 기계의 리듬에 종속되는 사태를 강조한다. 포드주의는 테일러주의보다 자동성(automaticity)과 실정성(實定性)이 강화된 상대적 잉여가치 생산 시스템이라는 것이다. 『직접적 생산과정의 결과들』에 제시된 '실질적 포섭'에 관한 맑스의 논의는 이러한 사태에 대한 인식을 선취한 것으로 볼 수 있다. 테일러주의와 포드주의는 자본에 의한 노동의 '실질적 포섭'과 노동과정의 극적인 변화를 보여 준 중대한 계기들이다. 그러나 '과학적 노동관리'를 표방한 테일러식 실험 과정에서도 작업 내역의 상당 부분은 여전히 현장 감독자의 구두 지시를 통해 전달되었다. 널리 유포된 테일러주의의 신화와는 달리 작업장 내의 이동과 접촉에 대한 원천적 차단이라는 발상은 애초부터 실현 불가능했다. 표준화된 작업 도구 역시 노동자 자신의 손에서 '사용'되는 한 돌이킬 수 없이 숙련을 해체하는 결정적 무기가 될 수는 없었다. 노동자들은 테일러주의 관리자들이 부과한 작업 매뉴얼을 거부했고, 그들 자신의 숙련과 경험에 의지하는 작업방식을 지키기 위해 끊임없이 저항했다. 반면 포드식 실험은 이동식 조립라인을 통해 노동자들의 저항을 무력화하고 생산 시스템 자체에 제한적 자동성과 일시적 안정성을 부여했다는 점에서 테일러주의의 성과를 '보존하고 넘어선' 것으로 볼 수 있다. 기계가 노동자를 부리는 이동식 조립라인 노동의 특성은 노동과정에 대한 완전무결한 지배라는 자본가의 숙원이 실현될 수 있는 기회를 제공하는 듯했다. 노동과정과 가치 증식과정의 조합은 포드식 실험을 통해 견고한 실재성을 획득한 것처럼 보였다. 그러나 포드식 통제 방식에 대한 수동적 동의 역시 그다지 오래 지속될 수 없었다. 노동조합 이전의 포드주의가 안팎에서 직면해야 했던 다양한 모순들은 둘째로 치더라도 무엇보다 산 노동의 리듬과 기계장치의 획일적 리듬을 절합시키는 것이 근본적으로 불가능했기 때문이다.

40. "사회는 개인들로 구성되는 것이 아니라, 이 개인들이 상호간에 맺고 있는 관계들의 총합을 표현한다." Karl Marx, *Grundrisse : Foundations of the Critique of Political Economy*, Harmondsworth, Penguin, 1973, p. 265 [칼 맑스, 『정치경제학 비판 요강 I, II, III』, 김호균 옮김, 백의, 2000].

포드 노동자는 말할 권리마저 빼앗긴다. 노동일의 리듬이 상급자의 직접적인 구두 지시보다는 공장기계를 기준으로 사전 설정된 속도에 맞춰지기 때문이다. 이 점에서 포드주의적 통제는 테일러주의보다 한 단계 더 나아간다. 동료와의 소통과 접촉은 최소화된다. 포드 노동자는 전체주의적 생산 시스템이 설정한 속도에 따라 단순히 기계적, 반복적으로 반응하도록 요구받는다. 이주 노동자들이 선물로 가져다준 이래로 포드사가 극심한 몰이해와 분열을 조장하면서 40년 동안이나 유지하고 의도적으로 쌓아올린 언어적 장벽은 결코 사소한 고립 요인이 아니었다. 이러한 장벽은 노동자들 간의 일상적 접촉, 대공황의 영향, 그리고 1920~30년대 내내 산업별 노동조합주의의 실현을 위해 투쟁한 소수의 조직화된 활동에 의해 시간이 흐르고서야 서서히 완화되었다. 그들은 명백히 시작부터 패배를 겪어야 했지만 결코 지칠 줄 몰랐다.

알다시피 포드 자동차는 1903년 설립 이후로 노동조합의 존재를 결코 용납하지 않았다. 포드사는 직업별 노조나 산업별 노조는 물론 "황색"노조, 즉 어용노조조차 허용하지 않았다. 노동조합은 1941년까지 미국 포드사 문 밖에 머물렀다. 1914년 1월 유명한 "일당 5달러" 정책이 실시되자 임금은 상대적으로 높아졌다. 그러나 상대적 고임금은 어디까지나 포드사 사회부가 개인과 가족생활의 잔속까지 샅샅이 조사하고 나서 승인한 노동자들에 한정되었다.[41] 그마저도 포드사가

---

41. [옮긴이] 이 시기의 상대적 고임금을 기업 온정주의(corporate paternalism)의 산물로, 헨리 포드를 복지 자본주의의 원조로 해석하려는 시도들이 끊이지 않고 있다. 그러나 고임금 정책은 '종업원 복지'와 무관했다. 포드사가 생산직 노동자 일급을 2.32달러에

살인적인 노동강화 speed-up를 견디지 못해 공장을 떠나는 노동자들을 안정시켜야 할 절박한 필요성에 시달리던 호황기에 국한되었다.[42] 1917년 미국의 참전 이후 노동자와 그 가족들에 대한 전면적인 통제 계획은 위기에 처했다. 그러자 곧 포드사 사찰부서는 작업 현장 곳곳에 더욱 많은 스파이들을 심어 놓고 운용하기 시작했다. 1차 세계대전에 뒤이은 경기 후퇴기 동안 다른 기업들의 임금은 1910년대에 도입된 복지형태를 해체하기 시작한 포드사의 임금 수준을 따라잡고 있었다. 1921년 2월에는 포드 노동자 가운데 30% 이상이 해고되었다.

서 8시간 기준 5달러로 대폭 인상한 것이 당시로서는 획기적인 조치였음은 분명하다. 당시 미국 노동자 평균 일당이 9시간 기준 2.34달러였으므로 포드사는 곱절 이상의 임금을 지불한 셈이다. 그러나 이는 포드 노동자를 한낱 기계장치의 톱니바퀴로 전락시킨 노동과정의 비인간화와 떼어놓고 생각할 수 없다. 예컨대 1910년 조업에 들어간 복층형 하이랜드 파크(High Land Park) 공장이 연중무휴로 가동되고 T형 모델 판매고가 가파르게 상승하는 동안 차체 조립 시간은 12시간 반에서 5시간 50분으로 단축되었다. 이 공장의 최종 조립라인에 컨베이어 벨트 시스템이 구축된 1913년 말에 이르자 조립 시간은 급기야 40분으로 단축되었다. 살인적인 노동 강도를 견디다 못한 포드 노동자 대부분은 이직을 택했다. 결국 그 무렵 포드사는 100명의 생산직을 확보하기 위해 평균 936명의 노동자를 고용해야 했다. 따라서 일당 5달러 정책은 이직과 태업으로 표출되는 노동자들의 일상적 저항에 맞서 노동력을 효율적으로 관리하고 생산성을 제고하려는 포드 경영진의 불가피한 대응으로 보아야 한다. 포드사 사회부는 공장 밖에서도 체계적인 노무관리를 실시했다. 일상생활에 대한 감시와 규율을 본질로 하는 이 '선진적' 시도는 노동자들의 가정사와 관련된 고충을 해결함으로써 직장생활에 전념할 수 있는 환경을 조성한다는 명분으로 정당화되었다. 포드사는 일당 5달러 정책과 결합된 전방위적 노무관리에 의지해 한동안 노조 결성 움직임에 제동을 걸 수 있었다. 상대적 고임금은 T형 단일모델의 판매고 유지에도 톡톡히 기여했다. 그러나 고임금 정책은 1차 세계대전 종전으로 전쟁특수 효과가 사라지고 1924년 T형 모델의 단점을 개선한 GM의 저가 쉐보레(Chevrolet)가 출시되자 총체적 파산에 직면했다. 공교롭게도 1924년은 1천만 번째 T형 자동차가 생산된 해였다. 결국 헨리 포드는 1927년 들어 T형 모델의 단종을 선언하고, 하이랜드 파크 공장의 조업도 6개월이나 중단해야만 했다.

42. Stephen Meyer Ⅲ, *The Five Dollar Day : Labor Manangement and Social Control in the Ford Motor Company, 1908-1921*, Albany, N.Y. State University of New York Press, 1981. 특히 96~202쪽을 볼 것.

남은 노동자들은 인플레이션으로 가치가 대폭 하락한 일당 6달러에 한층 더 강화된 노동을 감수해야 했다.

1920년대를 거치며 포드사가 자동차 부문에서 누리던 우월적 지위는 거의 허물어지기 시작했다. 그 무렵 (대부분 포드사와 그 권위주의적인 경영 방식에 반발해 이직한 사람들로 이루어진) GM의 관리자들은 자동차 생산업계의 수위 자리를 결정적으로 앗아가 버렸다. GM은 헨리 포드가 "대중"moltitudini이라고 부른 사람들을 대상으로 한 획일적 생산을 추구하기보다는 차별성과 개성화를 내세워 경쟁에서 승리를 거두었다. GM은 제품의 폭을 넓히고 다변화하면서 1년 단위로 신종 모델을 도입했다. 결국 포드 자동차 회사는 1920년대 말부터 노동조합이 설립된 1941년까지 자동차 부문의 전반적인 저임금에도 못 미치는 낮은 임금으로 악명을 떨치게 된다.[43]

GM이 포드를 추월하고 포드사가 재정난을 겪었지만, 그것만으로는 미국 내에 자리 잡은 노동조합 이전의 포드주의를 굴복시키기에 충분하지 않았다. 다른 자동차 제조업체들을 정치적으로 포위하고 최후로 포드사마저 포위하려면 1930년대의 노동계급 봉기와 공장점거가, 그리고 중공업 부문의 노동조합 결성이 필요했던 것이다. 1941

---

43. Joyce Shaw Peterson, *American Automobile Workers, 1900-1933*, Albany, N.Y., State University of New York, 1987. 그리고 새뮤얼 로머는 다음과 같이 기록했다. "자동차산업은 계절 산업이다. 공장들은 가을철이면 신년 모델 준비를 위한 감산에 들어간다. 따라서 자동차산업 노동자들은 8개월 동안의 '고임금'으로 꼬박 12개월을 버텨야 한다." Samuel Romer "The Detroit Strike," *The Nation* (vol. 136, no. 3528), 15 February 1933, pp. 167-68. 또한 M. W. La Fever (1929), "Instability of Employment in the Automobile Industry," *Monthly Labor Review*, vol. XXVIII, pp. 214-17도 함께 참조하기 바란다.

년 봄의 대파업으로 포드사가 결국 〈전미자동차노동조합〉^{UAW}에 백기를 들 때까지 포위는 계속되었다. 노동조합 이전의 포드주의는 피켓 시위에 참가한 파업 노동자들이 포드사 무장 경비원들의 공격에도 물러서기는커녕 점점 더 수를 불리면서 그들을 몰아낸 순간 해체되었다. "그것은 마치 거의 죽어가던 사람들이 갑자기 살아 움직이는 듯했다"던 〈전미자동차노동조합〉 주요 조직가 에밀 메지^{Emil Mazey}의 말을 떠올리게 하는 순간이었다.[44]

포드사는 1941년 최초의 단체협약안에 서명함으로써 자동차산업의 다른 두 대기업 GM과 크라이슬러의 대열에 합류했을 뿐만 아니라 심지어 〈전미자동차노동조합〉에 두 기업보다 더 많은 양보를 하기도 했다. 포드사는 그 후 순전히 미국 정부의 전시주문 덕분에 두 번째 파산 위기에서 벗어났다. 포드사는 2차 세계대전 도중에 이미 공장 내 노동조합 기구를 강화시켜 자사의 목표에 동화시키려고 시도했다. 신임 포드 경영진은 1946년부터 〈전미자동차노동조합〉을 끌어들여 기업통합의 도구로 만들려는 장기 전략에 착수했다. 이로써 포드주의는 매장되었다. **포드주의는** 1930년대 미국의 산업별 노동조합주의 실현을 위한 투쟁, 즉 1941년 포드사에 단체협상을 강제하는 것으로 대미를 장식한 투쟁에 의해 **폐기되었다.** 포드주의라는 용어가 — 1920~30년대의 노동 사회학자들이 통상적으로 이해한 것처럼 — 노동자들이 노조를 통해 임금과 노동조건을 협상할 수 없는 상황에서 조립라인에 기초해 부과된 권위주의적 계열생산 시스템을 뜻한다면

---

44. Irving Bernstein, *Turbulent Years*, p. 744.

말이다. 노동조합 이전의 포드주의는 종말을 고했지만 노동자의 작업 속도 설정에 대한 재량권을 부정하는 전체주의적 경향과 기계에 병합된 작업속도의 부과는 결코 사라지지 않았다. 오히려 이 경향들은 20세기 후반 동안 바로 저 노동 생산력의 증대와 컴퓨터 제어 기계의 출현 앞에서 유례없이 집요해진다. 그러나 이 사태는 이제 이론적 정의상 노동조합 이전의 포드주의와는 거리가 멀다.

이 경향들을 미국식 생산방식에서 시작되어 아직 그 수명을 다하지 않은 보다 광범위한 합리화 운동의 일환으로 보아야 할지에 대해서는 판단이 엇갈릴 수도 있다. 그러나 어떻든 기계의 "객체성"을 통해 노동시간을 지배하려는 전반적 경향[45]은 포드 이전의 다른 대기업들에 의해 보호·육성되고 포드주의 조립라인의 보급과 함께 폭발적으로 강화되지만 1930년대 말의 일시적 패배로 소멸되지 않았다는 사실 자체가 달라지지는 않는다. 오히려 이러한 경향은 오늘날 한층 강화된 전염성으로 무장한 채 자본주의가 침투한 가장 후미진 지역까지 파고드는 것처럼 보인다.

지구적 포스트포드주의와 도요타주의

포스트포드주의라는 범주는 조절학파의 모호한 정식화를 거치면서 증명되지 않은 두 가지 공리에 입각한 것으로 보이는 다수의 명제들로 나아가는 길을 열어 놓았다. 두 가지 공리란 내구성 소비

---

45. David Noble, "Social Choice in Machine Design," in Andrew Zimbalist, *Case Studies on the Labor Process*, New York, Monthly Review Press, 1979, pp. 18-50.

재 대규모 계열생산과의 중대한 단절을 표상하는 것으로 가정되는 1970년대 소규모 계열생산의 기술결정론, 그리고 소위 기업 내부의 "생산자들" 사이에서 이루어지는 소통의 생산성에 대한 최근의 발견을 뜻한다.[46]

첫 번째 공리는 오늘날 물질적 생산이 일반적으로 (일관생산보다 불연속적인 생산방식이 채택되는 엔지니어링 산업에서조차) 소규모 계열생산 방식에 따라 수행된다는 확언에서 도출된다. 1950년대의 수치제어공작기계를 시발로 하는 공작기계의 유연성 증가로 인해 제품 다양화, 특히 내구성 소비재의 다양화가 한결 용이해졌기 때문이라는 것이다. 다양화는 개성을 추구하는 소비자들의 욕구 충족은 물론 소비자들의 기호 형성을 가능케 한다. 또한 다양화는 사소한 제품변경ritocchi의 여지를 확대하며, 고가의 혁신기술을 채용한 것처럼 오인되는 소비자 주문제작personalizzazioni의 기회를 허용한다. 요컨대 이러한 경향은 GM이 1920년대부터 시도하고 진전시킨 제품 다양화 공세를 강화한 것에 지나지 않는다. GM은 바로 이 다양화 공세 덕분에 헨리 포드가 검정색을 원하는 한 고객들은 어떤 색상의 차량이라도 손에 넣을 수 있을 것이라는 소리나 늘어놓고 있을 무렵 포드사를 누를 수 있었다. 대량생산은 오직 외관상의 대중노동자를 만들어 내었을 뿐이다(대중노동자라는 용어는 변화하는 계급구성의 역사적 형상을 식별하는 데 사용되지만 그 과정에서 남용되기도 한다). "포드

---

46. 이러한 명제들에 대한 최근의 종합은 Marco Revelli, "Economia a modello sociale nel passaggio tra fordismo e toyotismo" in Pietro Ingrao and Rossana Rossanda, *Appunti di fine secolo*, Rome, Manifestolibri, 1995. 161~224쪽에서 찾아볼 수 있다.

식 귀엣말" 혹은 "손짓 대화"는 리버 루지 주 공장의 일부 부문들에서 포드사의 침묵을 깨뜨렸다.[47] 이런 식의 대화는 1941년의 결정적인 대결이 이루어질 때까지 노동자 저항의 구성요소 가운데 하나가 되었다. 포드 노동자들은 동일한 청색 작업복을 착용해야 했다. 그들에게는 생각하는 것조차 허용되지 않았다. 그럼에도 불구하고 이 "생산자들"이 **보편적 평균화가 아닌 개성화**를 열망하고 있었다는 것은 분명했다. "대중의 선입관을 확립하려던"che possegga la solidità di un pregiudizio popolare [48] 동등성을 향한 평균화 경쟁은 이미 종말에 다다르고 있었다. 헨리 포드는 1920년대 말 무렵에야 비로소 자신이 심각한 재정난에 처해 있음을 깨달았다. 포드사의 재정난은 단색 T형 모델에 대한 그의 고집에서 비롯되었다. 1930년대의 암흑기에도 포드 공장들 내에 해고의 위험을 무릅쓰고 GM의 차량을 구매하는 노동자들이 있었다는 사실은 언급할 만한 가치가 있다.[49] 요컨대 자동차산업에서 시대적 요구에 부응하는 유연생산을 실현한 기업은 1920년대의 GM이었던 것이다.[50] GM은 공작기계와 완성차 주요 부품을 "공통화"하는 방식으로 다양한 차량들을 생산했다. '범위의 경제'는 '규모의 경제'를 기

---

47. Irving Bernstein, *Turbulent Years*, p. 740.
48. Karl Marx, *Capital*, vol. 1, Harmondsworth, Penguin, 1976, p. 152 [칼 마르크스, 『자본론』 I(상, 하), 김수행 옮김, 비봉출판사, 2008].
49. Irving Bernstein, *Turbulent Years*, p. 740.
50. 조절학파의 일원은 아니지만 일본이 아닌 포 강 유역(Po Valley) 평원 동부에 주목하면서 유연생산을 1970년대의 전형적인 혁신으로 묘사하는 두 명의 이탈리아 산업지구 (distretti industriali) 찬양자들도 있다. J. Michael Piore and Charles F. Sabel (1983), *The Second Industrial Divide : Possibilities for Prosperity*, New York, N.Y. Basic Books; 이탈리아어 번역, *Le due vie dello sviluppo industriale. Produzione di massa e produzione flessibile*, Torino, ISEDI, 1987.

초로 했다. 1950년대 초반 밀즈C. Wright Mills가 당대의 생산물을 통한 대중적 기호와 "개인적 감성" 간의 조작적 상호작용에 비난을 가할 무렵 익히 알고 있었듯이 생산의 다양화는 도요타주의의 출현을 기다릴 필요가 없었던 것이다.[51]

더구나 도요타주의가 1950~60년대에 이미 "포드주의"와의 관계를 단절했다는 사실은 이제 당연시되고 있다. 도요타주의로서는 어느 정도 다변화된 수요에 대응하기 위해 자동차 생산을 유연화할 필요가 있었던 것이다. 심지어 도요타주의의 가장 유력한 주창자[52]조차 이 점을 분명히 했다. 그런데도 꼬리아를 포함한 다수의 서구 연구자들은 도요타주의의 신화를 널리 퍼뜨렸다. 사실 닛산Nissan과 마찬가지로 전후의 도요타에게도 차량 제조업체로서의 경험은 상대적으로 부족했다.[53] 도요타는 1936년에야 자동차 생산에 착수한데다 과점적

---

51. Charles Wright Mills, "Commentary on Our Culture and Our Country," *Partisan Review*, vol. 19, no. 4 (July-August 1952), pp. 446-50. 특히 447쪽을 보라.

52. Tai'ichi Ohno, *Toyota Seisan Hoshiki*[The Toyota Method of Production].

53. [옮긴이] 일본의 자동차 양산 시스템을 주도한 닛산(日産)과 도요타는 모두 구미 선발 업체들에 비해 결코 만만치 않은 악조건을 안고 있었다. 그러나 1930년대 초반에 본격화된 두 기업의 자동차산업 진출 과정을 들여다보면 적지 않은 차이가 드러난다. 도요타 그룹 창업주의 2세인 도요타 키이치로(豊田佐吉)는 1930년 스미스 모터스(Smith Motors)의 제품을 모방한 4마력 소형 엔진 제작에 성공했다. 그는 1933년 G형 자동방직기 특허권을 양도해 마련한 자금으로 도요타 자동직기제작소 내에 자동차부를 설립했다. 도요타 자동차 연구실은 1934년 3월 시험제작 공장을 완공하고, 그 해 9월 자동차용 엔진인 'A형 엔진'을 제작했다. 1935년 11월 도요타 최초의 차량인 G1형 트럭이 발표되고, 이듬해에는 A형 엔진을 탑재한 AA형 승용차가 출시되었다. 도요타 경영진은 G1형 트럭이 본격적으로 생산되던 1937년 8월 정식으로 도요타 자동차공업주식회사를 출범시킨다. 전전(戰前)의 도요타 경영진은 비교적 독자기술 육성 방침에 충실했다. 도요타는 일본 소재산업과 부품산업 실태 조사에 기초해 창립 초기부터 사내 제강부를 설립하고 공작기계도 자체 제작했다. 3,000cc 엔진을 장착한 도요타 AA형은 애초부터 일본 포드와 일본 GM 차량의 대항마로 고안되었다. 닛산의 행태는 사뭇 달랐

지위 구축 방법을 속성으로 체득했기 때문이다. [닛산과] 도요타가 구축한 과점적 지위로 인해 포드와 GM은 불과 3년 만에 일본에서 축출되었다. 도요타 일가가 계속 경영권을 행사하는 가운데 도요타 사는 1945년 이후 장기간의 대규모 계열생산에 주력했고, 이 생산 시스템은 수출을 거쳐 해외에서도 구축되었다. 결국 도요타주의와의 연속성을 보여 주는 쪽은 조절이론의 포드주의가 아니라 오히려 미국 자동차 부문인 것이다. 양자 간의 연속성은 친도요타주의의 표준적 해석이 인정하려 드는 것보다 훨씬 더 뚜렷하다.

도요타는 전후 산업 재전환의 시련기를 거친 후 저가 소형차 Toyopet 계획을 실험에 옮겼다. 그러나 도요타는 1949년과 1953년에 대규모 파업 사태에 부딪혔다. 도요타를 구원한 것은 무엇보다도 젠지 Zenji 노조[54] 파괴 공작에서 닛산이 보인 비타협적 태도였다. 한국전쟁

다. '닛산 콘체른' 총수로서 몇 년 후 만주 중공업 개발회사(滿業) 총재로 취임한 아유카와 요시스케(鮎川義介)는 닛산 자동차 출범 과정에서 특유의 문어발식 확장 능력을 십분 발휘한다. 그는 재정난에 직면한 야스기(安来) 특수강과 카이신샤(快進社)의 후신인 닷토(DAT) 자동차 등 기존 업체들을 재빨리 인수했다. 그 후 닛산은 1935년 초부터 일본 최초의 자동차 양산 시설을 갖춘 요코하마 공장을 본격 가동함으로써 한발 앞서 내수시장 석권에 나섰다. 닛산 경영진은 생산설비와 생산 시스템을 그레이엄 페이지(Graham Paige Company)에 위탁했다. 닛산은 유휴설비는 물론 생산 시스템 운용에 필요한 노하우까지 수입에 의존했다. 닛산의 최초 모델은 700cc 엔진을 장착한 닷산(Dotson) A10형으로 일본의 도로 사정을 감안해 좁은 길 주행에 적합하도록 설계되었다. 그러나 이러한 차종 선택의 이면에는 미국 기업들과의 경쟁을 회피하려는 의도가 숨어 있었다. 결국 일천한 완성차 제조 경험, 불안정한 생산 시스템, 기술적 낙후성, 취약한 내수 시장 등 중일전쟁과 2차 세계대전 특수(군용트럭, 육군 연습기, 어뢰정 엔진 납품)로 잠복해 있던 장애 요인들은 쉽게 극복되지 않았다. 종전과 함께 군수 주문이 끊기자 두 업체는 나란히 도산 위기에 직면한다. 특히 연합국 최고사령부(SCAP, Supreme Commander of the Allied Powers)에 의해 부정 재벌로 지목되어 모기업인 도바타(戸畑) 그룹이 강제 해체된 닛산의 위기는 더욱 심각했다.

54. [옮긴이] 〈일본노동조합총평의회〉(總評) 산하의 〈전국자동차노동조합〉(全自) 닛산 분

에 즈음한 미국의 전시 주문 또한 도요타를 위기에서 건져 내었다. 그후 20년 동안 도요타와 일본 자동차 회사들의 제품은 극히 소수의 모델로 한정되었다. 이 모델들의 품질 결함으로 인해 1960년대까지 수출은 성공을 거두지 못했다. 이러한 실패에 뒤이어 다기능 이동작업팀의 운용에 기초한 실험기가 시작되었다. 이동작업팀은 가변형 프로그램으로 제어되는 공작기계를 사용해 수출품 품질관리를 전담했다.[55] 1970년대 단일모델(코롤라 소형차)의 성공은 생산의 다양화를 위한 토대를 마련했다. 그러나 역으로 생산의 다양화가 단일모델의 성공을 가져온 것은 아니었다. 도요타가 국내는 물론 시황이 훨씬 더 부진한 해외에서도 발판으로 삼은 것은 바로 이 단일모델의 대성공이었다. 도요타 모델들의 다양화는 1980년대까지 신중히 제한되었다. 도요타는 1980년대 들어 내수시장이 답보상태에 빠진 후에야 새로운 해외시장을 획득하기 위해 제품 종류를 확대했다. 따라서 인간공학 전문가 오노大野耐一의 도요타 실험이 지닌 의미를 분명히 보여 주는 것은 모델 다양화가 아니라 역사적인 노동계급의 패배에 뒤이은 노동력의 동원이었다. 그의 실험에서 실질적으로 새로운 점은 1920년대의 GM이 독립적인 라인에서 생산된 여러 차종을 보유하는 데 만족한 반면 도요타는 필요할 경우 언제 어디서든 동일한 조립라인을 따라 다양한 모델을 생산하는 다기능 노동을 지시할 수 있는 작업팀을 신설했다는 데 있다.

회를 가리킨다.

55. Mariei-Claude Belis Bourguignan and Yannick Lung (1994), "Le Mythe de la variété originelle. L' internationalisation dans la trajectoire du modéle productif japonais," *Annales*, 49, 2 (May-June), pp. 541-67.

"적기"생산의 경우 1920년대는 물론 심지어 대공황 이후에도 미국 자동차 산업이 이미 나름대로 실험에 옮겼던 방식이다. 자동차 수요의 계절적 특성으로 인해 1920년대 들어 빈발하고 대공황기에 더욱 격심해진 무급 강제휴직은 〈전미자동차노동조합〉의 창설에서 결정적인 중요성을 지닌 쟁점들 가운데 하나였다.[56] 1936~37년 〈전미자동차노동조합〉은 GM과의 마지막 결전에서 재고계획 수립과 계절적 실업의 제거라는 승리를 거두었다. "적기"생산 찬양자들은 1930년대의 디트로이트 역사나 사실상 대기업의 말단 부속품과 다름없는 처지에서 자동차산업 주기에 묶인 채 조업하고 있는 유럽과 미국의 자영 자동차 운송차량 기사들padroncini[실제로는 특수고용 운수 노동자들]에 의해 최근 들어 되풀이되고 있는 파업의 역사로부터 한 수 배울 수도 있을 것이다.

두 번째 공리와 관련하여 포스트포드주의 개념의 옹호자들은 오늘날 생산이 생산 주체들 사이에서 보다 높은 수준의 소통을 요구하고 있으며 앞으로도 그럴 것이라고 주장한다. 그들에 따르면 이러한 소통 수준은 차례로 이른바 "생산자들"에게 재량의 여지를 제공한다. 즉, 소통 부재의 노동과 근대사회의 "경제적 관계에 의한 무언의 강제"[57]를 특징으로 하던 과거에 비해 상대적으로 의미 있는 공간을 부여한다는 것이다. 이러한 소통은 1·2차 산업혁명이 노동자들에게 강요했던 고립, 분리, 침묵과는 대조적으로 점점 더 강렬한 소통능력을

---

56. M. W. La Fever, "Instability of Employment in the Automobile Industry," pp. 214-17. 또한 위의 주 31도 참조할 것.
57. Karl Marx, *Capital*, p. 899 [칼 맑스, 『자본론』].

창출하는 것으로 가정된다. 생산을 통한 학습("실행에 의한 학습") 과정이 개인들 간의 언어적 상호작용을 포함하는 상당한 수준의 상호작용을 요구해 왔고 지금도 요구하고 있다는 것은 틀림없는 사실이다. 하지만 테일러주의 이후로 줄곧 노동시간 절약이 대부분 구상자와 실행자 간의 접촉 및 비공식적 상호작용의 최소화를 통해 달성되고 있다는 것 또한 여전히 사실이다. 테일러주의는 보잘것없는 성과를 근거로 생산성 증대 계획을 부과하기 위해 안간힘을 다했고, 결국 직공장職工長들과 노동자들이 작업 현장의 비공식적인 구두 협상을 통해 취득한 작업속도 결정권을 박탈했다.[58] 그럼에도 불구하고 노동조

---

58. [옮긴이] 테일러주의 시스템 도입 이전의 직공장은 작업현장의 일선 관리자로서 다양한 직무를 수행했을 뿐만 아니라 오늘날의 현장 관리자들에 비해 더욱 실질적인 권한을 보유했다. 당시 직공장이 수행한 직무는 현장감독(과업수행 감독, 노동규율 유지, 제한적인 인사평정, 직무배치 및 전환), 품질관리, 공정관리, 설비유지, 생산방법 개선 등 다방면에 걸쳐 있었다. 직공장들 대다수는 실무관리 능력과 기능적 숙련성을 인정받아 현장 관리자로 발탁되었지만 오랜 노동 경험을 통해 체화된 노동자적 특성으로 인해 현장 노동자들과 제한적인 협력관계를 맺는 일이 잦았다. 특히 작업장 내의 계급관계가 노동자들에게 유리할 경우 그들은 노동자들과의 협력에 더욱 적극적인 태도를 보였다. 따라서 노동자를 '비능률적인 인간유기체'로 간주하는 테일러주의 시스템이 작업장 내의 역사적 협력관계를 자본가적 명령 시스템의 복구와 이윤율 제고의 장애물로 인식한 것은 당연한 일이다. 테일러주의는 노동력 '자원'의 최적화된 사용을 위한 과학적 관리를 내세워 작업장 내의 소통적 협력관계를 파괴하려고 시도했다. 성과급 제도와 연계된 과업설정, 직무내용을 명확히 한 이후에 노동자를 고용하는 직위 분류제, 시간연구와 동작연구에 기초한 과업관리, 작업공구의 표준화, 직능화 등 테일러주의가 채택한 실행수단들은 작업현장 수준에서의 일상적인 투쟁과 협상을 통한 재량의 여지를 심각하게 축소시켰다. 테일러주의 시스템의 정착과 더불어 작업장 내의 계급 역관계에 따른 작업방식, 작업속도, 규율적용 수준의 편차는 빠른 속도로 좁혀졌다. 특히 직능화의 일환으로 1인의 직공장이 담당하던 업무를 다수 직공장들에게 분담케 하는 기능별 직공장 제도가 도입되자 작업리듬을 변경할 수 있는 노동자의 재량권은 이중의 제약 아래 놓이게 되었다. 관리감독의 세분화와 위계화를 매개로 한 자본주의적 분업원칙의 고도화가 노동자들의 노동과정 통제권력을 해체하기 위한 계급투쟁의 무기로 사용된 것이다.

합 이전의 포드주의 시대 동안에 공장개편기, 모델교체기, 기술혁신기의 재구조화에 관한 "귀엣말"은 생산적이었을 뿐만 아니라 실제로 충분한 조업 성과를 거두는 데도 필수적이었음을 잊어서는 안 될 것이다. 어떻든 권위와 귀청을 찢을 듯한 발전의 소음이 강요한 침묵은 1930년대 중반까지 줄곧 자동차산업을 지배했다.[59] 그러나 **자본의 생산적 소통 회로 속을 흐르는 침묵과 귀엣말의 훈육, 그것은 또한 근대 공장의 구성적 특징이 아닐까?** 이와 관련하여 분과학문으로서의 산업사회학은 소통적 차원의 은폐, 작업장 내부의 언어적 상호작용 과정 분석에 대한 전면적 거부 위에 구축되었음을 지적할 수 있다. 이는 단순한 부주의의 결과로 볼 수 없다. 여기서는 단지 해럴드 가핑클Harold Garfinkel의 언급만 떠올리더라도 충분할 것이다.

> 특정한 공간에서 형성된 [사회적] 활동의 상황적 질서가 존재한다.…… 이 상황들은 조직화된 현상들의 방대한 영역을 구성한다.…… 전통적인 작업 연구들은 교정수단이나 대안 모색 없이 이 현상들의 실존에 의존하며, 문제의 현상 영역을 활용하고 나서는 이를 무시한다.[60]

노동조합 이전의 포드주의는 종말을 고했다. 그러나 전체주의적

---

59. Joyce Shaw Peterson, *American Automobile Workers, 1900-1933*, pp. 54-56; Irving Bernstein, *Turbulent Years*, p. 740.
60. Harold Garfinkel(ed.), *Ethnomethodological Studies of Work*, London and New York, Routledge & Kegan Paul, 1986, p. 7.

인 방식으로 노동 리듬을 부과하는 경향까지 함께 소멸되지 않았음은 분명하다. 오히려 이 경향은 노동생산력의 명백한 증대에도 불구하고 20세기 말에 들어와 그 어느 때보다 더 뚜렷해지고 있다. 실제로 오늘날 문제의 경향은 광란의 1920년대 당시 노동조합 이전의 포드주의에서 나타난 몇 가지 특징들을 보여 준다. 예컨대 고용불안, 의료보험 제도와 실업급여 부재, 실질임금 삭감을 넘어선 명목임금 삭감, 산업적 "저성장기에 도달한" 지역들에서 원격지로의 생산라인 이전 등이다. 노동시간 역시 단축되기는커녕 오히려 더욱 연장되고 있다. 서구 전역은 물론 동양에서도 사람들은 20년 전보다 더 많은 시간을 노동에 바치고 있다. 이러한 현상은 국가의 규제력이 쇠퇴해 온 사회적 차원에서도 나타나고 있다. 폐물이 된 것으로 알려졌던 테일러주의의 정밀 계시기計時機와 "시대에 뒤진" 포드주의 조립라인 또한 사람들을 더욱 길고도 강도 높은 노동으로 내모는 데 일조한다. 아이러니하게도 조절학파가 처음 등장한 바로 저 프랑스에 관한, 다른 어느 곳에도 존재하지 않는, '귀중한' 자료는 조립라인 앞에서 자동기계의 생산속도에 속박당하는 노동의 비율과 절대치가 모두 증가일로에 있음을 보여 준다. 1983년 당시 자동화된 생산속도에 종속된 노동자들의 비율은 13.2%(6,187,000명)에 머물렀지만 1991년에는 그 비율이 16.7%(6,239,000명)로 증가한 것이다.[61]

리피에츠가 포드주의의 "황금기"라고 부르는 1950~60년대 당시

---

61. Anon., *Alternative Economiques*, May 1994, on the DARES data : *Enquétes spécifiques Acemo : Enquétes sur l'activité et les conditions d'emploi de main-d'oeuvre*. 이 자료를 참고할 수 있도록 일러 준 알랭 비르(Alain Bihr)에게 사의를 표한다.

미국이 주도하던 국제경제는 임금재 소비 수준을 훨씬 웃도는 사적 투자수요를 조장했다. 견고해 보이던 시스템은 내부에서 무너져 내리기 시작했다. 1960년대 말에 이르러 다양한 형태의 계급투쟁들이 임금, 노동과정의 편제, 발전과 저발전의 관계, 가부장제에 대한 자본의 견고한 확신을 뒤엎어 버렸기 때문이다. 이러한 도전의 발본성을 이해하지 못한다면 뒤이은 20년 동안 자본 지배의 전도를 규정한 위기와 불확실성의 요인들을 파악할 수 없다.[62] 산업국 블루칼라 노동자를 겨냥한 기동전, 자본주의의 3대 광역권(NAFTA, EU, 일본)으로의 지역화, 걸프 전쟁의 순서로 이어진 반동적 경향의 비균질성은 포스트포드주의 모델로의 이행을 보여 주지 않는다. 이러한 비균질성은 최근의 유연생산체계 안에서 노동의 역능을 정치적으로 탈구성하기 위한 새로운 지배 요소들과 낡은 지배 요소들의 부단한 재조합을 의미한다.

결론

조절학파는 자본의 관점에서 이러한 재조합의 결과를 검토한다. 그로 인해 조절학파는 자본을 사회 내에서 전개되는 전체 노동계급

---

62. 결코 빼놓을 수 없는 벨로피오레(Riccardo Bellofiore)의 논문 "Contribution by Riccardo Bellofiore : On Pietro Ingrao and Rossana Rossands, Appunti di Fine Secolo," pub. Associazione dei Lavoratori e delle Lavoratrici Torinesi(ALLT), 24 November 1995를 참조하기 바란다. [이 논문 축약본은 영어로 번역되어 『공통감각』 22호(1997)에 게재되었다. ─ 엮은이]]

운동[63]의 중심축이자 동인으로 간주하게 된다. 히르쉬와 로트는 "계급투쟁과 위기 과정의 결정적 조건을 작동시키는 것은 언제나 자본 그 자체, 그리고 자본이 행위자들의 배후에서 '객관적으로' 부과하는 구조들"이라고 잘라 말한다. 그들은 이러한 주장을 펼 때마다 다수의 권위를 내세운다.[64] 따라서 조절이론가들의 주장에서 도출된 결론들이 그들에게서 배제되지 않는 단 하나의 처방과 꼭 맞아 떨어진다는 것은 놀랄 만한 일이 아니다. 다시 말해서 자본주의 발전법칙에 반하는 투쟁은 가망이 없으며, 지배체계edificio del dominio의 균열에 관심을 기울여 보았자 아무 소용이 없다는 것이다. 마크 트웨인Mark Twain의 말을 바꿔 쓰자면 가진 것이라고는 포드주의 만능망치밖에 없는 조절이론가의 눈에는 포스트포드주의라는 못만 보일 것이다.

조절이론가들은 이러한 입장을 취함으로써 현재와 미래의 투쟁 과정을 분석할 수 있는 수단을 포기한다. 또한 그들은 오늘날 사회적 주체들에 초점을 맞추고 있는 다양한 목소리들 간의 논쟁에서도 배제된다.[65] 그 외에는 조절이론가들이 미국 노동계급을 한낱 포드화된 객체[66]로 격하시키는 이유를 달리 설명할 길이 없다. 조절이론가들은

---

63. [옮긴이] 영역자는 여기서 이탈리아어판의 "centro e motore del movimento operaio complessivo della società"를 "사회적 운동 전체의 중심축이자 동인"(centre and motor of the overall movement of society)으로 옮겨 놓았다. 여기서는 이탈리아어판 내용 그대로를 우리말로 옮겼음을 밝혀 둔다.

64. Joachim Hirsch and Roland Roth, *Das neue Gesicht des Kapitalismus*, Hamburg, VSA, 1986, p. 37.

65. 이 주제에 관해서는 Peter, Miller and Nikolas Rose, "Production, Identity and Democracy," *Theory and Society*, vol. 24, no. 3 (June 1995), pp. 427-67을 참조하라.

66. 스탈린 통치 하의 제1~2차 5개년 계획기에 소련 당국은 고리키(Gorky) 자동차 공장 조립라인 노동자들을 "포드화된 자들"(fordirovannye)이라고 불렀다.

심지어, 대공황기와 유럽의 나치-파시스트 출현기 사이에 표출되었듯이, 극도로 적대적인 기획투사성progettualità을 발휘할 당시의 미국 노동계급조차 포드화된 객체로 취급한다. 조절이론은 이러한 입장 때문에 바로 저 미국 자본주의를 나치-파시즘과의 대립으로 몰아가는 데서 미국 노동계급이 결정적으로 기여한 바를 이해할 수도 없다. 노동조합 이전의 포드주의는 단명에 그쳤다. 그러나 이는 헨리 포드가 권력을 향해 나아가던 히틀러에게 1938년까지 자금을 제공하고 나치 훈장을 취득했다는 진부한 (그럼에도 불구하고 중요한) 이유 때문이 아니다. 포드주의가 단명한 까닭은 노동자들 스스로가 사회적 자기 해방 운동의 일부로서 포드화된 노동자들에게 강요되던 침묵을 깨뜨렸기 때문이다. 조절이론가들에게는 2차 세계대전 종전을 훌쩍 넘어 세계적 차원에서 장기간 지속된 이 운동의 지대한 영향을 이해할 수 있는 능력이 구조적으로 결여되어 있다.

오늘의 상황에서 중요한 것은 베를린 장벽의 붕괴로 당연시되던 많은 것들이 무너져 내린 이후에 나타난 새로운 사태들에 대한 검토가 아니다. 중요한 것은 노동의 역능이 또 다시 순전한 객체 혹은 무기력한 대중으로 등장하는 "포스트포드주의" 패러다임으로의 필연적인 이행을 막아낼 수 있느냐 없느냐다. 뻬라에스Eloina Peláez와 홀러웨이가 강조하듯이 조절이론가들이 독자들에게 미래를 직시하라고 요구하면서 동원하는 주장은 모종의 혼란을 불러일으킨다.[67] 결국 기술

---

67. Eloina Peláez and John Holloway, "Learning to Bow : Post-Fordism and Technological Determinism," in Werner Bonefeld and John Holloway(eds.), *Post-Fordism and Social Form*, 1991, p. 137.

의 경이로움에 대한 노동운동 조직들의 확신은 과거의 역사적인 패배들로 귀결되었다. 여기서는 감당할 수 없을 만큼 많은 억압과 죽음을 내포한 체계, 즉 자본주의 체계의 필연성 여부뿐만 아니라, 아무리 실험적일지라도, 사회적 주체들이 제기하는 그 모든 기획들의 실현 가능성 역시 문제가 된다. 문제는 거침없는 신시대New Times에 맞서 노동의 역능이 선구성된 예속상태에 갇히지 않도록 막아낼 수 있느냐다. 신시대가 부분적으로 컴퓨터 칩을 통해 작동한다는 것은 분명하다. 그러나 신시대는 또한 경쟁과 자유무역 따위의 표어들 뒤에 잠시 은폐되어 있는 유력한 제국주의 국가들 간의 전쟁을 통해서도 작동한다.

오늘날 우리는 투쟁활동 영역의 불확정성을 방어하도록 요구받고 있다. 따라서 적어도 미래의 더욱 초라한 푸념에서나마 벗어나고자 한다면 우리는 지체 없이 몇 가지 [분석] 수단들을 재시험에 부쳐야 할 것이다.

지금껏 노동력을 "인간 기계"로 분해하고 상세하게 조사하는 작업은 사실상 다양한 기계화 단계들의 예비적 과정이 되어 왔다. 자본주의 지배권력은 끊임없이 이 과정이 필연적이라고 주장해 왔다. 문제의 핵심은 포스트포드주의가 우리들 가운데 존재하느냐가 아니라 "인간 기계"가 축적의 피라미드에 산 제물로 봉헌되는 것을 막아 낼 수 있느냐다.

[영역 : 에드 에머리]

6장

노동의 종말인가, 노예제의 부활인가?
리프킨과 네그리 비판

조지 카펜치스

서론

지난 몇 년 사이 미국에서는 1970년대 중반을 연상케 하는 노동 논쟁이 되살아났다. 그러나 이 논의들은 수많은 왜곡을 동반했다. 그에 앞서 『로봇들은 다 어디로 갔을까?』(Sheppard 1972), 『거짓약속들』(Aronowitz 1972), 『미국의 노동』(Special Task Force 1973)과 같은 저작들, "블루-칼라 블루스", "제로워크", "노동 거부" 등의 문구들은 조립라인 노동자가 직면한 위기를 보여 주었다. 이러한 위기는 1973~74년에 일어난 미국 자동차 공장들의 살쾡이 파업에서 가장 극적인 형태로 표출되었다(Linebaugh and Ramirez 1992). 이 파업들은 1940년대에 자동차 부문 자본과 노조들 간에 체결된 "협약"의 기저에 흐르던 임금과 생산성 간의 상관관계를 무효화하고자 했다. 라인보우와 라미레스는 1974년 6월 10~14일에 6천여 노동자들이 참여했던 미시간 주 워렌의 다지Dodge 트럭 공장 살쾡이 파업에 대해 다음과 같이 기록했다.

> 파업 3일째까지 요구들은 공식화되지 않았다. 그들은 "무엇이든" 요구했다. 한 노동자는 "나는 다만 노동하고 싶지 않을 뿐"이라고 말했다. 이 투쟁이 강제한 소득과 생산성의 분리는 더없이 명확했다.

이러한 명확성은 공장과 조립라인의 노동과정 통제권을 회복하려는 자동차 부문 자본가들의 수십 년에 걸친 조직적 활동 속에서 훨씬 더 확고한 명확성에 부딪혔다. 자동차 부문 자본가들은 공장과 조립라인을 지키기 위해 바로 그것들을 서슴없이 폐기처분했다. "사양 산업 지대"와 "생산시설 이전"은 1980년대의 자동차 부문과 기타 업종의 공장생산을 묘사할 때마다 등장하는 비즈니스 신문들의 단골 문구가 되어 버렸다. 이 문구들은 1990년대 들어 대체로 자연스럽게 "지구화"와 "로봇화"로 이어졌다. 이 유례없는 캠페인의 결과 미국 제조업 부문 전일제 취업자의 "실질"주급은 약 20%나 하락한 반면 노동시간은 실제로 증가했다.

그러나 1990년대 중반에 출판된 『노동의 종말』[1] (Rifkin 1995), 『디오니소스의 노동』[2] (Negri and Hardt 1994), 『고용 없는 미래』

---

1. [한국어판] 제러미 리프킨, 『노동의 종말』, 이영호 옮김, 민음사, 2005.
2. [한국어판] 안토니오 네그리·마이클 하트, 『디오니소스의 노동』 1~2, 이원영 옮김, 갈무

(Aronowitz and De Fazio 1994)와 같은 저작들, 그리고 "다운사이 징"(*New York Times* 1996), "해고"(Moore 1996) 등의 문구들은 노동의 위기에 관한 주제들을 되살려 놓았다. 1990년대는 노동자와 자본 간의 역관계가 1970년대와 정반대로 뒤집힌 시기이다. 1970년대에 노동자들이 노동을 거부했다면 1990년대 들어서는 자본가들이 노동자들을 거부하고 있는 듯하다.

나는 이 글에서 위의 저작과 문구들이 실상을 호도하고 있음을 증명하고자 한다. 예컨대 "급격한 생산의 국제화 속에서 과학에 기초한 기술변동이 진행된다는 사실은 턱없이 부족한 일자리^{job}에 비해서 노동자들이 지나치게 많으며, 그나마 훨씬 더 적은 수의 일자리^{job}에서만 높은 보수가 지불됨을 뜻한다"(Aronowitz and De Fazio 1994, xii)거나 "기술혁신과 시장지향적인 힘들은 우리를 노동자 없는 세계나 다름없는 위태로운 상황으로 몰아넣고 있다"(Rifkin 1995, xvi)는 주장이 그렇다. "프롤레타리아적 노동의 중심성이라는 이름으로, 그리고 자본주의의 발전과 보조를 같이하는 프롤레타리아적 노동의 양적 축소라는 이름으로 역사를 이해하려던 노동가치 법칙은 완전히 파산했다⋯⋯"(Hardt and Negri 1994, 10)는 한층 더 추상적인 주장 역시 마찬가지다.

리, 1996/7.

고용, 그리고 노동의 다양체

"고용 없는 미래"the jobless future 3와 "노동자 없는 세계"workerless world는 이 글의 핵심적인 문구들이다. 그러나 현재와 가까운 장래에 이 문구들이 타당성을 지닐 수 있을지를 따지기 전에 잠시 문제의 문구들에 포함된 잡job과 노동이라는 개념에 대해 깊이 생각해 볼 필요가 있다.

두 개념 중에서 좀 더 쉬운 쪽은 "잡"이다. 이 개념은 어원상 상당히 불미스러운 내력을 지니고 있다. 17~18세기 무렵의 영국에서 (심지어 오늘날에도) 동사로서의 "잡"은 사기와 부정행위를 암시했다. 이와 동시에 명사 "잡"은 사소한 범죄와 사기극에 연루된 세계라는 냄새를 풍겼다. 이러한 맥락에서 본다면 인간에게 "잡 없는 미래"란 일종의 선물일 것이다. 그러나 20세기 중반의 미국식 영어에서 "잡"은 어느 정도 고정적이고 계약을 통해 합의된 신분보장 기간이 수반되는 정규

---

3. [옮긴이] 카펜치스는 이 대목에서 미국의 문화 연구자들이나 노동 사회학자들이 남용하는 잡(job)이라는 개념을 비판적으로 해부하고 있다. 따라서 이 개념은 불가피하게 다의성을 지닐 수밖에 없으며, 경우에 따라서는 의미를 구분해 내기 어려울 만큼 모호하게 사용된 곳도 있다. 여기서는 혼동을 피하기 위해 '고용', '일자리', '잡[직무]'이라는 세 가지 번역어를 사용한다. 첫째, '고용'은 노동력의 소유자가 일정액의 수입을 매개로 생산수단을 보유한 타인에게 피용(employed)되는 사회관계를 가리킨다. 이 경우 피용자란 경제적 강제에 의해 임금노동에 종사하는 노동자의 법률적 지위를 뜻한다. 둘째, '일자리'로 옮길 경우 잡은 규칙적인 노동의 대가로 일정량의 화폐를 지불하는 통상적 의미의 직장을 가리킨다. 유사한 맥락에서 잡은 노동력의 사용권을 자본가의 처분에 맡긴 노동자가 일정한 시간 동안 생리적 에너지를 지출하도록 구획된 공간이나 장소로 이해될 수도 있다. 셋째, 잡[직무]은 노동과정의 분획, 특히 '노동 그 자체'의 분할에 따라 개별 노동자에게 권위적으로 부과되는 세분화된 작업 내역을 지칭한다. 그 외의 일반적 의미로 사용되거나 필자가 비판의 대상으로 삼는 용법 그대로 사용된 곳에서는 소리 나는 대로 '잡'이라고 옮겼다.

임금직의 구성단위를 가리키는 최초의 용어로 자리 잡았다. 조선소에서 "잡"을 얻는다는 것과 조선소에서 일한다는 것 사이에는 커다란 차이가 있다. 어디선가 "잡"을 얻지 못하더라도 그곳에서 일을 할 수는 있기 때문이다. 이에 따라 "잡"은 정치경제학의 지하세계에서 되살아나 정치경제학의 성배가 된다.

그렇더라도 "잡"이라는 용어의 신비적인 권력이 노동과의 결합에서 생겨나는 것은 아니다. 오히려 "명사 잡$^{to\ do\ a\ job}$(범죄)"이나 "동사 잡$^{to\ job}$(사취하다)"은 불로소득을 취하는 "부정한" 수단을 칭하는 문구들이었다. "잡"이라는 용어가 유권자들의 육체적·정신적 생존에 결정적인 자본주의 사회의 노동이 수반하는 임금과 그 밖의 계약적 측면들을 부각시키자 "잡, 잡, 잡"은 20세기 후반 미국 정치인들의 표어로 자리 잡았다. 따라서 자본주의 하의 인간에게 "고용 없는 미래"는 생지옥일 것이다. "고용 없는 미래"란 임금도 없고 노동자와 자본가 사이의 계약도 없는 미래를 뜻하기 때문이다.

잡이 부각되고 있다는 것은 명백하다. 그렇지만 잡은 흔히 노동과정 일부를 지극히 관례적으로 구획하다가도 동일한 노동과정을 전혀 다른 방식으로 가르기도 한다. 그러나 잡[직무]와 노동 사이에 일대일의 상관관계는 존재하지 않는다. 동일한 노동과정은 한두 개 또는 여러 개의 잡[직무]로 분해될 수 있다. 따라서 "워크"^{work}, 그리고 의미상 그것과 동족어임이 분명한 "레이버"^{labor}가 보다 현실적인 근거를 지니고 있는 것으로 보인다.

따라서 "노동의 종말"은 "고용 없는 미래"보다 더욱 근본적인 전환을 의미한다. 인류 역사에는 고용 없는 사회들로 이루어진 시대들이 여러 번 있었지만 — 예컨대 노예제 사회, 자급적 농민 공동체 — 에덴동산을 예외로 한다면 노동 없는 시대는 존재하지 않았기 때문이다. 그러나 노동의 종말을 논하기 전에 최근의 정치적 세대가 노동의 의미에 대한 개념적 혁명을 이루어 왔다는 점을 인식해야 할 것이다. "노동"은 오랫동안 "잡", 즉 공식적인 임금노동의 동의어로 사용되었다. 아마도 이 기간은 1930년대의 단체협상 제도 공식화에서 시작되어 1970년대의 단체협상 제도 붕괴로 막을 내린 시기와 일치할 것이다. 그러나 이후 거대한 노동의 다양체가 발견되었다(Caffentzis 1992; Caffentzis 1996/1998).

이 다양체는 임금은 지불받더라도 법규나 세법 위반을 이유로 계약의 효력을 공식적으로 인정받지 못하는 비공식적인 "장부 외" 노동을 포함한다. 노동의 다양체 가운데 이러한 비공식적 노동은 순수 범죄활동 영역으로 흡수되면서 점점 감소하고 있다. 수많은 국가와 지역들에서 수량 및 가치로 환산한 이 순수 범죄활동 규모는 공식적인 직업 활동 총계에 필적할 만한 수준에 이르고 있다. 한층 더 중요한 것은 여성주의자들이 사회적 재생산(예컨대 섹슈얼리티, 생물학적 재생산, 양육, 문화화, 치유 에너지, 자급농업, 수렵과 채취, 반反엔트로피 생산 등)에서 결정적인 의의를 갖는 가사노동의 전반적 양식을 "발견"했다는 사실이다. 가사노동은 자본주의 사회 속의 거대한 대타자 大他者다. 가사노동은 점점 더 자본주의의 발전에 결정적인 것으로 인식되고 있지만 여전히 비임금 상태로 남아 있는 데다 대개의 경우 국가 통계에서는 인정조차 되지 않기 때문이다. 마지막으로 이른바 "포스트노예제" 시대의 강제노동을 망라하는 자본주의적인 생지옥의 차원을 들 수 있다. 예컨대 징역, 군역, "성노예", 계약노예, 아동노동 등이다.

이 모든 노동형태들을 종합적으로 고려할 경우 우리는 시공간과 가치의 측면에서 "공식적인 노동 영역"을 위축시키는 교차적이고 자기반영적인 활동들의 투입으로 이루어지는 다양체의 존재를 인정하지 않을 수 없다. 비록 많은 사람들이 인지하지 못한 듯 보일지라도 이처럼 거대하게 떠오르는 [다양체의] 존재는 그 존재[자체]를 거부하는 반대편의 다양체 못지않게 노동에 대한 이해를 심대하게 변형시켜 왔다. 이는 확실히 계급분석을 괄목할 만큼 확장시키고 미래형 공장 시스템의 계획이라는 문제틀을 넘어서는 혁명적 이론의 풍부화를 촉진하면서 "작업"과 "노동"(아렌트), 생체권력과 자본주의(푸코), 노동과 의사소통 행위(하버마스) 사이의 무의미한 구분을 의문에 부친다. 우리의 논의에서 무엇보다 중요한 것은 이러한 노동의 다양체가 앞서 언급한 노동논쟁과 기술변동에 근거를 둔 그 논쟁의 가상적인 결말을 문제시한다는 사실이다.

노동의 종말

유감스럽게도 "노동의 종말"을 주제로 하는 문헌들에서 흔히 사용되는 노동 개념은 많은 경우 시대에 뒤진 데다 노동의 자본주의적 의미를 등한시한다. 이 문제는 『노동의 종말』에 제시된 리프킨의 중심적인 주장에서 가장 분명하게 드러난다. 그는 "정보화 시대"의 도전에 대응할 만큼 숙련된 노동력이 존재한다면 농업의 유전자공학화,

제조업의 로봇화, 서비스 산업의 컴퓨터화를 수반하는 신기술혁명은 새로운 고용 기회들로 이어질 것이라고 주장하는 사람들을 논박하고 싶어 한다. 그의 반론은 간단하다.

과거에는 기술혁명이 특정한 경제 부문에 대규모의 일자리 상실이라는 위협을 가할 때마다 잉여노동을 흡수할 수 있는 새로운 부문이 출현했다. 20세기 초에는 갓 출현한 제조업 부문이 급속한 농업 기계화로 쫓겨난 수백만 농장 노동자와 자작농들을 흡수할 수 있었다. 1950년대 중반에서 1980년대 초반 사이에는 급성장하고 있던 서비스 부문이 자동화로 해고된 수많은 생산직 노동자들을 재고용할 수 있었다. 그러나 오늘날에는 이 모든 부문들이 급속한 구조조정과 자동화의 희생물이 되고 있지만 단 하나의 "주목할 만한" 신생 부문도 쫓겨나고 있는 수백만 인구를 받아들일 만큼의 발전을 이루지 못했다 (Rifkin 1995, 35).

따라서 최후로 남은 서비스 노동자가 최근의 현금 자동 입출금기, 가상 사무기기 또는 이전에는 생각지도 못한 컴퓨터 기술 응용 프로그램에 의해 대체될 경우 거대한 실업문제가 발생할 것이다. 그/그녀는 어디에서 일자리를 찾아야 할까? 농업이나 제조업으로 되돌아갈 수도 서비스 산업을 넘어서는 신생 부문으로 나아갈 수도 없는 노릇이다. 리프킨은 이러한 시나리오를 지구적 맥락에 적용시켜 머잖아 지구상에 수백만이 아니라 수십억의 실업자가 생겨날 것이라고 예견한다.

형식논리상 이러한 논법은 흠잡을 데 없는 것처럼 보인다. 그렇지만 이 주장의 경험적 근거와 이론적 가정은 과연 타당한 것일까? 내가 보기에는 그렇지 않다. 리프킨의 기술결정론은 자본주의 시대의 고용과 기술변동의 동학을 고려하지 않고 있기 때문이다.

리프킨식 고용단계 이론이 지닌 범주상의 문제에서 논의를 시작해 보자. 그는 "농업", "제조업", 특히 "서비스업"과 같은 용어들을 자본주의 경제의 세 가지 발전단계 구분에 무비판적으로 사용한다. 이는 앞에서 인용된 구절과 『노동의 종말』에 등장하는 그 밖의 많은 부분들에서도 드러난다. 여기서 리프킨 특유의 선택을 비난할 수는 없다. 미국 노동통계국과 같은 주요 통계기관들 역시 지난 수십 년 간의 고용, 생산량, 생산성을 요소별로 분할하는 데 이러한 범주들을 사용하기 때문이다. 이러한 삼분법을 고안하는 데 도움을 준 핵심적인 은유들은 (농장 또는 농장 밖에서 생산된) 물질적 재화와 비물질적 서비스 사이의 구별에 뿌리를 두고 있다. 또한 이 은유들은 농장 및 공장과 (사무실, 학교, 상점, 창고, 도로 등) 그 밖의 모든 장소 사이의 공간적 구별에도 기초한다. 이러한 삼분법은 "서비스 산업"에 경계가 불명확한 기본 범주로서의 일반적 기능을 부여하는 조잡한 실용적 유형론을 참조하고 있다.

그러나 하나의 범주를 소급 적용하는 것과 (과거나 미래로) 투사하는 방식으로 사용하는 것은 별개의 문제이다. 리프킨의 다소 헤겔주의적인 도식에서 기술변동은 자립적인 운동을 전개하는 정신으로 간주된다. 즉, 기술변동은 당면한 "서비스 산업"의 역사 단계에 이르러 파국적인 중단을 맞이할 때까지 한 단계에서 다음 단계로의 변형을 거치는 정신인 것이다. 그러나 과거의 자본주의 사회들을 돌이켜보면 이처럼 정연한 연속적 배열은 전혀 엄밀하지 않다. 예컨대 17~18세기의 영국이 농업적인 사회였을까? 당시 대농장의 가복^{家僕} 4 형태로 존재했던 "서비스업"의 규모는 매우 컸지만 이 가복들은 흔히 숙련공(매뉴팩처)과 농장 노동자(농업 부문)로도 일했다. 게다가 가내 수공업이 융성하면서 농업 노동자나 소농들은 또한 농장의 제조 노동자로서 1인 2역 혹은 1인 3역을 수행했다. 결국 자본주의 역사 전체에 걸쳐 이 세 가지 범주들 사이를 오가는 노동자들의 복잡한 이동이 확인된다. 세 범주들 사이에서 우리는 농업에서 제조업, 제조업에서 서비스업으로의 단순한 이동이 아니라 도합 여섯 가지의 가능한 추이를 발견할 수 있다.

　"저발전의 발전"과 다수의 자본주의적 "탈산업화" 시기들을 다룬 방대한 문헌은 이러한 추이들을 넘칠 정도로 분명히 보여 준다. 이러한 추이들은 상당한 자립성을 지닌 기술적 정신이 아니라 역사 속에서 구체화되고 부단히 변화를 거듭하는 계급투쟁과 권력관계의 산물임에 틀림없다. 산업노동자들의 힘을 약화시키기 위해 자본가들이 도입한 기계장치는 역량과 기회의 결합 여부에 따라 산업 노동자들의 일자리를 빼앗고 그들을 "서비스 노동자"나 "농업 노동자"로 만들수도 있다. 자본주의의 역사를 통틀어서 살펴보더라도 최후의 서비스 노동자와 더불어 막을 내리는 단선적 발전 경로만 존재한다는 주

---

4. [옮긴이] 17세기 영국의 가복들은 고용기간, 임금지급 방식, 해고조건, 거주형태 등 여러 측면에서 당시의 일반적인 일용노동자들과 뚜렷하게 구분된다. 그들 가운데 대다수는 미혼 상태의 피고용인으로서 주인의 저택에서 동거하며 각종 서비스 노동에 종사했다. 17세기 말 무렵 이러한 동거 가복들의 규모는 영국 전체 임금노동자의 4분의 1을 상회했다. 더욱 자세한 내용은 이승영, 『17세기 영국의 수평파 운동』, 민연, 2001, 4~5장을 참조하기 바란다.

장을 입증할 만한 근거는 어디에도 없다.

리프킨식 도식의 미래투사를 검토할 경우 이 도식의 기반은 한층 더 약화된다. 리프킨은 (음성인식에서 전문가 시스템, 전자음향 합성 장치에 이르기까지) 서비스 산업에 폭넓게 응용되고 있는 컴퓨터 기술을 일별한 후에 음울한 결론을 제시한다. "앞으로는 고도화된 병렬식 전산장치, 하이테크 로봇공학, 지구적인 통합 전자네트워크가 점점 더 경제적 과정을 포괄해 나갈 것이다. 그와 동시에 인간이 직접적인 수작업을 통해 제작·이동·판매·서비스에 참여할 여지는 갈수록 축소될 것이다"(Rifkin 1995, 162). 그러나 여기서 서비스 범주의 바로 저 기본 기능은 이 범주를 미래로 투사하려는 리프킨을 곤란에 빠뜨린다. 서비스 범주는 기술변동이 그 자체를 측도 영[*] 5의 수준으로 축소시킬 때까지 논리적 공간 속의 한 지점에 그대로 머물러 있지 않을 것이기 때문이다.

서비스 노동의 구성요소에 대한 표준적인 정의 한 가지를 신중하게 검토해 보자. 인간(이발 혹은 안마) 혹은 사물(자동차 혹은 컴퓨터 수리)의 변형이라는 정의 말이다. 도대체 어떻게 이러한 범주를 미래로 투사할 수 있을까? 인간이나 사물의 변형 방식은 무한하므로 "고도화된 병렬식 전산장치, 하이테크 로봇공학, 지구적인 통합 전자네트워크"는 그 가능성의 실현태들을 모방하고 대체할 수 없다. 하기야 (적어도 이 기계 제작자들의 관점에서는) 미래의 서비스 노동이 기계에 의해 모방·대체되지 않는 인간과 사물의 변형으로 부당하게 정

---

5. [옮긴이] 공집합(null set), 즉 수학적으로 명확하게 설정된 조건을 만족시키는 대상이 없어서 원소를 갖지 않는 집합(∮)과 같은 의미이다.

의되더라도 무리는 아닐 것이다![6] (합성음향이 기술적으로 더 정확하더라도) 바흐를 연주하거나 (평론가들의 눈에는 디지털 홀로그램이 더 나은 볼거리를 제공할지라도) 춤을 추는 사람에 대한 관심은 미래에도 역시 존재할 것이다. 오늘날 "유기농법으로 재배된", 즉 유전자 조작을 거치지 않은 농산물과 비합성수지로 만들어진 "수제" 의류 판매가 늘어나는 것과 정확히 마찬가지다. 그러한 서비스 산업들이 부활하지 않는다면 나로서는 놀라울 것이다. 이 서비스 산업들이 농업이나 제조업 노동에서 쫓겨난 수많은 노동자들을 "흡수"할 수 있을까? 나로서는 알 수 없다. 하지만 잘 생각해 보면 리프킨도 모르기는 마찬가지다.

과거 또는 미래로 자신의 범주적 도식을 투사하는 데서 드러나는 리프킨의 무능력은 훨씬 더 심각한 문제를 노정한다. 즉, 그는 애초에 기술변동이 일어나는 이유를 타당하게 설명하지 못한다. 리프킨은 『노동의 종말』 서두에서 맑스의 『자본』과 『요강』에 호소해 그 자신이 "기술 적하론" ― 즉, 한 산업부문의 기술변동이 그 부문 내에서 실업을 야기하더라도 궁극적으로는 나머지 경제 전반의 고용증대로 이어진다는 견해 ― 으로 이름 붙인 논리를 기각시킨다. 리프킨의 맑스관은 아래의 과장된 구절에서 개괄적으로 살펴볼 수 있다.

---

6. 이 "부당한" 정의는 금세기 수학 연구에서 매우 유익한 것으로 증명된 칸토어(Georg Cantor)의 대각선 논법을 연상시킨다. 대각선 논법의 책략은 특정한 집합 K의 모든 항목들을 포함하는 리스트가 존재한다고 가정한 다음 리스트 자체의 특수한 속성을 이용해 그것에 포함되지 않은 K의 요소를 밝혀내는 데 있다.

칼 맑스는 생산자들이 기회만 있으면 언제 어디서건 노동자들을 자본설비로 대체함으로써 끊임없이 노동비용을 감축하고 생산수단에 대한 통제력을 더욱 확고히 다지려 한다고 주장했다…… 맑스는 점증하는 생산 자동화가 결국에는 노동자 전부를 제거할 것이라고 예측했다. 이 독일 철학자는, "자동기계 시스템"이 경제 과정에서 인간을 최종적으로 대체하면, 그 자신이 완곡하게 "최종적인…… 노동의 변형"이라고 불렀던 사태가 도래할 것으로 내다보았다…… 맑스는 생산물을 구입하기에 충분한 구매력을 지닌 소비자들이 갈수록 줄어듦에 따라…… 인간의 노동을 계속해서 기계로 대체하려는 생산자들의 끊임없는 시도가 결국 자기파멸적이라는 사실이 입증될 것이라고 믿었다(Rifkin 1995, 16-17).

맑스를 이처럼 활용하려는 시도는 널리 인정받는 미국의 좌파 사회정책 분석가들 사이에서 새롭게 나타난 매우 두드러진 경향 가운데 하나다. 그러나 맑스의 사상을 이런 식으로 되살려 내는 것은 많은 경우에 우파들의 스미스와 리카도 활용법 못지않게 선택적이다.[7] 리프킨의 경우 기술에 관한 맑스의 견해를 빠짐없이 개괄적으로 훑어보았음에 틀림없다. 그러나 그는 몇 가지 중요한 점을 놓치고 있다.

첫 번째 부작위는 임금인상, 노동시간 단축, 노동조건 개선, 강제

---

7. 예를 들어 자유무역에 대한 오늘날의 많은 논의 과정에서 다수의 논자들은 저임금 수준을 리카도주의적인 "비교우위"의 요소로 간주한다. 그러나 이러한 해석은 리카도의 견해를 왜곡할 뿐만 아니라 노동자들의 투쟁에 대한 억압을 정당화하도록 부추긴다. 리카도에게 있어서 비교우위의 원천은 임금, 이윤 또는 지대와 같은 경제적 변수들이 아니라 한 나라의 자연적, 문화적 환경에서 비롯된 준(準)영구적인 특성들이다.

된 노동을 단호히 거부하는 삶 형태를 지향하는 노동자 투쟁들에 관한 것이다. 이 투쟁들이야말로 자본가들이 기계장치를 계급전쟁의 무기로 도입하는 데 그토록 열을 올리는 근본적 이유이다. 노동자들이 손쉽게 다룰 수 있는 "생산요소들"에 지나지 않는다면 기술변동의 절박성은 대폭 감소할 것이다.

두 번째 부작위는 기계에 의해 영구적으로 대체된 모든 노동자는 전체 자본가 계급이 수취할 수 있는 총잉여가치(따라서 총이윤)의 감소를 가져온다는 맑스의 리카도에 대한 인식과 관련된다. 자본가 계급이 이윤에 의존하는 한 기술변동은 노동자 못지않게 자본가에게도 위험할 수 있다. 따라서 자본가 계급은 교묘하게 처리해야 할 상시적인 모순에 직면한다. 즉, (a) 고분고분하지 않고 까다로운 요구를 제기하는 노동자들을 생산에서 배제하려는 욕망, (b) 가능한 한 최대다수의 노동자를 착취하려는 욕망 사이의 모순이다. 맑스는 『잉여가치학설사』에서 이 끝없는 긴장에 대해 다음과 같이 언급한다.

하나의 경향이 노동자들을 길바닥으로 내몰아 노동자 계급의 일부를 과잉인구로 만든다. 또 다른 경향은 다시 한번 그들을 흡수해 임금노예제를 절대적으로 확대시킨다. 그리하여 노동자의 운명은 끊임없는 동요를 겪지만, 그는 결코 이러한 운명에서 헤어나지 못한다. 따라서 노동자는 당연히 그 자신의 노동생산력 발전을 자기 자신에게 적대적인 것으로 간주한다. 다른 한편으로 자본가들은 언제나 노동자를 생산에서 제거되어야 할 요소로 취급한다(Marx 1977, 409).

기술변동이 자본 앞에 제기하는 문제는 소비자의 감소가 아니라 이윤의 감소인 것이다.

이 사태의 경과에 대한 맑스의 가장 진전된 논의는 『자본』 3권 제3편 "이윤율 저하 경향의 법칙"에서 찾을 수 있다. 여기서 그는 인간을 "자동기계 시스템"으로 완전히 대체하려는 경향은 반드시 끊임없는 "상쇄요인들"에 직면하게 되며, 그렇지 않을 경우 평균 이윤율이 실제로 하락한다는 인식을 보여 준다. 이 상쇄요인들은 잉여가치의 크기를 증대시키거나(예컨대 노동강도의 제고와 노동일의 연장) 가변자본의 크기(노동력 가치 이하로의 임금 하락, 대외무역의 확대) 또는 불변자본의 크기(자본재 산업의 노동생산성 제고, 대외무역의 확대)를 감소시킨다. 일부 상쇄요인들이 결합하거나 이접離接할 수도 있다(Marx 1909, 272-282). 현대 미국 자본주의가 이러한 상쇄요인들을 최대한 종합적으로 활용한다면 유럽 자본들은 좀 더 선택적으로 활용하고 있는 것으로 보인다. 노동자들의 투쟁을 억누르고 극적인 이윤율의 하락을 저지하려는 대공세에 필연적인 자본가적 전략이란 있을 수 없다. 노동자들의 투쟁은 전투의 장에 나선 노동계급의 세력에 따라 - 노예제의 재도입에서 노동시간의 극적인 연장, 교섭에 의한 유급 노동일의 축소, 자본주의의 종말에 이르기까지 - 여러 가지 미래들로 이어질 수 있다.

그러나 자본주의가 존속하는 한 가능한 미래들의 일람표에 결코 오를 수 없는 한 가지 결말이 있다. "하이테크 혁명은 기계에 의한 인간 노동의 대체라는 오랜 유토피아적 꿈을 실현시켜, 마침내 인간이 자유롭게 탈-시장 시대로 나아가도록 만들 것"(Rifkin 1995, 56)이라는 리프킨의 미래상 말이다. 자본주의는 거대한 규모의 잉여노동을 통해서만 창출될 수 있는 이윤·이자·지대의 원료를 필요로 하기 때문이다. 그러나 인간의 노동이 기계로 완전히 대체된다는 것은 곧 이윤·이자·지대의 종말을 뜻한다. 겉으로 보기에 리프킨은 맑스의 자본주의 동학 분석 대부분에 동의하는 듯하다. 그러나 리프킨은 그의 책 종반부에 제시된 낙관적 시나리오에서 맑스의 중대한 결론을 애써 멀리한다. 리프킨은 "제3부문" – "공적 부문과 사적 부문" 사이의 독립적이고 "비영리적인" 부문 혹은 자원봉사 부문 – 활동에 ("사회적" 임금 또는 "그림자" 임금에서 세제 혜택에 이르기까지) 재정적인 인센티브를 제공할 "신사회계약"과 대폭적인 노동시간 단축을 결합시킨 미래를 구상한다. 제3부문은 21세기 "서비스 산업"이 될 수 있다. "지구적 시장에 의해 폐기된 과잉노동을 건설적으로 전용轉用할 수 있는 유일한 실행수단을 제공"하기 때문이다(Rifkin 1995, 292). 즉, 제3부문이 잉여가치를 생산하지 않는 노동자들을 흡수해서 비잉여가치 창출 활동의 대가로 임금을 제공한다는 것이다.

다시 말해 인간을 위한 "안식처"라는 리프킨의 미래상은 대다수 노동자들이 이윤·이자·지대를 산출하지 않는 자본주의인 것이다. 그는 이러한 미래상을 "문명이 …… 점점 더 돌이키기 어려운 곤궁과 무법 상태로 무너져 가는" 미래와 대비시킨다(Rifkin 1995, 291). 그러나 기술자본주의적인 머리, 풍만하고 활기찬 제3부문으로 이루어진 몸통, 눈곱만한 잉여-가치를 생산하는 꼬리를 지닌 리프킨의 사회적 키메라가 도대체 어떻게 살아갈 수 있을까? 초현대적인 키메라를 다루더라도 균형은 고려되어야 하는 법이다. 따라서 기술적으로 아무리 정교할지라도 리프킨의 키메라는 실재할 수 없다. 그처럼 작은 꼬리로는 머리에 영양분을 공급할 수 없다는 간단한 이유 때문이다. 리프킨식 "신사회계약"에 근거한 자본주의는 실행 불가능하다. 냉전기 내내 수입의 10분의 1이라도 포기할 바엔 차라리 지구 절반을 날려버리겠노라고 떠벌리던 자본가들이 이제 와서 무엇 때문에 그러한 거래에 응한단 말인가?

이 "불가능성 증명"이 너무나 명백해서 다음과 같이 묻지 않을 수 없다. 마지막에 맑스를 철저하게 떨쳐내려 했을 뿐이라면 리프킨은 『노동의 종말』 서두에서 왜 그렇게 직접적으로 그를 인용했던가? 그는 앞에서 자신의 감상이 환기시킨 세계대전, 혁명, 핵절멸의 살풍경에 대한 언급을 피하고 있는 것이 아닐까? 리프킨은 베일에 가린 맑시언의 위협을 내세워 기술자본가들에게 수명 연장책으로 위장한 자살 행위를 부추기고 있단 말인가?

이 질문들에 답하기 위해서는 리프킨과 그의 동료들이 사용하는 수사법을 분석해야 한다. 나는 그러한 수고를 무릅쓸 생각이 없다. 그러나 리프킨의 황당무계한 전략이 전적으로 틀린 것만은 아니라는 점은 지적할 만하다. 어쨌든 그는 자본주의적 관계를 확장시킬 신생 부문을 찾고 있는 것이다. 리프킨은 그릇된 판단으로 "비영리적인" 자원봉사 부문을 선택했다. 이 부문이 진정으로 "비영리적"이고 자발적이라면 자본주의 사회의 새로운 고용부문이 요구하는 중요한 토대가 될 수는 없기 때문이다(따라서 아무리 매력적일지라도 엄청난 속임수로는 결코 자본주의에서 벗어날 수 없다).

하지만 리프킨의 직관만큼은 정확하다. '노동의 다양체'가 공식적인 임금노동의 차원을 훨씬 뛰어넘을 정도로 확장되고, 이러한 비임금노동이 잉여가치를 대량 생산하기 때문이다. 이러한 노동이 더 직접적이고 효율적인 방식으로 착취될 경우 강제노동의 확대, 직접적인 자본주의적 관계의 노동력 재생산 영역으로의 확장, 최종적으로는 영세한 범죄형 기업들의 강화를 통해 잉여가치를 창출하는 새로운 고용부문의 원천이 될 수 있다. 리프킨이 극구 선전하는 "비영리적인" 제3부문보다는 "신자유주의", "신노예제", "그라민주의"[8], "마약과의 전쟁" 등이 제3차 산업혁명의 표어로서 더 어울리는 것도 바로 그 때문이다. 컴퓨터화, 로봇화, 유전공학이 초래한 이윤율 급락의 "상쇄 요인들"을 작동시킬 수 있기 때문이다.

---

8. [옮긴이] 그라민(Grameen) 은행의 설립 이념과 제도적 메커니즘을 말한다. 그라민 은행의 설립자 무함마드 유누스(Muhammad Yunus, 1940~)는 방글라데시 농촌 지역에서 이루어진 무담보 소액대출(microcredit) 실험에 근거해 불평등한 신용 기회구조 개선을 통해 빈곤을 퇴치할 수 있다고 주장한다. 그라민 은행은 1983년 법인으로 전환한 이후에 수백만 빈민들에게 연 20%의 이율로 1인 평균 17만원을 대출해 왔다. 그라민 은행의 발표에 따르면 이 사업은 평균 90% 후반대의 상환율을 기록하고 있으며, 75% 이상의 수혜자들이 5년 이내에 절대적 빈곤에서 벗어나고 있다. 유누스는 이를 근거로 빈곤층의 신용(접근)권 향상이 자영업자와 사회적 기업의 생존능력을 제고할 뿐만 아니라 지속가능하고 '선량한' 자본주의 모델의 정착에도 기여할 것이라고 주장한다. 무담보 소액대출 제도는 현재 미국의 빈민가를 포함한 세계 100여 개 국가로 전파되고 있다. 여기서 중요한 것은 카펜치스가 그라민주의를 이윤율 저하에 대한 상쇄 경향을 작동시키는 기제로 인식하고 있다는 점이다. 즉, 수백만 빈민들이 연리 20%라는 고율의 이자와 원금을 차질 없이 상환하면서 자립기반까지 마련할 돈벌이 수단을 지속적으로 발견할 수 있다는 가정은 그 자체로서도 비현실적일 뿐만 아니라 원리금 상환 과정에서 발생하는 빈민들의 자기착취와 자기수탈에 눈을 감는다는 것이다. 이와 유사한 맥락에서 유누스식 사회·경제관의 문제점과 그라민 은행의 신화를 분석·비판한 글로는 Patrick Bond, "The danger of Grameenism," *Himal magazine*, October 2010을 참조하기 바란다.

네그리와 가치법칙의 종말

어쩌면 리프킨이 맑스 사상의 설익은 활용에 심취한 것일 수도 있다. 어쨌거나 그는 맑스주의 전통에서 성장하지 않았고 [『노동의 종말』 저술] 이전에는 맑스의 저작을 참조한 일이 그다지 많지도 않은 데다 그것도 대부분 다른 문제를 다루면서 참조한 것에 지나지 않기 때문이다. 그러나 『노동의 종말』에서 리프킨이 그토록 명확하게 묘사한 주제들은 다수의 맑스주의, 포스트 맑스주의, 포스트모던 맑스주의 저술가들에게서 대체로 훨씬 더 모호하고 신비적인 형태를 취한다. 네그리는 이 분야의 가장 중요한 인물들 가운데 한 사람으로서 1970년대에 리프킨과 대단히 유사한 결론을 뒷받침하는 논의를 발전시켰다. 그러나 그의 논의에서는 리프킨식 맑스주의와 같은 순진한 언설을 찾아볼 수 없다. 1994년에 출판된 『디오니소스의 노동』(마이클 하트와 공저)은 『맑스를 넘어선 맑스』(Negri 1991, 1979년 최초 간행)에서 한정적으로 시작되어 『우리 같은 코뮨주의자들』(*Communists Like Us*, Guattari and Negri 1990, 1985년 최초 간행)로 이어진 논의의 연장이다.[9]

---

9. 이 글에서 1970년대 이후에 네그리가 겪은 정치적, 법률적인 삶의 역정을 논하기에는 적절치 않다. 이에 대한 더 자세한 논의로는 얀 물리에-부땅(Yann Moulier-Boutang)이 쓴 The Politics of Subversion(Negri 1989)[『전복의 정치학』] 서문을 참조하라. 네그리는 1997년 7월 자신의 의지에 따라 프랑스 망명 생활을 접고 이탈리아로 귀환한 후 현재 로마의 레비비아 교도소에 수감되어 있다. 현재 그의 석방을 요구하는 국제적 캠페인이 진행 중이다. [네그리는 귀환 6년 만인 2003년 4월에야 자유의 몸이 되었다. 그의 사상은 수감 중인 1998년 마이클 하트와 함께 완성한 『제국』과 그 후속편인 『다중』, 『공통체』를 통해 전 세계적인 주목과 논쟁의 중심에 놓여 왔다. 팔순이 넘은 나이에도 불구하고 마끼아벨리, 스피노자, 맑스, 푸코, 들뢰즈에 대한 창조적 전유를 통해 코뮤

나는 이 절에서 더욱 정교하고 맑스주의적인 네그리의 현대 자본주의 분석도 리프킨의 분석 못지않게 의심스러움을 보여 주고자 한다. 네그리와 리프킨의 유사성을 파악하기란 쉽지 않다. 리프킨의 『노동의 종말』이 첨단기술에 관한 통계와 저널리스트풍의 틀에 박힌 형식으로 가득한 데 반해 네그리의 저작은 철저하게 반경험적이라는 이유만으로도 그렇다 — 그의 산문체 표현 앞에서는 사실이나 언뜻 사실처럼 생각될 만한 것들이 좀처럼 떠오르지 않는다. 네그리는 "노동의 종말" 시대에 관한 알기 쉬운 글을 쓰려 하지 않는다. 그는 [리프킨식 명제와] 등가의 명제를 제시하지만, 이 명제는 실체화된 동사들을 활용한 고전적 노동이론 혹은 가치법칙의 이론적 기각으로 표현된다. 네그리에 따르면 가치법칙은 20세기 후반에 "완전히 파산"(Negri 1994, 10)했거나 "더 이상 작동하지 않는다"(Guattari and Negri 1990, 21). 그는 간혹 "가치법칙은 사망했다"고 말하기도 한다(Negri 1991, 172).

　　이 명제는 더욱 경험적인 리프킨의 명제와 등가적이다. 그러나 이러한 의미의 등가성은 현기증 나는 이론적 환원 이후에야 확립 가능하다. 네그리의 해석에 따르면 고전적 노동가치론은 "다양한 사회적 생산부문들 사이의 노동력 배치를 규정하는 사회경제적 법칙들에 대한 탐구를 통해 자본주의적 가치화 과정들을 구명하는 것을 주요 과제"(Hardt and Negri 1994, 8)로 한다. 고전적 노동가치론은 "구체노동과 생존의 보장에 필요한 화폐량 간의 관계를 표현"(Guattari and Negri 1990, 21)하거나 "필요노동과 잉여노동 사이의 일정한 비례"(Negri

---

니즘을 발본적으로 개조·혁신하려는 그의 노력은 부단히 계속되고 있다. ─ 옮긴이]

1991, 172)를 재는 척도로 기능하기도 한다. 가치법칙은 19세기까지 활발하게 작동했지만 그 후 니체의 신과 정확히 마찬가지로 죽어가기 시작했다. 그러나 가치법칙에 대한 공식적 사망 진단서가 발급되기까지에는 약간의 시간이 더 걸렸다.

가치법칙의 파산, 실효, 사망이란 간단히 말해 자본주의적인 삶의 기본 변수들인 이윤, 이자, 지대, 임금, 가격이 더 이상 노동시간에 의해 결정되지 않는다는 뜻이다. 리프킨과 마찬가지로 네그리도 자본주의는 『요강』의 "기계에 관한 단장斷章"에서 맑스가 매우 예시적豫示的인 형태로 묘사한 시대에 들어섰다고 주장한다(Negri 1991, 140-141; Rifkin 1995, 16-17). 이러한 통찰과 관련하여 자주 인용되는 여러 구절들 중 한 대목만 제시해 보겠다.

> 대공업의 발전은 그것이 기초를 두고 있는 토대가 – 타인의 노동시간에 대한 전유가 – 더 이상 부를 형성하거나 창출하지 않는다는 것을 뜻한다. 이와 동시에 직접적인 노동 그 자체도 생산의 토대이기를 중지한다. 직접적인 노동이 점점 더 감독하고 규율하는 활동으로 전환되기 때문이다. 또한 생산물이 개인의 직접적인 노동에 의해 생산되기를 그치고 더욱더 사회적 활동의 결합으로부터 생겨나기 때문이기도 하다…… 한편으로는 노동수단의 생산력이 자동화 공정의 수준에 도달하면 자연력의 사회적 지성으로의 복속은 그 전제가 된다. 이와 동시에 다른 한편으로는 직접적인 형태의 개별적 노동이 사회적 노동으로 전환된다. 이리하여 이 생산양식의 다른 토대는 사라진다(Marx 1977, 382).

1960년대 이후 유전공학, 컴퓨터 프로그래밍, 로봇화 분야에서 이루어진 "자동화 공정"의 발전은 네그리와 리프킨에게 현대 자본주의의 지배적 특징들 하나하나가 1857~58년 무렵에 제시된 맑스의 미래상과 일치한다는 확신을 심어주었다. 네그리의 저작과 『노동의 종말』의 주요한 차이는 후자가 노동자 대중의 실업에 미칠 "자동화 공정"의 영향을 중시하는 데 반해 전자는 "사회적 지성"과 "사회적 노동"에 중핵으로서 참여하는 "새로운 노동자들"을 강조한다는 것이다. 리프킨은 새로운 "지식 노동자들"(예컨대 연구원, 설계 기사, 소프트웨어 분석가, 금융 및 세무 상담역, 건축가, 마케팅 전문가, 영화 제작자 및 편집자, 변호사, 투자은행 직원)은 결코 수적으로 다수 부문이 될 수 없으며, 따라서 자본주의 발전의 현 단계에서 야기된 문제들에 대한 해답도 아니라고 주장한다. 반면에 네그리는 그들을 "현실 사회주의"를 초월할 코뮤니즘으로 향하는 전환의 열쇠로 여긴다.

네그리와 리프킨 사이에 놓인 용어상의 차이에 주목할 필요가 있다. 네그리가 1970년대에는 수년 간 리프킨의 "지식 노동자"를 "사회적 노동자"로 부르다가 1990년대에 들어서는 도나 해러웨이를 따라 이 노동자들에게 "사이보그"라는 이름을 부여했기 때문이다(Donna Haraway 1991, 149-81). 비록 "사회적 노동자"social worker라는 영문 번역은 매우 불완전하지만 이 용어는 요강 속의 책장들에서 직접적으로 뽑아낸 것이다. 네그리가 "정보 및 지식 부문"에서 새로이 출현한 노동자들과 "조립라인" 시대의 "대중노동자"들을 대비시킬 서술적 문구를 찾고 있을 때 맑스의 많은 문장들이 그에게 깊은 인상을 남긴 것이다. 예컨대 "이러한 변환에서 생산과 부의 지주支柱로 나타나는 것은 노동자가 수행하는 직접적인 노동도 그의 노동시간도 아니며, 그 자신의 일반적인 생산력 전유, 그의 자연 이해와 자연에 대한 지배, 한 마디로 말해 사회적 개인의 발전이다"(Marx 1977, 380)라는 문장이 그러했다. 사회적 노동자는 "테크노사이언스 노동"의 주체이다. 그리하여 그/그녀는 20세기 후반의 사이보그, 즉 "물질노동과 비물질노동의 경계를 끊임없이 가로지르는 기계와 인간의 혼성체"로서 『요강』의 책장들 밖으로 걸음을 내딛는다(Hardt and Negri 1994, 280-81).[10] 조립라인에 투여된 이전 시기 대중노동자의 노동시간은 대체로 (교환가치 및 사용가치) 생산성과의 상관관계에 묶여 있었고, 따라서 그/그녀는 공장 시스템에서 소외되었다. 사회적 사이보그의 노동시간은 생산성에서 자유로운 반면에 생산 영역 속으로 완전히 통합된다.

리프킨은 "상징 분석가들"로 이루어진 "지식계급"과 자본을 본질상 동일한 것으로 간주한다. 그는 지적재산권에 대한 현대의 관심을 엘리트 자본가들이 지식계급의 가치를 인정하고 그들의 부를 이 계급과 기꺼이 나누어 가지려 한다는 것을 보여 주는 징후로 해석한다. 지식 노동자들이 "급속하게 신흥 귀족계급으로 변모하고 있다"(Rifkin 1995, 175)는 것이다. 네그리는 이 계급의 현재와 미래를 상당히 독특하게 해석한다. 네그리에 따르면 사회적 사이보그들의 현

---

10. 네그리는 사회적 노동자로서의 사이보그의 노동을 자주 "비물질적" 노동으로 묘사한다. 그러나 튜링기계(Turing-machine) 이론에 대한 분석적 연구는 통상적으로 물질노동이라고 불리는 것(예컨대 방직 또는 채굴)과 비물질노동이라고 불리는 것(예컨대 소프트웨어 프로그램 고안) 사이에는 본질적인 차이가 없음을 보여 준다. 따라서 노동의 가치창출적 특성의 소재를 규명하기 위해서는 노동의 위상과 관련된 또 다른 측면들에 주의를 돌려야만 한다.

존은 자본주의 발전의 변증법이 "파탄에 이르렀을" 뿐만 아니라 자본이 돈으로도 결코 그것을 "손에 넣을" 수 없다는 것을 보여 주는 증거이다. "사회적 노동자가 자본주의의의 발전을 완결적인 변증법적 운동으로 받아들이는 관점으로는 더 이상 파악할 수 없는 특정한 종류의 주체성 생산에 들어섰기" 때문이다(Hardt and Negri 1994, 282). 즉, 자본은 "최선"의 결과를 얻기 위해 경영·금융·정치권력의 최고위층에 진입할 기회의 보장으로 완성되는 임금 및 노동규율 시스템을 활용하더라도 테크노사이언스 노동을 통제할 수 없다. 사회적 노동을 수행하는 사이보그는 자본이 전통적으로 사용해 온 통제기술의 경계를 넘어설 뿐만 아니라 코뮨주의 혁명의 전위이기도 하다. 어째서 그런가? 일단 네그리의 말을 듣고 나서 판단해 보자.

> 협동, 즉 [사이보그]생산자들의 연합은 자본의 편성 능력과 독립적으로 배치된다. 이러한 협동과 노동의 주체성은 자본의 책략이 미치는 경계 너머에서 접점을 발견해 왔기 때문이다. 자본은 한낱 포획장치, 환영, 우상이 될 뿐이다. 대안적인 잠재력 계발 원리를 구성할 뿐만 아니라 새로운 구성적 토대를 현실적으로 표현하는 근본적으로 자율적인 자기가치화 과정들은 자본을 우회하여 작동한다(Hardt and Negri 1994, 282).

네그리는 사이보그 노동자들이 자본의 중력장에서 벗어나 실제로 그들 자신의 노동과 삶을 통해 코뮤니즘 특유의 근본적으로 사회적이고 생산적인 관계들이 창출되고 있는 지대로 탈주해 왔다고 주장한다. 이 관계들은 테크노사이언스 노동이 패러다임화 된 시대에서 비롯된 "자기가치화"를 특징으로 한다(Negri 1991, 162-63; Caffentzis 1987). 즉, 사이보그 노동자들은 자본가와의 거래에서 실현되는 노동력의 교환가치를 기초로 노동력과 노동의 가치를 측정하지 않고, 이 노동력에 내재된 그들 자신의 자율적인 발전을 결정할 수 있는 능력을 중시한다는 뜻이다. 사실상 네그리의 "자기가치화" 개념은 보다 전통적인 맑스주의의 "대자적 계급" 혹은 "계급의식"과 유사하다. 그러나 자기가치화는 사이보그와 대중노동자의 정치를 구별하고 나서는 지구상의 대중노동자, 농민, 게토 주민들의 (신구) 출몰지가 아니라 아이러니하게도 월드 와이드 웹 속으로 전파되는 진정한 코뮤주의 혁명의 도래에 주목한다.

　네그리의 반자본주의적 사이보그라는 심상과 리프킨의 친자본주의적 지식 노동자라는 이미지 사이의 대립은 매력적인 주제가 될 수 있다. 그러나 (이윤을 창출하는 최후의 피고용자라는) 리프킨의 지식 노동자가 자본주의의 새로운 단계라는 그릇된 개념화에 의거하듯이 네그리의 사이보그 또한 마찬가지다. 따라서 두 견해의 공통 기반을 검토하면서 비판적으로 분석하는 편이 좀 더 유익할 것이다. "사회적 노동자"에 대한 네그리의 해석은 맑스의 『요강』을 기초로 한다. 리프킨이 지식 노동자에 관한 해석에서 『요강』에 기초한 것과 정확히 마찬가지다. 그러나 "기계에 관한 단장"은 자본주의 사회의 기계에 대한 맑스의 최종적인 언명이 아니라는 사실을 잊어서는 안 된다. 맑스는 10년 동안이나 더 연구를 이어가면서 『자본』 전3권을 새로운 견해들로 채워 나갔다. 이 글에서 그러한 발전의 소산을 깊이 검토하기는 어렵다. 그러나 『자본』 1권에서 맑스가 단지 거대한 동력기계의 생산과정 투입을 인지하는 데 그치지 않았다는 점은 지적되어야 한다. 즉, 맑스는 기계가 가치 창조력을 보유하지 않는다는 사실 또한 강조했다. 이는 일정한 에너지장 내에서 일의 효율에 부과되는 열역학적 한계와 유사하다(Caffentzis 1997). 그러나 우리의 연구 과제에서 한층 더 중요한 것은 맑스가 "기계에 관한 단장"의 논의 영역으로 되돌아온 『자본』 3권의 대목이다. 이 구절들에서 맑스는 자본주의가 "자동화 과정"의 단계로 접근해 가는 어떠한 시대에도 전체로서의 자본주의 시스템은 이윤율 저하 경향의 극적인 가속화에 직면할 수밖에 없다는 사실을 인정했다. 그는 묻는다. "어째서 이윤율은 더 큰 폭으로, 더 급속하게 저하되지 않는가?" 그는 자본가들의 활동 속에서 이윤율 저하 경향, 따라서 자본주의 체제의 기술적 종말에 역행하는 특유의 과정들이 작동한다고 대답한다.

이 과정들은 "상쇄 요인들"을 다룬 14장에서 직접적으로 찾아낼 수 있으며, 평균이윤율의 형성을 다룬 2편에서도 간접적인 형태로 발견된다. 나는 리프킨에 대한 논의에서 "상쇄요인들"의 중대한 결과를 언급한 바 있다. 그 결과들은 네그리에게도 적용된다. 네그리는 오연하게 "다양한 사회적 생산 부문들 사이의 노동력 배분을 규제하는 사회·경제적 법칙"을 부정하며, 따라서 노동시간이 "자본주의적인 가치화 과정"에 결정적이라는 견해도 거부한다. 그러나 자본과 자본가들은 여전히 둘 다에 열렬한 관심을 보인다. 자본이 저임금 지역으로의 대대적인 자본수출 공세를 펼치고 유급 노동일 단축에 그토록 심각하게 저항하는 것도 바로 이 때문이다. 서유럽의 공장과 사무실들에서 컴퓨터화와 로봇화가 진전되는 동안 북미와 일본에서는 "지구화"와 "신新엔클로저"가 진행되었다.

자본가들은 기계화의 수준이 가장 낮은 세계 여러 지역들에 조립 공장 지대와 매음굴을 설치할 수 있는 권리를 손에 넣기 위해 격심하게 다투고 있으며, 그 격렬함은 생명체에 대한 특허권을 획득하려는 다툼 못지않다. 지구상의 수많은 지역들 곳곳에서 공장생산은 쇠퇴하기는커녕 오히려 거대하게 팽창했다. 게다가 지구적 기업들이 거둬들이는 이윤과 국제은행들이 수취하는 이자 가운데 많은 부분은 이러한 저기술 산업의 공장노동과 성노동에서 창출된 것이다(Federici 1998). 이러한 공장과 매음굴에 투입될 노동자들을 확보하기 위해 아프리카, 아시아, 아메리카 곳곳에서 거대한 규모의 새로운 엔클로저가 벌어졌다. "산업생산을 대체하는 에테르적 정보기계"를 소유한 바로 그 자본이 동시에 지구 곳곳의 토지 엔클로저에 몰두하고 있으며, 그 과정에서 기아, 질병, 저강도 전쟁, 집단적 궁핍을 유발하고 있는 것이다(Caffentzis 1990, 1995).

예컨대 이 세계의 사이보그들 속에서 진정한 생산성의 원천이 발견될 수 있다면 자본은 왜 아프리카의 공유지 보유권을 갖지 못해 안달하는가? 한 가지 대답은 간단히 말해 이 제3세계의 공장들, 토지들, 매음굴들이 이윤율 저하 경향의 "상쇄 요인들"이 작동하는 장소라는 것이다. 이 상쇄 요인들은 잉여노동의 전체 저수지를 확대하고, 임금하락을 촉진하며, 불변자본 요소의 가격을 낮춘다. 또한 이 상쇄 요인들은 노동시장을 거대하게 확장시키고 극소수의 지식 노동자 혹은 사이보그만을 직접 고용하는 하이테크 산업을 발전시킨다. 그러나 『자본』 2권 2편에서 또 하나의 보충적인 대답을 찾아낼 수 있다. "이윤의 평균이윤으로의 전환"은 일종의 자본가적인 자기가치평가가 존재함을 보여 준다. 자본주의 체계 전반에 걸쳐 평균 이윤율이 형성 되려면 극소량의 노동과 다량의 기계장치를 사용하는 산업부문들은 반드시 노동집약적인 저기술 부문들이 창출하는 가치의 저수지에 대 한 청구권을 확보해야 한다. 만약 그러한 부문들이나 청구권이 존재 하지 않는다면, 노동절약형 하이테크 산업들의 평균 이윤율이 대폭 하락함에 따라 결국 모든 투자는 중단되고 자본주의 체계도 종말을 고하게 된다. 따라서 산업 "자동화 과정"의 진보는 반드시 농촌 지역 의 "신新엔클로저"를 수반한다. 컴퓨터는 혹사공장sweat shop을 필요로 하며, 사이보그의 실존은 노예를 전제로 한다.

하이테크 분야의 새로운 노동자 출현을 자기가치화와 연결한다 는 점에서 네그리는 정확하다. 그러나 새로운 노동자의 출현은 노동 자의 자기가치화보다는 자본가적인 자기가치화와 더 깊이 관련되어 있다. 즉, "산 노동"에게 비례적인 몫을 요구하는 "죽은 노동"의 권리 말이다. 더 분명히 말하자면 자본의 자기가치화는 전 세계 프롤레타 리아의 퇴락을 전제로 한다.

전 세계 수십억 민중의 가치창출 노동을 무시한다는 이유를 들어 네그리의 분석을 철저하게 유럽중심적인 것으로 간단히 기각해 버릴 수도 있다. 확실히 네그리는 다소 고풍스럽게 유럽중심적이다. 적어도 자본가적인 관점에서나마 오늘날의 계급투쟁을 제대로 인식하고자 한다면 그는 눈앞의 전망을 구성하는 소규모 탈근대 사상가 집단이 아니라 새로운 지구적 자본주의의 다문화주의와 그 이데올로기들

(Federici 1995)에 주의를 돌리는 편이 나을 것이다.

그러나 유럽중심주의라는 혐의는 너무 막연하다. 이 세계의 프롤레타리아에 대한 네그리의 방법론적 망각을 더욱 명확히 설명해 주는 것은 그가 맑스-레닌주의의 공리 중 한 가지를 고수하고 있다는 점이다. 즉, 혁명적 주체는 시대를 불문하고 그 시대의 혁명적 계급 중에서 가장 "생산적인" 구성 분자들로부터 합성된다는 것이다. 네그리가 변증법적 유물론이라는 형이상학과 "현실 사회주의"의 역사에 경멸감만을 품고 있다는 것은 사실이다. 그러나 혁명적 주체의 선택에 있어서 그는 뼛속까지 레닌주의자다. 네그리는 소문난 생산성을 이유로 컴퓨터 프로그래머들과 그 동류 집단을 대단히 중시한다. 이 지식 노동자들이 아직까지 "사회적 노동자" 또는 "사이보그"로서 자본주의적 축적에 저항하는 구체적 투쟁을 개시하지는 않았지만, 일반지성은 생산적이므로, 그들은 일반지성의 이상적인 (따라서 혁명적인) 전형이라는 것이다.

그러나 이러한 혁명과 생산의 방법론적 동일성 명제는 역사 속에서 거듭 오류로 판명되었다. 과거 레닌주의자들과 레닌주의 정당들은 종종 목숨으로 이러한 착오의 대가를 치러야 했다. 마오의 정치적 진화 과정은 도시의 코뮨주의 노동자들이 대량 학살되고 농촌 지역에서 수많은 사람들이 생사를 넘나든 후에야 비로소 그가 레닌주의의 원리보다 도가의 원리가 더 정확함을 깨달았다는 사실을 똑똑히 보여 준다 ─ 겉보기에 가장 유약하고 덜 생산적인 것이 투쟁에서 가장 위력적일 수 있다는 원리 말이다. 이 시대의 혁명적 주체(에테르적 기계의 능숙한 조작자)에 대한 네그리의 선택은 과거 레닌주의자들이 산업노동자들에게 기울였던 편향적 관심 못지않게 의심스럽다. 실제로 (1994년 미국에서 출판된)『디오니소스의 노동』이 전 세계 선주민들의 혁명적 투쟁, 특히 멕시코 사빠띠스따 투쟁을 다루지 못했다는 것은 네그리의 혁명적 지리학이 확장될 필요가 있음을 보여 주는 명백한 징표이다.

결론

설령 네그리와 리프킨이 수사학적 스펙트럼상의 양극을 차지할지라도, 그들은 1990년대 "노동의 종말" 담론의 주요한 협력자들이다. "노동의 종말"에 대한 평가에서 리프킨이 경험적이고 비관적이라면, 네그리는 선험적이고 낙관적이다. 그러나 양자는 자본주의 발전 경로가 단 한 가지뿐이라는 주장을 통해 기술결정론을 불러내는 것으로 보인다. 그들과 이 담론을 작동시키는 사람들 대다수는 자본주의가 비례성과 모순적 경향에 의해 제약된다는 (또한 보호된다는) 사실을 망각한다. 어떤 경우에도 자본주의 체계가 단순히 하이테크 기계, 하이테크 기술, 하이테크 노동자들의 증가만으로 파탄에 이르는 일은 없을 것이다. "자본주의적 생산의 진정한 한계는 자본 그 자체"(Marx 1909, 293)라는 맑스의 역설적 언명이 그 어느 때보다도 더 정확하게 들어맞고 있기 때문이다. 이는 익숙하고도 슬픈 진실일지도 모른다. 그러나 오늘날에도 여전히 일정한 비율의 이윤, 이자, 임금, 노동은 자본주의의 존속에 있어서 특수하지만 필수불가결한 조건으로 남아 있다. 자본이 제 발로 망각 속으로 들어갈 리는 없다. 그렇지만 속임 수나 저주로는 자본을 소멸시킬 수 없다.

리프킨은 자본주의 체계를 속여서 경제적 이윤창출 부문들을 포기하는 것이 곧 그가 예견한 실업위기에서 벗어날 수 있는 수단임을 믿게 하려고 시도한다. 리프킨은 자본가들을 안심시키려고 그들이 자동화된 농업·제조업·서비스 산업을 통제하고, 나머지 절대다수 인구가 헤게모니를 요구하지 않는 비영리적인 제3부문에 종사한다면 만사형통일 것이라고 말한다. 그러나 놀림거리가 아니고서야 이 시나리오가 자본가 언론의 날카로운 눈을 통과할 가능성은 희박하며, [자본가들의] 이사회는 더 말할 것도 없다. 따라서 이 시나리오는 성공을 거둘 수 없다.

네그리는 대신에 철학적인 저주를 시도한다. 그는 20세기 후반의 자본주의를 존재론적으로 "포획 장치, 환영, 우상에 불과한" 것으로 간주한다(Hardt and Negri 1994, 282). 나는 이 대량학살, 굴욕, 고통의 체계에 저주를 내리려는 네그리의 열망을 높이 평가한다. 하지만 나는 그의 "불과한"이라는 말에 이의를 제기한다. (포드 재단과 같은) 자본주의의 최고 정보기관들이 보여 주었듯이 자본에게 그러한 존재론적 저주는 통하지 않는다. 이는 신의 힘을 빌린 아즈텍Aztec 사제들의 저주가 정복자들에게 통하지 않은 것과 마찬가지다. 오히려 자본은 환영과도 같은 자신의 배역을 한껏 즐기고 있다. 자본의 주된 관심사는 그 자신의 존재론적 지위가 아니라 이러한 환영의 지속인 것이다.

따라서 1990년대의 "노동의 종말"에 관한 문헌들은 이론적·경험적으로 부당할 뿐만 아니라 실패한 정치학의 전형을 창출한다. 이 문헌들이 결국 적과 동지 양편을 향해 아무도 모르는 사이에 자본주의가 파국에 도달했음을 납득시키려고 시도하기 때문이다. 이 문헌들의 모토는 제3인터내셔널의 "염려 말라, 자본주의는 조만간 자동 붕괴될 것이다"가 아니라 차라리 "자본주의 체계는 언제나 이미$^{\text{always already}}$ 그 첨단기술의 한계에 이르러 종말을 고했다. 오직 그 사실에 유의하라"에 가깝다. 그러나 신과 자본의 숱한 이름으로 수백만 인간이 여전히 살육당하고 있는 현 시점에 "신은 죽었다"는 니체의 모토에 대한 이 반자본주의적 해석은 어떠한 영감도 제공하지 않는다.

7장

발전과 재생산[1]

마리아로사 달라 꼬스따

1. 사빠따와 노동자

밀라노 아레세 자치구에 위치한 알파로메오 자동차 노동자 "기초위원회"[Cobas]의 가두 행진에 등장해 많은 사랑을 받은 사진 속 사빠따의 결연한 시선과 다소 구부정한 어깨는 1994년 한 해 동안 언론의 이목을 집중시킨 이미지 가운데 하나였다.[2] 사진 속에 비친 사빠따의 모습은 그해 1월의 멕시코 봉기와 유럽 산업노동자 및 실업자들의 투

---

1. 이 글은 1994년 7월 18~23일에 독일 빌레펠트에서 개최된 제8차 사회학 대회 제8분과 회의를 통해 최초로 발표되었다. 이 분과 회의는 "여성, 개발, 가사노동"을 주제로 다루었다.
2. 『일 마니페스토』(*Il Manifesto*) 1994년 2월 8일자를 보라. 그러나 다른 여러 신문들도 동일한 이미지를 사용했다. 코바스(Cobas), 즉 전통적인 노동조합 기구를 거치지 않고 노동조건을 협상하기 위해 창설된 기초위원회가 이 시위에 참여한 노동자들을 이끌었다. 코바스 운동은 현재 전국 연락위원회를 두고 있다.

쟁을 실시간으로 연결하는 다리를 놓았다. 끊임없는 '시초적' 토지수탈에 맞서는 투쟁과 포스트포드주의적 노동수탈에 대항하는 투쟁을 연결하는 교량이 역사적 시공간을 가로질러 놓인 것이다. 포스트포드주의적 노동수탈은 공적인 사회권과 사회보장 시스템의 점진적 해체를 초래한다. 5백 년 전 영국의 엔클로저로 시작된 후 더 최근에는 제3세계의 식민화와 수탈 형태로 이어져 지금까지 계속되고 있는[3] 시초적 토지수탈은 이제 당대 선진자본주의 국가들의 수탈 및 빈곤 창출 형태들과 매우 생생하게 연결된다.

수탈당한 남성과 여성들에 대해 어떻게 (전제인 비임금 노동과 함께) 임금노동 시스템의 규율을 확립하고 부과하느냐는 자본주의적 축적과정이 시작된 5백 년 전에 제기된 문제이다. 노동 규율의 확립과 부과는 자본주의 생산양식의 지속성, 그리고 이 생산양식에 결합된 발전 및 저발전의 전략과 관련하여 오늘날에도 여전히 문제가 되고 있다. 이 시스템의 첫 번째 단계에서는 대대적인 노예제의 재도입뿐만 아니라 공포와 폭력을 동반하는 대중적 빈곤과 식량난의 창출 또한 문제 해결의 기본 수단으로 활용되었다.

맑스는 널리 알려진 시초축적편(*Capital* I, Part 8, 1976)에서 자유로운 생산자들이 그들의 생존을 보장해 주던 개인적·집단적 자원과 권리들은 물론 일체의 생산수단마저 수탈당하는 과정을 분석한 바 있다. 엔클로저와 뒤따른 모든 조치들, 특히 피수탈자에 대한 피의 입법, 법령에 의한 강제적 임금인하, 노동자 단결금지법에 관해서는 시

---

3. 이는 1992년에 출간된 『미드나잇 노트 선집』 제3부의 주제이다. [*Midnight Oil : Work, Energy, War, 1973-1992*(Brooklyn : Autonomedia, 1992)을 말한다. ─ 옮긴이]

초축적 편을 참조하기 바란다. 14세기 중엽에서 17세기 말엽까지를 특징짓는 또 하나의 근본적 측면인 노동일의 강제 연장에 관한 법령은 노동일을 주제로 한 『자본』 1권 3편 10장에서 논의된다.[4]

맑스는 토지수탈에 대해 다음과 같이 말한다. "18세기의 진보는 오늘날에 이르러 **법률 자체가 인민의 토지를 도둑질하는** 수단이 되는 것으로 나타난다. 그렇다고 대차지농업가들이 그들 나름의 사소한 사적 방법들까지 포기한 것은 아니다. 이러한 약탈의 의회적 형태는 '공유지 엔클로저 법', 즉 지주가 인민의 토지를 자기 자신에게 사유재산으로 양도하는 법령, 인민 수탈의 법령이다"(Marx 1976, 885). 이 "치졸한 사적 방법"들은 「황무지 사유화의 결과에 대한 정치적 연구」라는 제목의 보고서를 인용한 같은 절의 각주에서 자세하게 설명된다. "차지농업가들은 오두막살이 농민들이 그들 자신과 자녀들 외에는 어떠한 생명체도 키울 수 없도록 금지시킨다. 그들은 오두막살이 농민들이 가축을 기른다면 자신들의 곳간에서 사료를 훔쳐낼 것이라는 구실을 갖다 붙인다. 차지농업가들은 또한 오두막살이 농민들의 근면성을 유지하려면 그들을 가난한 상태에 묶어두어야 한다고 말한다. 그러나 진상은 차지농업가들이 공유지에 대한 일체의 권리를 손

---

4. 나는 해마다 『자본』 강의를 진행했으며, 1970년에는 노동일의 역사를 규정짓는 두 개의 대립적 경향들이라는 근본적인 문제에 몇 가지 논평을 붙였다. 이 논평은 나중에 책으로 출간되었다(Dalla Costa M., 1978). 나는 대학 강좌 과정에서 지속적으로 자본의 주요 대목들, 특히 시초축적에 관한 부분들을 예증했다. 필자와 함께 작업했던 페미니스트 연구자들은 맑스의 『자본』이 간과한 시초축적기의 사회적 과정들, 예컨대 거대한 마녀사냥 과정을 분석했다. 이 연구들은 자본주의적인 성별 노동분업과 자본주의 하에서 이루어지는 프롤레타리아 여성의 개인성 구축을 규명한다는 목표를 내걸었다(Fortunati 1981; Federici and Fortunati, 1984). 페미니즘 사상의 다양한 경향들이 이 시기를 결정적으로 중요하게 여기는 것은 우연의 일치가 아니다.

아귀에 넣는다는 것이다"(Marx 1976, 885, 각주 15).

이 각주는 임노동 규율의 확립에 필수적인 궁핍과 빈곤 상태를 조성하는 데 활용된 단계적 수탈 과정을 인상적으로 묘사한다. 그러나 인간이 모든 생명체들로부터 분리된다는 사실은 그 못지않게 강렬한 인상을 남긴다. 이러한 분리는 자본주의의 발전 과정에서 인간의 조건을 규정했고 여전히 규정하고 있다. 그/그녀 자신의 유類는 물론 자연과의 관계에서도 고립된 인간, 날이 갈수록 더 상품화된 사물로 간주되는 저 "타자"!

박탈과 분리는 실제로 사빠따의 포스터로 상징되는 봉기가 고발한 두 가지 중대한 죄상이자 이 봉기의 두 가지 중요한 지형이다. 땅과 자유Tierra y Libertad는 사빠따의 슬로건이었다. 사빠띠스따들은 1911년 당시 궁핍에서 벗어난 집단적 삶의 재전유 가능성을 열어놓는다는 이유로 토지의 재전유를 근본적인 문제로 간주했다. 토지를 재전유한다는 것은 당시에도 수많은 의미를 함축했다. 예컨대 토지 재전유는 다양한 삶, 행위, 사회적 관계, 노동의 의미를 표현할 수 있는 기반의 재전유를 의미했다. 그것은 또 다른 미래를 상상하고 건설할 수 있는 기회를 뜻하기도 했다. 이러한 관점에서 본다면 9년에 걸친 사빠따의 혁명적 서사시는 공식적인 멕시코 역사에서 극도로 억압된 기억인 것이다.

최근에 폭발한 사빠띠스따 봉기는 토지 재전유가 여전히 얼마나 현실적인 문제인지를 보여 준다. 또한 이 봉기는 남반구와 북반구 운동조직들에 의해 제기된 토지 문제를 둘러싼 복잡한 쟁점들로 인해 토지 재전유의 중요성이 얼마나 확대되었는가를 보여 준다. 여기서

"토지"는 생활수단을 가리키는 데 그치지 않는다. 물론 토지가 생활수단이라는 사실만으로도 재전유 운동의 훌륭한 근거가 될 수 있지만 비자본주의적인 토지관계에 기초한 수많은 경제활동들은 수천 년간 대다수 인간에게 삶의 기회를 보장해 왔기 때문이다. 자본주의적인 개발은 기껏해야 그들을 기아와 절멸로 몰아넣으려 했을 뿐이다. 토지는 대지로서의 땅, 경계 없이 향유되는 개방된 공간을 가리키기도 한다. 즉, 토지는 삶의 원천, 따라서 아름다움의 원천이자 끊임없는 발견의 원천인 까닭에 보존되어야 할 생태계로서의 지구이다. 또한 토지는 가상현실에 대한 (특히 남성 지식인들의) 찬양과는 대조적으로 새롭게 긍정되어야 할 물질적 실체로서의 지구이며, 우리들 역시 그 일부를 이룬다.

그러나 맑스의 논의(*Capital* I, 1976, Part 8)로 되돌아가면 궁핍은 토지수탈뿐만 아니라 **토지가격 책정**에서도 생겨난다. 토지에 가격을 매기는 것은 실제로 야심만만한 자본가가 충분한 수의 임금 노동자를 발견할 수 없는 식민지들에서 활용된 해결책이다. 목적지에 도착한 이주자들은 그들이 정착해서 독립적으로 경작할 수 있는 "무상無償의" 토지를 발견한다. "이미 보았다시피 **인민 대다수로부터의 토지수탈은 자본주의 생산양식의 토대를 이룬다.** 이에 반해 자유 식민지의 본질은 토지 대부분이 아직 공공의 소유이고, 따라서 이주자들 각자가 그 일부를 자신의 사적 재산과 개인적 생산수단으로 전환시킬 수 있으며, 그렇게 하고도 후속 이주자들의 동일한 행동을 방해하지 않는다는 데 있다. 이야말로 식민지 번영의 비밀이자 식민지가 직면한 암적 고민거리(즉 **자본의 정착에 대한 이주자들의 반항**)의 비밀이다"(Marx

1976, 934). 이러한 맥락에서 이주자들이 마음대로 정착한 "공유"지가 실제로는 선주민들의 것이었다는 빤한 비판은 잠시 접어둘 수도 있다. 맑스는 계속해서 다음과 같이 말한다. "그곳에서 (식민지에서) 자본주의 체제는 그 자신의 노동조건을 소유한 자로서 자본가를 살찌우기 위해서가 아니라 자신의 치부를 위해 노동하는 생산자들의 끊임없는 방해에 부딪힌다. 이 두 개의 정반대되는 경제체제 간의 모순은 여기에서는 실제로 그들 사이의 투쟁으로 나타난다. 자본가는 모국의 권력을 배경으로 삼고 있는 곳에서 독립적 생산자의 개인노동에 기초한 생산양식과 전유양식을 폭력적으로 제거하려고 시도한다"(Marx 1976, 931). 맑스가 이러한 맥락에서 인용한 경제학자 웨이크필드^{E. G. Wake-field}는 두 생산양식들 간의 대립을 소리 높여 선언한다. "그는 이러한 목적을 위해 사회적 노동생산성의 발전(즉 협업, 분업, 대규모 기계 이용 등)은 노동자에 대한 수탈과 그들이 보유한 생산수단의 자본으로의 전환 없이는 불가능하다는 것을 증명한다"(Marx 1976, 932).

웨이크필드의 식민이론은 그 자신이 "조직적 식민화"라고 이름 붙인 수단을 활용해 자본가가 요구하는 충분한 노동 공급의 보증이라는 문제를 해결하려는 시도로 나타난다. 맑스가 언급한 대로 영국은 한동안 이 식민이론을 의회제정법을 통해 시행하려고 했다. 맑스는 웨이크필드의 이론에 다음과 같은 말을 덧붙인다. "만약 모든 토지를 단번에 공공의 소유에서 사적 소유로 전환시키려 한다면 재앙의 근원은 확실히 제거되겠지만 그와 함께 식민지 또한 사라지고 말 것이다. 묘책은 일석이조를 노리는 것이다. 정부로 하여금 처녀지에 수요공급의 법칙과는 무관한 인위적 가격을 매기게 하자. 즉, 이주민이 토지를 구입해 자작농으로 전환할 만큼 돈을 벌 때까지 장기간 임금노동에 종사할 수밖에 없도록 만드는 가격 말이다. 정부는 임금노동자로서는 비교적 비싼 가격에 토지를 판매해서 조성한 기금, 즉 신성한 수요공급 법칙의 유린을 통해 노동자의 임금에서 짜낸 화폐기금을 그 규모의 증대에 비례하여 유럽으로부터 식민지로 빈민들을 들여오는 데 사용함으로써 자본가를 위해 임금노동 시장을 충만한 상태로 유지해야 한다." 맑스는 이와 함께 국가가 정한 토지가격이 "충분한" 가격이어야 함을 강조한다. 맑스는 웨이크필드(Wakefield 1833, vol. II, 192)를 인용해서 "'토지가격은 임금노동자가 자신의 자리를 대신할 다른 사람들이 나타날 때까지 독립적인 토지소유자로 전환하지 못하도록 방해'할 수 있을 만큼 비싸야 한다"는 것을 명확히 보여 준다.

처녀지 가격 책정에 대한 고려는 단순히 지난날의 문제와 『자본』에 제시된 맑스의 분석을 환기시키는 것 이상의 의미를 갖는다. 오늘날 토지가격 책정과 불법적, 의사합법적, 폭력적 토지수탈은 자본주의의 확장을 통해 토지와의 독특한 관계에 기초한 사회경제 체계들을 파괴하려는 시도들이 거침없이 진행 중인 제3세계 지역 곳곳에서 쟁점이 되고 있다. 이 경제 형태들은 아득한 옛날부터 생존을 보장해 왔고, 지금도 마찬가지로 임노동 규율과 이 규율의 부과가 일반적으로 수반하는 분리·기근·죽음에 저항하고 있다. 실비아 페데리치(Silvia Federici 1993)와 조지 카펜치스(George Caffentzis 1993)는 아프리카 대륙의 "개발" 지향 정책들에서 토지가격 책정이 차지하는 중요성을 분명히 보여 준다. 이들은 사하라 이남 아프리카, 특히 나이지리아에 대한 연구를 통해 토지가격 책정이라는 수단이 세계은행, 국제통화기금과 그 밖의 투자자들에게서 갖는 중요성을 강조하면서도 이러한 조치가 전 주민을 위한 투쟁과 저항의 지형으로 전화하는 전반적인 과정을 부각시킨다.

오늘날에는 이 외에도 제3세계 농민들을 파산으로 내모는 농산물 수출가격 인하에서, 국제적으로, 이른바 채무위기 시대를 특징지어온 정책들에 이르기까지 기아와 궁핍을 조성하는 수많은 정책과 수단들이 존재한다. 이 문제는 최근 한 논문집(Dalla costa M and Dalla costa G. F., eds., 1993)에서 다루어진 바 있으며, 〈미드나잇 노트 그룹〉(Midnight Notes Collective 1992)에 의해서도 폭넓게 논의되고 있다.

이 글은 토지수탈과 수탈된 토지에 대한 가격 부과라는 두 가지 주요한 조작수단들에 초점을 맞춘다. 대체로 무시되고 있지만 이 수단들은 유럽의 자본주의 여명기에서와 마찬가지로 오늘날 제3세계로부터 이윤을 획득하는 데 있어서도 여전히 중요하기 때문이다. 실제로 "정보혁명"에 기반을 두고 있는 자본주의 생산양식의 발전전략은 이러한 조작수단들을 전제로 하는 저발전의 전략을 지속적으로 수반한다. 이러한 수단들은 지구적 노동계급을 끊임없이 재구축하고 재층위화하기 위해 기아와 빈곤을 창출한다.

세계적 차원의 끊임없는 임노동 규율 부과가 모든 피수탈자의 숙명적인 임금노동자화를 뜻하지 않는다는 것은 말할 필요도 없다. 5백 년 전이나 지금이나 임금노동자로서의 운명은 단지 소수의 인구에게 부여되기 마련이다. 노동자가 될 수 있는 사람들은 제3세계나 이주국의 혹사공장에서 일자리를 얻을 것이다. 나머지 사람들은 오직 굶어

죽을 가능성에 직면하게 될 것이다. 그리고 이 사실은 저항의 지속성과 투쟁의 강고성을 설명해 준다. 밀라노의 포스터로 눈을 돌리면 이 사실은 또한 치아빠스 봉기의 이유를 알려 준다. 총체로서 파악할 때, 즉 발전과 저발전의 측면에서 바라볼 때 자본주의적 발전이 치러야 할 대가는 지속적으로 지불될 수 없다. 그 대가는 곧 **죽음**이기 때문이다. 내가 어느 글(Dalla Costa M., 1995)에서도 주장했다시피 중심적인 가정은 인간의 관점에서 **보면 자본주의적 발전이란 언제나 지속 불가능했다**는 것이어야 한다. 자본주의적 발전은 시작부터 점점 더 많은 인간을 절멸과 기아 상태로 몰아넣었고 지금도 마찬가지이기 때문이다. 자본주의적 발전이 계급관계에 기초하며 임금부문 및 비임금부문의 남녀들로 구성된 [노동]계급의 투쟁과 저항을 통해 형성되는 역능에 대립하면서 지구적 차원의 계급관계를 끊임없이 재구축해야 한다는 사실은 결국 **최초의 지속 불가능성**을 더욱 증폭시키고 치명적인 것으로 만들 뿐이다.

기아와 빈곤, 죽음을 야기하는 조작수단들은 연속적이고 점진적인 토지수탈을 동반했다. 그리고 수탈된 토지의 상품화/자본화는 시간이 흐를수록 명백히 이데올로기적이고 기술적인 용어들로 재정의되었다. 금세기 내내 공식적으로는 영양부족 문제를 해결하거나 완화한다는 명분으로 시행된 "식량정책들"은 토지와의 관계를 "개혁하는 조치들"과 시종 밀접하게 결합되었다. 그 결과는 소수의 영양상태 개선과 다수의 영양부족 내지 굶주림, 무엇보다도 강력한 사회적 통제수단으로 나타났다. 이러한 사회적 통제는 세계 인구의 일부가 지구상의 수많은 지역들에서 영양상태와 전반적인 삶의 수준을 개선하기 위해 창설한 조직체들에 대한 파괴 행위를 통해 이루어졌다.

식량정책을 특징짓는 "사회개혁 조치들"은 임금부문과 비임금부문 내부뿐만 아니라 두 부문 사이에서도 줄곧 새로운 분할선 및 위계구조와 결합되었다. 해리 클리버의 논문(1977)은 수많은 투쟁들과 이 투쟁들에 맞서 싸우기 위해 채택된 정책들에 관한 기록으로서 여전히 중요하다. 또한 그의 논문은 분석의 측면에서나 자료의 포괄성이라는 측면에서도 변함없는 중요성을 지니고 있다. 우리는 식량위기가 근본적으로 자본주의 정치경제의 산물이라는 가정에 전적으로 공감한다. 클리버가 알려준 대로 1920~30년대에 중국에서 실행된 록펠러재단의 실험들이 왜 부분적 토지개혁 조치와 결합한 식량공급 개선책의 농민소요 진정효과를 보여 주는 명백한 증거로 제시되었던가를 주의 깊게 살펴보는 것은 흥미롭다. 1950년대까지도 정치인들은 아시아 대륙의 미곡정책을 이 대륙 곳곳에서 일어난 농민봉기를 중단시킬 수단으로 거론했다. 이 문제가 표면적이나마 인도주의적인 사안이 된 것은 그 후의 일이다.

다른 한편 1960년대 들어 동서양 양쪽에서 녹색혁명이 실행되었다. 녹색혁명은 농업 정책 분야에서 이루어진 기계적, 화학적, 생물학적 투입 측면의 기술적 비약을 기반으로 했다. 녹색혁명의 목표는 케인스주의 원리의 농업부문 적용, 즉 임금인상과 생산성 향상의 연동에 있었다. 그러나 클리버의 논의처럼 농업부문의 이 비약적인 기술발전사 전체는 임금부문과 비임금부문으로 이루어지는 계급 역능의 탈구성, 새로운 분할선과 위계구조의 부단한 창출, 다양한 형태로 농업에 관계하는 노동자들의 점진적인 축출과 결합되었다.

농업기술은 점점 더 페미니스트 연구자들의 분석과 비판의 대상이 되었다. 농업기술과 대토지 소유의 긴밀한 결합은 토지에 의지해 생계를 유지하던 비임금노동자들과 끊임없는 기술변동에 의해 대체된 농업 임금노동자들이 토지를 수탈당하고 쫓겨남을 의미했다. 이 문제와 관련하여 반다나 시바의 저작(Shiva 1989)은 주목할 만하다. 그녀의 접근법은 맑스주의적이지 않으며, 남성적인 환원주의적 지식 체계에 대항해 여성원리에 근거한 범주를 사용한다. 뛰어난 물리학자 반다나 시바는 생태계에 미칠 원자력 시스템의 부작용이 민중들에게 비밀로 부쳐지고 있다는 사실을 깨닫자 인도 정부의 원자력 프로그램 참여를 포기했다. 그녀는 널리 알려진 저서 『살아남기 : 여성, 생태학, 개발』(1989)에서 최근 수십 년간 농업정책들이 인도의 생물 다양성을 감소시켜 건강 자원과 자급생활 자원에 체계적이고도 심각한 손상을 입혔다는 사실을 예증한다. 예컨대 신종 실험용 교배종들의 강요가 만들어 낸 의존 상태와 빈곤, 댐이 초래한 가뭄과 인간적·환경적 재앙, 이전의 물 관리 형태에 비해 불합리한 댐식 관리 형태가 그것들이다. 최근 수십 년간의 사건들에 집중된 시바의 분석에서 대지는 물론 대지에 부속된 동식물과 하천까지를 대상으로 하는 엔클로저, 수탈, 상업화의 역사가 되살아난다. 생태페미니즘 경향에는 또 다른 중요 저작들이 있다. 가장 유명한 저작들만 거론한다면 무엇보다 먼저 마리아 미즈의 저작(1986, 그리고 with Shiva, 1993)을 꼽을 수 있다. 대조적으로 메리 멜러Mary Mellor의 저작(1992)은 앞에서 인용한 연구들과 수많은 접점을 형성하면서도 "페미니스트 녹색 사회주의"의 윤곽을 명확히 그려내는 데 상당한 관심을 기울인다.

나는 인간-자연 관계와 남반구-북반구 관계를 다룬 페미니즘 연구의 개화와 더불어 제출된 비판 가운데 많은 부분에 공감한다. 지면 사정상 이 글에서 우리의 견해를 더욱 광범위하게 비교하기는 어렵다. 그러나 한 가지 분명히 해 둘 것이 있다. 즉, 일부 생태 페미니스트 연구자들이 제3세계의 투쟁과 저항 형태를 우선시하면서도 제1세계에 대해서는 근본적으로 과잉소비가 이루어지는 지역으로 간주하면서 생산과 소비의 감축 필요성을 단언한다는 사실 말이다. 나 자신은 물론 1970년대 초반 이후 나와 함께 작업해 온 연구자 그룹은 제3세계의 투쟁을 검토하는 것에 더하여 선진자본주의 지역에도 그 못지않은 중요성이 부여되어야 한다고 확신한다. 이 지역은 소비의 원천으로서는 물론 노동의 장소로서도 중시되어야 한다. 따라서 우리는 선진자본주의 지역에서 발생하는 임금부문과 비임금부문 투쟁들의 중요성, 그리고 이 투쟁들과 다른 지역에서 전개되는 투쟁들의 관계가 갖는 중요성을 강조한다. 우리는 또한 소비가 보다 유기적인 연관 속에서 분석되어야 한다고 본다. 자명한 일이지만 실제로 전업주부를 포함한 노동자들의 소비 수준이 높았던 적은 단 한 번도 없다. 더구나 오늘날 노동자들의 소비는 극적으로 감소하고 있다. 그러나 이 사실들은 앞으로 전개될 논의에 대한 약간의 암시에 지나지 않는다.

이제 우리의 논의로 되돌아가자. 반다나 시바(1989)는 물과 가뭄에 관해 다음과 같이 말한다.

아프리카에서와 마찬가지로 인도의 수자원 고갈 역시 천재라기보다는 차라리 인재다. 인도 아대륙亞大陸의 생존권 투쟁에서 물 문제와 물

기근 문제는 1980년대 내내 가장 주요한 쟁점이 되어 왔다. 가뭄과 사막화는 하천, 토양, 산악 지대의 생명주기를 침해하는 환원주의적 개발 지식과 개발 모델의 결과이다. 수입과 이윤 창출을 위해 강 유역들이 파헤쳐지고 벌채되고 과도하게 경작되자 강들은 말라붙고 있다. 지하수는 환금작물 재배를 위한 과도한 개발로 말라가고 있다. 마을마다 생명선이나 다름없는 식수원을 강탈당하고 있으며, 물 기근에 처한 마을 수는 용수 '개발'을 위해 정부 기관이 집행한 '계획' 수와 정비례한다(Shiva 1989, 179).

상업적인 삼림 개발, 상업적 농업을 위한 과도한 지하수 개발, 부적절한 조림사업은 물 위기의 확인된 주요 원인들이다(Shiva 1989, 181).

반다나 시바는 인도의 토착 기술들에서 치수법을 배운 이름난 영국 공학자들이 "〈인도 관개법〉의 토대를 이루는 생태학적 통찰 위에 세워진 정교한 공학적 감각"을 언급했다는 사실을 거듭 지적한다. 근대적인 관개 프로그램의 '창설자'로 인정받는 아서 커튼Arthur Cotton 장군은 1874년에 다음과 같이 기록했다.

인도 곳곳에는 옛 선주민들이 세운 수많은 토목 건조물들이 널려 있다. 이 건조물들은 뛰어난 데다 대담성과 공학적 재능까지 보여 준다. 옛 선주민의 작품들은 수백 년을 견뎌 왔다…… 인도에 첫발을 내딛었을 때, 나는 중요한 개수改修 공사를 소홀히 한다는 이유로 우리를 향해 당당히 경멸 섞인 평가를 내리는 선주민들의 모습에서 깊은 인상을 받았다. 선주민들은 우리가 문명화된 야만인이며, 전투에는 놀랍도록 능숙하지만, 그들의 위대한 인물들에 비해 한참 뒤떨어져서 관개 시스템을 확장하면서도 그들이 축조한 건조물들을 본받기는커녕 손질조차 않으려 한다고 말하곤 했다.

반다나 시바가 덧붙인 대로 동인도회사는 카베리 삼각주 Kaveri Delta를 장악했지만 하천 바닥의 상승을 막을 수 없었다. 동인도회사 관리들은 사반세기 동안 이 문제와 씨름했다. 결국 커튼은 토착 기술을 활용해 그랜드 애니컷Grand Anicut을 수리하고서야 문제를 해결할 수 있었다. 그는 후일 다음과 같이 쓴다. "우리는 그들(인도 선주민들)에게서 측량할 수 없을 정도로 깊고 푸석푸석한 모래 위에 기초를 다지는 방법을 배웠다······ 우리의 공학자들이 시공한 마드라스 강의 관개시설은 처음부터 세계의 모든 공학적 건조물들 중에서 가장 큰 재정적 성공을 거두었다. 이러한 성공은 전적으로 우리가 그들로부터 배웠기 때문이다. 우리는 이 지반 구축에 관한 지혜를 활용해 교량, 제방, 수로, 각종 수리학水理學적 건조물을 건설했다······ 이리하여 우리는 선주민 공학자들에게 큰 빚을 진 셈이다."

그러나 개발/이윤을 위한 자본주의적인 과학의 맹렬한 쇄도는 이러한 지혜를 명백히 압도했다. 반다나 시바는 이를 가리켜 악개발mal-development 5이라고 부른다. 18~19세기에 영국 공학자들은 토착 기술

---

5. 악개발(maldevelopment)과 그 의미상의 등가물인 프랑스어 maledevelopement는 원래 정치적인 의미보다는 생태적인 의미를 염두에 두고 만들어진 용어이다. 이 용어가 나쁜 개발과 남성성의 연관성이라는 발상을 지시하고 있다는 것은 명백하다.

과 지식이 수자원 보존 및 지역 주민들의 수자원 이용에 기여한다는 사실을 인식했다. 오늘날 자본주의적인 물 관리 계획들은 가뭄을 유발하고 전체 주민의 생존을 부정한다. 인도 마하라스트라Maharashtra 주에서 온 한 여성은 댐에 반대해 다음과 같이 노래한다. 그녀 역시 거들 수밖에 없는 이 댐 건설로 인해 사탕수수와 같은 농작물에는 물을 댈 수 있지만 여성과 아동들은 갈증으로 죽어가게 된다(Shiva, 1989).

댐을 지으며
내 생명을 묻는다.
새벽 동은 터오고
맷돌에는 빻은 곡식이 없다.
나는 오늘 한 끼를 위해 어제의 깍지들을 그러모은다.
태양은 떠오르고
내 영혼은 진다.
바구니 밑에 아이를 감추고
내 눈물도 감추고
나는 댐을 지으러 나간다.
댐은 다 지어졌다.
댐에 고인 물이 저들의 사탕수수밭으로 흘러든다.
농작물을 싱싱하고 촉촉하게 적시며.
하지만 나는 숲 사이를 헤치며 수 마일을 걷는다.
마실 물 한 방울을 찾아서.

내 땀방울이 흘러 초목을 적신다.

마른 잎이 떨어져 말라 버린 나의 뜰을 채울 때.

이 광적인 물 "엔클로저"에 대한 대응은 자본주의적인 물 관리 계획들에 대항해 감시 활동과 투쟁을 수행하는 정치적 네트워크들 사이에서 한층 더 중요한 문제가 되었다. 이러한 활동의 결과는 조만간 드러날 것이다. 그 전형적인 사례가 1989년 12월 런던 회의에서 세계은행이 제출한 방글라데시 홍수통제계획이다(Del Genio 1994). 방글라데시 홍수통제계획은 환경에 미칠 영향이 미미해서 이전의 계획들과는 다르다는 주장이 제기되기도 했지만 그 밖의 환경영향 추정치들은 대단히 충격적이었다. 그에 따라 1993년 5월 스트라스부르크에서 세계은행의 하천 운하화 방침에 대항하는 조직들로 이루어진 국제적 연합체가 창설되었다.

인간에게 미칠 직접적인 영향만을 고려하더라도 인도의 나르마다 Narmada 강에 댐을 건설하기 위해서는 50만 주민의 강제 퇴거가 불가피할 것으로 추정되었다.[6] 따라서 나르마다 댐 건설은 "부족민"과 지

---

6. [옮긴이] 나르마다강은 인도 중부의 고원지대에서 발원하여 마디아프라데시주(Madhya Pradesh), 마하라슈트라주(Maharashtra), 구자랏주(gujarat)를 거쳐 서쪽의 아라비아해로 흘러드는 길이 1,240km의 강이다. 나르마다댐 건설 계획은 인도 정부와 세계은행이 추진한 발전주의 프로젝트의 일환으로서 강의 본류와 지류에 30개의 대규모 댐과 135개의 중간 규모 댐, 3천 개의 소규모 댐을 건설하는 초대형 토목사업이다. 그러나 세계은행은 〈나르마다강 보전운동〉(Narmada Bachao Andolan) 등 환경단체들과 지역 주민들의 반대운동이 나날이 강력해지고 예상과 달리 총비용도 크게 늘어나자 사업 참여를 중도 포기했다. 댐 건설에 따른 사회·환경 영향평가 결과는 조사기관마다 큰 차이를 보인다. 인도 정부 보고서는 세계은행의 투자-회수 논리를 수용하면서 생태적·사회적 비용을 대폭 축소시키고 반대로 경제적 혜택은 심각하게 부풀린 것

원 단체들의 강력한 저항을 불러왔다. G7 국가들을 대리하는 세계은 행에 의해 조정되는 방글라데시 홍수통제계획은 인구밀도가 인도의 열 배나 되는 지역에 거주하는 5~8백만 인구의 강제이주를 요구했다.

델 제니오Del Genio의 논문은 이 계획을 정당화하는 데 동원된 변명거리들을 똑똑히 보여 준다. 한편에서는 신비화된 가정들이 활용되는가 하면 다른 한편에서는 죽음을 부르는 녹색혁명 기술들이 동원된다. 이 계획은 근대적인 다수확 벼 품종의 재배를 확대하기 위해 "식량 위기에 대처할 수 있는 근대적인 기계화 농업의 보급"을 강력하게 요구한다. 이는 차례로 풍부하고 고른 수량^{*量}과 그 이용을 가능케 하는 홍수통제 및 관개 시스템을 요구한다.

시장과 실험실에 대한 종속도 다수확 품종들의 결함 가운데 하나다. 이 품종들은 재생 불가능하며, 토착종들의 유전적 다양성 감소를 수반하기 때문이다. 오늘날 전 세계에서 다수확 품종들의 결함에 대한 자각은 커져 가고 있다. 풀뿌리 농업노동자 조직들은 다수확 품종들의 영양학적 필요를 충족하기에 보다 적합하도록 설계된 농업기술 개량에 맞서 점점 더 강력한 저항을 펼치고 있다. 홍수조절이라는 측면에서 보면 매년 규칙적으로 발생하는 범람 가운데 일부는 토양의 비옥도를 보장하는 영양분을 공급하고 평원을 가로질러 퍼져나가

으로 평가되어 왔다. 수정 보고서에는 최대 30만 명의 이주민이 발생할 것이라는 내용이 담겼지만 그마저도 신뢰를 얻지 못했다. 반다나 시바는 2002년의 저서에서 댐이 완공될 경우 35만 헥타르의 숲과 20만 헥타르의 농경지가 수몰되고, 100만 명의 주민이 이주해야 할 것으로 전망했다.(반다나 시바, 『물전쟁』, 이상훈 옮김, 생각의 나무, 2003, 121~27쪽). 나르마담 댐 건설로 인한 생태적·사회적 피해는 지금도 속속 늘어나고 있으며, 최근에는 무려 1,600만 명이 거주지를 떠나야 될지도 모른다는 충격적인 연구 결과들까지 제시되고 있다.

면서 지하수면을 가득 채운다. 만약 홍수조절이라는 목표가 환경과 그 속에서 살아가는 인간의 손상 없이 달성되어야 한다면 전적으로 해로운 홍수들도 인위적으로 계획되지 않은 건조물을 통해 관리할 필요가 있다. 이와 관련하여 인간과 자연 간의 오랜 협동적 작용이 일구어낸 생물 다양성의 복잡성은 상기할 만한 가치가 있다. 땅과 기후의 요구에 맞도록 진화한 수많은 재래종 벼들 가운데 아만Aman이라 불리는 아변종亞變種은 수위가 상승하면 불과 24시간 만에 15cm 이상 자랄 수 있다.

내가 보기에 5~8백만 명의 인간을 강제로 이주시킨다는 것은 그 자체로서 상상조차 할 수 없는 일이다. 일부 주민을 몰아내는 것은 한 그루 나무의 밑동을 베는 것과 같지만 이 경우는 숲의 근본을 도려내는 것과 마찬가지기 때문이다. 머릿속에 가장 먼저 떠오르는 명백한 의문은 소농들이 농업 근대화의 비용(농기계, 화학비료 등)을 치르는 데 들어가는 돈을 구할 수 있다는 가정이 어디서 어떤 근거로 제시되느냐다. 대답은 동일하며, 녹색혁명의 역사 속에서 수천 번도 넘게 되풀이된다. 오직 대토지 소유자와 대기업만이 그 비용을 부담할 수 있다는 것이다. 그렇다면 나머지 사람들은? 그 사이에 벌써 일은 벌어졌다…….

이 지역의 농민들과 국제적인 네트워크 속의 많은 협력자들은 저항과 반대 운동을 조직하고 있다. 아스완 댐과 이 댐으로 인한 토양의 양분 유실이 땅에 의지해 살아가는 모든 농민들에게 초래한 결과, 그리고 이 댐이 촉발한 그 밖의 모든 심각한 결과들이 어쩔 수 없이 머릿속에 떠오른다. 예컨대 누비아 지역의 수몰과 더불어 이 문명의 중요한 유적들도 물에 잠겼고, 그곳에서 살아가던 주민들은 땅을 버리고 떠나야 했다. 그러나 이 사례는 언급할 수 있는 수많은 사건들 중 하나에 지나지 않는다. 1989년 내가 이집트에 머물 무렵 그곳에서는 홍해를 호수화하려는 프로젝트에 관한 소문이 돌고 있었다. 나는 생태운동과 선주민운동, 그리고 다른 운동들이 성장해 이 프로젝트를 지난날의 악몽으로 내쫓아 버렸기를 희망한다.

반다나 시바에게로 되돌아가면, 오늘날 그녀와 많은 연구자들이 제3세계의 댐과 그 외의 서구적인 물 관리 계획에 대해 내린 판단은 제3세계의 농업에 강요되는 기술들, 가축사육, 수출작물 재배를 위한 삼림파괴에도 똑같이 적용될 수 있다. 즉, 생물다양성과 생태적 균형, 자급적 삶의 방식을 보장했던 생명 순환의 파괴 말이다. 요컨대 대기업을 위한 이윤 생산이란 전체 주민의 생존에 대한 부정인 것이다.

반다나 시바의 문화적·이론적 접근법은 맑시언적인 접근법과는 거리가 멀다. 하지만 그녀는 자연의 구획된 부분들에 대한 끊임없는 엔클로저와 그 결과를 설명할 때마다 별다른 어려움 없이 자본주의적 축적의 토대가 죽음의 문화에서 기원한 지식체계와 관습이라고 결론짓는다. 반다나 시바의 공헌은 그녀의 노력이 없었더라면 무시되거나 간과되고 말았을 투쟁과 운동들에 대한 국제적 관심을 불러일으키는 데 기여했다는 점에서도 찾을 수 있다. 인도 여성들은 칩코 Chipko 운동7 안에서 벌목업체들의 벌채를 저지하기 위해 나무를 에워

---

7. [옮긴이] 힌두어로 나무 껴안기 운동(chipko andolan)이라는 뜻을 지닌 비폭력적이고 평화적인 숲 보존 운동. 기원은 3세기 전으로 거슬러 오른다. 인도 서부 라자스탄(Rajasthan)의 조드푸르(Jodhpur) 공국 통치자가 신성림(神聖林)에 대한 벌목 명령을

싸고 야간에도 숲을 떠나지 않는 단결력을 발휘했다. 칩코 운동은 다양한 착취 형태에 저항하는 투쟁들, 그리고 세계 각지에서 ― 생존권이나 더 나은 삶의 권리는 물론 독자적인 미래에 대한 자기결정권까지를 포함하는 ― 개인적·집단적 권리의 침탈에 대항하는 투쟁들과 동등하게 평가되어야 한다.

인도의 "부족민들"[8]은 반다나 시바의 연구와 실천 활동에 초점을 제공한 칩코 운동을 창안했으며, 그들의 경제 및 생명 시스템은 농업,

---

내리자 비쉬노이 공동체 구성원들은 암리타 데비(Amrita Devi)라는 여성의 인솔 아래 케즈리(khejri) 나무에 자신들의 몸을 기꺼이 결박했다. 결국 벌목이 중단될 때까지 데비와 인근 여성 3백 62명이 벌목꾼들의 도끼날에 무참히 희생되었다. 이 여성들의 정신은 간쉬암 라투리의 노랫말 "우리의 나무를 끌어안자"로 상징되는 1970년대 초의 광범위하고 조직적인 저항을 통해 현대적인 의미를 새롭게 부여받았다. 1972년 12월 푸로라, 우타키쉬, 고프스와 지역을 시작으로 외부 계약자들의 상업적인 삼림 착취와 지역 주민들의 삼림 접근권 박탈에 저항하는 대중적 운동이 전개되었다. 이 운동은 1973년 3월 테니스 라켓 제조업체 사이먼의 만달 숲 물푸레나무 벌목 시도가 성공적으로 저지된 이후 인도의 산간 지역 곳곳으로 확산되었다. 반다나 시바는 1977년의 아드와니 숲 투쟁을 기점으로 칩코 운동이 이윤 극대화를 추구하는 생명 파괴적 패러다임과 "인식론, 생태론적으로 통약 불가능한" 생태적 여성해방 운동으로 전화되었다고 평가한다. 칩코 운동의 철학적 기반, 역사적 전개 과정과 성과, 운동 주체들의 자기이해에 관해서는 반다나 시바, 『살아남기: 여성, 생태학, 개발』, 강수영 옮김, 솔, 1998, 125~40쪽과 마리아 미즈·반다나 시바, 『에코 페미니즘』, 손덕수·이난아 옮김, 창비, 2000, 303~8쪽을 참조하기 바란다.
8. 인도에는 약 5천만 명의 지정 부족민(scheduled tribes)들이 살고 있다. 인도 헌법은 사회·경제적으로 특히 불리한 처지에 놓여 있다는 이유로 이들을 지정 부족으로 인정하고 있다. 지정 부족들은 오리사(Orissa), 안드라 프라데시(Andhra Pradesh), 마리아나(Maryana) 주에 가장 널리 분포되어 있으며, 시장경제에는 고작해야 주변적으로 통합되어 있을 뿐이다. 이 부족들 고유의 사회 조직체는 비남성주의적이고, 대체로 평등주의적이며, 특히 천연자원에 대해 "지속가능한" 접근을 취하는 경향이 있다. 그러나 지정 부족민들은 농기업체나 산업체로의 결합을 강요받을 때마다 살던 곳에서 쫓겨나 값싼 노동 혹은 무보수 노동으로 착취당하면서도 카스트 제도의 외부에 위치한 것으로 간주된다. 따라서 인도에서 "부족들"은 사회인류학적인 의미는 물론 법적인 의미까지 함께 지닌다.

가축사육, 삼림 이용/보존의 결합에 기초하고 있다. 숲은 전체 시스템에서 중심적이고도 다면적인 역할을 수행한다. 칩코 여성들은 숲이 "토양, 물, 청정한 공기"를 가져다준다고 예찬한다(Shiva 1989, 77). 숲은 중요한 영양 공급원 역할도 맡고 있다. 칩코 여성들은 근처에 숲이 있는 한 어떠한 위기가 농작물과 가축을 덮치더라도 아이들이 배고픔을 겪는 일은 결코 없을 것이라고 말한다. 따라서 벌목을 막기 위해 나무를 에워싸는 행동은 토지수탈을 막기 위해 토지를 점거하는 행동과 같다. 생존이 오직 화폐 취득에 달려 있을 경우 나무를 에워싸는 행동은 일자리나 임금 내지는 보장소득을 방어하기 위해 투쟁하는 것과 다름없다. 우리는 살아 움직이는 사회적 신체의 여러 부분들이 갖가지 수단으로 자신들을 착취하고 포위하는 동일한 체계에 맞서 동시적이고도 다양한 형태의 투쟁을 전개하는 방식에 집중할 때마다 이를 깨닫는다.

이러한 인식은 왜 세계적으로 자본주의적인 개발 형태에 저항하는 운동들이 점점 더 성장하고 있는지, 그리고 이 운동들이 또 다른 미래를 향한 경로들을 모색하면서 어떤 식으로 개발에 따르는 대가 지불을 거부하고 있는지를 올바로 이해하는 데 있어서 매우 중요하다. 그렇지만 내가 보기에 인간과 자연 사이의 관계에 대한 예로부터의 경험 및 지식을 보존하고 지키기 위한 칩코 여성들과 다른 모든 운동조직들의 투쟁은 우리에게서 더욱더 중요한 의미를 갖는다. 결국 이러한 개발의 대가 지불을 거부하는 사람들의 목소리에 힘을 부여하는 "선구적인" 정치적 논쟁은 또한 필연적으로 생태적 논쟁일 수밖에 없다.

반다나 시바가 제기한 또 하나의 중대한 고발은 생물종의 유전자 조작과 관련된다. (나는 이 글에서 간략하게나마 반다나 시바의 연구를 검토했다. 그녀의 연구는 세계 곳곳의 개발도상국 여성들이 발전시킨 페미니즘 학파 전체를 대표하기 때문이다.) 전체 공동체들의 영양원에 함부로 손을 대는 것으로도 모자라 생물종에 대한 유전자 조작까지 가해지고 있는 것이다. 이 주제는 최근 들어 다양한 여성 연구자와 여성 활동가 집단들 사이에서 대단한 주목을 받고 있다.

"공학이 생명과학에 도입됨에 따라 자기재생산 체계로서의 생명의 재생 가능성은 종말을 고한다. 생명은 이제 재생되는 것이 아니라 공학적으로 설계되어야 한다. 어떤 신상품 세트는 투입물로, 또 어떤 신상품은 산출물로 고안된다. 생명 그 자체가 곧 새로운 상품인 것이다……"(Shiva 1989, 91). "시장과 공장이 새로운 생명공학을 통해 추구되는 '진보'를 규정한다…… 이로써 자연의 통일성과 다양성, 인간의 욕구는 동시에 훼손된다"(Shiva 1989, 92).

이러한 생명공학적인 경향은 생물종의 유전자 유산에 특허권을 부여하고 "저장"을 명령하는 법률적 판결로 뒷받침된다. 〈리오회의〉에 대비하기 위해 열린 〈마이애미 여성회의〉(여성행동 의제 21)는 이러한 사태를 규탄했고, 이제 이 여성들의 강력한 항의는 널리 공유되고 있다. 농산업 기업들은 면화에 대한 전매특허권을 획득하자 이제 세계 인구의 다수가 주식량으로 삼고 있는 쌀과 콩의 전매특허권마저 손에 넣으려 하고 있다. 토지수탈, 영농법상의 기술혁신, (혹시라도 존재할 경우) 임금 대비 곡물가격 비율과 같은 요인들의 결합으로 인해 이미 구하기도 어려워진 식량은 점점 더 조작되고, 접근 불가능해지며, 사유화·독점화되고, 특허권이 설정되며, "저장된다." 새로운 엔클로저가 자행되고 있는 것이다. "식량, 접근금지!"

기술의 자연 정복이 그려내는 이 포물선 상에서 수탈은 정점에 도달한다. 즉, 인간과 생물종들이 수탈당하며, 지구의 고유한 재생 능력은 수탈되어 자본으로 전환된다. 이 생산양식은 생명체의 발생과 생식을 자본화하는 놀이를 벌인다. 생명 따위는 안중에 없는 자본주의는 초과노동시간의 전유[9]에 만족한 이래로, 혹은 삶 전부를 간단히 노동으로 변형하는 놀음을 통해 자유노동과 노예노동의 동시적 착취로 인한 모순을 무시하고 나서부터 장족의 발전을 이루어 왔다. 자본주의는 이러한 놀이를 통해 한편으로 자유로운 노동자들의 삶에서 모든 활력을 빼앗고 다른 한편으로 수많은 노예들을 사슬에 묶어 왔다.

그러나 이러한 개발을 거부하는 세계 곳곳의 수많은 저항과 투쟁들의 진폭은 점점 더 거대하고 치명적이며 가공할 만한 구조와 지배 형태들에 부딪힌다. 걸프전 이후 최근의 사태만 보더라도 날이 갈수록 더해 가는 이러한 개발의 호전성이 전쟁을 단계적으로 확대시켰다는 사실은 부인할 수 없다. 전쟁의 확대는 이러한 개발이 죽음의 과학과 관행에 기반을 두고 있는지를 둘러싼 일말의 의구심마저 송두리째 제거했다. 걸프 전쟁, 구 유고슬라비아 내전, 소말리아 내전, 르완다-부룬디 내전을 거론하는 것으로는 한계가 있다. 이 사례들은 지난 3~4년 동안 대중매체에 가장 집중적으로 보도된 전쟁에 지나지

---

9. "자본은 노동력의 수명에 관심이 없다" …… "경험이 일반적으로 자본가에게 보여 주는 바는 과잉인구가 항상 존재한다는 것이다" …… "뒷일은 될 대로 되라! (Aprés moi le déluge!) 이야말로 모든 자본가와 자본주의 국가들의 표어다"(Marx, 1976, Vol. 1, p. 376, 380, 381).

않는다. 우리는 지금까지 전혀 주목받지 못한 채 세계 도처에서 치러진 수많은 전쟁들을 과소평가하고 싶은 마음이 추호도 없다.

오히려 최근 몇 년간 단계적으로 확대된 전쟁은 주요 강대국들의 군비축소 운운이 빈말에 지나지 않음을 확인시켜 주었다. 더 정확히 말하자면 날이 갈수록 전쟁은 살아 움직이는 사회적 신체에 대한 지구적 차원의 전형적인 훈육 수단이 되어 왔다. 그 과정에서 전쟁은 절멸, 테러, 분리, 국외추방, 생활조건과 평균수명의 저하를 무기로 활용했다. 결국 인간은 **직접적인 대량 학살**을 겪지 않더라도 난민 수용소들과 거의 눈에 드러나지 않는 전시 수용소들로 점점 더 "에워싸이고" 있는 것이다.

그러나 죽음의 실험실을 보유한 기업들의 잔학한 행위가 증가함에 따라 **개발의 한 형태로서의 전쟁**의 이면이 점점 더 분명하게 드러났다. 전쟁이 늘 거대한 실험장이었다는 사실은 알려져 있다. 그러나 자본주의적인 기술의 탐욕이 생명의 비밀을 훔쳐 내어 자본화하려고 시도하면서 생명체를 괴롭히기 시작하자 죽음이 이윤을 낳는 영역이라는 사실은 더욱더 명확해졌다. 이 경우에도 역시 생산수단과 생활수단을 수탈당한 수많은 사람들의 죽음에 대한 "원초적" 무관심에서 시작해 사망판정, 사체 혹은 생체 감정으로 끝나는 전환이 이루어진다. 이 신체들은 신기술 시험에 이용되거나 장기밀매 시장에서 부위별로 팔려 나가기 위해 태연히 죽음을 받아들여야 할 운명에 놓여 있다. 현대의 "평화경제"를 떠받치고 있는 전통적인 무기시장, 전후 재건 사업, 테크노 산업의 실험으로도 모자라 오늘날 전쟁은 신기술들을 대대적으로 시험할 단연 최대 규모의 살아 있는/죽어가는 실험대상을 제공한다. 이 신기술들은 신체와 신체에 미칠 영향에 대한 더 많은 지식을 획득하는 데 활용된다. 최근 들어 대부분 사회적 취약부문에 속하는 강대국great powers의 시민들 사이에서도 유사한 역할이 등장하고 있는 것은 사실이다. 하지만 "비선진" 국가의 민중들이 전쟁에 파병되거나 "평시"에는 영문도 모른 채 이용당하면서 우선적으로 실험대상 역할을 떠맡아 왔다는 것은 여기서도 분명히 드러난다.

그러나 전쟁은 이윤을 거둬들일 새롭고도 소름끼치는 영역들을 끊임없이 제공한다. 아동밀매[10]의 경우를 예로 들어 보자. 얼마나 많은 아동들이 포르노 출연용으로 거래되고 있는가?[11] 장기밀매용으로 팔려 나가는 아동들의 수는 얼마인가?[12] 얼마나 많은 아동들이 노예로 거래되며,[13] 전쟁으로 불구자가 된 아동들의 밀매 건수는 또 얼마인가?[14] 매춘을 위해 거래되는 아동들의 수는? 자식이 없는 부

---

10. "사라예보의 아이들은 어디로 사라졌는가?"라는 제하의 1994년 5월 17일자 『라 레뿌블리까』(La Repubblica) 기사는 보스니아 전쟁에서 소개(疏開)된 아동들의 종착지에 의구심을 표하면서 아동밀매 문제를 다루는 인도적 기구들에 의해 제공된 등골이 오싹할 정도의 수치들을 인용한다. 이 기사는 이탈리아 중개상의 손에서 벗어나 가까스로 탈출에 성공한 14세 소녀의 사건을 다루고 있다. 주간지 『포커스』(Focus)에도 아동밀매 문제를 다룬 기사가 실려 있다.

11. 포르노 영화 시장에 동원된 아동들의 수는 1993~94년을 경과하면서 대중매체들에 의해 점점 더 빈번하게 언급되었다.

12. 합법적인 터미널을 확보하고 장기밀매에 관여하는 국제적인 범죄 네트워크와 조직들이 증가하고 있다. 이와 관련하여 이탈리아 공영방송은 국제적인 장기밀매 문제를 다룬 일련의 프로그램을 방영했다. 국영 제2채널은 가장 관심을 끈 프로그램 가운데 하나인 1994년 3월 5일자 방송분에서 국제적인 장기밀매 조직과 프랑스 내의 합법적인 터미널들 간의 관계를 보여 주는 증거를 제시했다.

13. 최근 발표된 노예제에 관한 놀라운 수치를 고려해 볼 때 이러한 의심은 제기할 만한 가치가 있는 것으로 보인다. 1990년 1월 6일자 『이코노미스트』 기사에 따르면 전 세계에는 2억 명의 노예들이 있다. 하루 전에 발표된 〈국제연합아동기금〉(UNICEF) 보고서를 인용한 1994년 8월 6일자 『일 마니페스토』 보도에 따르면 [그 가운데] 1억 명은 아동들이다.

14. 『일 마띠노 디 파도바』 1994년 4월 6일자는 구 유고슬라비아 출신 여성들과 전쟁 불

부들에게 입양되기 위해 팔려 나가는 아동들은? 마지막 사례를 논외로 한다면 위에서 언급된 모든 이유들로 인해 성인 남녀들에 대한 밀매 역시 계속되고 있다.

지속가능한 개발에 관한 논의에서 개발이 점점 더 뚜렷하게 취해 온 **형태, 즉 전쟁**이 빚어내는 인간과 환경의 **지속불가능성**이 대체로 언급되지 않는다는 것은 상당히 기이한 일이다.

치아빠스 봉기, 뒤이은 전쟁과 휴전은 이 논의의 시발점을 이루는 사빠따의 포스터를 우리에게 전해 주었다. 밀라노 노동자들의 기치로 내걸린 순간, 문제의 포스터는 토지수탈과 노동수탈이라는 두 가지 거대한 수탈을 표현하는 수단이 되었다. 동시에 이 포스터는 수탈당하는 자들의 세계적인 투쟁 속에서 표출되는 역능 전체와 관련된 물음을 던진다. 오늘날 이 새로운 사태 속에서 임금노동과 비임금노동은 어떠한 관계에 놓여 있는가? 제1세계의 경우에도 마찬가지 질문이 허용될 수 있겠지만, 제3세계의 비임금노동을 기다리고 있는 것은 어떤 미래일까?

2. 사빠따와 여성

사빠따의 포스터는 날이 갈수록 역동성을 더해 가고 있는 거대한 두 노동 부문들의 관계라는 문제와 더불어 1970년대 초반에 부각되

구자들을 착취하는 조직에 대한 폭로·고발 기사를 게재한다. 이 여성들과 전쟁 불구자들은 베니스 메스트레(Mestre) 지역으로 보내져 매춘과 구걸을 강요당했다.

어 여성운동에 활기를 불어넣었던 페미니즘의 쟁점, 즉 노동력을 재생산하는 비임금노동의 문제까지 새롭게 제기한다. 이러한 주장이 도발적으로 들릴 수는 있겠지만 그렇더라도 무리한 생각은 아닐 것이다. 실제로 여성은 전형적인 비임금노동자이며, 이 새로운 사태 속에서 이중으로 지속 불가능한 모순을 경험한다(Dalla Costa, G. F., 1989). 한편으로 자본주의 발전의 산물인 여성의 사회적 지위는 "선진 지역들"에서 전형적으로 발견되는 형태, 즉 비임금노동자의 형태로는 지속될 수 없다. 임금경제에 참여하면서 노동력을 재생산할 책임이 여성에게 부과되기 때문이다(Dalla Costa, M., James S. 1972). 다른 한편으로 비임금 형태의 자급적 생존경제 시스템 안에서 살아가는 여성들에게 주어졌던 비임금 노동자로서의 사회적 지위 역시 점점 더 지속 불가능해지고 있다. 자본주의적 관계가 자급적 생존경제 속으로 확장됨에 따라 이 여성들은 점차 그녀들 자신과 공동체의 재생산이라는 과업을 수행할 수 있는 수단을 박탈당한다. 이러한 모순과 그 기초를 이루는 여성적 조건의 지속 불가능성이라는 문제는 자본주의 체제 내에서 해결될 수 없다. 모순의 해소는 전적으로 다른 발전의 개념과 조직을 요구한다. 더 나아가 그녀 자신들의 [재생산] 조건을 둘러싼 여성들의 투쟁은 자본주의적 발전을 위한 끊임없는 가치 축적에 동원되어야 할 노동의 원천인 또 다른 비임금 부문 사회적 주체들의 요구를 확장시킨다.

　　토지수탈은 별개로 하더라도, 이 글에서 일부만 언급된 수많은 연구들(Michel, Agbessi Dos Santos, Fatoumata Diarra, 1981, Michel 1988; Boserup, 1982; Shiva, 1989)은 제3세계 농촌 지역에서 끊임없

이 실행되고 있는 자본주의적 프로젝트들로 인해 여성들의 기본 생활수단 접근이 점점 더 난관에 부딪히는 과정을 명확히 보여 주었다. 이러한 기본 생활수단에는 땔감, 가정용수, 가축을 먹일 풀까지도 포함된다. 예전에는 손닿을 거리에 널려 있던 것들을 구하는 데도 이제 몇 시간, 아니 며칠을 허비해야 한다. 엔클로저/전유/상품화/자본화는 이 자원들마저 삼켜 버린 것이다.

페미니스트 저술가들(Mies, 1992)은 자녀를 너무 많이 둔다는 구실로도 모자라 바로 이 자원 취득 활동을 이유로 농촌 여성들이 환경에 해를 끼친다는 비난을 받고 있는 역설적 상황에 주목했다. 그와 같은 가정대로라면 농촌 여성들이 땔감을 찾아서 숲으로 향하면 숲은 폐허가 될 것이다. 그녀들이 물을 길러 나가면 수자원은 오염되고 말라 버릴 것이다. 농촌 여성들이 아이를 너무 많이 낳는 한 지구 자원은 고갈되고 말 것이다. 이러한 비난은 피해자에게 책임을 전가하는 전형적인 사례를 보여 준다. 이와 동시에 주요 금융기관들이 제3세계 국가들에 강요하는 채무정책은 농촌 여성들의 노동조건과 생활조건, 공동체 전체의 삶을 끊임없이 훼손한다. 토지수탈과 사유화는 채무정책의 유일하고도 근본적인 관심사다(Dalla Costa M. and Dalla Costa G. F., eds., 1993).

"발전을 향한 대안"으로 자처하는 자본주의적 계획은 농촌 지역을 아무런 교환 없이 직접적으로 수탈하고 배제하지 않을 경우에도 보장된 생활수단을 제거하고 불안정 임금으로 대체할 뿐만 아니라 남성과 여성 사이에 놓인 조건의 격차마저 심화시킨다. 이와 관련하여 미즈(Mies, 1992) 역시 언급한 바 있는 칩코 여성들의 사례(Shiva,

1989)는 다시 한번 주목할 만하다. 그녀들은 상업적 목적을 위한 히말라야 삼림지대 벌목에 저항한다. 많은 사례들과 마찬가지로 남성들의 저항은 그다지 단호하지 않았다. 제재소에서 일자리를 얻을 수 있으리라는 기대가 그들의 마음을 흔들어 놓았기 때문이다.

그러나 칩코 여성들이 가장 의심스럽게 여긴 것 가운데 하나가 바로 그 '화폐/임금 중에서 그녀들이 받을 수 있는 몫이 과연 얼마나 될 것인가'하는 문제였다. 따라서 칩코 여성들은 임금 수취 여부에 기초한 위계구조의 창출에 저항했다. 무엇보다도 중요한 것은 칩코 여성들이 '벌목할 나무가 사라지면 폐쇄될 제재소가 생활 기반인 숲을 삼켜버리자마자 그녀들 모두에게 무슨 일이 일어날 것인가'라는 문제를 제기했다는 사실이다. 칩코 여성들은 자신들이 땅과 숲을 관리하는 한 정부와 사적 기업가들에 의해 제공되는 일자리는 필요치 않음을 분명히 했다.

시바의 연구(Shiva, 1989)는 이밖에도 동일한 종류의 많은 에피소드들을 싣고 있다. 문제의 상황이 되풀이된 지난 5백 년 동안 이 상황이 던져준 교훈은 지구상의 가장 궁벽한 지역들에서도 체득되어 왔다. 이러한 교훈 속에는 발전과 저발전[15]의 입안자들 손아귀에 삶을 내맡기지 않겠다는, 타자들이 주민 전체를 — 지금 당장은 아니더라도 내일은 필경 굶주림을 초래할 — 절대적 불확실성 속으로 몰아넣지 못하도록 막아내려는 숭고한 결단이 깃들어 있다. 즉, 걸인이나 난민 캠프 수용자로 전락하지 않겠다는 결단이다.

---

15. 실비아 페데리치(Silvia Federici, 1992)는 나이지리아 포트하커트(Port Harcourt) 지역에서 이루어진 발전을 통한 저발전의 창출을 인상적으로 묘사한다.

남성 학자들은 흔히 자연, 여성, 생산과 소비를 단일한 접근법 속에서 결합시키는 생태페미니즘의 관행과 입장을 "낭만주의적 경향"으로 비난하곤 한다. 하지만 가장 단순한 질문만 던져 보더라도 이 남성 학자들이 바로 저 자연과의 일상적인 교류 행위를 통해 자급생활과 생명 시스템을 보장받는 공동체들의 생존권에 과연 어떠한 가치를 부여하고 있는지 — 더구나 이러한 공동체들은 곳곳에 존재한다 — 의 구심이 들 것이다. "개발계획"이 거의 언제나 이 공동체들을 구성하는 대다수 개인들의 희생을 전제로 하는데도 말이다. 이와 관련한 메리 멜러(Mary Mellor, 1993)의 언급은 의미심장하다. "이 모든 것들은 페미니스트들에 의해 증명되어야 할 문제가 아니라 오히려 남성들이 사실무근임을 입증해야 할 문제이다."

지난 20여 년간 수많은 선주민 운동들의 성장 과정에서 정교하게 다듬어진 "헌장들"은 토지에 대한 권리, 즉 생존/생명권과 함께 점점 명료성을 더해 가고 있다. 이에 따라 정체성의 권리, 존엄의 권리, 고유한 역사에 대한 권리, 자체의 문화에 귀속되는 집단권과 개인권의 복합체를 보존할 권리, 자신들의 토지에서 독자적인 미래를 계획할 권리를 요구하는 목소리들도 더욱더 강력해지고 있다. 분명히 말하지만 여기서 기존의 관습과 규범 체계 내에 존재하는 모순들, 특히 남성과 여성 간의 모순들을 피상적으로 다룰 생각은 전혀 없다. 오히려 지금 당장 자본주의적인 개발은 이 문제들에 대한 해결책을 제공하기는커녕 아주 흔히 문제들을 악화시킨다는 점을 분명히 할 필요가 있다. 개발을 촉진하는 정치인들은 흔히 이 문제들에 대처하는 여성운동에 대한 억압을 시도한다. 그럼에도 불구하고 이러한 운동들은 지금까지 성장을 거듭해 왔으며, 점점 더 많은 수의 새로운 네트워크들을 창출하고 있다. 새로운 네트워크들은 투쟁하고, 고발하면서, 여성들에게 명백히 위해를 가하고 있는 현상을 변화시키려는 숭고한 결단을 행동으로 보여 준다.

치아빠스 봉기는 이와 관련한 전형적 사례다. 이 봉기가 남성들 및 사회 전체와 관련된 마야 여성들의 권리 규정 방식에 국제적인 이목을 집중시켰기 때문이다. 마야 공동체들에서 이루어진 노동과 풀뿌리 토론은 하나의 권리법[여성 혁명법]을 창출했다.[16] 일부는 노동의 권리, 공정한 임금을 받을 권리, 교육의 권리, 기본적 의료의 권리, 여성과 그 자녀들의 필수적 영양에 대한 권리, 낳아서 키우고 싶은 자녀의 수를 자율적으로 결정할 권리, 결혼을 강요받지 않고 배우자를 선택할 권리, 가정 안팎에서 폭력에 노출되지 않을 권리 등 경제적/사회적/시민적 수준에 관한 권리들이다. 또 다른 권리들은 공동체의 운영에 참여할 권리, 민주적으로 선출되는 직위를 맡을 권리, 사빠띠스따 민족해방군[ZNLA]의 책임 있는 직책을 맡을 권리 등 정치적 수준과 관련된 것들이다. 이 권리법전은 여성들이 혁명적 법률에 근거하는 일체의 권리와 의무를 보유한다는 것을 거듭 확인하고 있다. 내가 아

---

16. 치아빠스 봉기가 일어난 1994년 1월 1일 이후 언론 보도는 끊임없이 이어졌다. 이탈리아의 『일 마니페스토』와 그 밖의 신문들은 반군과 치아빠스 여성들이 주요 요구 사항들을 제출하자마자 곧바로 보도했다. 고메즈(Gomez 1994)와 클리버(Cleaver 1994)의 논문에는 이 요구들 전체에 대한 매우 정확한 정보와 [봉기 주체들의] 기동에 관한 상세한 설명이 담겨 있다. 여성 혁명법에 규정된 여성의 권리에 대한 간명한 종합은 코포와 피사니(Coppo and Pisani, eds. 1994)의 책에서 찾아볼 수 있다. 이 시대 과테말라 마야 여성들의 상황에 대해 알고 싶다면 부르고스(Burgos 1991)의 『내 이름은 리고베르타 멘추』(My Name is Rigoberta Menchú)를 빼놓을 수 없다는 사실도 덧붙여 두고자 한다.

는 한 여성들은 사빠띠스따 민족해방군의 최고위직에 제한 없이 참가한다.

나는 1992~93년 겨울을 치아빠스에서 보냈다. 산크리스토발에 체류하는 동안 나는 게릴라 영웅들을 찬양하는 포스터와 나란히 게시된 여성권 활동가들의 수많은 포스터들을 목격하고 깊은 인상을 받았다. 1년 후 이 여성들이 이루어 낸 중대한 성과는 새로운 내용이 더해진 채 온 세계에 알려졌다. 그로 인해 이 공동체가 양성 간의 관계에서 이룩한 위대한 진보도 그 모습을 드러내었다. 서구 사회에서 폭력 문제가 중심적인 위치를 점해 온 것과 유사하게 여성 권리법이 이 문제에 중점을 두고 있다는 사실은 의미심장하다. 나는 다만 봉기 1년 전의 치아빠스 방문 도중 산크리스토발에서 마야 여성들이 강간에 대한 두려움 때문에 더 이상 아이를 낳으러 병원에 가려고 하지 않는다는 말을 들었다는 사실만 덧붙여 두고자 한다. 분명한 것은 마야 여성들을 강간한 자들이 선주민들은 아니었다는 사실이다.

근본적인 상황 변화를 지향하는 운동이 시작되자 자신들의 권리를 정교하게 구성하려는 마야 여성들의 노력은 확실히 신화적이고 불가능한 단계를 넘어서 이 운동의 불가결한 구성요소가 되었다. 에리트레아 독립전쟁 기간에 에리트레아 여성들이 자신들의 권리를 정교하게 다듬을 때도 똑같은 일이 일어났다. 게다가 이런 일은 점점 더 많은 상황에서 반복되고 있다. 이 사실들은 이른바 전통을 준수한다는 이유로 "비-선진" 사회들에 운동이 존재하지 않는 것처럼 간주하는 태도의 부당성을 증명한다.

나는 또한 선주민 여성들의 운동이 자연과의 관계[17]라는 측면에서도 우리 모두에게 중요한 기여를 했다는 점을 강조하고자 한다. 그러나 세계를 변혁할 방도를 찾으려는, 대체로 역사적 사실에 바탕을 둔, 도시 남성 지식인들의 노작들은 이 사실을 있는 그대로 인정하기를 한사코 거부한다.

칩코 운동이 보여 주듯이 — 지구상의 여러 지역들에서 그 밖의 수많은 사례들을 찾아볼 수 있다 — **여성들은 점점 더 자연과의 관계를 보전·복원·재해석하는 작업을 경제적 생활수단의 방어, 소속된 공동체/문명의 정체성 및 역사·문화적 존엄성 보전 작업과 연결시키는 운동을 이끌어 가고 있다.**

여성들은 미래의 비임금노동에 대한 **특권적 해석자**로 떠오른다. 여성들에게 임금경제와 비임금경제 영역에 종사할 개인들의 재생산이 주요한 과제로 부과되고, 여성들이 이 두 가지 경제 시스템 내부의 **전형적인 비임금 주체**이며, 자본주의적인 개발의 진행과 더불어 여성들의 자율적인 자급생활의 가능성이 점차 약화되고 있기 때문이다. 오늘날 여성들의 비판과 이론적 기여는 또 다른 발전을 정식화하거나 어떤 경우에도 자유의사와 자기이익에 반하는 개발을 강요받지 않을

---

17. 서로 다른 접근법에 입각하고 있지만 어떻든 최근 몇 해 동안 다양한 이론적 노작들을 자연과의 관계에 초점을 맞춘 접근법들, 특히 맑스주의 및 생태학에 주목하는 접근법들과 연결시키려는 시도들이 국제적으로 증가했다는 사실을 인정할 필요가 있다. 이러한 논의의 발표장으로 가장 널리 알려진 것이 『자본주의·자연·사회주의』(*Capitalismo · Natura · Socialismo*)이다. 이 잡지는 명시적으로 생태 맑스주의의 관점을 취하고 있다. 바로 이 잡지를 통해 오코너(O'Connor, 1992)의 "자본주의 이차모순" 테제에 관한 상세하고 풍부한 논의들이 이루어졌다. 좌파와 생태적 논점 사이의 관계에 대해서는 특히 리코베리(Ricoveri, 1994)의 글을 참조하기 바란다.

권리를 재주장하는 과정에서 불가결한 계기를 이룬다.

다른 한편 여성 연구자, 페미니스트, 여러 분야의 여성 활동가들과 여성의 지위, 개발, 선주민 문제에 관여하는 다양한 조직들을 잇는 국제적 네트워크의 형성은 이러한 저항과 투쟁의 경험에 대한 자각을 불러일으켰을 뿐만 아니라 이탈리아 여성 연구자들의 더욱 세밀한 관심을 촉진시켰다. 치코렐라(Chicolella, 1993)는 국제적으로 널리 알려진 몇 가지 경험들을 사례로 들고 있다. 그 중 하나가 1977년 케냐 여성 왕가리 마타이Wangari Maathai에 의해 창설된 **그린벨트 운동**이다. 그녀는 "생명의 나무 심기"라는 아이디어에서 시작해 숲을 공터로 만들어 버린 아프리카 12개국의 도시들 주위에 그린벨트를 조성했다. 곧이어 필리핀의 〈가브리엘라〉Gabriela 그룹이 자연계의 평형과 섬세한 생태 시스템의 보전이라는 측면에서 소중한 가치를 지닌 산악지대를 보호하는 것으로 첫 활동을 시작했다. 중국계 변호사 치욕링Yoke Ling Chee이 창설한 〈제3세계 네트워크〉는 민중의 현실적 요구에 충실히 부응하는, 그리고 무엇보다도 산업국들의 원조에 의존하지 않는 개발형태를 목표로 한다. 피노체트 독재에 항거했던 활동가 알리시아 나엘체오Alicia Nahelcheo가 이끄는 칠레의 **마뿌체**Mapuche 운동은 현재 개발계획, 발전소 건립을 위한 토지수탈, 열매가 기본 식량으로 이용되는 남양삼목araucaria의 상업용 재배에 맞서 투쟁하고 있다.

그러나 이 사례들은 일부에 지나지 않는다. 수많은 남성과 여성들이 점점 더 자신들의 생존을 보장하기 위해 노력하면서 문제의 개발유형에 맞서 투쟁하고 있으며, 이러한 생존과 투쟁의 형태들은 한층 더 다양화되고 뚜렷해질 것이다. 동시에 세계은행과 IMF의 정당성에

이의를 제기하고 두 기관이 하달하는 지침들을 중단시키기 위한 국제적 차원의 광범위한 주도적 행동들도 갈수록 증가하고 있다.[18] 사회·경제적 차원에서 볼 때 이 지침들은 "개발도상"국들의 빈곤과 퇴락을 초래하는 주요인일 뿐만 아니라 현대의 개발 관리에서도 관건이 되고 있다.

이와 동시에 위의 개발형태에 대한 강력한 비판과 투쟁 및 저항의 형태들은 더욱더 방대하고 유기적으로 연관된 논쟁을 초래했다. 이 논쟁을 통해 또 다른 발전이란 어떠한 것이어야 하는가를 둘러싼 여러 가지 해석들이 등장했다. 주요 견해들을 개괄적으로 다룬 최근의 한 논문(Gisfredi, 1993)은 논쟁 전체가 토착적인 프로젝트들의 정교화에서 환경과 문화적 맥락이 차지하는 의의에 초점을 맞추고 있음

18. 두 가지 주도적인 행동만 언급하자면 다음과 같다. 〈민중단체회의〉(the Circle of the Peoples)는 1994년 7월 8~10일의 G7 정상회담에 대비하기 위해 개최된 대항 정상회담에 참가한 광범위한 단체들의 의견을 조정했다. 같은 해 10월 초순에는 수많은 단체들이 세계은행 및 IMF 연례 총회에 대비한 마드리드 대항 정상회담에 참가했다. 1994년은 브레턴우즈 협정과 동 협정에 의해 창설된 국제금융기구[세계은행과 IMF]가 출범 50주년을 맞이한 해였다. 이와 동일한 경우로서 로마의 렐리오 바소 재단에 소속된 〈민중의 권리를 위한 연맹〉(the League for the Rights of the Peoples)을 들 수 있다. 이 단체는 현재 마드리드 정상회담 회기 중에 발표될 브레턴우즈 기구들[세계은행, IMF, GATT]에 대한 성명서 작성 활동을 펼치고 있다. [이 논문이 『공통감각』 17호에 게재된 시점이 1995년 6월임을 감안할 필요가 있다. 필자가 여기서 언급하고 있는 마드리드 정상회담은 1995년 12월에 개최된 하반기 EU 정상회담을 지칭한다. 이 회담에서 단일통화의 명칭을 유로(EURO)로 하고, 1999년 1월 유럽통화동맹(EMU)을 출범시키며, 2002년까지 단일통화체제를 구축한다는 마스터플랜이 확정되었다. ─옮긴이] 민중의 권리를 위한 연맹은 1988년 베를린 IMF 연례 총회 당시에도 유사한 활동을 펼친바 있다. ['민중의 권리를 향한 연맹'의 완전한 명칭은 '민중의 권리와 해방을 위한 국제연맹'(International League for the Rights and Liberation of Peoples)이다. 이 조직은 1976년에 이탈리아 좌파 정치인 렐리오 바소(Lelio Basso)가 주도적으로 조직한 인권단체로서 사회주의의 이상과 반제국주의적 목표를 표방한다. ─옮긴이]

을 강조한다.[19] 이 견해들은 또한 개발의 기본 목표들을 명확히 하기 위해 단순한 육체적 생존의 욕구보다는 안전, 복지, 정체성, 자유에 관한 욕구를 기본적 욕구의 범주들로 기입한 유형론의 중요성을 강조한다. 이 범주들은 "개발도상"국 정부들의 지배방식에 전형적인 폭력, 물질적 빈곤, 소외, 억압과 대조를 이룬다. 지역별로 활용 가능한 인적·물적 자원을 모두 동원하고 문화적·자연적 환경과 양립 가능한 기술을 사용한다는 점에서 자립은 여전히 이러한 접근법들의 중심에 자리 잡고 있다. 그러나 그 밖의 많은 견해들도 목록에 오를 수 있다. 그 후 논쟁이 괄목할 만한 발전을 보이자 또 다른 접근법들도 〈다그 함마르셸드 재단〉(Dag Hammerskjold Foundation, 1975)이 개괄한 기본적 욕구, 자립, 생태적 발전[20]을 지향하는 접근법들에 포함되었다. "지속가능한 발전"은 브룬트란트[Gro Harlem Bruntland]를 의장으로 하는 저 유명한 〈세계환경개발위원회〉에 의해 공식화되자마자 가장 문제시된 개념이다. 주된 비판은 이 발상이 발전과 경제성장, "모두의 미래"와 제1세계의 미래를 혼동한다는 것이다.

어떻든 발전에 관한 새로운 접근법의 어떠한 정의도 지금껏 발전 과정에서 가장 적은 이익을 수취하면서 가장 혹독한 대가를 치러 온 저 남성과 여성들의 요구를 포착할 때에야 비로소 의미를 지닐 수 있

---

19. [영역자] 희랍어에 어원을 둔 아우토크톤(Autochthon)은 모든 나라의 최초 정주자들, 그리고/또는 한 지역의 토착 동물이나 식물을 뜻한다. 아우토크톤은 희랍어로 "대지 그 자체로부터"[αὐτόχθων]라는 의미를 지닌다.
20. [옮긴이] 생태적 발전(eco-development)은 1971년 스톡홀름 유엔 환경회의의 지도이념으로 채택되었다. 그 후 유엔은 주로 1970년대 초반 무렵 생태적 발전을 거시경제의 장기적 패러다임이자 세계적 차원의 개발전략으로 제시했다.

음은 분명하다. 또한 그러한 정의는 세계의 다양한 지역들에서 흔히 볼 수 있듯이 민중들이 개발을 원치 않을 경우 그들의 **개발 거부권**을 반드시 인정해야 할 것이다. 구스타보 에스떼바Gustavo Esteva가 1985년 〈국제개발협회〉Society for International Development 연례회의에 붙인 논평에서 "민중은 개발에 넌더리를 내고 있다. 그들은 오직 살고 싶을 뿐이다"(Shiva 1989, p. 13에서 재인용)라고 주장한 것도 바로 이러한 의미에서다.

위의 견해에는 동의하지만, 나는 페미니즘의 관점에서 발전 문제에 접근하고자 하는 운동들의 기여를 일별할 경우 생태페미니즘이야말로 가장 흥미로운 접근법들 중의 하나라는 사실이 분명하게 드러날 것이라고 믿는다. 생태페미니즘의 시발점이 인간과 생명체의 삶에 대한 존중이기 때문이다. 생태페미니즘은 또한 생명과 자급적 생존의 원천인 자연과의 관계, 자기결정권, 자본주의 발전모델에 대한 거부를 아우르는 접근법을 새롭게 선보인다. 선주민 공동체 속에서 획득된 여성들의 지식과 경험을 폄하하지 않고 그 가치를 정당하게 평가하기 때문이다.

생태페미니즘을 자본주의 개발 모델 내부에 위치한 여성 및 비임금 노동자들의 조건과 투쟁을 분석해 온 보다 급진적인 반자본주의 페미니즘과 이종교배시킨다면 매우 흥미로운 성과로 이어질 수 있을 것이다. 이 같은 맥락에서 간략하게나마 반다나 시바가 제기한 담론의 토대를 이루는 그녀의 자연관을 상기시키고자 한다.

그녀는 자연(프라크리티Prakrti)을 여성원리, 역동적인 원초적 에너지, 풍요의 근원인 삭티Sakti의 발현으로 여기는 인도의 우주론에 관한 지식을 활용한다. 프라크리티는 남성원리(푸루샤Purusa)와 결합해 세계를 창조한다. 여성들은 여느 자연적 존재들과 다름없이 본래적으로 여성적인 원리, 따라서 생명을 창조하고 보존하는 힘을 지닌다. 반다나 시바에 따르면 서구 과학 특유의 환원론적 시각은 삶의 영위로부터 여성원리를 끊임없이 추방한다. 더 나아가 이 시각은 생명의 순환을 방해함으로써 결국 생명 자체의 재생을 가로막고 그 자리에 파멸을 창조한다. 자연과 여성에 대한 환원론적 시각은 반드시 양자를 상품과 노동력의 생산수단으로 전락시킨다.

파괴를 '생산'으로, 생명의 재생을 '수동성'로 이해하는 가부장적 범주들은 생존의 위기를 초래했다. 자연과 여성의 '본성'으로 간주되는 수동성이라는 범주는 자연과 생명의 활동성을 부정한다. 진보와 발전으로 간주되는 파편화와 획일성의 범주들이 '생명 망' 속의 관계들과 이 관계들의 구성 요소 및 구성 양식들의 다양성에서 생겨나는 생명력을 파괴한다(Shiva 1989, p. 3).

생태학으로서의 페미니즘, 모든 생명의 원천인 프라크리티의 소생으로서의 생태학은 정치·경제적 변형과 재구조화의 탈중심적 역능이 된다(Shiva 1989, p. 7).

현대 여성들의 생태적 투쟁은 견실함과 안정성이 정체가 아님을, 자연의 본질적 생태과정과 조화를 이루는 것이 기술의 퇴보가 아니라 기술적 정교화임을 증명하려는 새로운 시도이다(Shiva 1989, p. 36).

선주민 운동과 선주민 여성들의 지식은 토지, 물, 자연에 대한 담론을 우리에게 되돌려주었다. 그녀들의 지식은 고대 문명들이 감춰놓은 부와 이 문명들이 한 번도 누설하지 않은 비전秘傳들 가운데 가장 가치 있는 것이라고 할 만하다.

　　토지와 함께 인간 다양성의 거대한 잠재력도 우리에게로 되돌아오고 있다. 인간이 그 자신의 산물인 문명의 유산에 저항하면서도 그것을 보존할 수 있었던 것은 이 다양성 때문이다. 이제 이러한 다양성은 독자적인 미래를 자율적으로 기획하려는 의지에 강력한 표현을 부여한다. 대지와의 관계에 대한 욕구, 자유·시간에 대한 욕구, 자본주의 발전모델이 끊임없이 부과하려는 노동양식과 관계양식에서 벗어나고자 하는 욕구는 동시에 수탈당한 서구인의 오랜 갈망을 표현한다. 아마도 치아빠스 봉기가 발발하자마자 온 세계에 그토록 널리 알려지고 있다는 바로 그 사실이 체념 속에서 또 다른 삶의 기획─삶 전부가 노동이 아닐뿐더러 자연 또한 더 이상 그 관계들을 미리 계획하고 사전 분류하며 파편화하는 울타리 쳐진 수렵장으로 남지 않을 세계─을 불가능한 탈주에 대한 몽상으로 치부했던 많은 이들에게 이러한 기획이 실현될 수 있다는 최초의 직관을 제공했을 것이다. 살아 움직이는 사회적 신체 전부가 수없이 글자판을 두드려 소식을 전파하고, 의견을 표명하고, 지지를 보내면서 치아빠스 봉기에 공명한 이유는 분명하다. 이 봉기가 수탈당한 서구인들의 내면 깊숙이 자리 잡은 비통한 감정을 건드렸기 때문이다. 천 개의 팔과 천 개의 다리가 움직였고, 천 개의 목소리가 들려 왔다.

　　지난 20년 동안 선주민 운동의 성장과 더불어 미주대륙 전역 및 세계 곳곳에서 소통과 연결의 배후지가 건설되었다. 관계, 분석, 정보의 짜임은 한층 더 세밀해지고 단단해졌으며, 이러한 경향은 특히 최근의 〈북미자유무역협정〉 반대 투쟁에서 두드러졌다. 이 모든 경향들은 살아 움직이는 사회적 신체의 다양한 부문들이 수행하는 활동과 부문들 간의 소통에서 주요한 쟁점이 되어 왔다. 세계 곳곳에서 비선주민 노동자, 생태운동 투사, 여성 그룹, 인권 활동가들이 복합적인 지지, 지원, 모니터링 활동에 결합하고 있다. 그러나 결국 이 모든 개인들, 집단들, 연합체들이 움직인 이유는 분명 선주민 운동의 요구 속에서 그들 자신의 요구를 확인했기 때문이다. 선주민 운동이 보여 준 해방의 가능성 속에서 그들 자신의 해방을 상상한 것이다.

선주민들이 열쇠들을 가져다주었고, 그것들은 지금 테이블 위에 놓여 있다. 이 열쇠들은 세 번째 밀레니엄으로 들어서는 또 다른 문들을 열어줄 것이다. 문밖에는 홍수가 당도해 있다. 콘크리트 제방을 무너뜨리고 최신 다수확 벼 품종을 침수시키면서……. 아만^{Aman}이 수면 위로 줄기를 내미는 사이에 농민들은 수많은 종자를 밖으로 가지고 나온다.

[영역 : 줄리안 비스]

8장

자본이 운동한다[1]

존 홀러웨이

I

자본이 운동한다.

이 말은 너무나 명백한 나머지 논할 가치조차 없어 보인다. 하물며 논문의 제목으로 삼기에는 더욱 더 그러하다.

빤하고 상식적인 해석들에서 "자본이 운동한다"는 문장은 통상적으로 자본이 한 지역에서 형성되어 이동함을 뜻한다. 영국 자본은 아프리카에 수출되고 투자된다. 일본 자본은 일본에서 나와 미국으로

---

[1] 이 논문의 초고에 대해 중요한 논평들을 제공해준 세세냐(Ana Esther Ceceña), 바레다(Andrés Barreda), 그리고 그들의 멕시코 대학 세미나 그룹에 사의를 표한다. 아서(Chris Arthur), 본펠드, 『자본과 계급』(*Capital and Class*)의 공동 편집자 스튜어트(Paul Stewart)에게도 고마움을 전한다.

흘러 들어간다. 자본은 원래 고정되어 있지만 운동할 수 있는 존재로 이해된다. 자본은 고착되어 있지만 떨어져 나올 수 있다. 예컨대 폭스바겐은 뿌에블라 지역 내에 자동차 공장을 소유하고 있지만, 우리는 이 독일 기업이 공장을 폐쇄하고 다른 곳으로 자본을 이동시킬 수 있다는 것을 알고 있다. 자본은 이동할 수 있다. 그러나 자본은 우선적으로 고착이라는 면에서 정의된다. 자본은 기업(폭스바겐), 산업부문(자동차산업), 장소(뿌에블라, 독일)에 고착되어 있다. 따라서 동일한 추론에 따라 흔히 섬유산업에 투자된 자본은 "섬유자본", 은행업에 투자된 자본은 "은행자본", 멕시코인 소유 자본은 "멕시코 자본", 미국인 소유 자본은 "미국 자본"으로 불린다. 자본의 이동 능력 혹은 특정한 소유자나 경제활동 부문으로부터 벗어날 수 있는 능력은 결코 의문시되지 않는다. 그렇더라도 이러한 자본의 운동은 고착성 또는 고정성의 관점에 입각한 최초의 규정에 비해 부차적이다.

이 모든 사례들에서 자본은 대체로 하나의 사물로 취급된다. 특정한 장소와 기업, 경제활동 부문에 매여 있고, 이 장소에서 저 장소로, 이 기업에서 저 기업으로, 한 경제활동 부문에서 다른 부문으로 움직일 수 있는 사물 말이다.

이 모든 것들은 분명하다. 그러나 일단 자본에게서 사물성을 벗겨내려고 시도할 경우 사태는 덜 분명해진다. 왜 자본에게서 사물성을 벗겨내려는 시도를 해야 하는가? 왜 자본 운동에 대한 빤한 분석만으로는 충분치 않은가? 그 대답은 확실히 우리가 알고자 하는 바에 달려 있다. 만일 우리가 경제학자처럼 자본주의의 발전을 이해하고자 하거나 자본이 사회를 지배하는 방식에 대해 알고자 한다면 자본의 사물성을 문제 삼을 이유는 없을 것이다. 그러나 만일 우리가 자본의 지배와 재생산이 아니라 그것의 취약성과 파열을 이해하고자 한다면, 다시 말해 자본주의는 어떻게 작동하는가가 아니라 어떻게 파괴될 수 있는지를 알고자 한다면 자본의 사물성을 열어놓을 필요가 있다. 즉, 자본의 사실성을 깨뜨리는 것, "자본이 존재하고 운동하며 지배한다, 그것이 곧 세상 이치다"라는 주장의 환상/실재를 깨뜨리는 것 말이다. 이것이 곧 맑스가 삶의 많은 시간을 자본은 사물이 아니라 사회적 관계, 즉 물신화된 사물의 형태로 존재하는 사회적 관계임을 보이는 데 바친 이유이다.

자본을 사물이 아니라 사회적 관계로 이해할 경우 "자본이 운동한다"라는 말은 무엇을 뜻하는가? 이제 그 대답은 분명치 않다. 사회적 관계가 어떻게 운동할 수 있단 말인가? 자본의 운동은 자본주의 사회관계, 자본주의 권력관계의 가동성可動性 또는 보다 정확하게는 흐름이나 가변성만을 가리킬 수 있다.

자본주의 사회관계의 가동성이 의미하는 바는 자본주의와 봉건제의 대비를 통해 가장 적절히 이해될 수 있다. 봉건제 하의 지배/착취 관계는 직접적이고 인격적인 관계였다. 농노는 특정한 영주에게 속박되었고, 영주의 착취는 그가 상속받거나 복속시킬 수 있는 농노로 한정되었다. 계급 분할의 양측은 서로 묶여 있었다. 농노는 특정한 영주에게 묶이고, 영주는 특정한 농노 집단에게 묶여 있었다. 영주가 무자비하더라도 농노는 다른 영주의 밑으로 가서 노동할 수 없었다. 농노가 게으르고 작업에 서투르거나 고분고분하지 않더라도 영주는 농노를 처벌할 수 있을 뿐 간단히 내쫓을 수 없었다. 농노와 영주 간의 관계는 고정적이고 부동적인 성격을 띠었다. 그에 따른 불만은 한편에서 농노들이 반란을 일으키는 것으로, 다른 한편에서 영주들이 권력과 부를 확대하기 위해 다른 수단을 추구하는 것으로 표출되었다. 인격적이고 고정적인 성격의 봉건적 예속관계가 노동의 권력을 봉쇄하고 착취하는 형태로서는 불충분하다는 사실이 드러난 것이다. 농노는 도시로 달아났고, 봉건 영주는 지배관계의 화폐화를 받아들였다.

그러므로 봉건제로부터 자본주의로의 이행은 계급 분할의 양측에서 일어난 해방운동이었다. 양측은 모두 상대방에게서 달아났다. (자유주의 이론이 강조하는 것처럼) 농노들은 영주들로부터 달아났고, 영주들 역시 그들의 화폐화된 부를 운동시킴으로써 농노들로부터 달아났다. 양측은 모두 지배형태로서는 부적절한 것으로 드러난 지배관계로부터 도망쳤다. 양자는 모두 자유를 향해 줄달음쳤다.

따라서 자유를 향한 도주는 봉건제로부터 자본주의로의 이행에서 중심적인 의의를 지닌다. 그러나 여기에는 물론 자유를 둘러싼 두 가지 상이하고 대립적인 이해방식(자유주의 이론의 중심적인 모순인 이원론)이 존재한다. 농노들의 도주는 영주에 대한 복종으로부터의 도주, 이러저러한 이유로 더 이상 예전과 같은 복종을 감수하지 않는 자들의 도주, 즉 불복종하는 자들의 도주였다. 영주들의 도주는 정확히 그 반대였다. 영주들이 부를 화폐로 전환시킨 것은 불충분한 복종으로부터의 도주, 즉 불복종으로부터의 도주였다. 한편에서는 불복종의 도주가, 다른 한편에서는 불복종으로부터의 도주가 일어났다. 그러므로 어느 편에서 보더라도 계급관계의 새로운 가동성, 즉 농노와 영주의 상호도주를 추동한 힘은 노동의 불복종이었다.

노동에 의한 불복종의 도주/노동의 불복종으로부터의 도주, 즉 두 계급의 상호반발은 물론 계급관계의 해체로 이어지지는 않았다. 농노와 영주 양측의 자유를 향한 도주는 재출현한 상호의존의 끈에 부딪혔다. 해방된 농노들은 마음대로 노동을 그만둘 수 없다는 사실을 깨달았다. 해방된 농노들은 생산수단을 통제하지 못했기 때문에 주인, 즉 생산수단을 통제하는 누군가를 위해 일해야 했다. 그들은 살아남기 위해 재차 복종해야 했다. 그러나 이 사태가 곧 낡은 관계로의 복귀를 뜻하지는 않는다. 해방된 농노들은 더 이상 특정한 주인에게 매이지 않았다. 그들은 자유롭게 이동할 수 있었고 한 주인을 떠나 다른 주인에게로 가서 노동할 수 있었다. 봉건제로부터 자본주의로의 이행은 지배관계의 탈인격화, 탈구, 용해를 필요로 했다. 인격적 예속의 끈이 사라졌다고 해서 착취관계가 폐절된 것은 아니다. 그러나 착취관계는 형태상 근본적 변화를 겪었다. 농노와 한 명의 특정한 주인을 묶는 특수한 끈은 해체되고 가동성, 가변성, 탈구를 특징으로 하는 자본가계급에 대한 예속관계로 대체되었다. 불복종의 도주는 바로 이 새로운 계급관계 규정의 일부가 되었다.

사회의 반대편에서는 부를 화폐화한 예전의 영주들[2] 역시 자유가

---

2. 크리스 아서(Chris Arthur)는 이 논문의 초고에 붙인 유익한 논평에서 "이 논문은 사실상 자본가 새 모자를 쓴 영주라고 단언한다. 이러한 주장은 근거 없는 거창한 '역사적 수정주의'다. 그[홀러웨이]는 새로운 생산양식이 최소한 영주의 몰락과 자본가의 상승을, 크게 보아서는 프랑스혁명과 같은 에피소드로 중단된 두 계급 간의 첨예한 계급투쟁을 낳았다는 통설만큼은 인정해야 한다"는 의견을 제시했다. 크리스가 말한 그대로다. 이 글은 실제로 자본가가 변신한 영주라고 주장한다. 중요한 것은 (일부 사례들에서는 나타나지만 그 밖의 사례들에는 존재하지 않는) 인적 연속성이 아니다. 문제는 봉건주의에서 자본주의로의 이행을 지배와 투쟁의 관계, 더 정확히 말해 노동의 불복종/복종의 관계에서 나타나는 형태상의 변화로 이해하느냐다. 계급을 일단의 인민("자

그들이 상상했던 것과 완전히 같지는 않음을 깨달았다. 그들은 여전히 착취에 의존하고 있었던 것이다. 즉, 그들은 피착취자, 노동자, 이전에 자신의 농노였던 자들의 복종에 의존했다. 자본가로 전환한 영주들에게서는 불복종으로부터의 도주가 해결책이 될 수 없다. 그들이 소유한 부의 증식 여부가 노동의 복종에 달려 있기 때문이다. 그들은 (어떠한 구실을 붙여서라도 — 태만, 미숙련, 그 밖의 어떤 이유로든) 특정한 노동자 집단에 대한 착취에서 손을 뗄 수 있으며, 또 다른 노동자 집단에 대한 직접적인 착취 고리를 만들거나 단순히 비생산적 투자를 매개로 지구적 노동착취에 가담한다. 그들의 특수한 노동착취 관계가 어떠한 형태로 나타나든 그들이 수취하는 부의 증식분은 노동자들에 의해 생산된 부의 총증식분 중 일부에 지나지 않는다. 어떠한 계급지배 형태 하에서도 노동은 여전히 유일한 구성력이다. 과거의 농노들의 경우와 마찬가지로 자유를 향한 도주는 새로운 의존 형태로의 도주라는 사실이 드러난다. 농노들의 복종으로부터의 도주가 그들을 새로운 복종의 형태로 되돌아오게 한 것과 마찬가지로 영주들의 불복종으로부터의 도주 또한 그들을 저 불복종과 맞설 필요성으로 되돌아오게 한다. 그럼에도 불구하고 이 관계는 변화했다. 불복

본가들," "영주들")이 아니라 적대적인 지배관계의 극성으로 이해한다면(Marx; Gunn 1987을 참조하라), 자본가들과 영주들 간의 투쟁을 두 계급들 간의 투쟁으로 간주하는 것이 오류임은 분명해진다. 자본가와 영주 간의 투쟁은 오히려 계급지배의 형태, 즉 불복종하는 노동에게 복종이 강요되는 형태를 둘러싼 투쟁이었다. 진정 거창한 "역사적 수정주의"를 보고 싶다면 게르스텐베르거(Gerstenberger 1990)를 참조하기 바란다. 게르스텐베르거는 놀랄 만큼 풍부한 증거를 활용해 '정통' 맑스주의 역사학자들에 맞서 이 글과 유사한 주장을 제시한다(영어본은 Gerstenberger 1992; Holloway 1993; Gerstenberger 1993을 보라).

종으로부터의 도주가 (예컨대 늘 존재하는 공장 폐쇄나 파산 위협에서 보이듯) 복종을 부과하기 위한 자본의 투쟁에서 중심적이기 때문이다. 불복종으로부터의 도주는 새로운 계급관계를 규정짓는 특징이되었다.

따라서 노동의 불복종은 '자본으로서의 자본' 규정의 회전축이다. 자본주의와 이전의 계급사회를 구별 짓고, 모든 계급사회가 그렇듯이, 자본주의 역시 기초를 두고 있는 착취에 특유의 형태를 부여하는 것은 두 계급의 상호반발, 즉 복종의 도주와 복종으로부터의 도주이다. 불복종이 빚어내는 불안정성은 노동과 자본의 운동인 계급관계의 일부를 이룬다.

새로운 계급관계, 즉 자본가와 노동자 간의 관계는 (양자 간의 관계가 탈인격화된 관계이므로 보다 정확히 말해 자본과 노동 간의 관계는) 시작부터 상호도주와 상호의존의 관계이다. 이 관계는 불복종의 도주와 불복종으로부터의 도주, 재복종에 대한 의존을 특징으로한다. 자본은 바로 그 정의상 더욱 더 많은 부를 좇아서 복종하지 않는 노동으로부터 달아난다. 그러나 자본은 노동의 복종에 대한 의존에서 결코 벗어날 수 없다. 노동은 시작부터 자율성, 평온, 인간성을좇아 자본으로부터 달아난다. 그러나 노동은 오직 자본의 파괴, 즉노동 생산물에 대한 사적 전유의 파괴를 통해서만 자본에 대한 의존과 복종에서 벗어날 수 있다. 따라서 자본과 노동 간의 관계는 상호도주와 상호의존의 관계이다. 그러나 이 관계는 대칭적이지 않다. 노동은 벗어날 수 있지만 자본은 벗어날 수 없기 때문이다. 자본이 노동에 의존하는 방식은 노동이 자본에 의존하는 방식과 다르다. 노동이 없다면 자본은 소멸한다. 반면에 자본이 없다면 노동은 실천적 창조성, 창조적 실천, 인간이 된다.

농노(현재의 노동자)와 영주(현재의 자본가)는 여전히 착취와 투쟁의 관계를 구성하는 적대적 양극으로 남아 있다. 그러나 이 관계는 더 이상 [과거의 그것과] 동일한 관계가 아니다. 노동의 불복종이 불안정성, 가동성, 유동성, 흐름, 가변성, 끊임없는 도주로서의 관계 규정 가운데 일부가 된 것이다.[3] 계급관계는 끊임없이 변화하고 내재적인 가동성을 지닌 관계가 되었다. 이러한 관계 속에서 전체 자본가는 노동자 전체를 착취하는 데 공동으로 참여하며, 모든 노동자들이 자본의 재생산에 기여한다. 이 과정에서 착취양식은 주마등처럼 변화를 거듭하고 있다.

자본주의로의 이행과 더불어 모든 계급관계의 핵심에 자리잡은 노동의 불복종/복종의 변증법은 독특한 형태를 띠게 된다. 이제 그것은 새롭게 시작되는 노동의 복종을 둘러싼 노동의 불복종적 도주와 노동의 불복종으로부터의 도주라는 적대적 운동으로 나타난다. 이

---

3. 따라서 계급적대는 단지 생산의 관점이 아니라 생산과 유통의 통일이라는 관점에 입각할 때 이해될 수 있다. 생산을 근본적인 것으로, 유통을 부차적인 것으로 바라보는 시각은 결국 노동계급을 생산에 종속된 인민들로 구성된 계급, 즉 산업 프롤레타리아트로 바라보는 시각으로 이어지기 쉽다. 만약 자본을 생산과 유통의 통일(또는 '불복종의 도주/불복종으로부터의 도주'와 '복종의 부과' 간의 통일)이라는 관점에서 파악한다면 상이한 그림이 떠오른다. 자본은 [노동을] 복종시키고 나서 [노동의] 복종과는 불가분한 불복종으로부터의 도주를 통해 살아간다. 즉, 자본은 착취하기 위해 노동을 빨아들이고 나서 입맛에 맞지 않으면 뱉어 버린다. 노동계급을 규정하는 적대는 복종의 적대가 아니라 복종/불복종의 적대이다. 노동계급은 순종적인 희생자들이 아니라 자본이 달아나면서도 반드시 복종시켜야 하는 불복종의 존재들인 것이다. 자본이 빨아들임과 내뱉음으로 살아간다면, 노동계급은 정확히 [자본의] 입맛에 맞지 않아 빨리고 내뱉어지는 온 세계의 사람들로 정의될 수 있다.

독특한 역사적 형태는 통속적인 정치경제학적 범주들, 즉 상품으로서의 노동력과 노동 생산물의 실존, 가치·화폐·자본의 실존으로 표현된다. 문제의 범주들 전부는 간접적인 혹은 탈구된 자본주의적 지배의 특성을 보여 준다. 모든 범주들은 자본주의 하에서는 노동의 복종이 "자유", 즉 노동자의 "자유"와 자본가의 "자유"에 의해 매개된다는 사실을 표현한다. 다시 말해 노동의 복종이 불복종의 도주와 불복종으로부터의 도주에 의해 매개된다는 것이다. 따라서 자본주의 발전의 합법칙성을 구체적으로 표현하는 데 흔히 사용되는 이 범주들은 실제로는 자본주의적 종속관계 내부에 노동의 불복종이 명백히 현존함을 보여 준다. 즉, 이 범주들은 자본주의적 지배의 중심에 놓인 혼돈을 표현한다.

이러한 이해 방식은 거꾸로 서 있는 것처럼 보인다. 말하자면 우리는 이러한 관점에서 가치를 사고하는 데 익숙하지 않은 것이다. 가치를 질서의 확립(가치"법칙"), 즉 독립적인 생산자들로 이루어진 사회를 연결하는 사회적 유대로 간주하는 것이 보다 흔한 사고방식이다. 그러한 이해는 타당하다. 그러나 그 타당성은 오직 자유주의 이론을 비판하는 데 역점을 둘 때로 한정된다. 요컨대 "가치법칙"이라는 개념은 "겉으로 보기에 독립적인 자본주의 사회의 생산자들은 그 외관에도 불구하고 그들의 배후에서 작동하는 사회적 연관(가치법칙)에 의해 묶여 있다"는 것을 의미한다. 하지만 파편화된 개인성이라는 외관이 아니라 역사적으로 바로 그 복종의 규정 속으로 침입해 온 노동의 불복종에서 출발한다고 가정해 보자. 이제 가치는 이러한 침입이 보다 응집적인 봉건 지배에 가한 균열을 표현한다. 가치법칙은 동시에 가치의 무법칙성, 사회 발전의 산물에 대한 모든 사회적 통제의 실패, 복종 속에 현존하는 불복종을 뜻한다. 가치는 복종 그 내부에 불복종의 도주와 불복종으로부터의 도주가 모순적으로 현존하는 사태를 정치경제학적으로 표현한다. 자유주의 정치이론 속에서 자유가 이러한 모순적인 현존의 범주적 표현인 것과 정확히 마찬가지다.

가치는 화폐형태를 취함으로써 계급관계의 새로운 유동성을 뜻하게 된다. 사회적 관계가 화폐를 통해 매개되면서 노동자는 한 주인에게서 다른 주인에게로 이동할 수 있게 되며, 각각의 경우 그 또는 그녀는 일정액의 화폐를 받고 노동력을 판매한다. 자본가로 변신한 영주는 자신의 부를 화폐로 전환시킴으로써 한 노동자 집단을 버리고 다른 노동자 집단에게로 이동할 수 있으며 지구적 노동 착취에도 참여할 수 있다.

화폐는 계급관계를 유동화할 뿐만 아니라 변형하거나 물신화한다. 화폐는 계급관계에 특유의 색채를 입힌다. 이로 인해 복종/불복종의 관계는 적대적 관계가 아니라 부자와 빈자 간의 관계, 화폐를 소유한 자와 소유하지 못한 자 간의 불평등한 관계로 나타난다. 화폐는 복종/불복종의 적대관계를 화폐관계로 변형시킨다. 또한 화폐는 자본-노동관계를 규정하는 불복종의 도주와 불복종으로부터의 도주를 (경제적 현상으로 간주되는) 화폐의 운동, 자본의 운동으로 변형시킨다.

이 글의 서두에 제시된 "자본이 운동한다"라는 진부한 문장은 이제 새로운 의미를 획득했다. 이 문장은 동어반복이다. "자본이 운동한다"라는 문장은 정상적이라면 움직이지 않을 자본이 지금은 움직인다는 뜻이 아니다. 그것은 자본에 내재된 가동성을 의미한다.

II

따라서 자본은 사회적 관계이다. 그러나 자본은 단지 착취/예속/지배의 사회적 관계가 아니다. 자본은 불복종의 명백한 현존이 부단한 동요, 가동성으로 표출되는 사회적 예속관계이다. 이러한 가동성은 (생산자본에서 상품자본, 화폐자본으로, 그리고 그 역순으로 자본의 형태가 변화하는 한) 기능적이면서도 (자본이 자기증식 수단을 찾아 세계 도처를 순환하고 질주하는 한) 공간적이다. 자본의 종차를 이루는 특수한 복종/불복종의 통일성은 생산과 유통의 통일 혹은 (맑스가 『자본』 2권에서 다룬) 자본 순환상의 서로 다른 기능적 형태들의 통일로 나타난다. 이 특수한 복종/불복종의 통일성은 (불복종과 복종 간의 관계로서의) 계급투쟁이 전개되는 장소인 세계의 통일성으로 표현될 수도 있다. 반대로 생산과 유통의 탈구나 자본 순환의 다양한 기능적 형태들 또는 자본의 공간적 유출입에서 일어나는 탈구는 불복종과 복종의 통일 속의 분열, 노동을 봉쇄할 수 없는 자본의 항구적 무능력, 복종으로부터 부단히 넘쳐흐르는 불복종으로서만 이해될 수 있다. 즉, 이러한 탈구는 (자본의 내부에서/자본에 대항하는 데 그치지 않고) 자본에 대항하며/자본 내부에 현존하는 노동을 표현한다.

이상의 모든 논의는 지난 20년 이상 〈사회주의경제학자회의〉Conference of Socialist Economics가 펼쳐 온 논쟁의 중심적인 주제를 알기 쉽게 고쳐 쓰고 발전시킨 것에 지나지 않는다. 요컨대 위의 논의들 전부는 구조주의 비판, 구조와 투쟁의 분리에 대한 비판이다. 구조와 투쟁의 분리란 결정적으로 복종과 불복종이 분리됨을 뜻한다. 주류적인 (더구나 돌이킬 수 없이 구조기능주의적인) 맑스주의 전통 내에서는 자본주의를 기본적으로 계급투쟁(공공연한 불복종의 표출)에 의해 이따금씩 교란되는 자기재생산적인 지배/예속의 체계, 자기재생산적인 경제 시스템으로 바라보는 사고방식이 일반적이었다. 이러한 시스템 하에서 착취당하는 노동자들은 공개적인 투쟁에 참여하는 드문 경우를 제외하고는 희생자에 불과한 것으로 간주된다. 주류적인 맑스주의 전통은 노동가치론을 자본주의의 자기재생산을 설명하는 메커니즘으로 이해한다. 여기에는 노동가치론의 가장 명백한 특징에 대한 [주류 맑스주의 전통] 특유의 무지가 자리 잡고 있다. 노동가치론은 노동에 대한 자본의 의존을 다루는, 따라서 계급투쟁을 다루는 이론이라는 사실에 대한 몰이해 말이다. 불복종과 복종의 통일, 즉 복종 그 자체의 규정 속에서 복종을 침식하고 파괴하며 혼돈으로 몰아넣는 불복종의 현존을 거듭 주장하는 것은 이처럼 쓸모도 없고 더욱 심각하게는 [저항의] 역능을 박탈하는 주류 맑스주의 전통에 대한 대응에서 중요한 의의를 갖는다.

자본의 "국제화" 또는 "지구화"를 둘러싼 현재의 많은 논의들 속에서 자본의 가동성이라는 개념이 사용되는 방식은 복종과 불복종, 구조와 투쟁의 분리를 보여 주는 하나의 사례다. 이러한 논의들 속에서는 설령 노동이 각별하게 취급되더라도 기껏해야 자본주의적 지배의 전개 과정에서 최근 새롭게 발생한 사건들의 희생자로 등장할 뿐이다. 이 논의들에 등장하는 행위자들은 미국 자본, 일본 자본, 유럽 자본, 금융자본 등으로 불린다. 논쟁의 초점은 "금융자본"의 권력 확장, "미국 자본," "일본 자본" 등 "제국주의 간의 경쟁"에 집중된다. 이 범주들 전부는 사물로서의 자본이라는 개념, 불복종 권력의 관점에서 자본의 불안정성을 파악하려는 시도를 불가능하게 하는 개념에 기초한다. 최근에 일어난 자본주의의 변화를 서로 다른 국민적 자본들 사이의 갈등이라는 관점에서 파악한다면[4] 계급투쟁은 변화의 실체가 아니라 기껏해야 변화하는 지배의 형태에 대한 반작용으로 나타날 수 있을 뿐이다. 모든 것이 거꾸로 세워진다. 자본의 "지구화"(나는 화폐형태를 취한 자본의 유출입 속도와 규모가 엄청나게 증가하는 현상을 가리키기 위해 이 개념을 사용한다)는 노동을 복종시킬 수 없는 자본의 무능력이 표출된 것으로 간주되지 않는다. 자본의 지구화는 오히려 자본 권력의 강화로 간주된다.[5] [그러나] 화폐의 폭력은 노동의 불복종에서 벗어나려는 자본의 도주 수단이자 노동을 새롭게 복종시키려는 자본의 요구가 낳은 필사적인 방편이다.[6]

---

4. "국민적 자본" 개념을 정당화할 수 있는 유일한 근거가 국민국가를 세계적인 이윤율 균등화(Capital, Vol III, ch.10 [『자본론』 III])의 장애물로 파악하는 관점에서 나올지도 모르겠다. 그렇지만 나로서는 여태껏 그와 같은 입론의 사례를 본 적이 없다. 그러한 이론화가 이루어진다면 어떠한 경우든 계급적 관점에 입각해야만 할 것이다. 나는 "영국," "미국," "멕시코," "아일랜드," "일본" 등의 의심스러운 범주들에 선험적인 타당성을 부여할 이유가 전혀 없다고 본다. 모든 사회이론의 범주들과 마찬가지로 이 범주들 또한 비판을 피할 수 없다.
5. 이 논문에서의 논의를 좀 더 진전시킨 글로는 Bonefeld(1993); Bonefeld and Holloway(1995)를 참조하기 바란다.
6. 이 글이 허공에 떠 있는 것처럼 보일 수도 있겠지만 사실은 그렇지 않다. 이 글의 배경에

맑스주의는 자본 권력에 대한 이론이 아니라 불복종적인 노동의
역능을 다루는 이론이다.

는 치아빠스에서 일어난 사빠띠스따 봉기와 멕시코 페소화 평가절하 사태 간의 관계,
사빠띠스따 봉기로 촉발된 세계 금융시장의 격변(세계 자본주의의 "체계적인 위험 요
인")이라는 문제가 자리 잡고 있다. 멕시코에서 일어난 자본도피가 치아빠스 봉기와 동
떨어진 경제적 현상으로 간주될 경우 치아빠스라는 농촌 지역과 세계 최대도시[멕시
코시티]에서 일어난 두 가지 불만의 형태들 사이에 존재하는 통일성의 입증은 더욱 어
려워진다. 연결된 도화선이 일단 점화되면 세계를 변화시킬 수 있다. [이 글에서 제기된
쟁점들에 대한 더욱 진전된 논의는 Holloway, John and Peláez, Eloina (eds.) *Zapatis-
ta*, Pluto, London, 1998; and Holloway, John "Zapata in Wallstreet," in Bonefeld,
Werner and Psychopedis, Kosmas (eds.) *The Politics of Change*, Palgrave, London/
New York에서 찾아볼 수 있다. ─ 엮은이]

9장

변화의 정치

이데올로기와 비판[1]

워너 본펠드

서론

"지구화"는 당대의 정치경제학 연구에 체계성을 부여하는 용어 가운데 하나로 확립되었다. 이 용어는 응집적이고 고립된 국민경제와 일국사회라는 개념이 더 이상 유지될 수 없으며 일상생활이 지구적 영향력에 의존하게 되었음을 보여 준다. 국민국가들의 경계를 넘어서는 새로운 상호의존 관계의 발전을 근거로 "지구화"가 자본주의의 질적인 변형을 표현한다는 주장이 제기되고 있다. 지구화 "이론"은 맑스의 세계시장관과 함께 생산물의 판로를 부단히 확대하려는 욕구가 자

---

1. 이 글은 『공통감각』 24호에 게재된 처음의 영어판 소논문을 수정하고 새롭게 보완한 것이다.

본가를 지구 전면全面으로 내몬다는 그의 견해를 강조하는 듯하다. 하지만 아니다. 지구화론자들에게 부르주아 계급이란 없다. 그 대신 "자본주의"는 사회적 개인들에게 "객체적으로" 부과되면서 노동자계급과 부르주아 계급 모두를 무력한 존재로 만드는 모종의 경제적 메커니즘으로 간주된다. 두 계급 모두 지구화가 초래하는 듯한 위험에 시달린다고 간주된다(Beck, 1992).

"지구화"를 규정짓는 요소들은 다음과 같이 간략하게 요약할 수 있다.

1) 금융구조 및 지구적 신용창출의 중요성과 의의 증대, 그로 인한 생산자본에 대한 금융자본의 우위: 하비(Harvey 1989)는 금융자본이 세계적 차원에서 자립적인 힘으로 전화되었다고 주장한다. 또한 스트레인지(Strange 1988; 1991)는 금융 상부구조가 행사하는 구조적 권력의 강화를 강조한다.

2) "지식구조"의 중요성 증대(Strange 1988; Giddens 1990): 지식이 생산의 중요한 요소가 되었다는 주장이다.

3) 기존 기술들의 무용화無用化 속도 증가 및 기술의 초국가화 현상 강화: 지식기반 산업, 기술혁신에 대한 의존의 증가, 기술적 후진성에 따른 위험의 증가를 강조한다(Giddens 1991).

4) 다국적 기업 형태의 지구적 과점체들의 발흥: 기업들은 지구적

인 다국적 기업으로 나아가는 수밖에 없으며, 특히 초국적 은행들의 경우 국민국가와 국민경제를 능가하는 가장 영향력 있는 권력체로 전화했다고 주장된다(Strange 1991).

5) 생산·지식·금융의 지구화가 한편으로 규제권력으로서의 국민국가의 퇴각(strange 1991)을, 다른 한편으로 유엔·G7(현재의 G8)과 결부된 다원적 권위구조의 형태로 정치권력의 지구화(Held 1995)를 초래했다고 주장된다. 국민국가의 약화는 (a) 지구적 차원의 체도적·규제적 불확실성을 증폭시키고, (b) 국민적인 자유민주주의 정부 시스템의 공동화를 야기하는 것으로 이해된다. 국민국가는 "경쟁국가"로 변형되었다고 간주된다(Cerny 1990; 1997).

자본이 국민적인 규제 감독과 책임성의 의무로부터 벗어나 이른바 새로운 해방을 성취함에 따라 생태적 파괴, 사회적 분열, 빈곤이 가중된다는 것이다. 히르쉬(Hirsch 1995)에게서 지구화는 계급들 없는 계급사회에 기초한다. 따라서 지구화는 경제적 명령에 저항할 수 없도록 노동자를 무력화하는 것으로 이해된다(Anderson 1992, 366). 요컨대 지구화가 자본의 불가능한 꿈이 실현되는 것으로, 즉 도전받지 않는 축적의 실현으로 간주되고 있는 것이다.

위의 내용은 지구화에 관한 통설의 주요 항목들을 개괄한 것이다.[2] 다음의 두 절節에서는 "지구화"에 대한, 즉 지구적인 것the global은

---

2. 지구화에 대한 대안적인 견해로는 예컨대 Boyer and Drache(1996), Hirst and Thompson(1999); Ruigrok and van Tulder(1995), Weiss(1998)를 보라. 이 저자들은 지구화에

어디에서 시작되어 어떠한 결말로 이어지는가에 대한 비판적 논평을
제공하고자 한다.

지구화란 무엇인가?

지난 10여 년 동안 여성 및 아동 밀매, 매춘과 노예노동은 계속 증
가했다. 인간 장기와 유아를 거래하는 새로운 시장이 출현하자 노동
력 소유자들은 착취의 자원이 되는 것으로도 모자라 수술대에 오른
후 판매되는 자원으로 전락했고, 아이들은 외국으로 팔려 나가기 위
해 출산되고 있다(Federici 1997을 보라). 일부 저작들은 우리 눈앞에
서 시초축적 상황이 재현되고 있다는 견해를 제시했다.[3] 이 저작들은
"오늘 미국에서 출생증명서 없이 출현하는 다량의 자본은 어제 영국
에서 자본화된 아동들의 피"라는 맑스의 통찰(Marx 1983, 707)이 오
늘날의 상황에 대해서도 여전히 강력한 비판을 제공한다는 것을 분

관한 통설의 "추상적 일반화"를 의문시하는 풍부한 경험적 증거를 제시한다. 그러나 이
들의 논의는 국가와 경제를 별개의 구조들로 전제하는 지구화 의제들의 한계 속에 단
단히 고정되어 있다. 지구화 옹호자들은 경제적인 것이 국가에 대한 자율성을 획득했
다고 주장한다. 한편 비판가들은 국가가 여전히 경제를 조절할 능력을 보유하고 있기
때문에 경제적 관계들에 대한 자신의 권리를 재주장하면서 자본에게 적정한 사회적
규제를 행사할 수 있다고 주장한다. 둘 중 어느 편도 지구화에 대한 계급 분석은 제공
하지 않는다. 이에 관해서는 Bonefeld(2000), Burnham(2000) 그리고 Holloway(2000)
을 참조하기 바란다.
3. 그 밖의 논문들로는 Dalla Costa, M and G. F. Dalla Costa(1995, 1997), Dalla Costa,
M(1995), Midnight Notes [Collective] (1992)에 수록된 논문들, 그리고 이 책에 실려 있
는 마리아로사 달라 꼬스따[7장]의 글을 보라.

명히 보여 준다.

앞서 제시된 지구화에 관한 통설들의 개요를 검토해 보면, "지구화" 이론은 이러한 인간의 고통을 인정하지 않을 뿐만 아니라 일말의 관심조차 두지 않는다. 지구화 옹호자들은 지구화가 자본주의의 축적 위기를 상당히 "해결"하고 "인간들 간의 사회적 관계"에서 영원히 벗어남으로써 자본주의적 착취에 대한 저항의 토대를 약화시켰다고 믿는다. [지구화 옹호론자들에 따르면] 할 수 있는 일이라고는 고작 민주적인 통치를 초국가화함으로써 손상된 자유민주주의의 가치를 회복하는 것뿐이다. 세계시민권을 확보할 길은 오직 그 방도밖에 없다는 것이다.

자유민주주의와 자유민주주의 국가라는 개념을 통해 무엇을 이해할 것인가? 아담 스미스 이래로 자유주의자들은 이익충돌을 해결할 엄정한 법집행(소유권 보호), 군사적인 영토 방위, 시장에 필수적이지만 자체로는 조달할 수 없는 공공재 공급, 그리고 경쟁과 시장의 자기조절 환경 촉진을 포함한 자유롭고 평등한 관계의 조성을 위해서는 국가가 불가결하다고 주장해 왔다.[4] 지구화는 국가 본연의 역할에 대한 이 자유주의적 "관념들"을 약화시켰는가? 그렇지는 않은 듯하다. 지구화론자들은 오히려 지구화가 부르주아 국가를 자유주의 국가로 부각시킨다고 주장한다. 그렇다면 우리는 국가가 "퇴각" 중이라는 사고를 어떻게 해석해야 하는가? 논평자들은 경쟁국가라는 개념을 지구화의 조건 아래 놓인 국가에 대한 적절한 정의로 제시한다. 국

---

4. 이 "국가 기능들"의 목록은 아담 스미스의 *The Wealth of Nations*, Penguin, Harmondsworth [아담 스미스, 『국부론』 상·하, 김수행 옮김, 비봉출판사, 2007]에 붙인 스키너(Skinner)의 서문에 의지한 것이다.

가들이 무엇을 놓고서 경쟁하고 있다는 말인가? 국가들은 자국의 비교우위를 확대하고 보호하며 활용하기 위해 경쟁을 벌이고 있는가? 경쟁국가란 "만약 이 나라에서 기계의 사용이 안겨줄 최대의 순수익을 획득할 수 없다면, 자본이 해외로 빠져나가서 결국 노동수요가 심각하게 억제"(Ricardo [1821] 1995, 39)될 것이기 때문에 투자 간섭으로 일자리를 보호하려고 시도해서도 안 되고 시도할 수도 없는 국가를 말하는가? 경쟁국가는 리카도의 통찰을 정당화하는가? 지구화론자들은 "국민국가"가 신자유주의 국가로 변형됨과 동시에 자유민주주의도 약화된 것으로 간주한다.[5] 따라서 소위 국가의 퇴각이란 국가를 자유주의 국가로 재언명한다는 뜻이다. 세르니(Cerny 1996)가 이해하듯이 국가, 그 중에서도 자본의 경쟁력 보증과 연동되어 있는 부문들에는 "잔여 기능들"만 맡겨진다는 것이다. 이렇게 해서 지구화 이전의 국가는 모든 사람들을 "국민호"one-national boat의 일원으로 규정한 포괄적인 사회민주주의 프로젝트에 따라 경제를 조절하면서 사회적 책임을 다해 온 것으로 간주된다(Hirsch 1997을 보라). 1950년대와 1960년대의 투쟁들에 비추어 볼 때 지구화론자들의 이러한 과거 회고는 불합리할 뿐만 아니라 솔직하지도 않다(Bonefeld 1999를 보라).

우리는 맑스를 좇아 "이론적 수수께끼들의 해결책은 …… 인간의 실천과 이 실천에 대한 파악에서 발견된다"(Marx 1975, 5)고 주장하려 한다. 그러나 지구화에 관한 통설은 이러한 관점을 "시대에 뒤

---

5. 아뇰리(Agnoli 1997)와 클라크(Clarke 1992)가 보여 주었다시피, 자본주의 국가는 그 특수한 역사적 형태가 어떻든 기본적으로 자유주의 국가이다. 자유민주주의와 그 현재적 변형에 관한 비판으로는 Agnoli(2000)을 참조하라.

진"(Hirsch 1995) 것으로 간주하거나 적어도 매우 의심스럽게 여긴다. 그들에게서 결정적인 것은 인간의 사회적 실천이 아니라 경제적 발전 논리인 것이다. 사회적 실천은 다만 하나의 파생물, 즉 경제적 메커니즘의 "객관적" 논리에서 도출될 수 있는 그 무엇으로 간주될 뿐이다. 자본의 지구화라는 관념은 "자본"이 그 자체의 실존을 지구화함으로써 홀연히 국민적 외피를 벗어던졌다는 가정에 그치지 않는다. 이러한 관념은 또한 "자본"이 스스로를 지구화하고 느닷없이 과학적 전문지식에 한층 더 근거하는가 하면 생산적 축적에서 벗어나 분리되어 있는 금융적 축적[양식]을 발견하면서 국경 없는 세계로 확장되었다고 가정한다. 요컨대 지구화론자들의 눈에는 자본이 1980년대 후반 이후 별안간 세계시장을 발견한 것처럼 보인다. 그 이전에는 자본이 어디에 있었단 말인가? "자본"이 "탈국민화"된다는 것은 무슨 뜻인가? 과거의 자본은 국민적으로 구성된, 국민적 자본이었다는 말인가?

지구화에 관한 통설은 자본관계를 사회적 생산관계가 아니라 자본이 그 자체와 대면하는 관계로 정립한다. 다시 말해 자본주의의 발전이라는 개념화는 자본과 자본 간의 경쟁관계, 즉 자기관계에 기초한다. 이 관계의 사회적 구성은 규정될 수 없다. "자본"이란 무엇인가라는 물음에 대한 대답이 이미 전제되어 있기 때문이다. 자본은 자본이며 그 역도 마찬가지라는 것이다. 건(Gunn 1991)이 보여 주다시피 이런 식의 개념적 정교화는 보이지 않는 원리의 실질적인 의미를 발견하려는 시도로 인해 결국 메타이론의 무한소급으로 귀결된다. 보이지 않는 (필연적) 원리의 실질적인 의미를 발견하려는 정치경제학의 (또한 새로운 얼굴을 지닌 자본주의의 청사진을 제공하려는 사람들의)

부단한 탐색은 결국 불합리한 시도로 끝나고 만다. 파악되어야 할 것이 이성을 넘어서는 어떤 것으로 전제되어 있기 때문이다.

"보이지 않는 존재"에서 "진리"를 구하려는 시도는 언제나 전통이론, 즉 우리의 사회적 세계를 인간에 의해 형성되고 – 전도된 실천이든 계몽적인 실천이든 – 인간의 사회적 실천에 의존하는 세계로 이해하는 것에 저항하는 이론의 특징이었다(Horkheimer 1992).

요컨대 지구화에 대한 분석적 접근들은 노동과 자본 간의 본질적 관계를 개념화하지 못한다. 이 관계는 이론화되지 않은 채 남아 있으며, 자기관계로서의 자본이라는 동어반복적인 이해로 대체된다. 이러한 관점에서는 노동이 단지 임금관계의 관점에서, 즉 노동하는 상품(이에 관해서는 Bonefeld 1995a를 보라)으로 이해된다. 그 결과 가치 실체로서의 노동은 이론적으로 배제되고, 계급투쟁은 기껏해야 착취에 보다 유리한 지역으로 생산시설을 이전하겠다고 위협하는 자본에 의해 통제되는 일국 노동계급이라는 관점에서만 인정될 뿐이다. 물론 자본은 사물이지 사회적 관계가 아니라는 관념은 다분히 정치경제학적 전통과 관련되어 있다. 그렇더라도 지구화에 관한 통설이 그 자신의 이론적 유산을 망각한 듯 보인다는 것은 우려할 만한 일이다. 아담 스미스는 – 비록 그의 가치론에는 결함이 있었지만 – 적어도 부르주아 세계의 구성에 대한 과학적 이해를 제공하고자 했다. [그러나] 지구화론자들은 이 세계를 소여로, 물자체로 받아들인다. 정통 지구화론은 이런 식으로 고전학파 정치경제학의 속류적 해석을 대변한다. 이 해석은 가치의 사회적 구성이라는 문제를 제기하지 않으며, 그로 인해 전능한 손이 보유한 효과적이고 능률적이며 공정한 권능이라는 보이지 않는 원리가 자본의 세계를 조정한다고 여긴다.

따라서 자본주의적 축적에 대한 정치적 조절을 재민주화하자는 제안은 보이지 않는 존재의 인정에 기초한다.[6] 어떻게 보이지 않는 존재가 민주적 원칙에 책임을 지도록 할 수 있을까? 신자유주의 시장 자유 원리가 구조적으로 사회적 묵종을 이끌어 낼 수 없다고 믿는 초국적 민주주의 옹호자들은 초국가 수준의 "민주화"를 자유와 평등의 관계를 촉진할 수단으로 제시한다. 따라서 초국적 민주주의에 관한 논의는 자유로운 지구적 관계를 제도적으로 착근시킬 장치를 모색한다는 점에서 하이에크류의 속류 자유주의를 넘어선다. 즉, 초국적 민주주의론은 제도적인 보호 장치와 보증 수단들을 통해 시장의 자유를 지켜 내려는 것이다. [그렇다면] 도대체 초국적 민주주의라는 제안이 자유, 평등, 벤담[공리주의]을 기초로 고된 노동에 깃들어 있는 해방적 잠재력을 소중히 키워 내기 위해 지구적 수준에서 시민권을 보장하려 한다고 주장할 만한 충분한 근거가 있기나 한 것일까? 요컨대 지구화 옹호자들은 대체로 자유민주주의적인 제도들이 곁에서 지켜보지 않을 때 "자본"이 저지르는 짓을 "달갑게 여기지" 않는 것이다. 그러나 보이지 않는 존재의 강력한 "손"이 "마음에 들지" 않더라도 그

---

6. 자체적으로 움직이는 힘으로서의 "경제"라는 관념은 주체로서의 자본이라는 이해에 의존한다. 바크하우스(Backhaus 1997)는 이러한 발상이 정치경제학의 이론적 가설에 불과하다는 것을 보여 주었다. 또한 튀르케(Türcke 1986)는 자본을 주체로 이해하려는 노력이 결국 보이지 않는 존재를 정립하려는 시도, 즉 신을 개념화하려는 시도로 이어진다고 주장했다. 주체로서의 자본 개념은 강단 좌파에게 그들 자신이 계급투쟁에 관여하고 있다는 확신을 제공한다. 자원으로서의 인간 실존에 대한 비타협성은 자기 구성적 주체로서의 자본에 대한 "비판적" 합리화, 그리고 자본과의 화해로 대체된다. 전통적으로 그 결과는 노동 자원을 포함한 경제적 자원에 대한 합리적 계획화의 요구로 나타났다.

들은 이 손을 거부할 수 없다. "시장"의 수용은, 이성의 간지란 결국 보이지 않는 존재 자체의 기획에 불과하다는 논리를 필연적으로 수반하기 때문이다.

국가와 사회

"국가"와 "사회"라는 개념은 통상 "일국적인" 의미로 해석된다. "국가"는 국가주권 – 일정한 영토적 경계 내에서 단수 또는 복수의 민족에게 행사되는 주권 – 이라는 관점에서 이해된다. 국가와 사회 간의 관계는 정치적 공간의 관리를 둘러싼 관계 가운데 하나로 간주된다. 이 관계는 특히 정치적 공간 속에서 살아가는 인민을 포함한다. "국가"의 구성에 대한 연구가 '특정한 사회와 그 국가 간의 관계'라는 암묵적인 합의에 기초를 두고 있는 한 국가와 사회 간의 관계에 대한 이러한 이해는 "일국적"이다. 그 결과 국가들 간의 상호관계 연구는 국가 간의 협력, 갈등, 경쟁, 그리고 외교와 통상이라는 용어들로 표현된다.[7] 이 관점은 리카도의 비교우위 개념에 입각해서 국민국가들의 정치를 이해한다. "지구화론자들"은 국민국가가 경쟁국가로 변형되었다는 주장을 통해 이러한 관점을 역설하고 나서는 국민국가의 퇴각을 강조하는 것으로 서둘러 논의를 종결지어 버린다. 지구화란 고작 자본이 국민사회를 버리고 탈국민화함으로써 국민국가를 "공동화"시켰다는 것

---

7. 이러한 관점에 대한 비판으로는 Bonefeld(2000), Burnham(1994, 1995), Holloway(1995), Picciotto(1991)를 보라.

을 뜻할 뿐인가? 국가의 퇴각은 자신의 "토대", 즉 국민경제에 뒤이어 국민사회를 상실했기 때문인가? 국민사회란 무엇인가?

　언뜻 보기에 "사회"가 국민적 실체를 내포한다는 관념에는 논란의 여지가 없는 듯하다. 우리는 흔히 영국 사회 등에 관해 말하곤 한다. 설령 그렇다 하더라도 사회란 무엇인가? 고전학파 정치경제학은 사회를 그 경제적 구성의 관점에서 이해했다. 이 문제와 관련된 고전적 언명은 윌리엄 로버트슨(William Robertson 1890, 104)에 의해 제시된다. 그는 "사회 속에서 상호 결합한 인간들의 조직적 활동을 다루는 일체의 연구는 인간들의 생계양식mode of subsistence을 일차적인 주목 대상으로 삼아야 한다"고 주장했다. 생계적 관계relationship of subsistence, 즉 사회적인 생산 및 재생산 관계란 자본관계를 의미한다. 이는 사회와 자본이 결국 같은 것이라는 뜻인가? 자본이 곧 사회인가? 우리는 "자본"을 정의하려는 정치경제학의 시도들에 대해 듣고 있다. 통상적으로 자본은 눈에 보이지 않지만 강력한 속성을 보유한 "사물"로서 "사회"에 구조와 동력을 부여하는 것으로 간주된다. 여기서 사회와 자본은 상호 연관되어 있지만 서로 다른 사물들로 이해되며, "보이지 않는" 그 무엇이 사회적 관계의 구성과 원동력을 규정하는 한 사회와 자본 간의 관계는 여전히 모호한 상태로 남아 있다. 맑스의 정치경제학 비판은 ─ 부정적인 ─ 해결책을 제공한다. 그의 사회적 관계 개념은 "자본"이 사물이 아니라 규정적이고 모순적인 성격을 지닌 사회적 생산관계임을 입증함으로써 사회와 자본의 이분법을 극복했다. 여기서 그의 물신주의 비판과 착취이론을 재론할 필요는 없을 것이다. 우리의 목적을 이루기 위해서라면 사회를 자본주의 사회, 즉 착취를 통해 존속하고 계급투쟁에 의해 구성되는 계급적대 사회로 이해하는 것만으로도 충분하다. 이러한 이해는 두 개의 상호 연관된 논점들을 제기하기 때문이다.

1) 자본의 일국적 성격에 대한 비판 및 일국적으로 정의된 노동과 자본의 적대에 대한 비판

2) 정치적 공간의 공정한 관리자로서의 국가 비판

자본관계는 바로 그 형태로 인해 지구적 관계가 된다. 실제로 맑스는 세계시장이 "자본주의 사회 재생산의 토대이자" 전제조건이 된다는 것을 명확히 보여 주었다(Marx 1973, 228). 이는 국가와 사회 간의 관계란 국민국가와 국민사회 간의 관계가 아님을 뜻한다. 오히려 국가는 오직 세계시장과의 관계 속에서 사회적 생산관계의 정치적 형태로 존속한다. 따라서 폰 브라운 뮐(von Braunmühl 1976, 276; translated by Bonefeld)의 언급처럼 "각각의 국민경제는 세계시장을 이루는 특수한 국제적 요소이자 필수적인 구성요소인 한에서만 적절하게 개념화될 수 있다. 국민국가는 오직 이러한 차원에서 이해할 수 있다." 국민국가와 "사회"의 관계는 근본적으로 국민국가와 사회적 생산관계의 지구적 실존 간의 관계, 즉 자본과 노동 간의 계급적대 관계이다. "생산이 그 자체의 모든 계기들과 더불어 총체성으로 정립되지만 한편으로 그 속에서 일체의 모순들이 작동하기 시작하는"(Marx 1973, 227) 것은 바로 이 지구적 차원에서다.

신세계질서

　신세계질서라는 용어는 1989년 이후의 새로운 사태들을 묘사하는 선전문구가 되어 왔다. 이 용어는 냉전의 종료 이후에 새롭게 시작되어 아직 확정되지 않은 정치적 공간의 재배열을 가리킨다. 신세계질서는 이 글의 틀 속에서 다소 독특하고도 분명한 의미를 지닌다. 지난 수년 동안 막대한 량의 갑작스런 화폐 이동은 정치적 안정을 위협하는 세 차례의 큰 위기를 촉발시켰다. 그 첫 번째가 1992년과 1993년의 유럽 통화위기다. 두 번째 위기는 세계 곳곳의 금융시장을 뒤흔들어 놓은 1994년 12월의 멕시코 페소화 폭락 사태다. 세 번째는 1997년 이후의 이른바 아시아 위기다. 통화 불안정과 투기적인 통화 매도 주문 쇄도는 새로운 형태의 대외정책 위기로 간주되어 왔다(Cockburn and Silverstein 1995, 또한 Benson 1995를 보라). 이는 국가들 간의 침략, 군대의 기동, 핵전쟁 위협, [특정 지역의] 전체 주민에 대한 폭격을 수반하는 구식의 대외정책 위기들이 잠재적인 국가파산과 지구적인 금융 붕괴 위협으로 대체되었음을 뜻하지 않는다. 그러한 위기들은 치명적인 형태로 계속된다. 더구나 지구적인 금융 붕괴 가능성은 그 시초부터 자본주의 역사의 일부였다. 그럼에도 불구하고 국민국가와 지구적 경제 간의 관계는 중대한 변화를 겪어 왔다. 이러한 변화는 1970년대 초반의 브레턴우즈 체제 붕괴 이후 자본주의 세계 도처에서 진행되었다. 브레턴우즈 체제 붕괴의 결과는 다음과 같이 개괄할 수 있다.

1) 완전고용 공약, '포괄의 정치', 생활수준 개선 전망 – 또는 아뇰리(Agnoli 1967/1990)가 간파한 바와 같이 제도화를 통해 수행된 '화해의 정치' – 을 수단으로 활용해 노동을 정치, 경제, 사회적으로 통합하려던 전후의 시도가 봉착한 위기

2) 미국, 독일, 일본 등 가장 강력한 자본주의 국가들을 중심으로 하는 지역 협력체계 구축(NAFTA, EU, APEC)

3) 유일한 질적 통화로서의 달러를 대체하면서 금융 안정성, 확실성, 타국 통화들에 대한 척도 등 "질"적 측면의 국제적 본위 역할을 수행하는 새로운 통화들의 출현(독일 마르크/유로, 엔, 그리고 달러), 이 통화들의 출현이 암시하는 지역적 협력 블록 중심의 새로운 영토화와 블록 간 제국주의적 경쟁

고정환율에 기초한 브레턴우즈 체제는 1968년 혁명과 결합된 거대한 투쟁의 물결 직후에 붕괴되었다.[8] 당시의 봉기는 1917년 볼셰비키 혁명을 뒤이은 20세기 초반처럼 부분적으로는 폭력적인 억압을 통해, 보다 주요하게는 신용팽창에 의해 봉쇄되었다. "1968년 혁명"(1968년 정점에 도달한 누적된 투쟁의 물결)의 결과는 20세기 초

---

8. 다음의 주요 내용들은 존 홀러웨이와 필자가 공동 집필한 "Money and Class Struggle"을 참고로 한 것이다. 이 논문은 Bonefeld and Holloway (eds) (1995)에 수록되어 있다. [워너 본펠드·존 홀러웨이, 「결론 : 화폐와 계급투쟁」, 본펠드 외 엮음, 『신자유주의와 화폐의 정치』, 이원영 옮김, 갈무리, 1999].

반의 격변보다는 덜 극적이었다. 그럼에도 불구하고 이 혁명의 결과는 20세기 초반의 격변 못지않게 심대했다. 1971년의 브레턴우즈 체제 붕괴에서 반영되었듯이 화폐체계와 생산성 증가율 간의 위태로운 관계는 근본적인 파열을 겪었다(이에 관해서는 Marazzi 1995를 보라).

1960년대 후반의 투쟁들은 1920년대 후반 이후로 드러난 적이 없는 새로운 불만의 강도를 분명하게 보여 주었다. 게다가 노동의 생산력에 대한 착취는 이윤율 저하에 직면했다.[9] 노동 생산력을 착취하는 데 드는 비용은 지나치게 상승했다. 즉, 제도화를 통해 노동의 생산력과 파괴적 역능을 통합하려던 전후의 시도는 파탄에 이르고 있었다. 자본은 이윤을 금융화하고 저렴한 노동비용이 경쟁우위competitive advantages를 가져다 줄 것으로 기대되는 개발도상국에 노동집약적 생산부문을 이전하는 것으로 대응했다. 그러나 이처럼 생산자본이 새로운 저임 노동의 중심지들로 확장·배치되었음에도 불구하고 화폐적 축적과 생산적 축적 간의 분리는 조금도 약화되지 않았으며 날로 그 도를 더해 갔다. 1960년대 후반 이래로, 특히 1974년의 유가 급등 이후로 지구적 화폐자본의 극적인 증대는 잉여노동의 구성적 측면인 필요노동의 감소와 결부되지 않았다. 부는 화폐형태로 축적되기 시작했다. 공장에서의 노동력 착취는 화폐형태의 축적에 상응할 만큼 증가하지 않았다. 화폐자본이라는 가장 "합리적인" 형태(M······Ḿ)를 취함으로써 경쟁적인 생산 영역의 제약에서 벗어나 자신의 한계를 초월하려는 자본의 시도는 자본주의 재생산의 가공적架空的 성격을 보

---

9. 이윤율 저하를 입증하는 자료로는 Armstrong et al (1984)과 Mandel(1975)을 보라.

여 준다. 1970년대 초반 이래 화폐적 축적률은 생산적 축적률을 훨씬 웃돌았다. 사실상 '신용―상부구조'credit superstructure의 창출이란 "유휴" 자본(Marx 1966을 보라)의 누적, 즉 직접적인 노동착취가 중단된 자본이 누적된다는 뜻이다. 그러나 한편으로 지구적 "신용―상부구조"의 창출은 미래의 노동착취에 대한 청구권의 누적을 의미한다. 요컨대 "M ― Ḿ(화폐적 축적)"의 보증 여부는 "M ― P ― Ḿ(생산적 축적)," 즉 노동착취에 달려 있는 것이다.[10]

화폐가 스스로 증식하는 환상의 세계에 대한 투자 증대는 지구적인 착취와 투쟁의 관계를 재구성했다. 세계시장은 화폐 속의 시장이 되었다(이에 관해서는 Walter 1993을 참조하라). 돈으로 돈을 벌어들이려는 시도는 훨씬 더 취약한 세계적 규모의 자본주의를 창출했다. 만약 지구적 차원에서 화폐 수익이 추구되지 않았더라면, 1982년 멕시코 위기가 "서방" 은행들에, 그리고 이 은행들을 매개로 지구적 자본순환에 그토록 직접적인 연쇄 효과를 미치리라고는 상상조차 할 수 없었을 것이다. 1982년 멕시코 위기는 통화주의와 결합한 금융긴축 정책을 통해 사회적 관계를 봉쇄하려는 가공할 만한 시도가 막다른 골목에 이르렀음을 보여 준다. "1982년 위기"는 계급관계의 심대한 재구성을 보여 준다. 1970년대 중반에 도입된 긴축의 정치에 대한 저항에서 표면상 "주변적인" 것처럼 보이던 지역들이 빈곤을 이용해 돈을 벌려는 시도들을 심각한 지구적 금융위기로 전환시키겠다고 위협한 것이다. 생산적 축적과 금융적 축적의 분리 ― 이른바 금융구조의 지

---

10. 맑스의 화폐 및 신용 연구에 대한 해설로는 Bologna(1993), Bonefeld(1995b), Neary and Taylor(1998), Negri(1984), Ricciardi(1987)를 보라.

배─는 (지구화된) 자본주의의 새로운 단계를 알리기보다는 오히려 심각한 위기에 시달리고 있다. 더구나 생산적 축적과 금융적 축적의 분리는 지구적 화폐관계에 충격을 가해 세계 전역으로 노동 소요를 확대하고 전파한다.

1982년 멕시코 위기의 여파로 통화주의적 긴축정책이 황급히 폐기되자 "채무불이행 케인스주의"delinquent Keynesianism나 "군사적 케인스주의"와 같은 다양한 이름으로 불리는 정치적 수단이 뒤따랐다. 결국 미국은 1980년대를 거치는 동안 최대 채무국이 되었다. 지구적 범위에서 신용긴축 정책은 신용팽창 정책으로 급속히 전환되었고, 이 전환은 일부 노동계급이 번영의 프로젝트로 흡수되도록 촉진하는 중화제로 작용했다. 신용에 의해 떠받쳐진 1980년대의 활황은 지속적인 축적이야말로 계급투쟁을 봉쇄하기 위한 최선의 보장책이라는 사실에 대한 자인自認일 뿐이었다. 빈곤·실업·과잉 노동력의 주변화와 번영은 동시에 나타났다. 긴축에 맞서는 저항은 신용에 의해 추동된 번영의 거울 이미지인 빈곤에 기초해 해체되었다.

자본주의적 지배의 주요 원리로서 신용팽창이 갖는 의미가 다시 한번 명백하게 드러났다. 탈규제, 유연화, 사유화 정책과 사회관계의 파편화는 밀접하게 맞물려 진행되었다. 빈곤의 만연에도 불구하고 번영은 긴축에 대한 저항을 분열시키고 약화시켰다. 따라서 신용팽창은 가공자본의 규모를 체증시키면서 1980년대의 활황을 떠받치는 것으로 그치지 않았다. 신용팽창은 더 나아가 시장적 관념을 조장하고 추상적 평등, 즉 화폐적 등가성의 부과를 통해 예방적 반혁명을 촉발시켰다. 신자유주의와 결합한 시장자유 정책은 시민권을 화폐의 권력과 동일시한다. 만인은 화폐 앞에서 평등하다. 화폐는 특권을 모른다. 화폐는 가난한 자와 부자를 동등한 인격으로 취급한다. 추상적인 화폐적 평등의 부과는 필연적으로 불평등의 부과를 수반한다. "각각의 개인이 타인의 활동 또는 사회적 부에 대해 행사하는 권력은 그가 교환가치의 소유자, 즉 화폐 소유자라는 사실에서 비롯되기" 때문이다. "개인들은 사회와의 연관뿐만 아니라 사회적 권력 또한 보유하고 있다"(Marx 1973, 157).

신자유주의의 시장자유 정책은 시장에 기초해 사회적 활동의 범위를 한정하는 국가권력의 체계적인 행사에 의지했다 – "가난은 부자유가 아니다"(Joseph/Sumption 1979, 47). 따라서 부채를 통한 통제에 맞서는 저항은 히르쉬(Hirsch 1991)가 사회적 관계의 "남아프리카화"라 부르는 수단에 기초해 해체되었다. "현대 자본주의의 이상형은 아파르트헤이트"라고 주장한 네그리(Negri 1989, 97) 역시 이러한 견해를 공유한다. 그러나 히르쉬의 주장과는 달리, 또한 네그리가 주장한 바와 같이, 아파르트헤이트는 이상일 뿐 현실이 아니다. 현실은 자본주의의 위기와 신용팽창 정책을 통한 위기의 억제인 것이다. 이 경우 신용팽창 정책은 노동조건 저하와 임금제한을 무기로 착취를 강화함으로써 적자를 감축하려는 "탈규제화"의 틀 내에서 운용된다.

노동계급의 소비를 생산성 증대에 맞추어 조정하려는 신자유주의의 시도가 아무리 고통스런 결과를 낳았을지언정 그 목표는 조금도 성취되지 않았다. 그 모든 곤궁, 고통, 비용삭감, 노동강도 강화, 노동과정의 재구조화에도 불구하고 "투자율이 상승하지 않고 있다"는 사실은 "아마도 자본주의 권력에 대한 도전의 발본성과 경제가 호전

될 때마다 언제나 새롭게 활성화되는 대립이 수반하는 공포의 근원적 성격을 보여 주는 증거일 것이다. 요컨대 자본주의적인 가치화 과정 전체에 대한 해체와 재구조화가 여전히 전면적으로 진행 중이라는 증거 말이다"(Bellofiore 1997, 49). 달라 꼬스따(Dalla Costa 1995, 7)의 표현대로 맑스가 "정치경제학의 목적"이라고 간주한 "사회적 고통" 혹은 "불행"이 도처에서 현실화되었지만 자본은 현재의 노동을 복종시켜 미래의 착취를 보증하는 데 실패했다. 즉, 생산자본에 비한 화폐자본의 팽창은 교환관계의 추상적 등가성에 대한 사회관계의 종속을 보장하고 교환관계를 통해 착취를 보장하려는 시도가 봉착한 곤경을 부정적으로 증명한다. 통화긴축 기조 하의 신용팽창은 투자·고용·생산을 자극하기는커녕 오히려 상황을 더욱 악화시키고 대량실업을 초래했다. 끊임없이 노동에게서 추출되어야 할 잉여가치에 대한 누적된 청구권과 비례하는 생산적 투자는 돌파구가 될 수 없었던 것이다.

사회적 자본의 순환을 재구축하는 작업은 1980년대의 경우처럼 단지 분리와 파편화에 기초한 계급관계의 탈구성만을 요구하지 않는다. 도리어 그것은 사회적 노동력에 대한 가치화의 부과를 수반한다. 가치화의 부과는 노동 강도를 강화시키고 없어도 무방한 것으로 무시당하는 사람들을 생산 영역에서 강압적으로 축출하는 데 그치지 않는다. 가치화의 부과는 필연적으로 화폐가 생산자본으로, 즉 노동 착취를 통해 가치를 창출하는 데 사용되는 자본으로 변형되는 과정을 수반한다($M - P - \acute{M}$). 이러한 형태 변화가 이루어지지 않을 경우 자본은 근본적인 모순에 직면하게 된다. 자본의 가장 합리적인 형태

$(M - \acute{M})$는 의미를 박탈당한다.[11] 노동, 즉 가치의 실체를 더 이상 통제할 수 없기 때문이다. 다시 말해 화폐는 미래의 착취에 내기를 걸기보다는 현재의 노동에 대한 실효적 명령으로 전환되어야 한다. 이는 노동착취를 통해 부채를 상환하고 자본주의를 확대재생산할 만큼 충분한 이윤율을 달성해야 한다는 것을 뜻한다. 이러한 노동착취는 필요노동과 잉여노동 사이의 관계 재구성을 전제로 한다. 급속히 팽창하는 악성부채는 자본이 잉여가치에 대한 누적된 청구권을 행사하기에 적합한 착취관계를 재구성하는 데 실패했음을 보여 주는 가장 확실한 증거이다(Holloway 2000을 보라).

지난 25년 동안의 경험은 화폐의 진정한 생산자본으로의 변형이 불가결하면서도 불가능함을 시사한다. 1987년 10월 들어 1929년과 같은 공황이 재연될 조짐을 보이자 가장 열렬한 통화주의자들조차 팽창정책을 공개적으로 지지했다. 그들은 불황이 초래할 파국과 대립을 회피하기 위해서라면 어떠한 수단도 마다하지 않았다. 1987년 『파이낸셜 타임스』의 사무엘 브리턴은 다음과 같이 말했다. "우리에게는 불황이 닥쳐올 때 하늘에서 지폐를 뿌릴 헬리콥터가 필요하다"(Harman 1993, 15쪽에서 인용). 1987년의 공황에 대한 대응책은 당시로서는 특단의 조치였지만 그 후로 줄곧 악성부채를 처리하는 중심적인 수단으로 자리 잡았다. 수잔 조지가 주장한 바와 같이 "1980년대 내내 사유화가 아니라 사회화된 것은 부채 바로 그것뿐이었다"(Susan George 1992, 106). 전 세계적인 악성부채 [버블]붕괴를 예

---

11. 이에 관해서는 Marx(1966)을, 해설로는 Bonefeld(1995b)를 보라.

방함으로써 미래의 노동 착취에 기초를 둔 자본주의적 소유권을 보증하려는 현재의 시도 역시 변함없는 사회화의 정치를 보여 준다. 은행들은 최종대부자로서의 역할을 수행하는, 즉 노동자들의 수중에서 부를 강탈하는 국가로부터 재융자를 받아서 파산을 면한다. 노동계급의 사회적 임금에 대한 공격과 더불어 노동 강도는 강화되었다. 노동조건도 악화되었다. 노동계급에게는 자신을 돌보고 말고는 알아서 하라는 [굶어죽을 자유가 있다는] 통고가 이루어진다. 반면 은행에 시장자유 원칙, 즉 죽이 되든 밥이 되든 내버려 둔다는 원칙을 근거로 조정을 요구할 수 없다는 것은 분명하다. 은행들의 손실은 사회화되었지만 그 이윤은 사적 소유의 법률로 보호되었다. IMF가 주창한 구조조정의 정치학은 노동을 통해 신용의 법적 효력을 보증하는 이들에게 필연적으로 빈곤을 부과한다. 이 경우 신용의 법적 효력이란 노동자로부터 끊임없이 추출되어야 할 잉여가치에 대한 청구권과 다름이 없다. 이른바 1980년대 채무위기 당시와 마찬가지로 IMF의 아시아 위기 대응은 빈곤의 부과를 보여 주는 표본이다. 더 열심히 일하고 덜 받아서 은행 시스템을 보호하고, 나아가 착취에서 비롯된 자본주의적 소유권을 보호하라는 것이다.

그럼에도 불구하고 1990년대의 불황, 1994~95년 멕시코 위기, 1992~93년 유럽 통화위기, 1997~98년 아시아 위기, 1998년 러시아 위기와 1999년 브라질 위기는 자본과 노동 모두가 활로를 찾지 못하고 있음을 뜻한다. 하지만 이러한 사태는 처음이 아니다. 파울 마틱[12]은

---

12. [옮긴이] 파울 마틱(Paul Mattick, 1904~1981)은 독일 출신의 노동운동가, 맑스주의 이론가, 평의회 코뮤니스트이다. 1차 세계대전 전후의 초기 평의회 코뮤니스트들 대부분

제1차 세계 제국주의 전쟁 종료 이후의 파시즘적/포드주의적 노동 훈육 시도[13]에 직면한 1934년도 저작에서 자본주의가 영구적인 위기의 시대로 들어섰음을 시사했다. 위기의 주기성이란 실제로는 자본축적을 재보증하는 새로운 가치 및 가격 수준에 기초한 반복적인 축적 과정의 재편에 지나지 않는다. 만약 그러한 재편이 불가능하다면 축적 또한 추인될 수 없다. 따라서 지금껏 혼돈으로 표출되면서도 극복 가능했던 위기는 영구적인 위기로 전화한다. 1930년대의 위기는 항상

이 볼셰비키 모델을 거부하면서도 혁명정당의 역할을 전면 부인하지 않은 것과는 달리 마틱의 관심은 1930년대부터 배타적으로 평의회 조직에 집중되었다. 그는 14세부터 〈스파르타쿠스동맹〉 산하 '자유사회주의청년동맹'(Freie Sozialistiche Jugend)의 성원으로 활동했으며, 그 후 〈독일 공산당〉(KPD)의 분열과 함께 창당된 〈독일 공산주의 노동당〉(KAPD)에 가입했다. 1920년대 초반 쾰른 지역 〈독일 공산주의노동당〉와 현장 노동운동의 조직·선동가로 활동하면서 오토 륄레(344쪽 옮긴이 주를 참조하기 바란다) 등과 교류했다. 1926년 미국으로 이주해 독일계 노동자 조직들을 규합하는 활동에 주력했고, 1930년대 초반에는 쇠퇴하던 〈세계산업노동자동맹〉(IWW)에 맑스주의적인 프로그램을 제공하기 위해 노력했다. 1950년대 이후의 활동은 주로 이론적 작업에 집중되었다. 마틱의 이론적 정박점은 이윤율 저하 경향에 주목해 로자 룩셈부르크의 '과소소비설'이 지닌 오류를 정정하고 투간-바라노프스키(Mikhail Ivanovich Tugan-Baranovskii)와 힐퍼딩(Rudolf Hilferding)의 '불비례설'을 기각하려고 시도한 헨릭 그로스만(Henryk Grossman)이다. 자본주의의 '영구적 위기' 개념은 『자본주의 체계의 축적과 붕괴의 법칙』(*Das Akkumulations und Zusammenbruchsgesetz des kapitalistischen Systems* 1929)에 제시된 그로스만의 견해, 즉 '불충분한 가치증식에 따른 붕괴'라는 가정을 현대자본주의 위기 분석에 적용한 결과이다. 독점이론 및 케인스주의적 맑스주의 비판 작업은 그 연장선상에 놓여 있다. 그러나 마틱은 스탈린의 노선에 순응한 그로스만과 달리 소련 체제에 발본적 비판을 가했다. 그가 보기에 볼셰비키의 '국가자본주의' 시스템은 사적 자본의 폐지보다 통제에 주력하고 생산수단의 통제 주체를 생산자 자신이 아닌 국가로 간주했다는 점에서 맑스주의의 원칙과 결코 양립할 수 없었던 것이다.마틱의 주요 저작은 이윤율 하락설에 기초해 케인스 경제학을 비판한 『맑스와 케인스』(*Marx and Keynes* 1969), 『일차원적 인간』의 맹점을 비판한 『마르쿠제 비판 : 계급사회에서의 일차원적 인간』(*Critique of Herbert Marcuse : The one-dimensional man in class society* 1969) 등이다.

13. 파시즘적/포드주의적 노동 훈육 시도에 관해서는 이 책에 수록된 감비노(Gambino)의 논문[5장]을 보라.

자본의 재구조화와 축적주기의 갱신으로 이어졌던 이전의 자본주의 위기들과는 달리 해결책을 찾을 수 없을 만큼 심대하고도 장기적인 양상을 띠었다. 마틱은 위기가 더 이상 주기적으로 반복되는 현상이 아니라 자본주의의 일상적인 특징이 되었음을 암시한다.

마틱의 암시는 비관적이었지만 결국 지나치게 낙관적인 것으로 드러났다. 위기는 유혈적으로 해소되었다. 자본은 재구조화되었고 새로운 축적기의 토대가 창출되었다. 전쟁과 가스를 활용한 살육과 마찬가지로 이제는 전후 자본주의의 "황금시대" 또한 기억으로 남아 있다. 우리는 또 다시 영구적인 위기 상황에 처해 있는 듯하다. 세계의 점진적인 "남아프리카화"와 함께 위기는 영구화될 수 있다. 위기는 영구화되지 않을 수도, 더 분명히 말해 해소될 수도 있다. 즉, "영구적 위기"의 해소라는 말이 의미하는 바는 악몽과도 같을 미래를 경고하며 우리 뒤에 서 있다.

인간의 존엄과 진실에 준거해 구성될 세계에 대한 전망은 당연히 개량된 케인스주의를 포함하는 정치경제학에 대한 비판을 통해 구체화되어야 한다. 신세계질서는 신중하게 호출되어야 한다. 낡은 "신세계질서," 즉 1945년 이후의 세계질서는 악몽 같은 상황의 산물이었다. 나는 신용이라는 허공 위를 걷고 있는 자본주의에 대한 리피에츠(Lipietz 1985)의 불안감에 공감한다.[14] 하지만 나는 자본주의가 심연

---

14. [옮긴이] 알랭 리피에츠는 *The Enchanted World : Inflation, Credit and World Crisis* 서문에서 다음과 같이 적고 있다. "…… 나는 현재의 위기가 시작된 이래로 내내 떨쳐버릴 수 없었던 한 가지 장면, 즉 벼랑 끝을 지나 얇은 공기층 위를 계속 걸어가고 있는 만화 주인공에 대해 언급한 바 있다. 나에게 그것은 전후 성장의 현실적 기반(포드주의라 불리는 대량소비 중심의 내포적 성장체계)은 이미 폐허가 되었음에도 불구하고 '신

으로 빠져드는 것을 막아야 한다는 그의 요청에는 동의하지 않는다. 그것은 선의에도 불구하고 받아들이기에는 위험스런 견해이다. 그러한 요구는 존엄성을 결여한 고통을 용인함으로써 자본으로 하여금 인간을 끊임없이 추상적인 부의 축적수단으로 취급하면서 위기에서 벗어나도록 보증하기 때문이다.

결론

지구화에 관한 통설은 "지구화"를 대대적인 "자본주의의 공세"로 인식하지 못하며, 자본주의의 핵심에 놓인 모순 자체를 그러한 시각에서 다루지도 않는다. 이 글은 자본주의의 핵심에 자리 잡은 모순이 노동의 생산적이고도 파괴적인 역능의 현전에 의해 구성된다고 주장했다. 자본은 이러한 노동의 역능 내에서/역능을 통해 "존속한다." 지구화에 관한 통설은 우리 시대의 고통을 파악하기는커녕 자본주의의 지구적 재조직화를 필연적인 발전의 소산으로 묘사한다. 이러한 관점은 자본의 지구화란 한편으로 자본 안에서/자본에 대항하는 노동의 현존이 지구화하는 것임을 무시한다. 따라서 이 관점은 오늘날의 새로운 사태들이 불러올 비상한 결과를 파악할 능력이 부족하다. 나는 마틱의 '영구적 위기' 개념에 기초해 그 결과를 개괄했다. 마지막

용에 의해서' 가까스로 작동하고 있는 세계 경제의 위상을 그리고 있는 듯이 보였다. 만화 주인공이 밟고 있는 상상적 공간은 어떻게 안정성을 확보하는가? 어떻게 해서 그것이 '지상'과 분리되었는가? 그것은 '지상'과 어떤 관련을 맺고 있는가?"

으로 방법론의 측면에서 정통이론은 분석이론적 접근법에 기초를 두고 있다. 분석이론적 접근법은 고작 자본주의의 발전에 객관성을 부여할 뿐이다. 이 경우 객관성이란 추상적인 이론적 용어들을 활용해 경험적 자료들을 일반화하는 것에 지나지 않는다. "자본"에 대한 이데올로기적 투사는 이런 식으로 현실과 혼동된다. 이러한 관점은 위기로 점철된 지구화의 본질에 대한 이해를 제공하지 못한다. 그 대신에 이 관점은 시장이 최고의 지위를 차지하고 있다는 전제 아래 추상적인 일반화를 시도한다. 앞에서도 언급했듯이 "시장"의 무비판적 수용은 필연적인 결과로서, 이성의 간지란 결국 보이지 않는 존재 자체의 기획에 불과하다는 논리를 수반하기 때문이다. 이렇게 해서 지구화는 실제로 보이지 않는 존재 그 자체의 기획이 되고 만다. 이 글은 그러한 관점에 맞서 "우리 시대의 참혹함으로 인해 우리는 오직 부정 속에서만 긍정적인 것을 발견할 수 있다"(Agnoli 1992, 50)는 주장을 제시했다. 그렇다면 국민국가는 어떤가? 확실히 지구화가 국민국가의 신화를 빤히 들여다보이는 것으로 만들어 버렸다는 지구화론자들의 주장은 전적으로 옳다. 각자의 자유로운 발전이 만인의 자유로운 발전을 위한 조건으로 존재하는 상황을 성취하기 위한 틀로서의 국가라는 신화 말이다. 부르주아 사회의 대변자들에 따르면 지구화의 유령이 자유민주주의적인 통치 조건들을 약화시키는 사이에 코뮤니즘이라는 유령은 민주주의라는 유령으로 대체되었다. 역사는 죽음이 선언된 이후에도 예기치 않은 사건들로 가득 차 있는 듯하다. 역사의 아이러니인가, 아니면 역사의 발전과정인가?

10장

정치적 공간의 위기

안또니오 네그리

"신세계질서"라는 관념의 사용은 세 가지 강력한 개념을 단일한 틀 속으로 들여온다. 질서, 세계적 규모의 지구화, 양자 간에 확립된 관계의 새로움이 그것들이다.

"세계"와 "질서"의 이 새로운 결합은 **새로운 패러다임**, 다시 말해 세계의 정치권력과 물리적 공간에 관한 새로운 배열 양식을 구성하는 것처럼 보인다. 따라서 이 새로운 결합을 이해하고자 한다면 우선 위의 개념들에 대해 숙고할 필요가 있다. 즉, 이 개념들이 의미했던 바를 분명히 하고, 이 개념들이 취했던 과거의 결합 양식에서 나타난 위기의 본질을 규명해야 한다. 그런 다음 우리는 새로운 결합의 독특성과 그 역동성을 꿰뚫어 보아야 할 것이다. 아마도 그때에야 우리는 발생한 변화의 중대성을 이해할 수 있을 것이다.

질서 개념에서 시작해 보자. 근대의 사회·정치적 질서 개념은 **주권**,

즉 시간이 경과한 후에야 "국민주권"이 되는 영토적 주권 개념과 매우 유사하다. 따라서 주권 개념과 국민주권 개념을 별도로 검토할 필요가 있다.

주권 개념은 최고권을 뜻한다. 주권 개념은 그 자체의 원동력에 근거하지 않는 어떠한 권력관과도 대립하는 세속적 권력 개념이다. 따라서 주권 개념은 그 권원權原에 관한 한quoad titulum 절대적이다. 그러나 그 행사에 관해quoad exercitium 고려할 경우 주권 개념은 단독개념單獨概念이 된다. 이 사실은 주권의 절대성을 결코 손상시키지 않는다. 주권의 행사는 바로 이 단일성에 의거한다. 근대 주권은 일정한 영토에 걸쳐 하나 또는 여러 민족들에 대하여 행사된다는 사실로 인해 단일성을 획득한다. 국제법은 이러한 단일성jus gentium, 더 정확히 말하면 주권국가들의 권리에 기초한다. 국제법은 본래 주권적 단일체들 간의 분쟁을 조약에 의해 해결하는 것을 요체로 했다. 따라서 "조약에 의해"라는 말은 절대적으로 약화된 권리를, 즉 사법적司法的 계약이나 행정administration보다는 교환을 함축한다. 그러나 주권 개념의 단일성이 대외적인 관계에서만 나타나는 것은 아니다. 주권 개념은 국내적으로도 단일성을 띠고 나타난다. 국내적으로 주권은 정당성의 개념 혹은 권력과 피치자 간의 관계로 제시된다. 보다 적절하게 표현하면 주권은 피치자와의 상호관계로 나타난다. 근대 주권은 지상至上 권력이라고 할 수 있지만 아래로는 많은 것을 두고 있다. 특히 주권의 아래에는 공간(영토)과 다중(주민)이 존재한다. 베버류의 용어를 빌리자면 정당화는 여러 가지 형태(전통적, 카리스마적, 법적/합리적)로 나타날 수 있다. 이 모든 경우에 정당화는 주권자와 피치자 간의 관계, 즉 권위의 표현과 피치자들의 복종(그리고/또는 불복종)이 결합되어 나타나는 관계이다.

따라서 생활과 거주의 공간은 근대 시민권의 토대에서 발견된다. 질서는 일정한 영토적 범위 내의 주민들 가운데서 순응 그리고/또는 복종을 이끌어내려는 정부 활동의 결과이다. 이러한 관점에서 보면 질서로서의 주권은 **통치**ᵃᵈᵐⁱⁿⁱˢᵗʳᵃᵗⁱᵒⁿ가 된다. 다시 말해 주권은 영토 전역으로 확장되고 영토를 구조화하는 권위 기구로 조직된다. 통치 활동을 통해 영토는 조직되고, 권위 구조들은 영토 곳곳으로 확장된다. 근대 주권의 동학 내에서 통치와 영토 사이의 연관은 점점 더 밀접해지고 완전해진다. 경제체제(중상주의 또는 자유주의)의 특성은 그다지 중요하지 않다. 정치체제(절대주의, 귀족주의 또는 대중주의)의 특성 또한 문제가 되지 않는다. 공간은 점점 더 정합적인 방식으로 주권의 시나리오 속에 병합되고, 각각의 특수성은 점차 불가항력적으로 총체에 의해 구조화된다.

국민 개념이 주권 개념과 결합하기까지에는 어느 정도의 시간이 소요된다. 19세기 초에 이르자 국민주권은 주권과 상충되지 않았다. 오히려 국민주권은 근대적 주권 개념을 완성시켰다. 국민주권은 주권의 효과적인 구체화이며, 이는 주권자와 피치자 간의 결합을 찬양하면서 통일체의 권능을 고양시킨다. 이러한 양면 조작操作이 가능한 것은 국민국가가 스스로를 정신적 요소에 의해 그 결정들의 총합이 과잉결정되는 자족적인 문화적·윤리적·경제적 실체로 제시하기 때문이다. 정당화의 과정은 자연 그리고/또는 정신에서 실체화된다. 시에예스Sieyes와 노발리스Novalis 사이에서, 피히테Fichte와 마찌니Mazzini 사이에서, 헤겔과 헤르첼Hertzel 사이에서 국민 개념은 주권 개념을 정신화하고 주권 공간을 절대적 실체로 만든다. 국민주권 개념에서 영토와 국민은 동일한 실체의 두 가지 속성들과 같고, 정부는 이러한 통일성을 신성화하는 관계이다. 근대적 주권 개념은 영토와의 긴밀한 관계 속에서 극단적인 결과에 도달한다.

따라서 근대 정치(또는 주권국가)는 사회적 삶의 절대적으로 상이한 측면들, 즉 국민, 영토, 권위를 이루는 형상이다. 주권적 권력 개념은 그 개념적 제 측면들이 끊임없는 역사적 발전 속에서 통합되고 과잉결정됨에 따라 더욱더 강력해진다. 관계들의 이러한 절대화 및 강화 과정은 또한 민주적 주권 개념의 기초를 이룬다. 민주적 주권은 인민의 생활공간으로서의 영토를 통합한다. 이 경우에 정당화는 변증법적인 것이 되고자 한다. 통치는 삶정치가 된다. 웰페어 스테이트wel-fare state, 에타–프로비당스état-providence, 조치알슈타트Sozialstaat는 사회적 삶의 지구적인 시간을 특정한 공간 내에 배치함으로써 유목민의 정주화 과정을 완결 짓는 듯이 보이는 점진적이고 중단 없는 연속성 속에서 완성된 주권의 형상들이다.

따라서 외적인 관점에서 보면 주권은 합법적인 물리력의 독점, 재생산을 위해 요구되는 교환의 사회적 표준(화폐)을 주조하는 배타적 권한, 소통형태(국어, 교육체계 등)의 단일한 구조화, 정당성에 대한 민주적(삶정치적) 규정을 특징으로 한다. 주권은 절대적인 **영토화**의 과정이다.

근대 주권국가들은 수 세기에 걸쳐 헤게모니를 행사하는 동안 애초에 그들이 지배의 규칙들 내에서 통합하고 형성했던 영토 밖으로 절대 권력을 수출했다. **제국주의**는 (식민주의 또한 마찬가지로) 세계 여러 지역들에 대한 영토적 강점, 그리고 그로 인해 영토적 주권체나 국민적 주권체의 지위에 오를 수 있는 기회를 박탈당한 민족들에 대한 착취로 이루어진다. 제국주의 영토들 내에서의 질서·정당화·통치는 피억압 민족의 이익을 중심에 두지 않으며, 제국주의 국가를 위해 기능하고 제국주의 국가에 종속된다.

지금까지 우리는 오늘날 주권질서라는 낡은 패러다임을 뒤흔들고 있는 지진을 측정할 수 있는 몇 가지 전제들을 제출했다. 이 지진은 구질서의 모든 요소들을 손상시키며, 여러 가설들이 병존하고 작동 중인 다수의 경향들이 식별되는 **열린 국면**을 창출했다. 진행되고 있는 변화들이 너무도 심대하고 광범위해서 우리는 아직 사태의 전개 방향을 확실히 밝혀낼 수 없다. 그럼에도 불구하고 이 변화들은 분석을 위한 새로운 한정요소限定要素들을 허용한다 — 아니 사실은 요구한다고 해야 할 것이다.

오늘날 분명하게 드러나는 첫 번째 요소는 이 지진이 **탈영토화**를 초래하고 있다는 것이다. 탈영토화는 가장 근본적인 차원에서 낡은 질서 패러다임을 뒤흔든다. 즉, 탈영토화는 공간과의 관계, 점증적인 공간의 조직화에 충격을 가한다. 질서 패러다임은 부득이 전통적인 의미의 확정이 없는 공간, 심지어 경계가 무너진 공간마저 받아들일 수밖에 없다. 이러한 붕괴의 본질을 명확히 보여 주고 새로운 권력의 시나리오에 대한 접근법을 제공하는 세 가지 요소들이 존재한다. **핵무기, 화폐, 에테르**가 그것들이다

핵무기

핵 기술의 발전은 현재 진행 중인 지진의 기저를 이루는 기본요소들 가운데 하나이다. 케인스주의적 발전이 진행된 "영광의 30년" 동안 안정을 유지한 공포정치는 핵 기술 발전에 힘입은 것이다. 특히 제한주권 개념이 세계 대다수 국가들로 확장된 것은 핵무기 덕분이다. 합법적인 물리력의 독점은 주권국가 본래의 자격요건들 가운데 하나였다. 일찍이 선전포고권을 포괄했던 이 요건은 오늘날 대다수 국가들과 더 이상 관계가 없다. 대전大戰은 차츰 상상도 할 수 없는 것이 되어 가고 있다. 하지만 소규모 전쟁, 제한전쟁, 국제경찰군의 군사행동, 내전, 더러운 전쟁, 게릴라전 등은 그렇지 않다. 귄터 안더스Günther Anders가 1950년대에 이미 지적했듯이 핵무기의 최초 출현은 바로 이러한 관점에 따른 것이다. 그것은 절대적인 폭력의 작동이었으며, 주권국에게서 영토를 박탈하고 저항세력의 군사행동 가능성을 허용하지 않는 새로운 형이상학적 지평이었다.

그럼에도 불구하고 이 탈영토화의 변증법은 제국적 헤게모니 속에서, 또는 증대하는 탈영토화의 과정에 새로운 질서, 즉 새로운 영토화를 부과할 필요성 속에서 한계에 도달한다 — 아니 도달할 것이다.

이 새로운 헤게모니의 축은 실제로 형성되고 있는가? 그 조건들은 존재한다. 그러나 이 사실은 곧 새로운 헤게모니의 축이 필연적으로 구질서(예컨대 미국)의 주권적 연속체로서 출현해야 함을 뜻하지 않는다. 오히려 새로운 헤게모니의 축은 강대국들과 국제기구들의 총체로 구성될 수도 있다. 게임이 벌어지고 있다. 그리고 어느 경향이 결국 승리할 것인지를 놓고 내기가 걸리고 (또한 가설들이 제시되고) 있다.

어떠한 경우에도 ─ 이것이 곧 내가 강조하고자 하는 요소이다 ─ (근대 주권 개념의 핵심적인 특징들 중 하나인) 주권국가의 합법적인 물리력 독점은 중심에서 완전히 밀려난다. 심지어 세계의 헤게모니가 낡은 권력(예컨대 미국)에 의해 장악된다는 시나리오에서도 그 주권적 내용은 전면적이고도 근본적인 자격 재취득을 거쳐야 할 것이다. 즉, 지배의 세계적 확장은 지배의 형태를 변경한다. 제국적 주권은 **보편적 탈영토화 속의 핵 영토화**로 나타난다. 이것이 바로 제국적 헤게모니를 명확히 하는 데 유용한 최초의 정의이다.

화폐

세계시장의 구축은 오늘날 우리가 경험하고 있는 지진의 두 번째 기본요소이다. 세계시장의 구축은 애초부터 화폐적 수단을 통한 국민적 시장들의 해체와 국민적 그리고/또는 지역적 통화조절 체계들contexts의 해체를 수반했다. 이 모든 사태는 미국이 금과 달러를 분리시키고 태환을 종식시킴에 따라 장기간 지속되던 고정환율제가 폐지된 1971~73년 사이에 시작되었다. 이른바 브레턴우즈 체제의 종언이다. 그 결과는 곧 고도로 우발적인 시장의 본성으로 나타났고, 그 속에서 화폐관계는 **금융권력**의 운동에 종속되었다. 이러한 상황에서 국민 **통화**는 일체의 주권적 특성을 상실하는 경향을 보인다. 타국 통화들의 척도 혹은 "표준" 역할을 수행해 온 것처럼 간주되던 달러조차 점점 더 금융시장에 종속되어 간다. 그리고 이 추세는 역설적으로 베를린 장벽의 붕괴와 더불어, 다시 말해 ─ 냉전에서 승리를 거둔 후 ─ 동맹국들이 미국의 **명령지대**command rent 징수권을 더 이상 용인하지 않은 시점부터 명확하게 드러나기 시작한다. 오늘날에는 국민 통화, 그리고 근대성의 시대에 국민 통화가 지녔던 특징들은 상상하기 어렵다. 이러한 차원에서도 지구화 과정은 근본적 변형의 매우 강력한 동인이 된다. 일련의 극적인 결과들은 다음과 같다.

1. 케인스주의적이든 순전히 통화주의적이든 국민적 수준의 화폐적 조정은 더 이상 불가능해진다.

2. 국민적 수준의 모든 복지주의적 개입 과정이 결정적으로 약화되며, 이 사실로부터 민주적 주권의 위기가 비롯된다.

3. 금융 및 투기권력에 대한 상대적 저항력을 형성하고, 이를 통해 독자적 미래를 모색하기 위한 새로운 기회(환상)를 창출하려는 지역 기구/그룹과 다국적 기구/그룹 구축 압력이 대두된다.

4. 위기의 명암이 교차하는 가운데 특정한 통화들(달러, 도이치마르크, 엔)이 **제국적 화폐**로 불규칙하게 부상한다. 여기서도 근대 주권은 점점 더 **잔여물**이 되어 가고 있으며, 지구적인 탈영토화 과정은 세계시장의 구축을 진전시키고 있다. 그러나 한편에서는 **일면적인 영토화**, 즉 화폐적 가치가 아니라 명백히 정치적 가치 위에서만 구축되는

새로운 영토화의 가능성을 보여 주는 징후도 나타난다. 이것이 가능할까? 달러를 (또는 그 밖의 통화들을) 제국적 화폐로 승인하는 것에 대한 현실적인 대안들은 무엇인가?(또한 이 대안들은 어떠한 형태로, 어떠한 시간 척도 내에 존재하는가?)

에테르

오늘날 국민언어의 지정과 보호, 교육체계 구축, 문화 보호 등은 그 어느 때보다 더 분명하게 주권적 특권의 내용을 이루고 있다. 그러나 이제부터는 이 모든 것들이 전파 속에 용해된다. 근대적 소통체계는 주권에 종속되지 않는다. 정반대로 주권이 소통에 종속된다.

영토적 주권 그리고/또는 국가주권의 해체에 함축되고 질서와 공간 사이의 단수화된 관계의 붕괴로 암시되는 이 역설들은 소통의 영역에서 극한에 이른다. 요컨대 소통의 탈영토화 능력은 전적으로 독특하다. 소통은 더 이상 근대적 주권을 제한하거나 약화시키는 데 그치지 않는다. 소통은 특정한 질서와 특정한 공간의 연결 가능성마저 제거한다. 단······ 기호들의 완전한 순환과 이 순환의 끊임없는 연속성 내부에서는 예외이다. 이로부터 "순환적인 **영토**"로서의 영토 개념, 따라서 질서와 영토의 관계를 단수화하는 것의 불가능성이 도출된다. 탈영토화는 제1의 힘이다. 순환은 탈영토화가 억제할 수 없이 발현되는 형식이다. 그러므로 에테르 속에서 언어들은 순환에 기능적인 것이 되고 일체의 주권적 관계들을 용해시킨다. 교육과 문화는 "스펙

터클의 사회"에 종속될 수밖에 없다.

이러한 경험을 통해 우리는 질서와 공간 사이의 관계가 해소되는 외적 한계에 도달한다. 이제부터 우리는 오직 다른 장소에서, 즉 주권적 행위의 절합 속에 갇힐 수 없는 독특한 "어떤 곳"에서만 이러한 관계를 살펴볼 수 있다.

소통 공간은 완전히 탈영토화된다. 이 공간은 우리가 합법적 물리력의 독점과 화폐 척도의 정의에서 발생한 위기 분석을 통해 식별한 잔여 공간들과는 절대적으로 다른 공간이다. 여기서 우리는 잔여가 아니라 **변형**과 마주한다. 즉, 정치경제학과 국가론의 전체 요소에서 일어난 변형이다. 이 변형은 우리가 이미 자본에 의한 사회의 **실질적 포섭** 국면으로 들어섰다는 사실에서 비롯된다. 즉, 소통은 자본이 모든 대안의 여지를 억압함으로써 사회 전체를 (실질적으로는 지구적으로) 정복하고 종속시킨 시점에서 자본주의적 생산과정이 취하는 형태이다. 따라서 대안이 제출되더라도, 그것은 틀림없이 실질적으로 포섭된 사회의 매개를 거쳐 생겨날 것이며, 실질적으로 포섭된 사회의 내부에서 새로운 모순들을 전면에 드러내면서 만들어져야 할 것이다. 대안은 "새로운 것", 그야말로 "지극히 새로운 것" 내부에서 제기될 것이다.

제국적 경향은 에테르 내부에서도 작동한다. 언뜻 보기에 제국적 경향은 또 다시 **미국 권력**의 지속적인 실존과 팽창에서 발견된다. 앞에서 언급한 주권적 관계의 붕괴와 더불어 창출되고 있는 공간은 아주 흔히 미국적이다. 그러나 우리가 검토한 그 어떤 국면들에서도 제국적인 재영토화 기능이 지금보다 더 심한 동요를 보인 적은 없었다.

무력과 화폐의 영역에서 일어나고 있는 일들과는 달리 소통은 실제로 하나의 생산관계로서 자본의 발전과 더불어 생산력의 변형을 수반한다. 이 힘은 미국 권력이 사회적 주체들의 역능과 — 상호작용적인 소통 생산에 점점 더 능동적으로 참여하는 모든 이들의 역능과 — 대립하는 매우 개방적인 상황을 창출한다. 새로운 생산/소통 형태들에 대한 제국적 지배의 불확정성이 가장 분명하게 드러난 곳은 순환의 장소인 바로 이곳이다.

따라서 영토적 주권 그리고/또는 국가주권을 파괴한 지진은 심층적이고도 전면적이다. 정치적 공간은 정의할 수 없는 공간이 된다. 그리고 우리는 이 공간 속에서 더 이상 변증법적 연관은커녕 단지 기능적 연관의 작동조차 기대할 수 없다. 자본이 세계의 공간을 형식적으로 포섭하는 동안에는 특정한 삶정치적 과정에 대한 준거점들을 제공한 매개들이 여전히 존재했다. 이제 우리는 포드주의 시기를 모든 결정들이 서서히 지워지는 경향을 지닌 (형식적 포섭에서 실질적 포섭으로의) 이행 국면으로 여길 수 있다. 우리는 매끈하면서도 가끔씩 매우 다양하게 홈이 파인 지대들이 발견되는 공간, 통합되어 있지만 넘쳐흐르는 위계들을 통해 주기적으로 식별 가능한 공간을 바라보고 있다. 즉, 끊임없는 순환 운동이 일어나며, 때때로 저항들을 감지할 수 있는 공간 말이다.[1] 혹은 또 한 번 달리 표현하면 우리는 속도의 변이를 특징으로 하는 보편적인 주변부에서 살아가고 있는 것이다. 간혹 이 황량한 지평 위에서 어쩌면 하나 또는 다수의 중심들을

---

1. [옮긴이] 영역자는 추후의 (수정) 번역본에서 이 구절을 "끊임없는 순환 운동이 일어나며, 주기적으로 장애물들과 저항에 직면하는 공간"으로 옮긴다.

발견할 수도 있을 것이다. 그러나 어떻든 지금 우리가 마주하고 있는 것은 새로운 공간에 스며드는 권력, 즉 새로운 권력이다.

확실히 우리의 문제는 이 새로운 공간이 조직되고 있는지를 명확히 하는 데 있다. 만약 그렇다면 우리는 새로운 공간이 어떻게 편성되고 있는가를 묘사해야만 한다. 이 새로운 탈영토화가 통치의 차원에서 어떻게 표현되는지 구체적으로 그려 내야 한다는 것이다. 나는 이러한 방향으로 더욱 광범위한 진전을 이루어 나가는 것이 반드시 가능하리라고는 생각지 않는다. 그럼에도 불구하고 몇 가지 전제들의 제출, 좀 더 정확히 말하면 뒤이을 경로를 명확하게 보여줄 이념형의 선취는 유용할 것이다. 제국의 이념형은 우리에게 도움을 줄 수 있다. 그것은 (앞에서 보았다시피 주권의 특정화에 해당하는) 제국주의 개념과는 근본적으로 다르다. 제국의 공간에는 선구성된 결정들이 존재하지 않기 때문이다. 그것은 수많은 지역들 곳곳으로 전위되는 중심이자 장애물들에 부딪히지 않고 순환하는 중심이다. 통합된 세계 공간 안에서 개별 국가들은 끊임없이 작동하는 흐름들과 네트워크들 속으로 결합한다. 따라서 국가들은 상설적이고 실전 배치를 동반하는 국제적 치안유지 활동에 의해 평화를 보장받는 상황에 놓인다. 치안유지 활동이 실패로 돌아가면 분쟁들은 고립화된다. 모든 경우에 단일 국가들의 주권적 특성들은 시장의 집합적인 기능들 속에서, 소통과 치안의 조직화 속에서 약화되고 재편성된다.

탈근대 이데올로기들은 주권적 특성들의 약화를 중시해 왔다. 이 이데올로기들은 마찬가지로 파편적인 것, 지역적인 것, 특수한 것과 같은 새로운 차원들, 그리고 (여기저기서 탈근대성의 평탄한 표면에 파열을 일으키는) 새로운 정체성들의 출현 또한 강조해 왔다. 내가 보기에 이러한 서술적 묘사들은 제국의 본질에 대한 이해를 제공하기에 충분치 않다. 제국의 본질은 파편적인 것과 복합적인 것의 단순한 현현顯現을 넘어 파편적인 것 내에서, 복합적인 것 내에서, 정체성들의 혼합과 관리 내에서 단일한 방식으로 구조화되기 때문이다. 탈근대 이데올로기들은 특정한 상황을 심하게 과장해 왔지만 지금까지도 그 새로운 구조화의 동력을 파악하지 못하고 있다.

　(오직 이념형의 구축이라는 관점에서 고려할 경우) 제국의 형상을 가장 적절하게 파악한 이들은 푸코와 들뢰즈였다. 그들이 근대 정치체제의 진화를 검토하기 위해 제시한 세 가지 모델("앙시앙 레짐 사회"에서 "훈육사회"를 거쳐 "통제사회"로)은 훈육사회에서 통제사회로의 이행 내부에서 주권을 약화시키는 동력을 식별한다. 세 모델은 이러한 동력이 사라져 가는 어떤 것이 아니라 정반대로 근대화와 최적화optimization임을 보여 준다. "통제사회"는 제국 권력이 전략적으로 배치되는 [즉, 효율적으로 행사되는] 틀이다. 명령의 정점을 극도로 높은 수준까지 끌어올릴 경우 갈등 해결을 위한 매개의 가능성은 훨씬 더 커지며, 권력 과정 내의 특수한 요소들 일체를 역동적으로 재규정할 수 있는 여지도 그만큼 더 넓어지게 된다. 따라서 폭력과 훈육은 통제의 정치학 내부에 포함된다.

　그럼 지금부터 폴리비우스가 고안한 제국 모델을 검토해 보자. 로마에 거주했던 이 그리스 지식인이 들려주는 바에 따르면 로마제국은 고전고대기古典古代期에 정의된 세 가지 정체의 종합이다. 제국은 황제와 관련해서는 군주정, 원로원에 관한 한 귀족정, 그리고 호민관의 역할이라는 면에서는 민주-공화정으로서의 성격을 띠었다. 그렇다면 오늘날은 어떠한가? 제국 권력의 편성 속에서 우리는 다시 한번 폴리비우스의 삼중 모델을 지켜보고 있는 것일까? 아마도 그럴 것이다. 경향적으로는 점차 식별 가능하다고 말할 수 있지만 확정된 군주적 중심, 독점적인 폭력의 보유자는 아직 출현하지 않았다. 그러나 제국적 종합체가 필요로 하는 모델의 나머지 두 측면은 존재한다. 한편에는 금융귀족과 전 세계 노동력의 상당한 부분에 부과되는 금융귀족의 훈육이 있다. 또한 공화주의적 통제권력 혹은 개별 국민국가들에게 남겨진 권한 속에서 구체적으로 표현되지만 제국적 권위와의 관계에서 점점 더 계약적 역할로 나타나는 저 훈육적 행동양식disciplinary reflex도 존재한다.

따라서 제국은 코앞에 다가와 있다. 제국은 이미 작동 중인 어떤 것으로서 엄연히 우리를 기다리고 있다. 정치철학적 원리로서의 탈근대성은 제국의 출현을 알리는 - 설익고도 부적절하지만 인상적인 - 일종의 경고표지로 작용해 왔다.

훨씬 더 강렬하고도 한층 더 실재적인 것은 제국의 구성 과정에서 나타나는 위기들과 일시적 중단들에 뚜렷이 새겨지는 경고표식들이다. 그것들은 어디에서 발견될 것인가? 틀림없이 그러한 표식들은 가치체계들 간의 충돌 속에서, 그리고 절차들 간의 모순 속에서 나타날 것이다. 특유하면서도 특유하지 않은, 경제적이면서도 정치적인, 합법적이면서도 비합법적인 공간에 주의를 기울일 때 날로 강렬해져 가는 잡종화의 경향이 분명하게 드러난다. 또한 (도덕적인 것까지를 포함하는) 법과 사회적인 것에 대한 전통적 견해들이 제국의 공간적 개방과 맞닥뜨릴 때에도 이러한 잡종화의 경향은 명확해진다. 따라서 국가들과 공동체들의 삶 속에서 공적인 활동의 대부분은 이 갈등들을 해결하고 제어할 절차들을 재구성하는 데, 요컨대 이 잡종적인 공간들을 "관리"하는 데 바쳐진다.

우리는 여기서 제국의 삶이 주요한 국제 분쟁을 해결하기 위해서 호출되기보다는 오히려 — 제국의 삶 안에서 가장 실재적인 형태일 — 인민들과 국민들의 구체적 실존 양상에 영향을 미치는 독자적 투쟁들을 다루기 위해 환기되어야 하는 것은 아닌지를 분명히 질문해야 한다.

이 질문은 이제 나를 최종적인 정식화로 이끈다. 내게는 이 정식화가 대단히 중요한 의의를 갖는다. 따라서 그것이 심지어 환원적인 방식까지 동원했던 지금까지의 내 모든 주장들 속에서 동등한 지위를 확보할 수 있다면 나로서는 매우 만족스러울 것이다. 이 정식화는 그만큼 본질적이기 때문이다. 내 결론은 다음과 같다. 근대적인 질서와 공간 사이의 관계 붕괴는 근본적인 단절, 즉 패러다임의 전환을 알리는 징후이다. 이 근본적 단절은 비판적 사유와 행동에 **정치적인 것에 관한 새로운 선험론**을 제시한다. 제국적 차원 내에서 바라본다면 정치는 더 이상 단일한 국민적 공간들이라는 차원으로는 이해될 수 없다. 이제부터 정치, 주권, 정당화, 통치 등의 개념들은 철저히 의문에 부쳐진다. 이 개념들은 분명히 위기에 처할 것이며, 아마도 재배열될 것이다. 그러나 장기적으로 본다면 이 개념들은 파괴와 전복 또한 면하기 어렵다. 낡은 국민적, 국제적, 영토적, 세계정치적cosmopolitical 질서 패러다임과는 더 이상 아무런 관계도 갖지 않기 때문이다. 오늘날다(국민)국가적 차원은 의사-국가적quasi-national 공간 내부에서 전개된다. 새로운 제국 권력의 수직성verticality은 피할 길이 없다. 오직 실제로 제국 권력을 손에 넣을 편에 서느냐(제국의 지배권을 장악하는 쪽은 미국일까, 여러 주권국가들의 복합체일까), 아니면 횡단성에 기초해서 수행될 활동에 참여하느냐 둘 중 하나뿐이다. 어떻든 우리는 이미 바로 그 안에 [제국 안에] 있다. 우리는 새로운 국제 질서를 공표할 채비를 갖추고 있는 이 세계의 시민들, 즉 **제국적 지배관계의 본질**이다. 동의하든 않든 우리는 반드시 이 새로운 사태를 불가피한 것으로 간주해야 하며, 지금까지 민주적 행동이 경험해 온 모순들 가운데 대다수가 훨씬 더 복잡한 지형들 위에서 증식될 것이라는 사실 또한 인식할 필요가 있다. 이제부터 권력은 오직 이 새로운 정치적 선험론의 틀 내부로부터만 검토될 수 있을 것이다.

[영역 : 에드 에머리]

3부

정치적인 것에 대한 비판

11장

자본주의 국가

환상과 비판

워너 본펠드

I

요한네스 아뇰리는 정치적인 것에 대한 비판, 즉 국가비판을 통해 맑스의 정치경제학비판을 보완할 필요성을 일깨워 왔다. 맑스는 결코 자신이 구상했던 국가에 관한 저작을 집필하지 않았다. 이로 인해 맑스주의자들은 여러 세대에 걸쳐 "문제의" 맑스주의 국가론 논쟁을 벌여야 했다.[1]

과연 국가에 관한 맑스의 저작은 국가비판이 아니라 국가론이었을까? 그러나 [맑스 사후의 맑스주의자들이] 추구한 것은 국가론이었다.

---

1. 많은 동료들이 논평을 제공했다. 특히 아나 다이너스타인(Ana Dinerstein)의 유익한 논평에 사의를 표한다.

맑스가 우리에게 일깨운 것은 자립적으로, 즉 비판적으로 사유하라는 것이었다. 이에 반해 그의 저작은 맑스-레닌주의라는 외피 아래 정전正典으로 받들어지고 이단적 일탈을 예방하기 위해 물샐 틈 없이 보호되었으며, 바야흐로 분석 맑스주의라는 이름을 달고 일개 학파로 등장하고 있다. 이단에 대한 공포심과 교의에 대한 맹목적 추종으로 인해 맑스의 파괴적 비판이라는 과업은 수사적 급진성을 특징으로 하는 부르주아 연구 프로젝트에 대한 동조를 거쳐 폐기되고 말았다. 맑스는 "파괴적 비판가"가 아니라 이러저러한 것에 "대한" 이론가로 기입되었다.[2] 더구나 언제든 활용할 수 있는 국가론이라는 면에서 본다면 맑스에게서 얻을 것이 많지 않았기 때문에 그의 연구는 일개 경제학설, 즉 맑시언 경제학으로 치부되었다. 자본의 부제인 "정치경제학 비판"은 무시되고 맑스의 정치경제학 비판은 한낱 부르주아 경제학 비판으로 변질되고 말았다.[3] 이로 인해 맑스는 훨씬 덜 파괴적인 인물로 그려지고 그의 혁명가적인 영민함과 혁명적 사유는 누그러졌다. 실제로 맑시언 경제학은 노동을 사회적 실존의 구성력으로 바라본 맑스의 이해를 거부하고 인간관계를 한낱 경제법칙들에 부수적인 어떤 것으로 환원시켰다. 맑스는 경제학을 가리켜 사물들 간의 관계라고 불렀다.[4]

맑스의 작업이 결국 "맑스주의" 경제과학이나 마찬가지라는 가정

---

2. 이에 관해서는 Gunn(1992)을 보라.
3. 이에 관해서는 Bonefeld(2001)를 보라.
4. 맑스의 연구를 경제적 범주들에 대한 비판이라는 관점에서 군더더기 없이 간명하게 설명한 글로는 Backhaus(1997)를 참조하라.

은 자연스럽게 맑스주의 국가론에 대한 요구로 통한다. 이러한 시도는 이른바 1970년대 국가도출논쟁 또는 풀란차스의 작업과 관련된 맑스주의 정치이론의 관점에서 이루어졌다. 국가도출논쟁은 맑스의 『자본』에서 국가 범주를 "도출"하려고 시도했다. 경제는 정치적 "상부구조"의 범주들이 이끌려 나오는 토대로 간주되었다. 이는 인간의 사회적 관계들에서 범주들을 도출하는 것이 아니라 경제적인 것에서 정치적인 것을 도출하려는 시도였다. 경제적인 것이 전제되고 난 후에 정치적인 것은 단지 경제적 범주들의 파생물로서 나타난다.[5] 맑스주의 정치이론이라는 풀란차스주의자들의 제안은 구조와 투쟁을 외적인 관계로 놓고 정치적인 것으로부터 경제적인 것을 분리시킨 고도로 복잡한 이론적 미궁에 빠져들었다. 급기야 이들의 제안은 산 노동을 구조의 대행자로 개념화하기에 이른다. 이 경우 구조의 대행자는 그 자신을 착취의 수단으로 전락시킨 바로 저 구조들의 재생산 능력을 보유한 것으로 간주된다. 풀란차스(1973)는 자신의 작업이 이른바 맑스주의 경제학에 상응하는 맑스주의 정치이론에 기여한 것으로 믿었다.[6] 요컨대 "맑스주의" 정치이론은 정치적인 것과 경제적인 것 사이의 '부르주아적' 분리를 수용한 것이다. 따라서 맑스주의 정치이론은 "비

---

5. 그러나 국가도출논쟁을 이처럼 무차별적인 방식으로 평가하는 것은 온당치 않다. 일부 기고자들(Altvater 1978)은 부르주아 사회에 대한 해부와 더불어 이른바 부르주아 사회의 객관적인 자본주의 발전법칙에서 국가를 도출했다. 이에 반해 또 다른 기고자들은 이러한 경제 환원론을 거부하고 국가를 계급투쟁의 한 형태로 분석했다(Holloway and Picciotto, 1978). 이 장에서의 논의는 후자의 결정적인 기여를 발판으로 한다(또한 Bonefeld 1992를 보라). 국가도출논쟁에 관해서는 Clarke(1991); Holloway and Picciotto(eds) (1978)를 보라.
6. 국가도출논쟁과 풀란차스의 국가론은 히르쉬의 논문(Hirsch 1978)에서 부분적으로 겹쳐 나타난다.

판"에 대한 맑스의 명확한 진술을 [부르주아 사회에] 무해한 것으로 만들고 그 신랄함마저 제거해 버린다.

맑스주의 정치이론의 최종적인 결과는 추상적인 이론과 "사회적 실재"에 대한 묘사적인 (또는 고급 저널 특유의) 서술 간의 분리로 나타났다. 정치이론은 – 맑스주의적이든 아니든 – 구성을 국가 건설과 정치적 해방이라는 관점에서 다룬다. 여기서 정치적 해방에 대한 맑스의 비판을 상세히 검토할 필요는 없을 것이다. 맑스는 정치적 해방이란 노동을 노동하는 상품ᵃ labouring commodity, 즉 임노동으로서 자본관계 속에 통합시키는 것과 다르지 않다고 보았다. 이러한 통합은 필연적으로 인간해방에 대한 억압을 수반한다. 다음은 전형적으로 인용되는 구절이다.

> 모든 해방은 인간세계와 인간관계를 인간 자신에게로 복귀시키는 것이다. 정치적 해방은 인간을 한편으로는 부르주아 사회의 일원으로, 즉 이기적이고 독립적인 개인으로 환원시키고, 다른 한편으로는 공민, 즉 도덕적 인간으로 환원시킨다. 현실의 개별적인 인간이 추상적인 공민을 자신에게로 환수하고, 개별적인 인간으로서의 자신의 경험적 삶, 개별적 노동, 개별적 관계 속에서 유적 존재가 되어있을 때, 인간이 자기 '고유의 힘'forces propres을 사회적 힘으로 승인하고 조직하며 따라서 더 이상 사회적 힘을 정치적 힘의 형태로 자신에게서 분리시키지 않을 때, 그때에야 비로소 인간해방은 완수될 것이다(Marx 1964, 370).

따라서 맑스주의 정치이론이라는 발상은 결과적으로 부르주아 정치사상의 '죄^{αμαρτία}를 소생시킨다. 또한 이 발상은 자립적 주체로서의 국가를 옹호함으로써 인간해방에 대한 억압으로 이어진다. 결국 맑스의 파괴적 비판은 건설적 비판[7]으로 대체된다. 건설적 비판은 개혁주의의 외피 하에서 노동을 자본관계 속으로 좀 더 그럴 듯하게 통합하는 것을 목표로 한다. 건설적 비판은 또한 혁명적 외피를 쓴 채 인간 노동이라는 "자원"까지를 포함하는 경제적 자원들에 대한 중앙집중적 계획화를 목표로 삼는다. 맑스(1983, 447)는 "생산적 노동자가 된다는 것은……한 줌의 행운도 아니라 불행"임을 증명했지만 사회주의 노동자 공화국 선언은 이러한 불행을 역사의 가장 내밀한 목표로 제시한 것이다.

II

정치적인 것에 대한 비판의 필요성은 의심할 여지가 없다. 정치적인 것에 대한 비판이 국가에 대한 이론[국가론]으로 선언될 수 없다는

---

7. 정치이론은, 맑스주의적이든 그렇지 않든, 본질적으로 갈등을 건설적인 관점에서 바라본다. 건설적 갈등으로서의 갈등이라는 정의는 다원주의 사회라는 개념 속에 본래적으로 주어져 있으며, 산업관계와 같은 다양한 분야의 연구와 의회민주주의론에 영향을 미쳐 왔다. 갈등이 다원주의 사회에 특유하다는 해석은 갈등이 야기되어야 한다는 것을 뜻하지 않는다. 이러한 해석이 의미하는 바는 갈등을 조정하고 건설적인 형태로 표출시킬 수 있는 규칙, 절차, 법률이 호출된다는 것이다. 예컨대 코저(Coser 1956)는 갈등의 기능성에 관한 이론[기능적 갈등론]을 제시하고, 풀란차스(Poulantzas 1973)는 이를 맑스주의의 틀 내에서 발전시켰다. [기능적 갈등론에 대한 비판으로는] 이 책에 실린 아뇰리의 논문도 참조하기 바란다.

것 또한 의심할 바 없다. 맑스는 "축적론" 혹은 "그 무엇에 대한 이론"
과 대립적인 것으로서의 경제이론도 위기이론도 보유하지 않았다. 맑
스가 제공한 것은 정치경제학 비판이며, 여기에는 "국가" 범주에 대한
개념화가 포함된다. 그의 기획은 전도된 세계의 미세조정을 위한 분
석 도구들을 제공하는 것이 아니라 오히려 자본과 그 국가를 부정하
는 것이었다. 이러한 부정은 부정의 부정, 그리고 그것과 함께 부르주
아 권력관계Herrschaftsverhältnisse(지배관계)와의 화해로 완결되는 "닫
힌" 변증법적 분석과는 다르다. 그의 비판은 부정적이고 파괴적이다.
아놀리(1992, 45)가 언급했듯이 "맑스는 건설도 긍정도 원하지 않았
다. 그는 무엇보다 먼저 부정하고자 했다." 이러한 비판은 물론 비판
을 위한 비판이 아니다. 맑스의 비판은 전도된 자본 형태들을 비판한
다. 자본 형태들의 사회적 토대, 즉 이 형태들의 인간적 기초를 전면에
드러내기 위해서다. 따라서 맑스의 비판은 전복적이다. 전도된 형태들
에 대한 비판은 이 형태들을 인간실존의 형태들, 따라서 '부정되는 존
재양식' 속에서 인간의 존엄성이 존속하는 형태들로 개념화하는 것
을 수반한다. 요컨대 맑스의 비판은 이른바 구조, 그리고 근친상간적
인 것처럼 보이는 구조들 사이의 관계, 구조들의 자기관계 이면에 은
폐된 것을 드러내 보이려고 시도한다. 맑스의 비판은 또한 일개 자원
또는 생산요소로 규정되고 있는 인간 자신이 곧 인간 실존의 기초임
을 밝히고자 한다. 인간 실존의 기초가 될 수 있는 것은 오직 인간 자
신뿐이다.[8]

8. 이에 관해서는 특히 맑스의 "Contribution to Critique of Hegel's Philosophy of Law.
   Introduction," esp. p. 182, in *Collected Works*, vol. 3 (Lawrence & Wishart, London)

인간에 대한 맑스의 근본적인 이해와는 대조적으로 경제이론, 그리고 분석적 도출의 기획을 선언하는 모든 이론들은 자본의 세계에 순응할 수밖에 없다. 이러한 자본의 세계에서 인간은 효과적, 능률적, 경제적으로 사용되기 위해 더욱 미세한 조정을 요구받는 생산요소로 존재한다. 전제된 가설적 구조들의 세계에서 인간의 실존을 분석적으로 도출할 경우 노동이 해방적이라는 지긋지긋한 선전 문구를 순순히 수용하게 될 뿐만 아니라 인간의 사회적 실천이 취하는 상품화된 실존을 역사상 가장 뛰어난 업적으로 인정하게 된다. 이러한 구조들이 피로 얼룩진 착취의 일그러진 얼굴을 전제로 한다는 사실은 조용히 덮이거나 타산적 고려 속에서 무시되어 버린다. 요컨대 전제된 구조들에서 인간을 도출한다는 것은 이론적 접근법과 관점의 측면에서 전통적일 뿐만 아니라 정치적으로는 반동적이다. 가설적인 구조들에서 인간을 도출하는 이론은 인간 세계의 기초에 관해 묻지 않으며, 그 대신 이러한 기초는 불가해하다고 전제한다. 인간 세계의 기초는 이 세계를 움직이는 보이지 않는 손에게 귀속된다는 것이다. 보이지 않는 손을 엄정한 정의의 관리자로 받아들인다고 해서 반드시 메타이론들의 순환논법으로 귀결되는 것은 아니다. 실제로 이러한 승인은 전통 이론이 가장 절박하게 여기는 관심사의 복귀, 즉 기성 권력관계의 정당화로 이어진다. 정치이론의 "원초적 입장"은 기성 권력에 복무하는 시녀의 그것과 같다.

비판의 무기는 우리가 살아가는 이 세계가 자본의 세계가 아닌

[칼 맑스, 「헤겔 법철학의 비판을 위하여」, 『칼 맑스 프리드리히 엥겔스 저작선집』 1, 최호진 외 옮김, 박종철출판사, 1995]를 보라.

우리의 세계, 인간의 실천에 의해 창조되고 인간의 사회적 실천에 의존하며 인간의 실천에서 비롯되는 구성력에 개방되어 있는 세계임을 보여 준다. 따라서 노동계급의 해방은 오직 노동계급 자신의 과업이어야 한다는 맑스주의의 견해가 입증된다. 이러한 해방은 임금관계에 의존할 수 없다. 임노동이라는 범주는 이미 하나의 전도이다. 임노동 범주는 인간의 사회적 실천이 상품화된 실천임을 전제하기 때문이다. 이러한 전도가 아무리 "실재적"일지라도 그것은 다만 물신화된 형태들의 운동에 관한 이해를 제공할 뿐이다. 임노동 범주는 이 형태들의 구성에 관한 이해를 제공하지 않는다. 맑스의 물신주의 비판은 인간이 인격화된 생산조건, 즉 사물의 인격화라는 형태로 나타나는, 그것도 필연적으로 그처럼 나타나는 세계의 부조리를 보여 준다. 비판의 관점은 이 기이하고 잔혹한 인격화의 이면, 즉 사회적 구성을 드러낸다. 비판의 관점은 인간의 감성적 활동, 즉 임노동이라는 상품화된 형태 속에서 그 자신에 대립하여 존재하는 인간의 활동을 보여 준다. 따라서 자본에 대한 비판은 결국 "노동"에 대한 비판, 즉 개별화되고 소외된 노동에 대한 비판과 같다. 이러한 노동의 사회적 실존은 개별 생산자들을 외적이고 독립적인 사물로서 대면케 한다. 자본주의적 사회관계는 대다수 인구를 생산수단으로부터 분리시키는 데 기초한다. 이러한 분리는 시초축적의 결과이자 자본주의적 노동착취의 전제이다. 맑스(Marx 1972, 492)가 보여 주듯이 자본은 "노동의 조건이 취하는 형태", 정확히 말해 노동수단을 박탈당한 노동의 형태이다. 즉, 자본이란 "자본의 지휘 아래 놓인"(Marx 1973, 508) "객체 없는 자유노동"(Marx 1973, 507)이다. 맑스의 정치경제학비판은 자본주의적인 형태의 인간적 기초를 보여 준다. 이러한 내용은 [즉, 인간적 기초는] 부정되는 존재양식으로 실존한다. 즉, 그것은 노동하는 상품의 형태로 존재한다. 이렇게 하여 "부르주아적인 목적합리성, 수익성, 체통에 젖줄을 제공하는 생산양식의 부조리가 폭로되었다. 그것은 벌거벗겨졌다"(Agnoli 1992, 45-6). 맑스의 비판은 인간을 수단이 아니라 목적으로 간주하는 철학의 부정적 역할을 옹호한 것이다.

결국 혁명에 대한 맑스의 요구는 국가론의 보완이라는 "맑시언"의 시도와 첨예한 대조를 이룬다. 맑스주의적인 언어로 포장되든 그렇지 않든 정치이론은 결국 자본관계 속에 갇힌 노동의 현존을 더욱 받아들일 만한 것으로 그리려는 시도로 이어진다. 코뮤니즘을 향한 모든 열망은 노동 문제를 보다 유리하게 조정하는 데 쓸모없는 것으로 묘사된다. 대체 누구에게 유리하단 말인가? 사회이론 혹은 국가론으로서의 맑스주의가 안고 있는 위험은 표면상 대립적인 것처럼 보이는 저 소외와 지배의 공범이 된다는 것이다.

III

인간 존재는 불가분하다. 즉, 인간은 그 자신에게서 떨어져 나간 강제력과 폭력에 의하지 않고서는 경제적 생산 요소와 시민권을 부여받은 정치적 존재로 분리될 수 없다. 그러나 부르주아 사회에서는 이러한 분리가 실제로 현실화된다. 인간이 생산수단에서 분리되고 생산수단이 자본으로서의 구성된 실존을 갖는다는 것은 정치적인 것과 경제적인 것의 분리에서 기초를 이룬다. 이러한 "분리의 논리"는 "자본의 현실적인 발생 과정"(Marx 1972, 422)이며, "자본주의적 생산의 전 체계는 노동자가 자신의 노동력을 상품으로 판매한다는 사실에 기초한다"(Marx 1983, 405-6). 이러한 노동과 노동수단의 분리는 국가를 "경제적인 것"으로부터 분리된 구조로 간주하는 전통적인 관점을 지속시킨다. 즉, 경제학자들이 인간의 목적의식적인 활동을 생산요소로 다룬다면 정치학자들은 시민의 사회·정치적 권리와 의무를 민주적·법적으로 구성하는 데 초점을 맞춘다. 그러나 이른바 생산의 인적 요소란 평등한 권리를 부여받은 일개인으로서의 시민에 지나지 않는다. 역으로 시민이란 '임금-노동하는 상품'a wage-labouring commodity으로서의 일개 생산요소에 다름 아니다. 정치이론, 즉 국가론은 본질적으로 분리를 긍정하는 이론이며, 구성된 권력으로서의 권력에 대한 이론이다. 국가론은 객체 없는 노동, 즉 노동이 노동하는 상품으로서 실존함을 전제로 한다. 이 전제로 인해 국가론은 노동을 생산의 인적요소로 봉쇄하는 데 기여한다.

　노동과 노동수단의 분리는 정치적인 것의 경제적인 것에 대한 외관상의 상대적 자율성을 구성한다. 역으로 이러한 분리는 경제적인 것의 정치적인 것에 대한 외관상의 상대적 자율성을 구성한다. 부르주아 사회에서 사회로부터의 정치적인 것의 해방은 부르주아의 공동 관심사를 관리하고 부르주아적 교환관계가 적절하게 실행되는지를 감독할 정치체계의 창출로 이어진다. 국가의 정치적 해방은 추상적 평등의 관계를 보증할 국가의 역할을 수반한다. 사회로부터의 국가의 해방은 이러한 관계에 의존한다. 즉, 국가는 산 노동과 노동수단의 분리에 기초하며 법과 질서를 통해 이러한 분리의 지속적인 재생산을 보장한다. 이로부터 국가를 별개의 정치조직 형태로 해석하려는 정치이론의 시도들이 뒤따라 나온다. 이 정치조직 형태는 사회관계의 외부에 상주하면서 시민사회의 기초인 사적 소유권을 보호하고 보증하기 위해 "외부에서" 사회 속으로 개입할 뿐이다. 만인은 법 앞에서 평등하다. 그리고 평등한 존재로서의 만인은 표준화된 권리를 부여받은 추상적 시민으로 동등하게 취급된다. 요컨대 국가는 소유의 불평등 속에서 권리의 평등을 보증한다. 곧이어 국가는 불평등한 관계와 평등한 관계의 통약가능성을 관리한다. 즉, 법과 화폐 속에서 다름을 같음으로 환원시키려는 시도이다. 따라서 인간 존재의 특유성이 부정되고 그들의 실존은 흡사 별개의 한 인격과도 같은 단순한 교환관계의 성격가면들로 단언된다. 아도르노가 우리에게 일깨우듯이 아우슈비츠는 부르주아적인 추상적 평등과 추상적 동일성의 관계가 지닌 폭력성을 확증하는 데 그치지 않는다. 아우슈비츠는 또한 순수한 동일성의 부르주아적 교환관계란 죽음이라는 것도 확인시켜 준다.

결국 정치경제학 비판은 국가형태 비판과 같다. 국가형태는 역사 외부에 위치하지 않는다. 차라리 국가형태는 자본주의적인 방식으로 생산하면서 부르주아적인 것으로 '구성되는' 사회의 조직형태이다. 맑스가 『요강』 *Grundrisse*에서 언급한 대로 국가형태는 부르주아 사회의 총괄이다. 따라서 국가는 부르주아 사회의 정치적 형태이다. 국가는 권리의 평등을 보호하는 수단이 정치적으로 집중되는 형태이다. (노동)시장의 법칙은 권리의 평등, 즉 추상적 평등에 대한 보증을 통해 소유의 불평등을 보호하는 자본주의 국가를 전제 조건으로 한다.

'정치적인 것'을 뒤흔드는 모든 사회적 위기는 이처럼 인간 존재를 한편으로는 경제적 생산 요소로, 다른 한편으로는 시민으로 분리시키는 것에 죽음이 임박했음을 알린다. 부르주아 사회의 구성적 기초는 불가분한 인간 실존의 본질, 산 노동이다. 다시 말해 "노동의 세분화가 인민에 대한 암살"(Urquhart, Marx 1983, 317에서 재인용)인 한 이러한 세분화는 사회적 노동과정을 더욱더 파편화함으로써 노동과 노동조건의 "시초적" 분리를 강화한다. 그러나 사회적 노동이 아무리 파편화, 분화, 세분화되더라도 인간의 협동은 여전히 "자본주의 생산 양식의 기본적인 형태"이다. 인간의 협동 없이는 생산도 교환도 존재하지 않을 것이다. 인간의 협동은 "인민에 대한 암살"과 국가에 의해 보호·보증되는 자유롭고 평등한 교환관계라는 정중한 형태를 결합한 상품형태 속에서 그 자신과 대립하여 존재한다.

IV

자본주의 국가는 노동의 물질적 생산물에 직접적으로 접근하지 않는 인류 역사상 최초의 국가이다. 자본주의 국가에 대한 사회적 관계의 예속은 법과 화폐에 의한 비인격적인 종속 혹은 추상적인 종속 형태를 특징으로 한다. 부르주아적 자유의 관점에서 "개인"의 자유란 소유의 불평등과 무관하게 동등한 인격들 사이에 체결되는 계약의 자유이다. 법은 추상적이고도 위엄 있는 형태를 취하면서 빈자들과 부자들을 동등한 인격으로 대우한다. 법은 생산수단 소유자와 자유로운 노동자를 동등한 주체, 즉, 법적 주체로 취급한다. 법은 특권을 모른다. 그것은 평등의 법이다. 계약관계는 법에 의거해 자유가 사적 개인들의 상호관계 속에서 법적 구속력을 갖는 인정이라는 형식으로 승인되는 형태를 뜻한다. 계약이란 자유의 사법적 형태인 것이다. 계약의 주관자는 국가이다. 법은 타고난 권리를 지닌 힘인 듯이 스스로를 "공포"하지 않는다. 법은 스스로를 "집행"하지도 않는다. 법은 입법자에게 물질적 힘에 의한 그 자체의 보완을, 즉 무차별인 법 시행을 요구하며, 사회관계들에 형식적인 평등의 인격화에 지나지 않는 추상적인 실존적 특성을 부과한다. 자본주의 국가는 이러한 권리의 사회적 구성에 기초하며 법과 화폐에 대한 관리를 통해 권리를 보호한다. 따라서 사회적 관계들은 사적 소유의 법, 즉 평등·자유·벤담에 종속된다. 법 앞에서의 만인에 대한 평등한 대우는 국가형태에 "환상적 공동체"(Marx and Engels 1962를 참조하라)로서의 특성을 부여한다. 국가형태는 엄존하는 개인을 구성된 "성격가면들" 혹은 "화신들"(이에 관해서는 Marx 1983을 보라)로 취급하며, 모든 성격가면들에 공통적인 이해관계를 옹호한다. 국가형태는 서로를 수단으로, 즉 효용으로 간주하는 성격가면들의 보편적 실존을 옹호한다.

자본주의 국가는 인간의 사회적 실천을 그 수단으로부터 분리시키는 정치적 형태를 정립한다. 인권을 타고나는 추상적 시민과 계약의 자유를 부여받은 임노동자는 바로 이 분리의 양면이다. 개인들 각자는 법률상 동등한 주체로 취급된다. 자본주의 국가는 전제정과 달리 법을 통해 질서를 부과한다. 자본주의 국가는 대립적인 관계가 아니라 계약으로 보증된 사회적 상호작용의 관계를 관리한다. 자본주의 국가는 특권 대신에 자유와 평등의 시장관계를 사회관계에 부과한다. 즉, 임금관계의 형태로 노동계급을 정치적으로 조직화하는 것이다. 자본주의 국가형태는 추상적 평등의 법적인 표준화를 위해 사회적 해방에 대한 강제적 억압을 부과한다. 더 정확히 말하자면 자본주의 국가형태는 사회적 해방에 대한 강압 그 자체다. 사적 소유권에 대한 이러한 보장은 국가의 강압적 성격을 수반한다. 자본주의 국가는 빈자와 부자의 빵 도둑질을 똑같이 금지한다.

정치적 관계와 경제적 관계는, 마치 두 관계 모두가 각자의 개별적인 발전법칙을 따를 뿐이라는 듯이, 본래적으로 전자가 후자에 조응하는 관계도 전자가 후자를 재생산하는 관계도 아니다. 오히려 정치적인 것이 경제적인 것을 보완하는 이유는 양자가 모두 동일한 근본적 계급적대의 상이한 형태들이기 때문이다. 계약에 대한 정치적 보증은 결국 노동을 임노동이라는 전도된 형태 속에 봉쇄하는 것, 즉 인간의 생산력이 상품형태를 통해 존속하는 것으로 이어진다. 자본주의 국가가 자본주의 국가인 것은 부르주아가 국가의 고위직을 차지해 왔기 때문이 아니다. 그것이 자본주의 국가인 이유는 그 형태에 있다. 즉, 정치적인 것이 사회로부터 분리되었기 때문이다. 이러한 분리는 대다수 인구에게서 생활수단과 생산수단을 박탈한 시초적인 분리에 기초한다. 사회와 국가의 분리는 시초적 자본축적의 폭력을 수반한다. 법의 주관자인 자본주의 국가가 법질서의 차원에서 시초적 분리의 폭력을 독점하기 때문이다. 즉, 자본주의 국가는 추상적 평등의 법을 집행함으로써 사회적 노동력에 분리와 수탈의 조건을 부과한다. 따라서 국가의 내용은 그 형태, 곧 정치적인 것의 경제적인 것으로부터의 해방으로 표현된다. 이러한 해방은 노동이 노동수단으로부터 분리되는 실존양식이자 노동수단이 자본으로 존재하는 양식이다. 자본주의 국가의 형태는 사적 소유권의 보호를 통해 노동과 노동수단의 분리를 보장하는 자본주의 국가의 기능을 수반한다. 자본주의 국가의 실존은 이 분리에 의존한다. 이 분리의 이면은 법질서를 통해 권리를 보호받는 노동하는 상품으로서의 노동의 실존이다. 법은 차별하지 않는다. 법은 모든 상품 소유자를 동등한 인격으로 대우한다. 경제적인 것과 정치적인 것의 분리는 추상적 평등의 규칙을 외관상 "공평"하게 규정하는 기관으로서의 국가를 수반한다. 국가는 노동력 소유자와 생산수단 소유자를 도둑질로부터 동등하게 보호한다. 국가는 자본과 노동 간의 계약의 권리를 보증함으로써 착취와 전유의 권리인 자본의 소유권을 보호하기 때문이다. 따라서 이는 마라찌(Marazzi 1995)가 상품형태[교환가치]를 통한 노동[추상노동]의 부과라고 부르는 것으로서, 추상적 평등의 법을 주관하는 국가 형태 속에서 정치적으로 총괄된다.

자본의 법칙은 생산수단과 대다수 인간의 분리를 확대재생산한다. 이는 가치와 잉여가치의 실체인 산 노동에 대한 누진적인 착취를 통해서만 달성될 수 있다. 개별 자본가는 "자신의 자본을 보전하기 위해 그것을 끊임없이 증식시켜야 한다. 그러나 그는 누진적인 축적 없이는 자본을 확대할 수 없다"(Marx 1983, 555). 위험은 파산으로 나타난다. 따라서 인격화된 자본은 경쟁을 통해 행동으로 내몰린다. "가치의 자기증식에 광적으로 매달리는 [인격화된 (자본으로서의) 자본가는] 인류에게 생산을 위한 생산을 무자비하게 강요함으로써 착취당하는 인간의 수를 늘린다"(같은 책). 자본은 "객체 없는 노동"에 의존한다. 각각의 개별자본이 파산을 면하려면 상대적 잉여가치의 생산에 그쳐서는 안 되며, 반드시 상대적 잉여가치를 증대시켜야 한다. 따라서 산 노동은 잉여노동의 구성적 측면인 필요노동을 극한까지 감소시키기 위해 생산으로부터 축출되어야만 한다. 필요노동과 잉여노동 간의 관계는 노동일의 구성 요소들의 관계이자 그 관계를 구성하는 계급관계이다. 자본은 오직 가치실체인 산 노동의 대립물로만 존재한다. 그러나 자본이 노동으로부터 자유로워질 수 없는 한 이 대립관계는 비대칭적이다. 그러한 자유는 오로지 노동의 편에서만 가능한 것이다. 자본이 "영속적으로 잉여노동을 퍼올리는 양수기"(Marx 1966, 822)로 나타나려면 잉여노동의 증대를 위해 필요노동을 감소시키는 한편 전 세계의 노동계급에게 필요노동을 부과해야만 한다. 요컨대 노동은 자본의 외부에 존재하지 않는다. 차라리 노동은 자본 속의 현존, 즉 구성적 현존이다. 노동은 가치의 실체이다.

요약해 보자. 자본주의 국가는 사적 소유의 규범들을 강제함으로써 이 규범들에 대한 사회적 인정을 보호한다. 자본주의 국가와 사회의 이러한 관계는 사적 개인들이 표준화된 권리를 부여받고, 그러한 존재인 한, 추상적인 시민들로서 취급되는 추상적 개인들로 실존한다는 것을 의미한다. 법질서의 정치적 규제는 계급의 실존을 부정한다. 그러나 소유권에 대한 법적 인정의 이면에는 이중으로 자유로운 노동자와 자본의 수중에 집중된 실존수단이 놓여 있다. 형식적 자유와 형식적 평등의 배후에서 사회적 재생산은 자본의 형태를 취한다. 형식적 권리의 보호는 실질적 착취의 보증을 수반함으로써 국가가 경제적인 것으로부터 분리될 수 없도록 만들며, 그 역의 경우도 마찬가지다. 법질서를 통한 착취의 보증은 계약의 보증, 즉 노동착취의 존속을 매개하는 법적 형태에 대한 보증을 통해 이루어진다. 따라서 자본주의 국가형태는 정치적 해방의 화신이라는 고귀한 초월적 지위에서 내려와 추상적 평등의 법에 대한 정치적 주관자로 전화한다. 이로써 자본주의 국가형태는 노동생산력의 상품형태를, 즉 노동의 임금-노동으로서의 실존을 포함하는 상품형태를 보증하고 보호함으로써 착취를 보장한다. 자본주의 국가의 형태는 필연적으로 "시장 공화국"의 정치적 조직자라는 자본주의 국가의 내용을 함의한다.

요컨대 자본주의 국가는 계약의 정치적 보증, 즉 법적 수단의 강구 및 집행을 통해 노동의 구성적 현존을 자본관계 속에 봉쇄하는 데 관여한다. 이 과정에서 자본주의 국가는 사회적 생산관계의 법률화는 물론 사회적 생산관계의 계층화에도 의존한다. 사회적 관계의 법률화는 계층화를 전제하며, 그 역도 마찬가지다. 따라서 자본주의 국가는 부르주아 사회 속으로 "개입"하지 않는다. 오히려 자본주의 국가는 부르주아 사회의 조직화된 강제력이다. 자본주의 국가는 바로 그러한 자격의 소유자로서 정치적으로 관리되고 법에 의해 규제되는 비-대립적 형태로, 즉 문명화된 폭력이라는 형태로 사회적 생산관계의 재생산을 보장하려고 시도한다.

따라서 정치적인 것과 경제적인 것 사이의 부르주아적 분리, 이른바 정치적인 것의 상대적 자율성은 실재적이다. 그것은 실재한다. 정치적인 것의 형태적인 실존양식이라는 관점에서 볼 때 이러한 분리는 실재적이다. 다시 말해 그것은 인간세계가 한낱 사물들 그 자체의 관계들에서 비롯된 파생물로서 존재한다고 공표하는 가치형태 물신주의 못지않게 실재적이다. 물신주의 비판은 다른 세계, 즉 마법에서 풀려난 세계를 보여 준다. 이 세계는 전도된 실천이든 계몽적인 실천이든 인간의 사회적 실천에 기초하는 세계이다. 자본주의 국가를 자립적인 권력, 타고난 권력으로 간주하는 구성된 국가물신주의를 수용한다는 것은 자본주의 국가를 사적 소유권의 불가결한 보호자로 간주하는 부르주아적 정의定義를 옹호하는 것에 지나지 않는다. 따라서 자본주의 국가형태는 형식적 자유와 형식적 평등을 "공통성"으로 표명한다. 이 공통성의 내용은 "노동자의 영속화", 곧 "자본의 실존을 위한 필수조건"이다(Marx 1983, 536). "자립화된 국가권력"(Marx 1974, 882)은 필연적으로 계약의 권리에 대한 옹호라는 그 내용을 수반한다. 이로 인해 자본주의 국가는 곧 부르주아 사회로 복귀한다. 따라서 국가와 경제는 서로 다른 두 개의 사회조직 형태로 실존하지 않는다. 차라리 국가는 부르주아국가이다. 이 국가는 부르주아 사회와 분리될 수 없다. 맑스(Marx 1973, 108)의 언급대로 국가는 "부르주아 사회의 총괄"인 것이다. 결국 국가에 관한 정치이론을 추구한 풀란차스의 시도와는 대조적으로 "사회의 집중되고 조직화된 강제력"(Marx 1983, 703)으로서의 국가에 대한 맑스의 비판은 국가형태 물신주의 비판을 함의한다. 즉, 맑스의 국가비판은 국가를 인간의 보편적인 권리를 보증하고, 정상적인 조건 하에서라면, 그 권력을 보편적 권리의 충족과 보장을 위해 사용할 수 있는 어떤 것으로 여기는 국가형태 물신주의에 대한 비판을 필연적으로 수반한다. 국가는 의심할 여지없이 정치적 공간의 공정한 관리자이자, 개별적인 상품소유자들의 이해로부터 독립적인, 소유권의 공평한 옹호자로 나타난다. 그러나 노동에게 "객체 없는" 실존을 부과하고, 이를 통해 노동으로 하여금 자본의 지휘 하에서[노동력] 상품으로서의 역할을 수행하도록 운명 짓는 이 사태의 비밀은 부지불식간에 드러난다. "부르주아 사회의 강압적 성격이 국가형태로 집중"(Agnoli 1990)됨에 따라 국가는 노동과의 관계에서 (노동을 임노동으로 봉쇄하는) 억압의 일계기로 정립된다. 이와 동시에 국가는 자본주의 하의 노동, 즉 임노동이라는 실존의 일계기로 정립된다. 사적 소유에 대한 정치적 보증은 임금관계에 대한 보증을 포괄한다. 즉, 사적 소유의 정치적 보증은 (노동력과 노동력의 재생산에 관련된) 노동자의 소유권을 보증한다. 요컨대 "국가의 목적은 노동자의 영구적인 노예화"(예컨대 Marx 1969, 33을 보라)에 있는 것이다. 결국 맑스주의적인 수사로 치장된 것이든 아니든 정치이론과 정치철학의 눈으로 국가를 들여다본다는 것은 나무랄 데 없이 편리한, 즉 합의를 유도함으로써 [대립을] 무마하거나 화해를 조장하는, 기만적 선전과 조금도 다를 바 없다.

V

맑스는 『브뤼메르 18일』에서 모든 정치적 변혁이 국가를 파괴하기는커녕 오히려 완성시켰다고 주장했다. "정치적 변혁"으로는 "자유롭고 평등한 사람들의 사회"라는 맑스의 이상을 결코 실현할 수 없다는 것에는 의문의 여지가 없다(Agnoli 2000을 참조하라). "정치적인 것"이 명백히 분리된 사회조직 형태로 실존한다는 발상은 부르주아 혁명이라는 개념을 전제로 한다. 부르주아 혁명은 고작 추상적 평등이라는 보편적 권리의 담지자인 개별화된 개인들의 정치적 해방의 가능성을 열어놓을 뿐이다. 자본이 부단히 새로운 [축적] 활동에 들어가기 위해서는 노동, 즉 노동의 생산적·파괴적 역능도 마찬가지로 끊임없이 새롭게 활동을 시작해야 한다. 자본의 성패는 바로 이 노동의 역능을 봉쇄하는가에 달려 있다. 부르주아 혁명은 자본과 노동 간에 확립된 계급적대 관계의 한계 내에서 피로 얼룩지고 기괴하게 찡그린 얼굴을 지닌 역사를 준비할 뿐이다. 이 찡그린 얼굴의 폭력은 그 의미를 잃어버릴begriffslos 만큼 원초적이다. 요컨대 부르주아 혁명은 부르주아적 자유, 더 적절한 표현을 사용하자면 축적 그 자체를 위해 추상적 부를 축적할 자유의 환상을 명백히 보여 준다. 부르주아 혁명에서는 보다 나은 세계에 대한 약속, 인간의 존엄이 자유롭고 평등한 사람들의 사회를 위한 조건으로 존재하고 인간이 목적으로 간주되는 인간 세계에 대한 약속이 사적 소유의 자유로 나타난다. 이 사적 소유의 자유 하에서 인간은 착취의 자원으로 통용된다.

추상적 평등, 자유, 벤담에 대한 정치적 보증은 축적된 추상적 부의 인격화에 불과한 실존조건을 사회적 관계에 부과한다. 따라서 자본의 사적 소유권에 대한 보증은 현재 시점에서 강제력을 통해 미래의 노동착취에 대한 화폐적 청구권의 효력을 보호함으로써 현재를 미래에 결박시키려는 시도를 수반한다. 이 과정에서 자기모순적인 국가형태는 "조화의 마지막 도피처"(Marx 1973, 886)가 된다. 형식적 평등과 형식적 자유의 조화는 착취의 성패를 좌우한다. 따라서 조화의 마지막 도피처로서의 국가는 의미를 박탈당한 화폐형태에 사회적 관계를 제물로 바쳐 교환의 형식적 등가성을 부과함으로써 "공동의 이해관계"(Marx and Engels 1962)를 대변한다.[9] 화폐의 부과는 추상적 평등의 평균으로서의 경제적 자유에 대한 정치적 보장을 수반한다. 화폐는 곧 육화된 추상적 평등의 평균이다. 국가는 그 자체의 필수조건이자 전제이며 결과이기도 한 법질서에 대한 통제권을 포함하여 사적 소유의 가장 기본적인 형태인 "화폐"의 집합적 대표자로서의 실존을 획득한다. 가치형태의 부과는 돈으로 돈을 벌어들이려는 화폐자본의 불가능한, 그러나 그만큼 더 폭력적이며 그것도 필연적으로 폭력적인 요구 앞에 사회관계가 종속된다는 것만을 뜻하지 않는다. 보다 근본적으로 가치형태의 부과는 임금관계에 기초한 계급관계의 화폐적 탈구성을 의미한다.[10] 자본은 그 자체의 실존조건인 노동을 봉쇄해야만 한다. 앞서 언급했듯이 자본과 노동 사이의 적대는 잉여노동을 증대시키기 위해 전 세계의 노동계급에게 필요노동을 부과하면서도 그와 동시에 필요노동을 극한까지 감소시켜야만 하는 자본의 모순을 뜻한다. 노동생산력에 대한 착취의 이면은 곧 자본주의적 축적의 위기인 것이다 ─ 좀 더 분명히 말해 과잉축적이란 과잉착취의 가명일 뿐이다. 따라서 노동의 관점에서 노동생산력에 대한 착취는 단순히 자본의 과잉축적으로 끝나지 않는다. 자본은 노동생산력의 발전을 제한하기까지 한다. 완전고용은 오직 인간이 착취의 자원

---

9. 이에 관해서는 Bonefeld(1995a); Neary and Taylor(1998)를 참조하기 바란다.
10. 계급관계의 화폐적 탈구성에 대해서는 Marazzi(1995), Bonefeld and Holloway(1995)를 참조하기 바란다.

이 아니라 목적으로서 실존하는 사회에서만 완전한 상태로 이해될 수 있다. 노동, 그리고 노동의 자유, 노동생산력의 자유로운 발전이 생산수단을 인간해방의 수단으로 변형시키기 때문이다. 이러한 해방은 국가로 표현되는 대리 공동체와 정면 대립한다.

노동생산력의 끊임없는 증대는 교환가치, 즉 화폐의 산출이라는 자본주의의 요구에 기초한다. 이와 동시에 추상노동은 화폐형태를 취함으로써 그 자체에 씌워진 자본주의적 형태를 초월한다. 따라서 노동생산력의 이면에서 잠재적인 상환불능 상태의 유휴자본, 즉 부채가 누적된다. 맑스(Marx 1966, 438)는 이러한 사태를 가리켜 "자본주의 생산양식 그 안에서 자본주의 생산양식이 철폐되는 것"으로 규정한 바 있다. 자본주의 사회 내에서 이와 같은 모순은 오직 생산능력의 폐기, 실업, [생활]조건의 악화, 빈곤의 확산은 물론 전쟁과 기아를 활용한 인간 생명의 말살까지를 망라하는 폭력Gewalt에 의해서만 억제될 수 있다. "폭력"은 화폐와 마찬가지로 그 의미를 박탈당한 채 원초적 성격을 띤다. 화폐의 "초월적 권력" 이면에는 자본에 대한 노동의 적대, 자본에 대항하는 노동의 구성적인 사회적 역능이 자리 잡고 있다. "화폐는 지금" 그 자신을 역사의 박물관으로 밀어 넣으려고 위협하는 미래로 "충만해 있다"(같은 책, 393). 화폐의 정치는 본질상 억압적이다. 만인은 화폐 앞에서 평등하다. 화폐는 특권을 모른다. 화폐는 가난한 자와 부자를 동등한 인격으로 취급한다. 추상적인 화폐적 평등의 부과는 필연적으로 불평등의 부과를 수반한다. "각각의 개인이 타인의 활동 또는 사회적 부에 대해 행사하는 권력은 그가 교환가치의 소유자, 즉 화폐 소유자라는 사실에서 비롯되기" 때문이다.

"개인들은 사회와의 연관뿐만 아니라 사회적 권력 또한 보유하고 있다"(Marx 1973, 157). 추상적 평등을 부과함으로써 소유의 불평등을 재생산하는 과정에 수반되는 은밀한 폭력의 사용은 예외적인 현상이 아니다. 이러한 폭력의 사용은 오히려 '화폐의 정치' 핵심에 자리 잡고 있다. 다시 말해 외관상 평등해 보이는 화폐형태의 정상성은 강압으로 나타난다. 국가형태는 추상적 평등의 법을 유지할 책임을 부여받는다. 추상적 평등은 곧 국가가 의존하는 사회적 토대이기 때문이다. 자본의 시초적 폭력은 사회관계들에 추상적 평등을 부과하는 과정에서 폐기되지 않는다. 오히려 그것은 법질서, 평등과 자유라는 "문명화된" 형태로 존속한다. 이러한 형태들은 구성된 폭력형태, 다시 말해 문명화된 정상성의 폭력이다.[11] 화폐의 국가는 법질서의 국가인 것이다.

우리는 맑스를 좇아 "이론적 수수께끼들은……인간의 실천과 이 실천에 대한 파악에서 그 합리적 해결책을 발견한다"고 주장하려 한다. 따라서 노동의 생산적이고 파괴적인 역능을 이론적·실천적으로 명백히 할 필요가 있다. 노동의 역능을 이처럼 분명히 드러내 보이지 않는다면 역사는 ─ 자본의 자유에 지나지 않는 ─ 자유의 이름으로 인간의 존엄성을 부정하는 부르주아 혁명들의 역사로 남을 것이다. 사회적 실천이 자유롭고 평등해지기 위해서는 또 다른 혁명이 요청된다 ─ 이 혁명을 통해 인간은 스스로 초래한 미성숙 상태에서 벗어나 그 자신의 문제를 영유하는 주체가 된다. 그러한 미래가 열릴 가능성

---

11. 이에 관해서는 Benjamin(1965)을 참조하기 바란다.

은 인간의 실존을 화폐형태로 교환되고 축적되며 국가에 의해 보증되는 자원으로 전락시키는 현재의 상태를 폐지하는가에 달려 있다.

VI

맑스의 비판에 담긴 핵심적인 "문제틀"은 다음과 같다. 인간의 사회적 실천이 구성적인 역할을 하면서도 인간이 기존의 추상들에 지배당하는 것처럼 보이는 상황을 어떻게 이해할 수 있는가?[12] 정치철학 내부에서 이 문제는 기껏해야 불완전한 정치적 현실과 평등·자유라는 번듯한 규범들 사이에 놓인 불가결한 간극의 차원에서 제기될 뿐이다.[13] 이러한 기획은 문제의 번듯한 규범들이 그 내용, 즉 사악한 착취의 현실과 조화를 이룬다는 사실을 알 리 없는 도덕적 훈계조의 비평을 제공하는 데 그친다. "부르주아가 그 자신의 실존 형태에 대해 취하는 태도는 보편적 도덕의 형태로 나타난다"(Marx and Engels 1962, 164). 『독일 이데올로기』의 같은 절에서 맑스는 부르주아적 생산관계의 특징을 다음과 같이 묘사한다. 만인은 서로에게 의존하며, 각인은 다른 모든 사람들이 그를 위한 수단이 되는 한에서 그 자신을 재생산할 수 있을 뿐이다. 더욱이 각각의 개인은 (다른 모든 사람

---

12. 지면 관계상 이 문제에 관해서는 길게 논의하지 않겠다. 이에 관한 설명으로는 특히 Bonefeld(1995); Holloway(1995) and Negri(1991, 1999)를 참조하기 바란다. 이 부분의 논의는 Reichelt(2000)에 기초하고 있다.
13. 이를 뒷받침하는 최근의 논의로는 Callinicos(2000)를 참조하기 바란다.

들의 재생산조건과 동일한) 자신의 재생산조건이 다른 모든 사람들에게서 수락되고 존중되며 인정될 때에야 비로소 그 자신의 특수한 이익을 추구하고 실현할 수 있다. 따라서 개인의 특수한 의지는 모든 개인들을 일체화하는 의지를 통해 성립된다. 이 의지는 만인에게 공통적인, 다시 말해 보편적인 의지이다. 이 보편적 "이해관계"는 특수한 이익들이 실현되는 부르주아적 실존조건을 나타낸다.

이러한 조건들 속에서 지배하는 개인들은 ─ 그들의 권력이 국가라는 형태를 취해야 한다는 사실은 논외로 하더라도 ─ 이처럼 한정된 조건들에 의해 규정되는 자신들의 의지에 국가의 의지, 즉 법이라는 보편적 표식表式을 부여해야만 한다. 민법과 형법이 더할 나위 없이 분명하게 보여 주듯이 이 표식의 내용은 언제나 계급관계에 의해 결정된다. 그들의 몸무게가 그 자신들의 관념적 의지나 독단에 의존하지 않는 것과 꼭 마찬가지로, 지배하는 개인들이 자신들의 의지를 법이라는 형태로 강요하면서도 이 법을 그들 각자의 개인적인 자의성에서 독립시킨다는 사실 또한 그들의 관념적 의지에 의존하지 않는다. 그들의 사적인 규칙은 동시에 평균적 규칙의 형태를 취해야만 한다. 그들의 사적인 권력은 다수의 개인들에 의해 발전되고 공유되는 생활조건에 기초한다. 또한 이 사적인 권력은 지배하는 개인들로서의 그들이 타자들과 대립하면서 반드시 보전해야 하는 연속성에도 기초한다. 그럼에도 불구하고 그들은 모두에게 이익이 되도록 이 조건을 유지한다고 주장한다. 그들의 공통적인 이해관계에 의해 규정되는 이러한 의지의 표현이 곧 법이다. 법과 권리 속에서 자기부정이 필연적인 (그리고 자기부정이 법의 주관자로서의 국가라는 형태를 취하는) 이유는 정확히 서로에게서 독립적인 개인들이 그 자신들의 권리와 의지를 주장하기 때문이며, 그러한 까닭에 서로에 대한 그들의 태도가 이기적인 것으로 나타날 수밖에 없기 때문이다(같은 책, 311).

맑스의 연구는 형태에 초점을 맞춘다. 그의 연구는 처음에 의식형태(즉, 종교와 법률)에 초점을 맞추고 나서 그 다음에 자본형태로 초점을 옮긴다. 이처럼 형태에 초점을 맞춘다는 것은 사회적 실존, 즉 인간의 사회적 실천에 의해 구성되는 실존의 전도된 형태를 비판한다는 뜻이다. 이 모든 형태들은 개인들에게 외적인 "공동체"라는 전도된 형태로 존재한다. 따라서 그들[개인들]이 "개인들로서"(같은 책, 70f) 상호교류하기 위해서는 이러한 공동체로부터 스스로를 해방시켜야만 한다. 이 핵심적인 사상은 『독일 이데올로기』에서 가장 명확히 제시된다. "코뮤니즘이 창출하는 현실은, 그 현실이 곧 개인들 자신의 선행한 교류의 산물인 한, 어떤 현실도 개인들로부터 독립적으로 존재할 수 없도록 만드는 바로 그 실재적 토대이다"(같은 책, 70). 따라서 문제는 이 "공동체의 대용물"(같은 책, 74)이 정립하는 자립적인 외관Schein을 해독하여 그 "인간적 토대"(Marx 1983, 94)를 드러내고, 그러한 자립적 외관을 세계 안에서 실천적으로 폐지함으로써 인간들로 하여금 성격가면이 아닌 사회적 개인들로서 상호 교류하도록 만드는 것이다.

맑스는 이 새로운 사회의 형상이 '혁명적 프롤레타리아의 공동체' 속에서 선취되는 것으로 이해한다.

혁명적 프롤레타리아는 그들 자신과 모든 사회 구성원들의 존립 조건을 스스로의 통제 하에 둔다. 개인들은 이 공동체에 [계급이 아니라] '개인으로서' 참여한다. (물론 근대적 생산력의 진보를 전제로) 개인들은 바로 이러한 결합을 통해 그들의 자유로운 발전과 자유로운 활동의 조건들을 스스로의 통제 하에 둔다. 그들이 개개인으로 분리되어 있었다는 바로 그 이유로 인해 이 조건들은 이전에는 우연에 맡겨졌으며, 분리된 개개인들을 지배하고 그들과 대립하는 자립적 실존을 획득했다(Marx and Engels 1962, 74).

요컨대 국가비판은 불완전한 정치적 현실을 한편으로 하고 평등·자유라는 번듯한 규범들을 다른 한편으로 하는 "비판적" 비교로는 충족될 수 없다. 그 대신에 국가비판은 이러한 규범적 권리들을 철저히 파고들어 이 권리들이란 실상 착취와 수탈을 전제로 하는 권리들임을 폭로한다. 코뮤니즘 사회나 혁명운동에 국가형태가 들어설 자리는 없다. 이 국가는 자본주의 국가이다. 자본주의 국가의 역할은 법과 법 집행을 통한 사적 소유권의 보호이다.

결론적으로 말해 국가형태는 생산수단과 다수 인구의 분리를 전제로 한다. 이러한 분리는 국가형태가 의존하는 사회적 기반이다. 각자의 자유로운 발전이 만인의 자유로운 발전을 위한 조건을 이루는 사회는 이러한 분리에 의존할 수 없다. 생산수단과 다수 인구의 분리는 인간의 생산력을 상품으로 전락시킨다. "사회의 집중되고 조직화된 강제력"으로서의 국가라는 규정은 "평등한 권리"라는 개념이 원리상 부르주아적인 권리에 속한다는 통찰에 기초한다. 그 내용에 있어서 그것은 불평등의 권리이다(Marx 1968). 자신의 노동으로 살아가고 그 자신의 노동력을 판매해서 살아가는 모든 사람들은 "지금까지 사회를 구성하는 개인들이 스스로를 집단적으로 표현해 온 형태, 즉 국가와의 직접적인 대립 속에 존재한다"는 맑스의 판단은 이로부터 유래한다. "따라서 그들은 자신들의 인격성을 관철하기 위해 국가를 전복해야 한다"(Marx and Engels 1962, 77).

12장

철학에 반하는 혁명에서
자본에 반하는 혁명으로

마이크 루크

"지금까지의 모든 유물론이 갖는 주요한 결함은 (포이에르바하의 유물론을 포함하여) 대상, 현실, 감성이 단지 객체 또는 관조Anschau-ung의 형태로만 파악될 뿐 인간의 감성적 활동으로, 즉 실천으로, 주체적으로 파악되지 않는다는 것이다."

맑스가 부르주아 철학에 가한 비판의 결론은 『포이에르바하에 관한 테제』[1](1845)의 첫 번째 테제에 특유의 간결한 필치로 요약되어 있다. 그가 언급한 유물론은 당대 부르주아 철학의 가장 선진적인 형태를 대표했으며, 봉건권력과의 투쟁 과정에서 성장하고 있던 부르주아 계급의 이익에 복무했다. 과학은 부르주아 철학에 영감을 제공하

---

1. [한국어판] 칼 맑스, 「포이에르바하에 관한 테제들」, 『칼 맑스 프리드리히 엥겔스 저작 선집』1, 최호진 외 옮김, 박종철출판사, 1995.

면서 그 길잡이 역할을 수행했다. 따라서 맑스는 부르주아 철학이 포이에르바하의 저작에서 가장 급진적인 형태를 취한 것으로 보았다. "주요한 결함"에 대한 맑스적 인식의 의의는 이러한 유물론의 한계를 파악하고 그 중심에 놓인 인식론적 이원론을 초월했다는 데 있다. 이는 맑스의 사상에서 거대한 의의를 지니는 비약적 발전이었다.

17~18세기 영국 경험론자들과 프랑스 유물론자들의 저작을 통해 명맥을 이어온 지식이론은 인간 주체를 외계의 자극을 수동적으로 수용하는 기관으로 바라보는 관점에 의존했다. 지식이론의 진일보한 측면은 인간 주체들이 신의 섭리가 아니라 환경과 자연의 산물이라는 암시에 있었다. 이러한 유물론적 인식론은 이원론적 세계관에 의존했다. 즉, 세계가 주체와 객체로 분리되어 있다는 관점이다. 맑스에 따르면 이러한 유물론적 인식론은 결국 관조적이고 기계론적이다.

주체가 수동적 인지 과정을 통해 외부 세계와 관계한다는 점에서 이러한 인식론은 관조적이다. 따라서 외부 세계에 대한 지식의 진리성 여부가 이 유물론의 근본문제로 확정된다. 그러나 맑스에 따르면 "실천적인, 인간의 감성적 활동"이 고려되지 않는 한 지식의 객관성이라는 문제는 스콜라적이다. 유물론은 지식 과정에서 주체가 수행하는 ("감성적 관조"라는) 다소 추상적이지만 능동적인 기여를 가려내는 작업을 관념론에 내맡긴 채 이러한 인간의 활동을 무시해 버렸다.

이러한 유물론적 인식론은 인식을 일방적인 인과적 과정으로 간주한다는 점에서 기계론적이다. 유물론적 인식론은 분리된 채 독립적으로 존재하는 두 개의 추상(주체와 객체)을 연결시킨다. 맑스에 따르면 우리가 인식 가능한 세계에 관해 논할 수 있는 한 그러한 세계는 관계적인 인간이 수행하는 감성적 활동의 결과로 파악되어야한다. 맑스에게서 외부 세계가 인간의 지식과 독립적으로 존재한다는 발상은 의미가 없다. 그것은 애초에 문젯거리가 되지 않는다. 맑스에게는 인류 이전의 객관적 세계란 존재하지 않으며, 심지어는 칸트적인 "물자체"조차 존재하지 않는다. 인식 가능한 세계란 동시에 인간의 선택, 분류, 변형의 산물이기도 하다. 이것이 곧 맑스가 세계의 대상화를 말하면서 의미한 바다. 헤겔에게서 유래하는 이 개념은 인간의 사회적 노동을 통한 세계의 창조를 뜻한다. 세계, 곧 자연은 인간 활동의 산물인 것이다. 이로부터 "자연은 인간의 비유기적 신체"라는 맑스의 언명이 유래한다.

따라서 유물론에서는 탐구의 출발점과 종착점이 외부 세계, 자연의 인식 가능성, 그것도 객관적 인식 가능성인 반면에 맑스의 출발점은 인간의 사회적 노동에 대한 탐색이다. 세계는 바로 이 실천적 활동의 산물이기 때문이다. 따라서 사회적 노동에 대한 탐색은 당연히 인간에 대한 자연과학의 구성을 수반한다. 더구나 인간의 생산적 활동이 오랜 시간에 걸쳐 발전해 온 것인 한 이러한 과학은 필연적으로 역사성을 띠게 된다. 철학적인 관점에 설 경우 맑스의 이론적 초점이 인식론적 차원(지식이론)에서 존재론적 차원(존재에 관한 이론)으로 옮겨간 것으로 보일지도 모른다. 그러나 실제로 일어난 일은 철학으로서의 철학의 폐기였다.[2] 맑스는 역사적이고도 변증법적인 유물론적

---

2. 맑스의 사상이 인식론적·방법론적 근거보다는 존재론적 근거에 기초한다는 주장을 제시하는 중요한 문헌들이 있다. 다만 이 문헌들은 그러한 주장의 내용이 철학의 "종언"을 뜻하는지에 대해서는 결론을 유보하고 있다는 점을 꼭 언급해 두어야겠다. 예컨대

자연과학을 구성하는 중대한 국면에 도달한 것이다. 이러한 과학은 명확히 한정되고 변화하는 사회관계 하에서 이루어지는 인간의 생산적 활동을 소재로 했다는 점에서 역사적이다. 또한 이 과학은 주객분리를 해소시켜 세계의 대상화로서의 노동이라는 개념을 이끌어냈다는 점에서 변증법적이다. 헤겔과 마찬가지로 맑스에게서도 변증법은 주객관계에 관한 것이었다.[3]

19세기 중반 무렵 견고해진 부르주아의 경제적·사회적 권력은 지배 이데올로기로 출현한 실증주의에 반영되었다. 사회과학에서 가장 명료하게 표현된 실증주의는 (자연과학의 영향 하에서) 데카르트 철학의 합리주의에서 최초로 체계화된 이원론을 한층 더 높은 단계까지 전개했다. 실증주의적 사유 양식은 경험적 소여, 즉 외부 세계에서 주어진 감각적 원자료("사실")에 의존함으로써 모든 구성적 주체(칸트) 또는 총체성(헤겔)을 배제해 버렸다. 이러한 외부 세계와 개별 주체의 분리는 지식의 차원에서 표현된다. 이것이 곧 부르주아 사회 이론의 지배적인 해석 틀이 인식론적 틀로 자리 잡게 된 이유다.[4] 이

Carol Gould, *Marx's Social Ontology*, London 1978; Scott Meikle, *Essentialism in the Thought of Karl Marx*, Duckworth 1985; Michel, Henry, *Marx : A Philosophy of Human Reality*, Indiana 1985를 보라.

3. 이러한 관점에 대한 탁월한 해설로는 David MacGregor, *The Communist Ideal in Hegel and Marx*, Allen and Unwin 1984를 보라.

4. 데카르트 이래로 인식론은 근대철학의 지배적 형태로 자리 잡았다. 그 이유는 부르주아 사회의 특성에서 발견된다. 자본주의 생산양식은 발흥하는 자연과학에 힘입어 세계를 주체와 객체로 분리하는 과정을 촉진하고, 또 그러한 분리에 의존한다. 이러한 이원론은 직접 생산자들과 그들의 운명을 통제하고 규정하며 지배하는 "힘들"의 분리를 표현한다. 분리는 무기력을 뜻한다. 또한 분리는 직접 생산자들에 의해 창조되었지만 실제로는 결코 그들의 창조물이 아니라 그들에게 낯선 것으로 나타나는 물화된 세계를 가리키며, 그러한 세계를 파악할 수 있는 개념이다. 이것이 곧 인식론이 세계의 인식

근본적인 이원론은 사유와 행위, 이론과 실천, 사실판단과 가치판단("is"와 "ought"), 목적과 수단 사이의 널리 알려진 다수의 이율배반들을 초래했다.

맑스는 이러한 인식론적 이원론을 초월하면서 자신의 작업 범주들에 통일성을 부여할 해석 틀의 형성으로 나아갔다. 그 출발점이자 중심 범주는 노동이었다. 그러나 그것은 독특한 방식으로 파악된 노동이었다. 맑스는 '어떠한 종류의 노동이 가치를 생산하는 노동인가'라는 지극히 중요한 문제를 제기했다는 점에서 누구와도 견줄 수 없는 인물이었다. 그의 대답은 추상노동이라는 개념 속에 놓여 있었다. 즉, 시장에서 상품으로서의 교환가치(소비되기 전에 판매되고 구매되는 노동력)를 지닌다는 특성으로 인해 추상화되는 노동이다. 따라서 가치, 추상노동, 그리고 그 결과로서의 소외된 노동은 동일한 사회관계의 여러 양태들이다. 자본주의의 경제적 범주들은 이러한 자본–임노동관계에서 비롯된다. 부르주아 정치경제학 속에서 체계화된 경제적 범주들은 상품 물신주의 현상을 표현한다. 루카치는 자신의 사물화 개념 속에서 상품 물신주의의 의미를 확장하고 종합한다. 즉, 인간의 통제 너머에 있는 분열되고 객체화된 세계의 자율성이 지각을 통해 사고에 반영된다는 것이다. [루카치에 따르면] 이는 근본적으로 노동의 소외된 활동성에 대한 정관靜觀에 불과하다. 따라서 맑스에게서 노

가능성에 관한 질문을 초역사적이고 신비주의적인 문제로 높이 받드는 이유이다. 일단 생산자들이 실제로 그 자신들에 의해 창조된 세계와 직접적인 관계를 맺게 되면(이것이 곧 코뮤니즘의 목표이다), 인식론 특유의 문제는 소멸한다. 이 경우 지식은 더 이상 전문적이고 선택된 소수만 이해하는 취미가 아니라 연합한 생산자들이 행하는 실천적 활동의 산물이 된다.

동이라는 범주는 주체와 객체를 잇는 필수적인 매개(또한 주객분리의 해소 수단)로서 직접 생산자들로부터의 잉여가치 추출이라는 자본주의의 비밀이 폭로되는 결정적 국면까지 전개된다. 그러나 그에게서 노동착취와 노동소외는 분리될 수 없다. 노동에 대한 최대한의 보상으로는 소외된 노동을 종식시킬 수 없다. 양자는 모두 가치생산이라는 목적을 위해 노동을 추상화시키는 — 노동이 상품화되는 — 생산양식 속에 존재하기 때문이다. 계급투쟁에 동력을 제공하는 노동의 부정성은 착취 메커니즘뿐만 아니라 자본주의적인 노동의 특성에서도 비롯된다. 이러한 의미에서 생산 국면에서의 계급투쟁은 불충분한 보상에 저항할 뿐만 아니라 자본주의적인 노동의 비인간성에 저항하는 반란인 것이다. 따라서 생산 국면의 계급투쟁은 임금-자본관계, 그리고 임금-자본관계에 수반되는 물화된 의식의 폐지를 예시豫示한다. 이것이 『역사와 계급의식』(1923)에서 루카치가 시도한 주객 이원론 극복의 실질적이고도 완전한 의미다. 그는 이 책에서 프롤레타리아(주체)가 그 자신을 만들어 낸 자본주의 체제(객체)와 분리될 수 없으며, 후자의 변혁 없이는 전자의 변화 역시 불가능하다고 주장한다. 프롤레타리아는 임노동에 반대하는 투쟁 속에서 역사의 주객동일자가 된다. 독일 고전철학은 (주로 피히테와 헤겔의 이름을 빌려) 기껏해야 철학적인 차원에서 주객 이원론의 극복을 상상하는 데 그쳤다. 반면에 맑스의 위업은 주객 이원론의 극복을 자본에 대항하는 프롤레타리아 혁명 속에 정초시켰다는 것이다.[5]

---

5. 맑스에 의한 유물론적 인식론의 주객 이원론 극복이 갖는 의의에 관한 이 글의 아이디어는 필자의 논문 "Commodity Fetishism and Reification," *Common Sense* no. 23,

맑스 이후 최초의 프롤레타리아 해방운동 조직은 독일 사회민주당을 주요한 제도적 동력으로 하는 제2인터내셔널이었다. 제2인터내셔널 운동의 주요 이론가들은 엥겔스, 카우츠키, 플레하노프Plekha-nov, 라브리올라Labriola였다. 제2인터내셔널 맑스주의의 기본 철학은 변증법 개념에 자연과 인간사회 모두에 적용되는 동일한 일반법칙에 관한 과학으로서의 의미를 부여했다는 점에서 "자연주의적"인 것으로 평가되었다. 역사는 불가피한 필연성에 따라 출현하고 쇠퇴하는 생산양식의 연속으로 간주되었다. 따라서 맑스주의자에게는 역사의 진행 방향에 동참하기 위한 객관적 법칙의 식별이 과업으로 주어졌다. 객관적 법칙 작동의 불변성과 필연성이라는 전제에 따라 역사를 창조하기 위한 개입은 역사에 대한 지식의 획득에 비해 덜 중요한 것으로 간주된다. 자본주의 몰락의 필연성을 전제로 할 경우 노동계급의 종국적인 권력 획득 역시 필연적인 것이 되기 때문이다. 제2인터내셔널 맑스주의의 방법론적 편향은 인식론에서 드러난다. 즉, 엄밀한 지식이 과학성의 징표라는 것이다. 이 관점은 19세기 말에 자연과학이 누린 지대한 위신을 반영한다. 제2인터내셔널은 이러한 방식으로 일찍이 맑스가 기각한 관조적이고 기계론적인 유물론의 원리와 경직된 결정론적 역사 접근법을 되살려 놓았다.

제2인터내셔널의 관점은 결국 맑스가 성취해 낸 이론적 관점으로부터 심각하게 후퇴했다. 제2인터내셔널 이론가들은 소외된 노동과 상품 물신주의에 대한 맑스의 통찰 대부분, 그리고 사회주의 혁명의

July 1998에서 처음으로 제시되었다.

본질에 대한 이러한 통찰의 함의를 결코 받아들이지 않았다(당시의 맑스주의자들이 『1844년 초고』를 접할 수 없었다는 점도 부분적인 이유로 지적되어야 한다). 그러나 이는 확실히 관조적 유물론에 맞선 맑스의 철학적 혁명에서 제대로 인식되지 못한 의의 가운데 일면에 불과했다. 제2인터내셔널 맑스주의는 주체와 객체의 매개 범주인 노동을 무시함으로써 결국 맑스주의 기획의 중심에 다시 한번 이원론을 불러들였다. 더구나 헤겔에게서 노동 범주가 갖는 중요성을 무시한다는 것은 곧 그에게 구제 불가능한 관념론자의 배역이 주어질 수 있다는 뜻이다. 일단 이러한 전도가 이루어지고 나면 맑스 역시 인식론적 유물론자로 (즉, 포이에르바하에 대한 한층 더 급진적인 해석으로!) 다뤄질 수 있게 된다.

제2인터내셔널의 결정론적이고 진화론적인 역사 접근법은 당에 종속된 프롤레타리아를 전제로 한다. 역사의 경로가 필연적으로 결정되어 있는 한 지속적이고도 점진적인 유권자 부대의 결집은 사회주의 공화국을 성취하기에 충분한 전략이라는 것이다. 이러한 이론관과 실천관의 중심에는 대리주의substitutionism가 자리 잡고 있었다. 즉, 당은 계급을 대신해서 행동했고, 사회주의라는 개념조차도 자본주의의 영향 아래 놓여 있던 범주들을 재배열한 것에 지나지 않았다. 사회주의 공화국은 흔히 생산자들에 '의해서'가 아니라 생산자들을 '위해서' 설계되곤 했다. 사회민주주의적인 강령 속에 노동의 부정성, 임금노예제에 대항하는 노동자들의 자율적 투쟁, 상품으로서의 노동과 계급으로서의 노동계급의 폐지를 통한 임금노예제의 해소라는 요구가 들어설 자리는 없었다. 최소강령과 최대강령의 구분을 통해 사회주의는 사실상 먼 미래로 추방되고 말았다. 유물론적 인식론을 초월하지 못한 결과 세계에 대한 과학적 지식을 특권화하면서 결국 이론과 (이론의 담지자인) 당에 노동계급의 경험보다 우월한 특권적 지위를 부여하는 정치적 관행이 굳어졌다. 이로 인해 결국 맑스 이후의 맑스주의 중심에 객관주의적 경향이 복귀해 개가를 올리게 된다. 당, 계급, 이론과 실천은 저마다 분리되고 객관적 경향을 띠면서 사물화된다.

이 사태는 몇 가지 측면에서 19세기 말의 계급투쟁이 도달한 발전 단계를 반영한다. 신생 대중 노동조합과 정당에서 활동하던 노동자들은 그들의 정치적 독립성을 표명할 수단을 모색하고 있었다. 노동계급 사회주의의 핵심적인 모순은 당시에도 잔존하고 있던 봉건적인 사회·정치 구조의 폐절이라는 (본질상 공화주의적인) 과제의 그늘에 가려 (임금노동의 폐지라는) 본연의 반자본주의 혁명이 무색해지고 말았다는 것이다. 독일, 영국과 같은 국가들도 사정은 마찬가지였지만 후진적인 러시아 짜리즘 국가에서는 이러한 모순이 한층 더 심각했다.

그러나 1871년 파리 코뮌에서 최초로 선포되고 1905년 러시아 혁명으로 더욱 더 강화된 새로운 형태의 계급투쟁은 곧 사회민주주의 지도자들의 관료주의적이고 대리주의적인 정치적 관행을 압도했다. 노동자들은 코뮌 속에서 직접 권력을 장악하고 프롤레타리아 국가의 기초를 놓기 시작했다. 상트페테르부르크 노동자·병사 소비에트에서도 이와 유사한 맹아적 형태의 국가권력이 출현했다. 두 혁명의 폭발을 통해 소비에트 또는 노동자평의회가 역사 속에 최초로 모습을 드러내었다. 이 급격히 고조된 자율적 노동계급의 활동은 사회민주당

평당원들 내에서 대중파업 전술의 역할을 둘러싼 논쟁으로 표출되었다. [이 논쟁에서] 일단의 "좌파들"이 카우츠키주의 중앙파와 베른슈타인주의 우파의 반대편에 섰다. 그들 모두는 초기에 제2인터내셔널 회원으로 활동했고, 새로운 계급투쟁 형태를 이론적·정치적으로 표현하려는 노력을 기울이고 있었다. 로자 룩셈부르크, 안톤 판네쿡, 오토 륄레[6]는 좌파들 가운데 가장 뛰어난 인물들이었다.

"좌파들"의 의의는 프롤레타리아 투쟁의 새 시대 개막을 명석하게 예견했다는 데 있다. 좌파들의 정치적 성장은 20년(1900~1920년) 사이에 그들을 사회민주주의 좌파에서 "좌익" 코뮤니스트 또는 평의회 코뮤니스트로 변모시켰다. 로자 룩셈부르크는 단 한 번도 스스로를 평의회 코뮤니스트로 규정하지는 않았지만 자발적인 혁명적 대중들의 선도투쟁을 억압하는 독일 사회민주당의 점진주의적 개혁주의

---

6. [옮긴이] 오토 륄레(Otto Rühle, 1874~1943) : 독일의 좌익 코뮤니스트이자 노동운동가, 혁명적 정치가. 좌익 코뮤니즘 경향 가운데서도 볼셰비키와 코민테른 노선에 가장 강력한 비판을 가한 인물이다. 1919년 1월 〈독일 공산당〉 창립 대회에서 브레멘 좌파 대표 자격으로 당 지도부에 선출되었으며, 브레멘 좌파 출당 조치가 내려지자 호르터 등과 함께 〈독일 공산주의노동당〉 창설에 참여했다. 독일혁명과 더불어 확산된 공장평의회 운동을 기반으로 1920년 2월 〈독일 일반노동자조합〉(AAUD) 창립에도 주도적으로 관여했다. 륄레는 코민테른 2차 대회를 전후해 "러시아의 평의회는 프롤레타리아 민주주의의 '그림자'에 불과하고 반혁명적 당독재가 권력을 장악했다"고 주장하며 〈독일 공산주의노동당〉 내부의 볼셰비키 노선 비판을 주도했다. 〈독일 공산주의노동당〉의 코민테른 가입 협의를 위한 모스크바 방문에서 집행위원회 의장 지노비예프(Grigory Yevseyevich Zinoviyev 1883~1936)가 전달한 가입조건에 불복해 2차 대회 직전 코민테른 불가입을 선언한 것으로 유명하다(네 가지 조건 속에는 륄레 본인에 대한 축출 요구도 포함되어 있었다). 이에 대해서는 사회주의정치연합(준), 『세계혁명 : 당, 평의회, 노동조합』 73~89쪽을 참조하기 바란다. 륄레의 사상과 혁명적 노동운동에 대한 기여를 소개한 글로는 Paul Mattick, "Otto Rühle and the German Labour Movement," Anti-Bolshevik Communism, London : Merlin Press 1978을 참조하기 바란다.

를 통렬하게 비판했다. 그녀는 더 나아가 1차 세계대전 이전에 독일에서 발생한 대중파업들을 직접민주주의와 프롤레타리아 권력의 표현으로 규정했다. 그러나 네덜란드 맑스주의자 안톤 판네쿡은 1912년의 저작 「맑스주의 이론과 혁명 전술」을 통해 문제의 논의를 한층 더 진전시켰다.[7] 그는 국제자본주의의 새 시대가 의회제도를 통한 사회민주주의 개혁의 한계를 넘어서는 노동계급 투쟁 형태로 이어지고 있다는 견해를 발전시켰다. 그가 예견한 새로운 투쟁 형태들은 1917년 러시아, 1918년 독일·오스트리아·헝가리, 1920년 이탈리아의 혁명적 대사건들 속에서 눈부시게 입증되었다. 각각의 사태 속에서 노동자들의 투쟁을 통해 소비에트와 노동자평의회가 신속하게 건설되었고, 두 조직은 이중권력 상태 하에서 행정적 기능과 군사적 기능을 담당했다.[8]

평의회 코뮤니스트들의 핵심적인 주장은 노동자평의회가 당 및 노동조합 지도부와는 독립적으로 노동자들 스스로 만들어 낸 완전히 새로운 투쟁 형태일 뿐만 아니라 미래에 출현할 프롤레타리아 국가의 맹아적 형태라는 것이었다. 즉, 노동자평의회는 (1871년 파리코

---

7. 이 논문은 *Pannekoek and Gorter's Marxism*, Edited by D. A. Smart, Pluto Press, 1978에 수록되어 있다.
8. 평의회 코뮤니즘 사상의 발전과 노동자평의회의 경험에 관해서는 "The Origins of the Movement for Workers Councils in Germany 1918~29," *Workers Voice* 1968(first published in Dutch in *Radencommunismus* No. 3, 1938, the journal of the Council-Communist Group of Holland; Mark Shipway, "Council Communism," in *Non-Market Socialism in the 19th and 20th Centuries*, Ed Rubel and Crump, Macmillan 1987을 보라; 노동자평의회 운동과 관련된 수많은 기록 및 논문들은 *Self-Governing Socialism: A Reader*, Volume One, Ed Horvat, Markovic, Supek and Kramer, New York 1975를 통해 재간행되었다.

뮌에서 예시되었듯이) 입법권력과 행정권력의 결합을 통해 양자 간의 분리를 극복할 프롤레타리아 국가의 초기적 형태라는 것이다. 게다가 노동자평의회들은 생산의 장소에서 점하는 주요한 입지를 활용해, 부르주아 헤게모니에 버팀목을 제공하는 정치적인 것과 경제적인 것 사이의 분리를 극복했다. 상품형태의 노동에 대항하는 혁명을 표현하는 이러한 형태의 프롤레타리아 투쟁은 동시에 부르주아 정치권력 체계 전체에 대항하는 혁명이었다.

볼셰비키가 소비에트들의 경험을 자신들의 혁명 강령에 포함시킨 것은 사실이다. 그러나 볼셰비키는 이러한 자율적인 계급권력의 표출이 볼셰비키 당 권력을 대체하는 것은 물론 당 권력에 근본적으로 이의를 제기하는 것조차 결코 허용하지 않았다. 레닌의 『국가와 혁명』[9]은 소비에트 권력이 새로운 프롤레타리아적 질서의 기초라는 사실을 인정했다. 하지만 그의 『좌익 공산주의 – 유아적 혼란』이 발표될 무렵 평의회 코뮤니스트들은 반의회주의라는 이유로 거센 공격을 받아야 했으며, 노동자 국가의 전체 영역에서 당이 노동계급을 대리하는 행위들이 진행되었다.[10] 안토니오 그람시는 1920년대 이탈리아 노동자평의회 운동에 대한 선구적인 이론화에 관여했다. 그러나 이러한 그람시의 태도는 (1924년에 이탈리아 공산당의 당권을 장악하고) 공

---

9. [한국어판] 블라디미르 일리치 울리야노프 레닌, 『국가와 혁명』, 편집부 옮김, 새날, 1993.
10. 이에 관한 세 가지 설명으로는 Maurice Brinton, *The Bolsheviks and Workers Control*, Solidarity 1970; Alexandra Kollontai, *The Workers Opposition*(1921), Solidarity 1968; *The Experience of the Factory Committees in the Russian Revolution*, Council Communist Pamphlet No. 2, 1984를 보라.

산주의 인터내셔널Communist International, Comintern과의 관계 개선으로 나아가면서 차츰 누그러졌다. 바로 그 무렵 공산주의 인터내셔널은 평의회 코뮤니스트들이 [공산주의 인터내셔널] 평회원들 속에서 전개하던 선동 활동을 적극적으로 탄압하고 있었다.

전통적인 사회민주주의에 근거한 제2인터내셔널과 공산주의 인터내셔널을 이어준 연결고리는 저들의 객관주의적인 역사관과 대리주의적인 정치적 관행이었다. 볼셰비키와 카우츠키주의는 권력 획득을 위한 전략과 전술 면에서 서로 다른 견해를 보유했다. 그러나 이후의 맑스주의자들은 잘못된 판단에 기초해 이러한 견해차를 근본적인 철학적·방법론적 중요성을 지닌 차이로 떠받들었다. 사실상 이러한 사정은 혁명 이전과 혁명기의 러시아에 팽배해 있던 일련의 특유한 상황과 더욱 깊은 관계가 있다. 레닌은 뛰어난 전략적 감각과 주의주의적인 성향에도 불구하고 플레하노프 류의 해석에서 받아들인 철학적 맑스주의 해석을 공유했고, 끝내 그러한 해석을 버리지 않았다.[11] 볼셰비키의 맑스주의관은 근본적으로 1차 세계대전 발발 이전까지 수십 년에 걸쳐 제2인터내셔널 이론가들이 구축한 맑스주의관과 다를 바 없었다.

볼셰비키는 이처럼 [제2인터내셔널 맑스주의와] 이론적·정치적으로 밀접한 관계를 유지하면서 러시아 혁명 벽두부터 차례로 공장위원회

---

11. 안톤 판네쿡은 1938년도 저작 『철학자로서의 레닌』에서 레닌이 플레하노프의 "중간 계급 유물론"을 받아들였다고 주장한다. 그는 맑스가 「포이에르바하에 관한 테제」에서 비판한 기계론적이고 관조적인 18세기 유물론에서 한 걸음도 질적인 진보를 이루지 못한 특정 부류의 유물론에 빗대어 이 개념을 사용했다.

와 소비에트를 향한 대리주의적 충동을 드러내었다. 제3인터내셔널과 제4인터내셔널의 전통에 속했던 사람들의 성향에서 드러난 것처럼 이 사태를 순전히 신생 노동자 국가의 고립화와 허약성 탓으로 돌릴 수는 없다. 당이 계급을 대리함으로써 국가가 생산자들의 상위에 놓이자 혁명 과정에서 주권의 구성적 요소가 되어야 할 노동의 활동이 억압된 것이다. [이에 따라] 생산자들 자신의 활동이 아니라 국유재산과 계획이 생산자를 위한 사회주의 건설의 "객관적인" "수단"이 된다. 혁명적 활동, 즉 새로운 사회관계의 실천적 표현이 되어야 할 활동이 생산자에 대한 "사물"의 효과로 남는다. 이러한 사물화는 혁명적 변형을 가로막는다. 혁명의 첫 번째 국면에 코뮤니즘이 실재함을 인정하지 않기 때문이다. 이 대리주의에서 시작되는 역사관이 역사의 "힘"은 인간에게 작용한다고 바라보는 관점, 즉 스탈린주의에 의해 관념론적 형이상학("변증법적 유물론"Historical Materialism 또는 "히스토마트"Histomat)으로 체계화된 바로 그 접근법이다.

제2인터내셔널 사회주의에서는 개량적이고 의회주의적인 권력획득 전략뿐만 아니라 사회주의를 생산수단에 대한 국가소유 및 국가통제와 동일시하는 발상 또한 특징적이다. 이 모델은 국가독점사회주의라 부를 수 있다. 제2인터내셔널 사회주의는 세기가 바뀔 무렵 막 독점 단계로 접어들고 있던 자본주의에 대한 노동계급의 대응인 대중노동운동 조직들에 기초를 두고자 했다. 이러한 사회주의 산업화 전략은 또한 국민적인 산업화 전략이었다. 1차 세계대전에 대한 제2인터내셔널의 대응에서 드러나듯이 국제주의는 수사적 용도로 활용되는 데 그쳤다. 레닌과 트로츠키의 볼셰비즘은 이와 대조적으로 단

호하게 국제주의적 입장을 취했지만 국가소유와 계획을 변함없이 강
조했다. 주로 쁘레오브라젠스키Evgeni Preobrazhensky와 부하린Nikolai Iva-
novich Bukharin 사이에서 전개된 1920년대 사회주의 공업화 논쟁[12]은
단 한 번도 임금노동의 폐지나 생산의 장소에서 이루어지는 생산자
들의 직접민주주의라는 문제를 다루지 않았다(콜론타이[13]는 1921년

---

12. [옮긴이] 1924~28년 무렵 사회주의 경제부문의 창출을 둘러싸고 벌어진 소련 내의 논
쟁. 공업화 논쟁은 이론과 현실 전반을 둘러싼 격론을 동반했고, 레닌 사후 당내 분파
들의 정치적 입장과 결부되면서 복잡한 양상으로 흘렀다. 신경제정책(NEP)을 옹호한
부하린과 좌익 반대파의 입장을 대변한 쁘레오브라젠스키는 모두 공업화를 사회주의
건설의 전제조건으로 간주하면서도 그 방법을 둘러싸고 팽팽하게 맞섰다. 쁘레오브라
젠스키는 사적 부문(가치법칙)과 국가부문(본원적 사회주의 축적법칙)의 갈등적 공존
을 특징으로 하는 과도기 경제구조가 사회주의로 이행하려면 사적 부문의 억압과 국
유산업 부문의 집중 발전이 필수적이라고 보았다. 과세와 부등가교환으로 농업에서 확
보한 '강제저축'을 산업, 특히 중공업에 집중 투자한다는 불균형성장 전략은 그 귀결이
다. 그에 맞서 부하린은 불균형성장 전략이 결국 노농동맹과 소비에트 정권을 파탄으
로 내몰 것이라고 비판했다. 부하린의 기본 전제는 이른바 '(비례적) 노동지출법칙'이다.
즉, 신경제기에는 단순상품생산(농업)을 규정하는 '가치법칙', 사기업 부문의 '생산가
격', 국가부문의 '노동생산성'이라는 세 가지 원리가 공존한다는 논리다. 그는 시장관계
가 존속하더라도 '노동생산성'에 입각한 사회주의 계획이 가능하다는 전제 하에 농민
의 '자발적 저축'을 통한 점진적 자본축적과 농공부문 균형성장 전략에 기초한 공업화
를 주장했다. 한국사회과학연구소 편, 『사회과학사전』, 풀빛, 1990, 342~43쪽. 스탈린
은 애초 레닌의 충직한 계승자를 자임하며 부하린과 보조를 맞추었으나 권력투쟁에서
승리한 후 입장이 표변했다. 그는 1928년 이후 부하린과 우익 반대파를 공개 비판하며
5개년 계획과 농업집단화에 기초한 '초공업화' 정책에 착수했다. 그러나 여기서 루크의
비판은 레닌, 부하린, 쁘레오브라젠스키(트로츠키), 1928년 이후의 스탈린을 망라하는
이른바 국가독점사회주의 전통, 즉 레닌주의의 사회주의관 자체를 향하고 있다.
13. [옮긴이] 알렉산드라 미하일로브나 콜론타이(Aleksandra Mikhailovna Kollontai,
1872~1952)는 상트페테르부르크 귀족 가문 태생으로 러시아와 소련의 혁명가, 노동운
동가, 여성해방 이론가, 외교관으로 활동했다. 1898년 러시아 사회민주노동당에 입당
했으며, 1905년 혁명 이후 부르주아 여성해방론자들과 이론적 공방을 벌이는 한편 여
성 노동자들을 사회주의 운동에 참여시키기 위해 노력했다. 1907년 〈노동여성 상호부
조협회〉를 조직했으나 이듬해 핀란드 독립 지지를 이유로 체포령이 내려지자 망명길에
올랐다. 부르주아 여성해방론과 소위 '보편적' 여성 의제에 대한 그녀의 비판은 『여성
문제의 사회적 기초』(1908)에 담겨 있다. 1차 세계대전 당시의 치머발트(Zimmerwald)

에 "노동자의 반대"[14]라는 팜플렛에서 후자의 문제를 다루었지만 레닌과 트로츠키는 그녀의 견해를 혁명에 대한 위협으로 비난했다). 반스탈린주의 투쟁에서 트로츠키가 차지한 위상에 비추어 본다면, 그가 1920년대 초에 노동의 군사화[15]를 입안한 인물이자 1920년대 후반

좌파 운동을 통해 레닌과 정치적으로 가까워진 콜론타이는 1915년 볼셰비키 그룹에 합류했다. 10월 혁명 직후 유일한 여성 볼셰비키 중앙위원으로 선출되어 당 강령 초안 작업에 참여했다. 제노텔(Zhenotdel, 당 중앙위원회 서기국 산하의 여성부) 창설에도 깊이 관여해 1922년 해임될 때까지 책임자로 활동했다. 그러나 그녀는 1918년 브레스트리토프스크(Brest-Litovsk) 대독 강화조약에 반대하여 레닌과 대립각을 세운 이후 여성해방, 사회주의 혁명과 노동자 국가의 성격, 노동자의 자율성과 민주주의에 대한 견해차로 레닌, 트로츠키와 충돌을 거듭했다. 콜론타이는 결국 1923년 레닌에 의해 노르웨이 공사로 임명되면서 사실상 정치적으로 유폐된다.

14. [옮긴이] 1921년 3월의 10차 당 대회에 앞서 '노동자 반대파'(Rabochaya Oppozitsiya)의 일원인 콜론타이가 작성한 팜플렛. 노동조합의 국가 종속 반대, 노동조합에 의한 산업 및 인민경제 통제를 주장하는 내용이다. 슬랴프니코프(Alexander Gavrilovich Shliapnikov), 메드베데프(Sergei Medvedev) 등이 이끈 노동자 반대파는 이 대회에서 트로츠키의 노동조합 '국가기관화'안과 레닌의 '공산주의 학교론'을 공박했다. 노동자들의 저항을 우려한 레닌은 트로츠키에게 제안을 철회하라고 요구하는 한편 노동자 반대파에 대해서는 대회 직전에 일어난 크론슈타트 수병 반란을 거론하며 반혁명 위협이 엄존하는 상황에서 안건 토의조차 허용될 수 없는 사치라며 거센 비판을 가했다. 결국 10차 대회는 노동자 반대파의 사상을 "당의 일관된 지도 노선을 약화시키고 계급의 적을 이롭게 한……반당적, 생디칼리즘적, 무정부주의적 견해"로 규정하고 해산 결의안을 채택했다. 이 대회 결의안들의 주요 내용은 포노말료프 편, 『소련공산당사 3권』, 거름, 1991, 164~77쪽을 참조하기 바란다. 1922년 2월 노동자 반대파는 코민테른 집행위에 당의 과오 시정을 요구하는 청원서를 제출했으나 그마저 기각되었다. 청원서 영역본은 www.marxists.org/archive에서 찾아볼 수 있다. 1933년 노동자 반대파 성원들은 모두 당에서 축출되었으며, 대숙청기(1937~38년)에 대부분 형장의 이슬로 사라졌다.

15. [옮긴이] 노동조직과 규율의 군사화를 통해 노동자를 소비에트 체제 방어와 사회주의 건설의 선봉에 세운다는 구상. 실제로는 국가기관으로 통합된 노조를 통해 노동자를 군사적으로 편제하고 '사회주의 건설의 요충지'에 배치해 강제노역을 부과하는 것을 골자로 했다. 이 경향은 내전이 결정적 국면에 도달한 1919년 11월 비상노동국방회의에 일체의 자원과 인력 징발권이 부여되자 구체화되기 시작했다. 트로츠키는 레닌의 묵인 하에 이 기구를 활용해 노동의 군사화를 실행에 옮겼다. 생산과정에서 일어난 사보타주에 대한 재판권은 군사재판소에 부여되었다. 이 발상의 요체는 내전기 트로츠키의 저작에서 확인된다. "경제문제를 해결하는 데 필요한 노동력을 끌어들이는 유일

의 스탈린판과 다를 바 없는 공업화 및 집산화의 주창자였다는 사실을 떠올리는 것은 중요한 의미를 지닌다. 차이가 있다면 다만 트로츠키가 주창한 안이 민주주의와 일관성을 좀 더 강조했다는 것뿐이다. 결국 트로츠키에게서 사회주의란 국유화된 소유관계의 진보성과 상급기관에 의한 계획의 합리성이었던 것이다. 스탈린 통치 하에서는 민주적으로 운영된 소비에트들이 없었지만 노동자 국가의 프롤레타리아 계급성은 부정되지 않았다.[16]

트로츠키의 맑스주의는 본질적으로 제2, 제3인터내셔널의 객관주의와 대리주의를 공유한다. 그 결과 트로츠키의 맑스주의는 제2, 제3, 제4인터내셔널을 망라한 국가독점사회주의 전통 내의 가장 선진적

한 방법은 강제노역을 도입하는 것이다 …… 노동의 군사화 방식을 어느 정도 적용하지 않고서 강제노역을 도입한다는 것은 생각할 수도 없다 …… 강제노동 없이 사회주의로 이행하는 것은 꿈도 못 꿀 일이다 …… 그렇다면 군사화를 야기하는 이유는 무엇인가? …… 군대를 제외하면 …… 프롤레타리아독재 국가와 같은 정도로 시민을 자신의 뜻대로 통제할 수 있는 곳은 없[기 때문이]다." 트로츠키, 『테러리즘과 공산주의 - 카를 카우츠키에게 보내는 답변』, 노승영 옮김, 프레시안 북, 2009, 196~205쪽. 9차 당 대회(1920년 3~4월)는 노동의 군사화를 전시경제기의 예외적인 조치로 규정함으로써 이 조치를 "사회주의로의 이행기에 불가피"(150쪽)한 것으로 규정한 트로츠키의 견해를 거부했다. 그러나 그 후로도 당과 국가에 대한 노동조합의 종속은 돌이킬 수 없었고, 1930년대의 스탈린식 '노동과정의 병영화'로 절정에 이르렀다. 트로츠키는 후일 전시공산주의기의 실책을 언급하며 노동의 군사화가 과도였음을 간접적으로 시인한다.

16. 숀 마트감나(Sean Matgamna)는 *The Fate of the Russian Revolution*, *Phoenix* 1998에 붙인 서문에서 트로츠키가 "국유경제의 형이상학"을 고안했다고 비판한다. [마트감나에 따르면] 트로츠키의 형이상학은 소련이 보유한 국가통제 자산이면 노동자 국가로 규정하기에 충분하다는 발상에 기초하고 있다. 마트감나는 트로츠키의 사유 속에 노동계급이 권력을 보유하지 않더라도 국가소유 하에서의 생산력 진보를 통해 사회주의에 이를 수 있다는 논리, 즉 트로츠키 이후의 제4인터내셔널이 유산으로 물려받은 논리가 자리 잡고 있다고 주장한다. 마트감나의 서문이 지닌 의의는 트로츠키주의 전통의 일원으로 남아 있으면서도 트로츠키와 주류 트로츠키주의에 최대한의 비판을 가한다는 점에 있다.

인 발상을 대표했다. 스탈린주의가 국가독점사회주의 전통 가운데서 "나쁜" 측면의 전형이었다면, 트로츠키는 이를테면 "최선"의 측면을 대표한 셈이다. 트로츠키주의를 "최선"으로 표현한 까닭은 단 한 번도 볼셰비즘의 한계를 넘어서지는 않았지만 스탈린주의 반혁명에 맞서 스스로가 10월 혁명의 민주적 측면이라고 믿었던 바를 단호하게 옹호했기 때문이다. 볼셰비즘은 제2인터내셔널 맑스주의 이론의 실증주의적 경향을 상속했고, 그 결과 트로츠키주의 역시 이 유산을 물려받았다.

그로 인해 노동해방으로서의 혁명은 관료적인 공식 당 조직과 강령을 우회했다. 세계대전을 거치면서 제2인터내셔널의 장황한 말들이 일거에 웃음거리로 전락하는 동안 볼셰비키는 노동계급의 혁명적 에너지를 동력화하는 데 다소 도움이 되었다. (그러나) 지금까지 말한 바와 같이 볼셰비키는 대단히 신속하게 노동계급 혁명의 진전을 막아섰고, 그로 인해 코뮤니즘의 현실성을 인식하지도 못했다. 미래의 목표나 가능성으로 한정되지 않는 코뮤니즘, 가치의 부정인, 즉 자본주의 내부의 절대적 부정성인 프롤레타리아의 형태로 과정 속에 존재하는 코뮤니즘 말이다. 임금노동의 폐지가 당면한 계급투쟁 속에 현전하며, 바로 그 때문에 혁명의 당면 과제 속에 현전한다는 발상은 궁극적으로 볼셰비키의 사고 너머에 있었다. 오직 평의회 코뮤니즘만이 이 새로운 반자본주의 혁명의 단계에 풍부한 표현을 부여하기 위해 분투했을 뿐이다.

평의회 코뮤니즘의 역사적 의의는 20세기 초에 등장한 새로운 형태의 프롤레타리아 투쟁을 이론과 강령의 차원에서 표현하려는 맑스주의적 시도라는 데 있다.[17] (1917~20년의 혁명적 물결에 뒤이어) 결과적으로 평의회 코뮤니즘 운동이 쇠락하고 제3인터내셔널 내부에서 평의회 코뮤니스트들이 주변화되었다는 사실로는 결코 이러한 역사적 의의를 부정할 수 없다. 스페인 내전, 2차 세계대전 이후 동유럽(헝가리와 폴란드), 1972년 칠레, 1974년 포르투칼에서 노동자평의회 형태는 또 다시 분출했다. 따라서 노동자평의회 형태는 역사적으로 제한된 현상이 아니었다. 반대로 노동자평의회는 자본주의로부터의 자립성으로 인해 노동계급 투쟁의 최고 형태를 대표한다.

이와 대조적으로 국가독점사회주의 전통과 그 시대는 종말을 고했다. 스탈린주의적 변형태는 이제 총체적으로 불신당하고 있다. 한편 사회민주주의는 도처에서 신자유주의 경제학과의 화해를 통해 정치적 불모화의 조짐을 보여 왔다. 두 가지 변형태는 모두 저들의 철학과 강령을 통해 결국 프롤레타리아가 자본으로부터 자립하지 못하도록 방해하는 역할을 해 왔다. 지난 50여 년 동안 트로츠키주의 운동이 스탈린주의나 케인스주의에 적응하는 경향을 반복적으로 보여 왔다는 것은 이 운동과 국가독점적인 전통의 유연성類緣性을 사실로 확인시켜 준다. 맑스주의의 재건에 참여하고자 하는 트로츠키주의자들은 그들의 전통 외부로 시선을 돌려야만 할 것이다. 그들은 평의회 코뮤니스트들이 노동자평의회 형태에 부여한 가치를 다시 보아야 한다. 나아가 트로츠키주의자들은 노동자평의회야말로 실천적인 혁명 활동을 통해 맑스가 『포이에르바하에 관한 테제』에서 예고하고 몇

17. 예컨대 *Karl Korsch : Revolutionary Theory*, Ed., Douglas Kellner, University of Texas Press 1977을 보라.

년 후『프랑스에서의 계급투쟁(1848~50)』[18]에서 재천명한 바를 정확히 표현한다는 사실을 올바로 인식해야 할 것이다.

사회의 혁명적 이해들이 집중되어 있는 계급은 봉기에 나서자마자 직접적으로 그 자신의 처지 속에서 혁명적 활동의 내용과 재료를 발견한다 : 적들을 타도하는 것, (투쟁의 필요에 따라) 조치들을 취하는 것; 그 자신이 취한 행위의 결과가 이 계급으로 하여금 계속해서 앞으로 나아가도록 만든다. 이 계급은 그 자신의 과업에 대한 어떠한 이론적 탐구도 시도하지 않는다.

---

18. [한국어판] 칼 맑스, 「1848년에서 1850년까지의 프랑스에서의 계급투쟁」, 『칼 맑스 프리드리히 엥겔스 저작선집』 2, 최인호 외 옮김, 박종철출판사, 1995.

13장

공적 공간의 재전유

안또니오 네그리

1

지난 20년 남짓 사태는 매우 규칙적인 양상을 띠어 왔다. 적어도 다국적 자본이 1960년대의 투쟁들과 베트남전 패배를 견뎌 내면서 자유주의 정책과 탈산업적 현대화라는 이름으로 발전 프로젝트를 새롭게 선보인 1971~74년 위기 이후로는 그랬다. 당시는 신자유주의가 밀어닥친 시기였다. 설령 프랑스의 사례가 보여 주듯이 노동계급의 수많은 공세들(예컨대 1986년 공세)과 잇따른 학생투쟁의 폭발 — 최초로 출현한 비물질노동의 반란 — 이 이 시기를 조명했을지라도, 당시는 잿빛으로 채색된 시대였다. 사회적 저항은 이 투쟁들을 중심으로 조직화를 시도했지만 무위에 그치고 말았다. 1995년 12월의 프랑스는 자유주의 시대의 정치·경제·이데올로기적 관리양식régime과의 대규모 단절을 최초로 보여 주었다는 점에서 특별한 의미를 지닌다.

1995년 12월의 투쟁들은 왜 그토록 강력한 단절점을 표현했던가?[1] 우리는 어떠한 근거에서 이 투쟁들을 20세기 후반에 진행된 반-혁명의 종말을 알리는 시발점으로 간주할 수 있는가?

이 질문들에 대한 대답들이 제시되기 시작했고, 그 대답들은 종종 흥미롭다. 확실히 지구화 과정과 통합유럽 건설에 대한 관심이 고조되어 왔고, 이 현상은 특히 프랑스에서 가속화되었다. 프랑스 내에는 신대통령제la nouvelle présidence 시기의 공화주의적 약속에 대한 배신감과 (유동성, 유연성, 노동시장 붕괴, 배제 등) 사회적 노동의 새로운 조직화가 빚어낸 총체적 모순들이 존재해 왔다. 게다가 복지국가의 위기도 존재한다. 이 모든 것들은 투쟁의 편성formation과 급진화 과정에서 즉각적인 반향을 불러왔다. 내게는 각양각색의 요구들을 발생시킨 새로운 맥락을 정의하는 일이 무엇보다 중요해 보인다. 즉, 저 투쟁이 일체의 훈육 규칙들, 그리고 전반적인 프롤레타리아의 재생산 조건에 대한 통제와 충돌한다는 점에서 "삶정치적"인 맥락 말이다. 요컨대 이 투쟁은 "자유주의냐 야만이냐" 사이의 강요된 선택을 거부한다는 점에서 보편적 의미를 획득하며, "일반이익을 위한" 투쟁이 된다. 따라서 이 투쟁은 반체제적 행동l'action contestataire 가능성의 새로운 출발점과 새로운 세계에 대한 열망을 표현한다.

---

1. [옮긴이] 1996년 『전미래』에 게재된 불어판 글에는 이 대목이 다음과 같이 표현되어 있다. "1995년 12월 투쟁은 왜 그토록 강력한 단절의 역능을 보여 주었던가?"(Pourquoi les luttes de Décembre 95 révÈlent-elles une telle force de rupture?), *Futur Antérieur* 33-34 : 1996/1.

그렇다 하더라도 새로운 질문을 던질 때에야 비로소 우리는 12월 투쟁이 보여 준 신기원적인 돌파구의 발본성과 의의를 제대로 이해할 수 있을 것이다. 누가 이 투쟁의 주역이었던가? 이 투쟁의 헤게모니적 주체들은 어떤 사람들이었나? 극도로 짧은 시간 내에 권리 주장에 기초한 투쟁을 지구적 자본주의의 명령에 대항하는 정치투쟁으로 변형시킨 사회층^{couche sociale}의 특성은 무엇인가? 그리고 그 이유는 무엇인가? 투쟁의 확장과 정치화를 초래한 물질적 요인들은 무엇인가?

2

첫 번째 대답은 쉽다. 이 투쟁들의 주역은 "공적 서비스 노동자들" 이었다. 공적 서비스 노동자들은 철도, 지하철, 통신, 우편 서비스, 병원 및 학교, 에너지 부문 등에서 투쟁을 개시하고 이끌었다. 대체로 [사회적] 권리주장의 성격^{caractère revendicatif}을 띤 요구들[2]에 보편적이고 적극적인 의미를 부여한 것도 그들이었다. 그러나 우리가 오늘날 선진자본주의의 정치적·생산적 장치 안에서 이 부문들이 제기하고 있는 것들 가운데 과연 무엇이 새로운지를 자문하지 않는다면 첫 번째 대답은 특별한 중요성을 갖지 못한다. 즉, 상품유통을 봉쇄하는 능력이 정치적 대립을 촉발하는 데서 핵심적인 역할을 했던 사건들

---

2. [옮긴이] 『공통감각』 21호(1997)에 수록된 영어판에는 이 대목이 "대체로 [특정] 지역에 기초를 두고 형성된 요구들"(demands which had begun as principally locally-based)로 옮겨져 있다.

은 노동계급의 투쟁사 속에 이미 존재해 왔다는 뜻이다 – 특히 철도 노동자 파업은 노동자계급 봉기의 역사 전 기간에 걸쳐 일어난다. 그러나 오늘날 선진 자본의 편제 내부에서 결정적인 정치적 영향력을 갖는 생산 시스템을 [포위]공격하는 – 운송, 통신, 교육, 보건, 에너지 등 공적 서비스 부문 노동자들의 – 능력은 다른 모든 부문들을 제외할 수 있을 만큼 압도적으로 중요해진다. 자유주의 전략의 강력한 주창자 대처와 레이건은 재구조화에 착수하기 위해 에너지 부문과 항공운송[3] 부문 노동자들을 정치적 본보기로 삼아 응징하기로 결정할 무렵 이 점을 충분히 간파하고 있었다. 그렇다면 이 모든 것을 어떻게 설명할 것인가?

진부한 대답들을 피하고 싶다면 우선 선진자본주의의 구조 속에서 운송, 통신, 교육, 에너지 부문들의 – 즉, 주요한 공적 서비스들의 – 총체는 더 이상 단순한 상품유통의 일계기 혹은 부의 재생산을 위한 일요소가 아님을 깨달아야 한다. 오히려 공적 서비스들의 총체는 생산 그 자체를 구조화하는 지구적 형태를 구성한다. 생산은 곧 유통이 되어 왔고 노동은 "적시에" 수행되어야 하며 노동자들은 사회적 사슬의 연결 고리가 되어야 한다는 말들은 계속해서 반복되어 왔다. 그런데 12월 파업 노동자들이 하나의 유통 고리를 건드림으로써 어떻게 생산 연쇄 전체에 충격을 가할 수 있는지를 보여 준 것이다.

---

3. [옮긴이] 영어판에서는 항공운송 또는 항공교통으로 번역되는 "air transport"라는 표현이 사용되고 있지만 불어판에는 "항공통신"(communications aériennes)으로 되어 있다. 정확히는 1981년 8월 11,345명의 해고와 노조 지도자들의 체포·수감으로 일단락된 〈전미 항공교통 관제사 조합〉(PATCO; The Professional Air Traffic Controllers' Organization)의 파업 투쟁을 가리킨다.

즉, 파업 참여자들은, 그들이 컨테이너 수송을 거부할 경우, 모든 내용물들이 [즉, 전 사회가] 반응할 수밖에 없는 이유를 설명해 주었다. 더구나 우리가 생산구조들뿐만 아니라 이 구조들을 가로질러 확연히 떠오르는 주체적 역능까지 함께 다룸에 따라 공적 서비스 부문 노동자들의 투쟁이 시작과 동시에 노동자들의 총체성을 "표현"하게 된 이유가 명확히 드러난다. 또한 공적 서비스 부문 노동자들이 점했던 전략적 위치에서 일어난 투쟁이 왜 생산체계의 지구적 총체성과 그 새로운 사회적, 정치적 차원들에 대한 직접적 공격이었는지도 분명해진다.

따라서 우리는 이 투쟁을 "복고적"이고 "보수적"인 것으로 규정짓는 사람들과 객관적인 생산과정 분석에 유난히 집착하는 사람들에게 그들 자신의 관점에 입각해en s'en tenant à leur propre point de vue 곧바로 응수할 수 있다. 정반대로 이 투쟁들과 그 주역들은 새로운 생산양식 내부에서 핵심적이고도 결정적인 지위를 차지한다고 말이다. 그들은 자본주의적 "개혁"의 실로 결정적인 지점 안에서 투쟁을 수행했고,[4] 오직 그 한 가지 이유로 지체 없이 이 지점을 봉쇄했다.

3

12월 투쟁의 주역들은 노동자계급, 그것도 공적 서비스 부문의 노

---

4. [옮긴이] 불어판에는 이 구절이 "실로 결정적인 지점 안으로 투쟁을 끌어들였고"로 되어 있으며, 영어판에는 같은 구절이 "실로 결정적인 지점에 맞서 투쟁을 수행했고"로 되어 있다. 여기서는 전후 문맥을 고려해 불어판을 우리말로 옮겼다.

동자들에 국한되지 않았다. 파리와 프랑스 곳곳의 도시에 거주하던 수백만 명의 남녀들 역시 이 투쟁의 주역들이었다. 그/그녀들은 매우 고단한 상황 속에서 통근이나 사소한 왕래를 위해 전시戰時에나 어울릴 만한 수고를 감내했다. 대중매체들은 그/그녀들의 노고, 이 나날의 고투를 생생하게 묘사하는 데 엄청난 열정을 쏟아부었다. 이를 통해 대중매체들은 처음에 교통수단 "이용자들"의 반감을 조직화하려고 시도했다. 대중매체들은 그러한 공작이 강력한 반발에 부딪히자 이용자들의 태도에서 드러나는 시민적 교양과 상생의 정신[5]을 부각시키면서도 한편으로는 파업이 유발한 고통에 대한 설교를 늘어놓았다. 하지만 산업사회학, 신자유주의 이데올로기, 그리고 국가에 관한 모든 문헌들은 오랫동안 탈산업사회의 서비스 이용자들이 곧 서비스 생산자들이라고 주장하지 않았던가? 그렇다면 이러한 이데올로기의 생산자들이 이제 와서 서비스 부문 노동자들과 서비스 이용자 공동체의 대립을 부추기고 가능한 수단을 모두 동원해 양자를 분리된 공

---

5. [옮긴이] civility/civilité는 에티엔 발리바르(Étienne Balibar)의 '시빌리테의 정치' 개념을 소개해 온 일군의 연구자들에 의해 '잠정적' 의의를 지닌 '시민인륜'이라는 단어로 번역되어 왔다. 한편 conviviality/convivialité의 번역어는 이반 일리히(Ivan Illich) 등의 저작들을 옮기는 과정에서 '공생', '공생적 자율성' 등으로 굳혀지고 있다. 그러나 이 문장에서 두 개념은 전혀 다른 의미를 내포한다. 네그리는 대중매체들에 의한 일종의 의미 전유에 주목하고 있다. 즉, 그는 여기서 "인내심을 보이며 사태가 합리적으로 해결되기를 수동적으로 기다리는 다수의 예의 바른 시민들과 그러한 시민적 덕성마저 볼모로 삼아 자기이익을 도모하는 한 줌의 무도한 파업 노동자들"이라는 구도를 조성해 공공부문 파업을 파괴하려는 대중매체의 숨은 의도를 가리키고 있다. 옮긴이는 이러한 맥락의 전치를 고려해 civility/civilité와 conviviality/convivialité를 각각 '시민적 교양'과 '상생의 정신'으로 번역했다. '상생의 정신'이라는 번역어의 선택에서는 이 용어가 최근 한국 사회에서 부각되어 온 "상생발전" 혹은 "갑과 을의 상생"이라는 담론과 유비될 수 있다는 점도 고려되었다.

동체들로 갈라놓으려고 획책함으로써 자가당착에 빠져드는 것은 무슨 영문인가?

실제로 서비스 이용자들은 공적 서비스의 "공동생산자들"이다. 그들은 최대한의 수동적 소비와 최소한의 상호작용으로부터 최소한의 수동적 소비와 최대한의 상호작용에 이르기까지 모든 면에서 [공적 서비스의] "공동생산자들"이다. 첫 번째 부류에는 에너지 서비스 이용자들을, 두 번째 부류에는 통신·교육·의료 서비스 이용자들을 포함시킬 수 있다. 오늘날 이 "공동생산"에 대한 자각이 매우 높은 수준에 이르렀다는 사실은 투쟁을 통해 확인되고 있다. "이용자들"은 그들과 함께 서비스를 생산하는 노동자들의 투쟁 속에서 그들 자신의 이해관계를 인식하고 있다. 만약 서비스 업무가 공동생산이라면, 그것은 본질상 공적인 공동생산이다. 나는 여기서 상반된 이해관계가 존재할 수 있고 서비스의 조달에서 수요와 공급 간의 모순들이 발생할 수 있다는 사실을 부인하지 않는다. 나는 다만 그러한 모순들이 공적인 차원 안에서도 발생한다는 점을 지적하고 있을 뿐이다. 앞서 말한 바와 같이 서비스 부문 노동자들이 투쟁을 서비스 생산의 공적 성격에 대한 방어와 지지, 공적 성격에 대한 승인 요구로 전환시키자 "이용자들"은 그들 자신도 이 투쟁의 "공동 생산자"라는 사실을 완전하게 인식했다. 따라서 눈 속을 헤치며 사람들이 걸었던 그 먼 길, 히치하이킹, 차례를 기다리며 늘어선 행렬들, 끝도 없는 기다림은 투쟁의 에피소드들로 간주되어야 한다. 파업의 힘은 떠들썩한 노동조합의 시위는 물론 무엇보다 아침이면 일하러 나가고 저녁이면 집으로 돌아가는 유쾌한 행렬로도 표현되었다. 그것은 "대리 파업"이 아니라 확산하는 파업, 사회적 삶 전체를 아우르면서 일상적인 현실의 일부로 자리 잡은 파업이었다. 우리는 이제 프롤레타리아가 투쟁(부문 파업, 총파업, 살쾡이 파업, 연좌 파업 등) 속에서 창조해 낸 파업 용어사전에 메트로폴리탄[6] 파업이라는 새로운 용어를 덧붙여야만 한다.

좀 더 면밀히 검토해 보자. 우리는 이러한 메트로폴리탄 투쟁의 "공동생산"에 집중함으로써 혁명적 원자가^{valency}[7]를 속성으로 하는 "공적인 것"의 개념을 찾아낸다. "이용자들"이 공적 서비스의 실행과 공적 서비스 부문의 파업에 대해서 느끼는 공동 책임감을 통해 "행정의 재전유" 활동, 즉 직접적이고 전복적인 활동이 효과적으로 인식되어야 한다. 따라서 사유는 이러한 활동의 본질에 대한 자각으로부터 반드시 그 기저를 이루는 것으로 향해야 한다.[8] 공적 서비스, 즉 매우 일

---

6. [옮긴이] 메트로폴리탄(metropolitan)이라는 용어는 행정, 경제, 정보, 문화 등 재생산의 기능적 연관에 따라 인접한 중소 도시를 통합하는 광역화된 대도시(metropolis) 혹은 그 주민을 뜻하는 것으로 통용된다. 일부 도시사회학자들은 세계시민주의적인 다양성이 보존되는 규범적 이상향으로서의 도시 공간이라는 의미를 부여하기도 한다. 그러나 이 글에서 메트로폴리탄(메트로폴리스)은 전통적인 산업도시와 달리 더 이상 공장과 도시 내의 생활공간이 명료하게 구분되지 않는 삶정치적 장소를 의미한다. 즉, 대중노동자 시기에는 공장이 적대와 투쟁의 주요 장소였다면 사회적 노동자들이 주역으로 등장하는 시기에는 메트로폴리스 전체가 적대와 투쟁의 장소로 변형된다는 것이다. 네그리는 12월 투쟁의 의의를 공공 서비스의 직접적 생산자와 이용자들이 투쟁의 공동 생산자로 참여해서 부문, 직종, 생산자와 소비자를 가르는 분리를 극복하고 그들 모두가 공공 서비스(공통재)의 공동 생산자임을 보여주었다는 점에서 찾고 있다. 따라서 '확산하는 파업'으로서의 '메트로폴리탄 파업'은 투쟁 속에서 사회적 위계와 분할을 극복하고 협력과 소통의 네트워크를 건설해 나가는 사회적 노동자들의 주체성 발전을 표현하는 개념으로 볼 수 있다.
7. [옮긴이] 원자의 결합 능력을 뜻한다. 한 원자가 다른 원자와 이루는 화학결합의 수, 즉 그 결합선의 수로 결정된다. 애초에는 원자의 결합 능력을 표현하기 위해 'equivalence'는 용어가 사용되었지만, 이후 'equivalency'를 거쳐 현대에 들어와서는 valency/valence로 정착되었다.
8. [옮긴이] 불어판에는 이 구절이 "반드시 그 전제들로 거슬러 올라가야 한다."(ne peut

반적인 수준의 공적 서비스 운영과 그 생산적 기능들이 모두에게 공통적임을 확인하는 방향으로 나아가야 한다는 것이다. 언어에서 민주적 행정에 이르기까지 모두에게 공통적인 것은 또한 전적으로 협동의 산물 그 자체이다. "공적인 것"에 대한 정의는 "국가주의적" 정의와는 더 이상 어떠한 관계도 없다.

4

국가는 공적 서비스에 대한 사유화를 추구할 때 자본주의적인 면모를 드러낸다. 반대로 투쟁들은 국가, 그리고 자본의 보호자로서의 국가 기능을 넘어서는 전복적인 면모를 보여 준다. 나는 투쟁의 일부 주도자들이, 그 시대착오성에도 불구하고 잔존하는 인민주의적 레지스탕스 세력과 드골주의 기술관료 지배체제 간의 포드주의적 타협에 의해 재차 현시화顯示化된, "프랑스형 공적 서비스"를 주장하더라도 오늘날 이 제3공화국의 잔재를 방어하려는 행위를 신뢰할 만한 것으로 여기는 사람들은 극소수에 지나지 않을 것이라고 확신한다. 이 투쟁들은 "프랑스형 공적 서비스"가 계속 살아남으려 할 경우 스스로를 완전히 새로운 용어로 포장할 것임을 알려준다. 즉, 그것은 행정의 재전유와 민주적인 서비스 공동생산coproduction démocratique du service의 민주적 동학dynamique démocratique 내에서 이루어지는 최초의 공적 서

---

donc que remonter à ses présupposés.)로 되어 있다.

비스 재구축 실험을 자처할 것이다. 이 투쟁들을 통해 이제 하나의 새로운 문제틀, 즉 하나의 구성적 문제틀이 열린다. 우리는 새로운 "서비스들의 공적 성격"이 의미하는 바를 반드시 이해해야 한다. 그것은 사유화와 세계시장의 지배로부터 공적 서비스를 떼어놓음으로써 동시에 국민국가 활동의 지구화 기능과 직접적인 자본주의적 기능이 초래한 이데올로기적 신비화에서 벗어날 수 있게 해준다. 이러한 문제틀에 대한 자각은 투쟁들 속에 내재해 있다. 그것은 투쟁들의 전복적인 잠재력을 표현한다. 더구나 국가적이든 사적이든 오늘날 서비스 부문들이 모든 생산성 형태들의 "지구적 형태"를 구성하는 것이 사실이라면, (서비스 부문들이 생산과 유통의 총체성 속에서 협동의 중심적이고도 전형적인 역할을 보여 주는 것이 사실이라면), "공적인 것"에 대한 이 새로운 개념은 최근의 모든 '사회화된 생산' 실험을 위한 패러다임을 구성할 것이다.

요약해 보자. 국가의 후견 하에서 자본주의 체계와 사적인 축적의 재생산을 추구하는 활동의 총체로서의 공적인 것은 소멸한다. 우리는 공적인 것에 대한 새로운 개념과 마주하고 있다. 즉, 부의 발전과 민주주의 발전이 더 이상 구분될 수 없는 상호작용에 기초해 조직화된 생산이라는 개념 말이다. 이는 상호작용적인 사회관계의 확장이 생산적 주체들에 의한 행정의 재전유와 구별될 수 없는 것과 정확히 마찬가지다. 여기서 착취의 폐절이 가시화된다. 착취의 폐절은 더 이상 신화가 아닌 구체적 가능성으로 나타난다.

5

 그러나 "공적인 것"의 이 새로운 주체적 차원이 "사회적" 노동자들,
즉 사회적 서비스 부문의 노동자들에게서만 감응을 일으키는 것은
아니다. 지금까지 살펴보았듯이 그것은 서비스의 공동생산자들, 따
라서 노동하는 시민들 모두에게서 감응을 일으킨다. 그러므로 "다함
께"Tous ensemble라는 투쟁 슬로건은 새로운 공동체, 즉 인정을 요구하
는veut être reconnue 생산적인 사회적 공동체를 드러내 보인다. 이러한
인식은 이중의 의미를 지닌다. 그것은 한편으로는 운동을 관류하는
재구성의 원동력을 뜻한다. 그것은 모든 노동자들이 자신들의 사회
적 처지로 인해 생산적 협동의 근본적인 중추를 형성하는 노동계급
으로서 공동 참여하는 투쟁의 공동체를 가리킨다(따라서 그것은 이
과정의 제1원동력이다). 둘째로 이러한 인식은 투쟁하는 공동체에 의
한, 그리고 부를 생산하기 위해 노동 속에서 서비스를 이용하는 사람
들에 의한 서비스의 재전유를 뜻한다.
 따라서 투쟁은 그 자체가 지향하는 목표를 예시豫示한다. 투쟁의
방법(다시 말해 승리를 위해 "함께하기")은 투쟁의 궁극목적(다시 말
해 자본주의의 바깥에서/자본주의에 대항하여 부를 건설하기 위해
"함께하기")을 예시한다.
 여기서 나는 "공동체" 개념이 지나온 우리의 투쟁 안에서, 무엇보
다도 공적 서비스와 관련된 영역들에서, 주요한 절합들을 거치며 더
욱 풍부해졌다는 점을 강조하고자 한다. "공동체" 개념은 많은 경우,
특히 전복적 사유 안에서조차, 현실적인 착취의 절합을 ─ 사회적 주체

들의 연합적 총체성이 연합 과정과 생산 과정에서의 모순적 절합보다는 오히려 기능들의 통일에 의해 부여되는 – 하나의 표상 속에 가라앉혀 신비화하는 것으로 인식되어 왔다. 우리는 분석 중인 투쟁의 과정에서 매우 유기적으로 결합된 공동체, 즉, 다수성의 특징들이 온전히 내재된 생산적인 총체^{ensemble productif}로서 권력과 대립하는 공동사회^{Gemeinschaft}의 출현을 처음으로 목격했다.

그러므로 이 운동에 대한 성찰은 우리로 하여금 보다 높은 수준의 생산 조직화를 향한 이행의 문제를 제기하도록 만든다. 이러한 생산의 조직화 속에서 "공적인 것"은 절합의 풍부성으로 인해 생산과 명령의 분리를 필요로 하지 않는 사회적 기능들의 총체로 간주된다. 오히려 생산적 기능 내부에서 이루어지는 명령의 재전유와 사회적 관계의 건설은 이제부터 하나의 연속체를 형성한다. 자율적인 사회적 공동체, 코뮤니즘을 향한 이행의 문제는 더 이상 국가에 대항하는 투쟁의 형태를 정의하는 데 한정되지 않을 것이다. 오히려 그것은 출현하는 공동체에 의한 생산적 기능의 재전유를 가능케 할 절차 및 형태의 정의와 관련될 것이다.

"다함께"는 코뮤니즘으로의 이행을 위한 기획이다. 우리는 이 투쟁들 안에서 "다함께"의 이름으로 다시 한번 현존 상태의 변화를 지향하는 현실의 운동을 호출할 수 있다. 더구나 우리의 상상력 안에서 현실의 운동과 역사 발전의 재구성을 위해 수행할 수 있는 과업들은 무한하다. 따라서 우리는 그러한 열망을 표현하는 언술행위^{énonciations}를 통해 저 운동의 유토피아에 형태를 부여해 나갈 수 있다.

6

"다함께"라는 슬로건은 이 운동이 사적 부문 노동자들의 파업운동 참여를 제안하기 위해 긴급하게 제기하고 채택한 것이다. 우리는 저 슬로건이 어떻게 서서히 변형되는가를 지켜보았다. 그러나 애초의 취지에 비추어 본다면 최초의 제안이 호응을 얻지 못한 것은 사실이다. 무엇 때문인가? 왜 "법적" 규정상 사적 경제부문에 속하는 노동자들은 이 투쟁에 참여하지 않았던가?

사적 부문 노동자들의 파업 불참에 관한 설명들은 현실주의에 입각하고 있다. 이러한 설명들은 임금노동력의 구조에서 근거를 구하는 것(개별화로 인해 파업행위에 들어갈 경우 기업주들의 즉각적인 억압에 노출되는 임금노동력)으로부터 사적 산업 및 서비스 부문 노동조합운동의 위기에서 이유를 찾는 것에 이르기까지 다양하다. 이 설명들은 그 현실주의적 기반에도 불구하고 사기업과 관련된 한 가지 구조적 요인을 무시하고 있다. 즉, 사기업에서는 생산 구조가 공적 서비스 구조로 변형되는 경향이 명확하게 드러나지 않으며, 여전히 감춰지고 있다는 사실 말이다. 한편으로는 견고하게 지속되고 있는 제조업들의 실존이, 다른 한편으로는 금융 모델들에 의해 흔히 재해석되는 사적 이윤법칙의 사악한 지배가 이러한 경향을 은폐하고 있는 것이다. 어쩌면 지금이야말로 제조업 생산과 연관된 생산적 기능들이 셀 수도 없이 다양한 방식으로 사라져 가고 있다고 해야 할 시점일지도 모른다. 결과적으로 제조업 영역의 노동자 계급은 실업이라는 협박에 가장 민감하며, 따라서 가장 취약한 계층이다. 그들의 공세적인 투쟁

수행 능력이 떨어지는 것은 바로 이 때문이다. 이제부터 그들은 역설에 휘말린다. 투쟁에 돌입하는 바로 그 순간 그들은 또한 지금 자신들에게 임금을 지불하고 있는 생산의 장소를 파괴하는 투쟁을 수행하게 될 것이다. 어떤 면에서 이들은 과거 프랑스 혁명 당시의 농민들과 유사하다. 즉, 그들은 자신들을 고용하고 있는 생산체계의 승리가 아니라 자신들을 파멸로 이끌 또 다른 생산체계의 승리를 보증하기 위해 투쟁하고 있는 셈이다.

그러나 이러한 해석은 사적 제조업 부문의 노동계급에게만 적용된다. 사적 부문 전체를 자세히 살펴보면 서비스 기업들이 점점 더 늘어나고 있음을 발견할 수 있다. 거대 제조 콘체른[9]들은 점점 더 많은 수의 직·간접적 생산 기능들을 대규모로 "외주화"하고 있다. 제조 콘체른들은 생산적 기능들을 상업적 서비스로 전환시키고 있으며, 그 기능들을 사회적 생산의 맥락 속에 삽입하고 있다. 그러므로 공적인 것의 재발견, 즉 새로운 프롤레타리아의 재구성이 이루어질 수 있는 곳은 사적 부문 내부이다. 새로운 프롤레타리아의 재구성은 사적 부문 중에서도 노동계급 구성원들이 시간적 유연성과 공간적 이동성을

---

9. [옮긴이] 콘체른(Konzern)은 독점의 최고 형태로서 전체 산업부문에 걸쳐 수직적·수평적인 집중을 이루기 때문에 기업결합의 범위가 넓다. 또한 다수 대기업이나 트러스트를 단일한 독점적 지배 아래 포괄하므로 가장 강력한 형태의 자본지배를 가능케 한다. 즉, 카르텔이 개별 기업의 독립성을 보장하고 트러스트가 동일산업 내의 기업결합을 추구하는 것과는 달리 콘체른은 각종 산업에 걸쳐 다각적인 독점력을 발휘하는 거대한 기업집단이라고 할 수 있다. 콘체른에는 산업상(생산·판매)의 필요에 따라 여러 산업부문의 대기업이나 트러스트를 독점적 지배하에 결합시킨 산업자본형 콘체른과 자본의 효과적인 활용을 목적으로 하는 금융자본형 콘체른이 있다. 일반적으로 지주회사와 같은 중추적 금융기관을 지배의 정점으로 하는 금융자본형 콘체른이 산업자본형 콘체른에 비해 강력한 지배력을 발휘한다.

기본적인 특징으로 하는 곳에서 이루어질 수 있다. 다시 말해 공적 부문처럼 이윤이 주로 사회적 협동에 대한 착취를 통해 형성되는 곳 말이다.

1995년 12월 투쟁에서 사적 부문으로 전달된 투쟁 참여 제안은 지체와 혼선으로 특징지어졌다. 이 제안은 사적 제조업 부문 노동자들에 대한 호소라는 전통적인 형태로 이루어졌다. 그런데 정작 투쟁의 과정에서는 공적인 것에 대한 새로운 개념 속에서, 따라서 생산적인 사회의 건설과 민주적인 관리를 통해 부의 생산을 협동적으로 재전유하는 것 속에서 자신들의 힘을 인식할 기회를 포착한 이들은 서비스 부문, 그것도 사적 서비스 부문 노동계급과 종사자들인 것으로 드러났다.

7

우리는 이제 12월 투쟁의 주체 규명이라는 과제로 되돌아갈 수 있다. 피상적인 수준에 머물 경우 우리가 "공적 서비스 부문" 노동자들을 다룬다고 생각할 수도 있을 것이다. 그러나 좀 더 면밀히 들여다보면 공적 서비스 부문 노동자들은 "사회적 노동자들"로 나타난다. 즉, 그들은 사회적 관계의 생산자들로, 그리하여 부의 생산자들로 나타난다. 보다 자세한 세 번째 관찰에서 이러한 정의는 서비스 수혜자들, 즉 일반 시민들이 투쟁의 공동생산에 적극적이었다는 사실로 인해 한층 보강된다. 넷째, 서비스들의 공적인 특성으로 인해 이 부문이 착취의 전략적 중심지, 즉 공세적 투쟁들이 전개될 수 있는 새로운 모순들의 전략적 중심지가 된다는 사실이 분명하게 드러난다. 다섯째, 사적 부문의 서비스 노동자들이(즉, 서비스업으로의 재편이 진행되어 온 사적 부문에 종사하는 대다수 노동자들이) 이러한 투쟁주기 속으로 인입될 것이라는 점은 의심할 여지가 없다.

그러나 "사회적 노동자"는 비물질적 노동자이다. 그가 높은 수준의 교육을 받은 한 사람의 구성원이고, 그의 노동과 노력이 본질상 지성적이며, 그의 활동이 협동적이기 때문이다. 이제부터 우리는 사회와 사회적 권력구조들의 중심에서 언어적 행위 및 협동적 활동들로 구성된 생산을 발견하게 될 것이다. 따라서 새로운 지적·협동적 노동의 특성을 지니는 한 사회적 노동자는 비물질적이다.

그러나 이 새로운 노동의 본질은 여전히 "삶"^{bios}, 즉 욕구들과 욕망들, 특이성들, 연속되는 세대들로 구성되는 삶 전체이다. 12월 투쟁 참여자들은 그들의 투쟁과 투쟁목표들을 통해 전면적인 복합성 그 자체로서의 온전한 삶이 곧 투쟁의 목적이자 주체성의 생산임을 — 따라서 사회적 협동이 자본의 발전에 예속되는 것에 대한 거부임을 — 보여 주었다.

어떻든 — 파업 노동자들이 정부에 통보한 대로 — 연합한 노동자들의 이 집단지성적 본질에서 비롯된 자유를 인정하고 싶지 않더라도, 저들은[정부는] 조만간 그 역능과 불가피성을 받아들이지 않을 수 없을 것이다. 또한 저들은 이러한 실재^{reality}를 온전히 고려하지 않을 경우 임금, 사회적 재생산, 정치·경제적 구성을 둘러싼 협상이 불가능하다는 사실도 깨닫게 될 것이다!

통신telecommunications과 교육formation[일반 교육 및 직업 훈련을 의미 - 영역자] 부문은 비물질성, 상호작용적인 공공성, "삶"의 관점에서 가장 중요한 계급 부문들이다. 여기에서는 맑스가 선진자본주의 내에서 생산의 근본적 담지자가 될 것으로 예견한 일반지성이 삶으로 나타난다. 노동력은 형성 과정에서 자신의 생애 전체에 걸쳐, 그리고 미래 세대들을 거치면서 스스로를 지속적인 과정으로 구성·재구성한다. 이러한 구성 및 재구성 과정은 활동적인 특이성들 사이의, 그리고 이 특이성들과 인간 활동에 의해 부단히 구성·재구성되는 세계(즉, 노동력을 둘러싸는 사회적 환경) 사이의 풍부한 상호작용을 통해 이루어진다. 통신은 생산적 기호들, 협동적 언어들로 이루어진 순환의 총체성을 즉각 표현한다는 점에서 인간의 지적 능력이 재전유해온 불변자본의 외적 측면을 구성한다. 또한 주체성 생산과정이 생산적인 주체성의 노예화 과정과 잉여가치-이윤 구축construction에 대항하는 것도 교육과 통신을 통해서이다.

따라서 전유 형태를 둘러싼 투쟁이 집중되는 곳은 이러한 절합의 지점들이다. 교육과 통신이 공적 서비스로서의 생산의 정점을, 그것의 가장 명시적인 구조를 표현하기 때문이다.

8

1995년 12월 투쟁은 혁명이론에 대한 강력한 도전이다. 이 투쟁의 헤게모니를 장악한 것은 물질적인 부문과 비물질적인 부문의 노동자들, 즉 생산적인 특성으로 충만한 사회적 노동자들이었다. 따라서 이 투쟁들은 선진 자본주의의 수준에 위치한다. 원할 경우 이 투쟁들을 탈근대적 자본주의 그리고/또는 탈산업적 자본주의의 수준에 위치시킬 수도 있을 것이다. 서비스 부문 노동자들은 사회적 생산성이라는 문제를 전면에 제기하며, 사회적 생산성의 발전과 대립하는 모순들을 폭로한다. 여기서 자본주의적 명령으로부터의 자유와 자본주의 생산양식으로부터의 해방이라는 문제는 새로운 방식으로 제기된다. 계급투쟁이 완전히 새로운 방식으로 모습을 드러내기 때문이다. 제조업과 제조업 부문에서 일하는 사람들은 시작부터 양자에게 주어졌던 중심적인 역할과 계급투쟁에서의 주도적 지위를 결정적으로 상실하고 있다. 반면 서비스 부문에서 일하는 사람들, 특히 선진 경제권의 사적 서비스 부문 종사자들조차 혁명적 투쟁의 장에 대거 참여하고 있다.

따라서 오늘날 이론은 이 새로운 실재와 대면해야 한다. 이론은 일상적인 용어로 "일반지성"(즉, 헤게모니적인 지위를 갖는 비물질적이고 지성적인 노동)과 "삶"(즉, 재전유된 불변자본으로서의 지적 노동이 이미 완전하게 기생적인 존재가 되어 버린 자본주의적 명령과 적대하는 차원) 사이의 관계를 연구해야 한다. 그러나 이론은 무엇보다 먼저 사회적 상호작용과 그 정치적 형태들, 생산과 정치, 생산력과 구성력을 밀접하게 연결하는 관계들을 연구할 필요가 있다. 레닌은 당대에 이미 프롤레타리아트에 의한 경제적 전유와 그 정치적 형태 사이의 연관성이라는 문제를 제기했다. 현실주의는 레닌으로 하여금 그의 시대 동안에, 그리고 그 자신이 씨름하고 있던 생산관계의 한계 내에서 "독재"라는 용어가 해결책을 표현할 수도 있다고 생각하도록 만들었다. 그러나 혁명과 기업경영의 결합이 불가피함을 이해한 최초의 인물을 폄훼하지 않더라도 우리의 해방적 유토피아는 그가 제안한 것과 근본적으로 다르다. 우리는 그것을 이룰 수 있는 능력과 함께 우리가 말하는 바를 이해할 수 있는 능력 또한 지니고 있다. 오늘날 생산은 오직 "민주주의"에 의해서만 구성되고 관리될 수 있는 상호작용적인 관계들로 이루어진 세계이기 때문이다. 민주주의, 즉 강력한 생산자 민주주의, 그것은 오늘날 우리의 연구와 분석에 근본적인 동기를 부여하는 중핵이다.

국가에 대항하는 "공적인 것"의 형성, 자본의 기생에 맞서는 생산자 민주주의에 기초한 연구, (서비스 부문의 발전을 통해 나타난) 생산적 상호작용과 (새롭게 태어난) 정치적 민주주의의 형식이 유기적 연관을 이룰 수 있는 형태의 발견, 그리고 '사회적인 것'the social의 정치적 공동생산을 위한 물질적 직조fabric의 규명, 한 마디로 그곳에 새로운 이론적 과제들이 놓여 있다. 이론적 과제들을 생성하는 투쟁들과 마찬가지로 이 과제들은 긴급하고도 매우 생동적이다.

좀 더 면밀히 들여다보면 우리는 탈근대성의 조건 속에서 이루어지는 사회적 재생산을 연구하는 수많은 이론가들이 이미 유사한 문제들을 제출하고 있다는 사실을 알아차릴 수 있다. 자유주의를 유일한 사유의 방식으로 인정하지 않는 (특히 자본주의의 여왕인 미국의) 모든 사회과학 연구자들은 성장하는 사회적 협동과 민주적 생산 사이의 관계 문제를 명확히 하기 위한 작업을 수행하고 있다.[10]

---

10. [옮긴이] 불어판에서 이 문장은 다음과 같이 표현된다. "모든 [연구자] 공동체들, 즉 자유주의를 유일한 사유의 방식으로 인정하지 않는 사회과학 연구자들, 특히 자본주의

그러나 12월 투쟁은 이러한 주제들을 훌쩍 넘어선다. 왜냐하면 이 투쟁들은 가능성으로서는 물론 필연성으로서도 문제를 제기하기 때문이며, 다중의 민주주의란 하나의 혁명적 사실revolutionary fact임을 증명함으로써 해결책을 선취하기 때문이다. 이렇게 해서 우리는 결코 부차적일 수 없는 새로운 주제를 손에 넣게 된다. 생산의 총체성과 사회적 재생산의 운영을 위해 민주적으로 행정을 재전유함으로써 사회적 협동을 혁명화한다는 것은 무엇을 뜻하는가?

9

1995년 12월 투쟁과 더불어 우리는 정치적 실천의 새로운 단계로 접어들었다.

가장 먼저 제기되는 문제는 명확하다. 그것은 1995년 12월 투쟁의 일시적 중단 이후 투쟁을 재개하는 문제, 따라서 공적 서비스 부문에서, 그러나 무엇보다 먼저 사적 부문에서 어떻게 사회적 노동자의 전선을 확대·강화할 것인가와 관련된 문제이다. 우리는 또한 교육/훈련 (학교, 대학 등) 부문과 통신 부문의 사회적 주체들이 혁명적 운동의

군주의 나라 미국의 사회과학 연구자들은 성장하는 사회적 협동과 민주적 생산 간의 관계를 명확히 하기 위한 노력을 기울이고 있다." "Tous les 'communautaires', c'est à dire les chercheurs en sciences sociales qui n'ont pas accepté le libéralisme comme pensée unique, surtout dans le pays prince du capitalisme, les USA, travaillent à tirer au clair le problÈme du rapport entre coopération sociale croissante et production de démocratie."

건설에 대한 새로운 전망에 기여한 바, 그리고 그들이 노동자로서의 시민과 함께 이 투쟁을 공동 생산하는 데 기여한 바를 가능한 한 가장 대담하고도 효과적인 용어로 표현할 수 있는 방식을 찾아내야만 한다.

그러나 여기서 두 번째 근본적인 문제가 떠오른다. 즉, 12월 투쟁에서 표현된 용어들을 사용해 "공적인 것"에 대한 새로운 개념과 긴밀하게 결부될 투쟁 형태와 조직 형태를 정의하는 문제이다. 이는 부문의 요구들과 삶-정치적 임금, 공적 부문의 확대, 행정의 재전유라는 전체의 요구들 사이에서 점점 더 많은 관계들과 연결 고리들을 창출할 수 있는 조직 형태를 의미한다.

분명한 것은 노동자들이 투쟁 속에서 발휘한 능력(지역 차원에서의 재조직화를 통해 프랑스 노동조합운동의 전통적인 직종별 분할을 깨뜨리는 능력)이 투쟁 목표의 통합적인 재구성과 투쟁의 일반적 수행 형태에 관한 패러다임으로 채택될 수 있었다는 사실이다. 실제로en effet 이 조직 형태들은 새로운 기층과 대중에 기초를 둔 (즉, 더 이상 단순히 [노동]조합적인 것에 머무르지 않는) 정치적 심급들을 예시한다. 그것들은 역설적으로 노동운동의 조직적인 기원과 새롭게 연결됨으로써 포스트포드주의적인 생산 조직의 중심적 요소, 즉 생산의 사회적 확산을 보여 준다. 이러한 지방적 수준, 지역적 수준, 직종 간 수준, 통합적 수준의 조직화는 실제로 임금 문제에 관한, 그리고 사회적 재생산 조건을 둘러싼 투쟁에 관한 노동자들의 이해를 옹호하기 위한 일반화의 견고한 토대를 제공하는 듯하다. 또한 바로 이러한 출발점에서 (그리고 오직 이 지점에서) 진정한 급진적 민주주의를 지향하는 투쟁의 전망을 열어 놓을 행정과 서비스의 "공적" 재전유 기획이 시작될 수 있다.

[영역 : 에드 에머리]

"자율주의적" 맑스주의 전통의 일원으로 활동하면서 파리의 『전미래』를 중심으로 결집한 일단의 이론가 그룹은 오늘날의 혁명적 실천을 이론화하기 위한 범주들을 고안했다. 이러한 이론화 작업은 『포세』*Posse*를 통해 계속되어 왔다. 이 장에 수록된 네그리의 글을 통해 전면에 부각된 이러한 이론화의 중심 개념들은 "비물질노동", "대중지성"mass intellectuality, "새로운 헌법" 등이다. 그 출발점은 맑스의 1857~58년 『정치경제학 비판 요강』 초고에 담긴 한 구절이다. 이 구절에는 다음과 같이 쓰여 있다.

자연은 기계, 기관차, 철도, 전신기, 자동 뮬 방적기 등을 제작하지 않는다. 이것들은 인간의 조직화된 노동의 산물이다. 즉, 자연을 지배하거나 자연에 관여하는 인간 의지의 기관器官으로 변형된 자연적 재료이다. 이것들은 인간의 손으로 창출된 인간 두뇌의 기관, 대상화된 지력知力이다. 고정자본의 발전은 일반적인 사회적 지식이 어느 정도까지 직접적인 생산력이 되었는가를, 따라서 사회적 생활과정 자체의 조건들이 어느 정도까지 일반지성의 통제 아래 놓이고 이 지성에 따라 변형되었는가를 보여 준다. 즉, 사회적 생산력이 어느 정도까지 지식의 형태로는 물론 사회적 실천의 직접적인 기관들로, 현실적인 생

활 과정의 직접적인 기관들로 나타나게 되었는가를 가리킨다.[1]

신기술을 둘러싼 논쟁들에 비추어 볼 때, 그리고 신기술 논의와 흔히 결부되는 기술결정론에 대한 강력한 반론으로서도 위에 언급된 구절의 타당성은 의심할 여지가 없다. 그러나 네그리와 그의 동료들은 이 구절을 한층 더 깊이 파고든다. 이들은 기술결정론에 반대할 뿐만 아니라 현 시대 속에서, 현 시대에 대항해서 그 자신의 역능을 강화시키고 있는 새로운 혁명적 주체성의 구성을 식별하고자 한다. 이러한 견해에 대한 가장 포괄적인 논의는 마이클 하트와 안또니오 네그리의 『제국』[2]에서 찾아볼 수 있다.

---

1. Marx, *Grundrisse*, Dietz Verlag, Berlin, 1974, p. 594; Pelican Books, 1973, p. 706. [칼 맑스, 『정치경제학 비판 요강』 I, II, III, 김호균 옮김, 백의, 2000].
2. Hardt, M. and A. Negri, *Empire*, Harvard University Press, 2000 [안토니오 네그리·마이클 하트, 『제국』, 윤수종 옮김, 이학사, 2001].

제헌공화국

안또니오 네그리

1. "각 세대에게 자신들의 헌법을"

꽁도르세는 각 세대가 자신들의 정치적 헌법을 제정할 수 있기를
희망하면서 두 가지를 염두에 두었다. 한편으로 그는 〈펜실베니아 헌
법〉의 규정을 환기시키고 있다(〈펜실베니아 헌법〉은 일반 법률과 동
등한 지위를 보유하며, 헌법 규정과 새로운 법률의 창출에 적용되는
단일한 절차를 규정하고 있다). 다른 한편으로 그는 1793년 〈프랑스
혁명 헌법〉을 선취하고 있다. "인민은 언제나 자신의 헌법을 재검토하
고 수정하며 변경할 권리를 갖는다. 한 세대는 미래 세대들을 자신의
법률로 구속할 수 없다."(28조)

꽁도르세는 혁명, 과학, 자본주의가 빚어낸 현대 국가와 사회 발
전의 문턱에서 생산적 활력에 대한 기존의 모든 제한과 현재의 긴급

한 필요를 초과하는 자유에 가해지는 어떠한 구속도 필연적으로 전제적인 결과에 이르게 된다는 사실을 깨달았다. 즉, 꽁도르세는 일단 제헌적 국면이 지나고 나면 헌법의 고정적 속성은 자유의 발전과 경제적 발전에 기초하는 사회 안에서 반동적 사실﹡﹡이 된다[3]는 점을 이해했다. 따라서 관행, 옛 것들, 고전적인 질서관은 헌법에 정당성을 부여할 수 없다. 반대로 오직 부단히 새로워지는 삶만이 헌법을 제정할 수 있다. 즉, 그러한 삶만이 끊임없이 헌법을 시험에 부치고, 평가하며, 헌법의 적절한 변경을 이끌 수 있다. 이러한 관점에서 볼 때 "각 세대는 자신의 헌법을 보유해야 한다"는 꽁도르세의 권고는 마끼아벨리의 그것과 연결된다. 마끼아벨리는 각 세대가 (권력의 부패와 행정의 "타성"을 피하기 위해) 과거로부터 물려받은 것이 아니라 새롭게 뿌리내린 "국가의 원리들로 복귀할 것"을 제안했다. 여기서 "복귀"는 건설, 원리들의 총체를 뜻한다.

우리 세대는 새로운 헌법을 제정해야 하는가? 과거의 헌법 제정자들이 헌정 혁신의 긴급성에 대한 근거로 제시한 것들을 되살펴보면, 그 근거들은 오늘날 우리 자신이 처한 상황에서도 고스란히 발견된다. 정치적·행정적 삶의 부패가 이처럼 극심했던 적은 거의 없다. 대의제의 위기가 이토록 심각했던 때도 드물다. 민주주의에 대한 환멸이 이만큼 근본적이었던 적도 좀처럼 찾기 어렵다. "정치의 위기"란 사

---

3. [옮긴이] 불어판에는 이 부분이 "prend une allure réactionnaire"(반동적 양상을 띤다)로 표현되어 있다. 영어판의 "become a reactionary fact"는 이탈리아어판의 "diviene un fatto reazionario"를 직역한 것이다. 여기서는 후자의 표현이 맥락에 흐르는 반동화와 실정화(實定化)의 이중적 의미를 좀 더 명료하게 드러낼 수 있다고 판단해 "반동적 사실이 된다"로 옮긴다.

실상 민주국가가 더 이상 제 구실을 하지 않음을, 실제로 민주국가의 모든 원리들과 기구들이 돌이킬 수 없을 만큼 부패했음을 의미한다. 즉, 권력분립, 자유보장의 원칙, 단일하고 독립적인 권력들, 대의의 규칙, 일원적인 권력 동학, 합법성·효율성·행정의 정당성 기능이 결정적으로 훼손되었다는 것이다. "역사의 종말"이 운위되어 왔지만 만일 그와 같은 것이 존재한다면 우리는 틀림없이 자유주의와 성숙한 자본주의 국가가 우리를 속박해 왔던 헌정적 변증법의 파멸에서 그것을 확인할 수 있을 것이다. 정확히 말하면 1930년대를 기점으로 서구 자본주의 국가들에서는 "포드주의 헌법" 또는 노동자 복지국가 헌법으로 불리는 헌정체제가 발전하기 시작했다. 그러나 오늘날 이 모델은 위기에 처해 있다. 애초에 이러한 헌법적 원리를 중심으로 협약을 체결했던 주체들에게서 나타난 변화에 주의를 기울일 경우 위기의 원인은 명확히 드러난다. 이 주체들은 국민적 부르주아를 한편으로 하고, 노동조합과 사회주의·공산주의 정당들 내로 조직된 산업노동계급을 다른 한편으로 했다. 따라서 자유민주주의 체제는 산업 발전과 이 계급들 간의 지구적 소득 배분이라는 요구에 부응했다. 헌정체제들은 형식 면에서 다소 다를 수도 있었지만 "물질적 구성[헌정]" ─ 권력과 대항권력, 노동, 소득, 권리와 자유의 분배를 포괄하는 기본 협약 ─ 이라는 면에서는 사실상 동일했다. 국민적 부르주아들은 파시즘을 포기하고 국민적 소득 배분 시스템의 틀 안에서 자신들의 착취 권력을 보장했다. 이 소득 배분 시스템은 지속적인 성장에 기대어 국민적 노동계급을 대상으로 하는 복지 시스템의 구축을 가능하게 만들었다. 노동계급은 그 대가로 혁명을 포기했다.

1960년대의 위기가 1968년의 상징적인 대사건들로 귀결되면서 포드주의 헌정체제에 기초한 국가는 곧 위기로 빠져든다. 애초의 헌정 합의 주체들은 실질적인 변화를 겪는다. 한편에서는 다양한 부르주아들이 국제화된다. 이들은 자본의 금융적 변형에 권력 기반을 두며, 스스로 권력의 추상적 대표자가 된다. 다른 한편에서는 산업노동자계급이 (생산양식의 근본적 변형, 즉 산업노동의 자동화와 사회적 노동의 컴퓨터화가 거둔 승리의 결과로서) 그 자신의 문화적·사회적·정치적 정체성을 변형시킨다. (국민적 복지 시스템의 비용 부담을 감내해야 할 이유를 알지 못하는) 다국적 금융 부르주아는 사회화된 지성적 프롤레타리아와 마주친다. 사회화된 지성적 노동자들은 풍부하고도 새로운 욕구들을 보유한다. 따라서 그들은 포드주의적 타협의 절합을 동반하는 연속체의 지속성을 받아들일 수 없다. 1989년 말 기력을 다해 가던 "현실사회주의"가 세계사에 참담한 실패로 기록되면서 — 이미 대부분 유명무실해진 — 사회주의 내 프롤레타리아 독립의 상징들마저 결정적으로 파괴되었다.

포드주의적 타협에 기초했고, 국민적 부르주아와 산업노동계급 사이의 헌법적 협약을 통해 강화되었으며, (개별 국민국가의 무대 위에서 충돌한 두 집단의 상징적 대표자들인) 소련과 미국이라는 초강대국들 사이의 대립으로 중층결정되었던 사법–헌정체계juridico-constitutional system는 이로써 최후를 맞이했다. 이제 포드주의 헌정체제 그리고/또는 복지국가적 구성 내에서 계급 간 내전을 냉각시키는 효과를 발휘했던 국제적인 양대 권력 블록간의 장기전은 사라졌다. 개별 국가들 내에서 헌정체제를 구성하고 그 표현물들과 상징들에 정당성을 부여했던 주체들도 더 이상 존재하지 않는다. 이제 전체적인 시나리오는 근본적인 변화를 겪고 있다.

그렇다면 우리 세대가 건설해야 할 새로운 헌법이란 어떤 것인가?

2. "무기와 돈"

마끼아벨리는 군주가 국가 건설의 수단으로서 "무기와 돈"을 필요로 한다고 말했다. 그렇다면 새로운 헌법을 위해서는 어떠한 무기와 돈이 요구되는가? 마끼아벨리에게서 무기란 곧 인민il popolo, 즉 자치도시의 민주주의 안에서 무장한 인민을 구성하는 생산자로서의 시민을 뜻한다. 문제는 오늘날 새로운 헌법을 창출하는 데 있어서 어떠한 인민에게 의지할 수 있느냐다. 우리에게는 복지국가를 넘어설 새로운 제도적 타협의 길을 터놓을 세대가 있는가? 그리고 어떠한 조건에서 이 세대로 하여금 그러한 목표를 위해 스스로를 조직하고 "무장"하도록 만들 수 있을 것인가? 또한 '돈'이라는 측면은 어떠한가? 다국적 금융 부르주아는 포드주의적 타협을 넘어설 새로운 헌정적·생산적 타협을 기꺼이 고려할 것인가? 만약 그렇다면 이번에는 어떠한 조건 위에서 그렇게 할 것인가? "인민"이라는 개념은 포스트포드주의 사회체계 내에서 재정의될 수 있으며, 재정의되어야 한다. "인민"이라는 개념뿐만 아니라 자신의 노동으로 부를 생산함으로써 총체로서의 사회를 재생산할 수 있도록 만드는 시민의 일부인 "무장한 인민"이라는 개념 또한 마찬가지다. 무장한 인민은 사회적 노동에 대한 자신의 헤게모니를 헌법 규정 속에 명기하도록 요구할 수 있다.

　포스트포드주의적인 프롤레타리아를 정의하는 정치적 과제는 이제 상당한 진전을 보았다. 포스트포드주의적인 프롤레타리아는 끊임없이 확대되고 있는 지성적 프롤레타리아를 중심으로 운영되는 자동화, 컴퓨터화한 생산과정 속에서 재구조화된 노동계급의 상당 부분을 포함한다. 이러한 지성적 프롤레타리아는 컴퓨터 관련 노동, 소통적 노동, 넓은 의미의 교육/형성 노동에 점점 더 직접적으로 참여하고 있다. 과학기술적 활동과 격심한 상품생산 노동 사이의 지속적인 상호작용, 이러한 상호작용을 조직화하는 네트워크들의 독창력entrepreneuriality, 갈수록 긴밀해져 가는 노동시간과 삶-시간의 결합 및 재구성은 포스트포드주의적 프롤레타리아, 즉 "사회적" 노동자로서의 인민popolo을 가로지르고 구성한다. 간단한 소개만으로도 우리는 포스트포드주의적인 프롤레타리아를 새롭게 정의하는 데 적합한 몇 가지 요소들을 손에 넣을 수 있다. 그로 인해 포스트포드주의적 프롤레타리아가 구성되고 있는 모든 부문에서 이 계급이 본질적으로 대중지성이라는 사실이 분명하게 드러난다. 결정적인 의의를 지닌 또 하나의 요소를 덧붙일 수 있다. 즉, 생산적 노동이 과학에 포섭되고 생산이 점점 더 추상화, 사회화되는 가운데 포스트포드주의적인 노동 형태가 점점 더 협동화, 자립화, 자율화되고 있다는 것이다. 자율과 협동의 결합은 이제 포스트포드주의적인 프롤레타리아가 생산적 노동의 운영권potenza imprenditoriale을 완전히 손에 넣었다는 것을 의미한다. 바로 이 생산성의 발전이 지성적이고 협동적인 토대이자 경제적 독창력으로서의 거대한 프롤레타리아의 독립성을 구성한다. 문제는 생산성의 발전이 그러한 프롤레타리아의 독립성을 정치적 독창력, 정치적 자율성으로도 구성하느냐이다.

이처럼 역사적으로 새로운 사태 속에서 "돈"의 의미가 정확히 무엇인지를 자문한다면 우리는 다만 대답을 시도할 수 있을 뿐이다. 즉, 문제는 다음과 같다. 오늘날 계급으로서의 부르주아에게서, 또한 산업 부르주아가 보유한 생산적 기능에서 무슨 일이 일어났는가? 만일 포스트포드주의적 프롤레타리아의 새로운 정의에 관한 우리의 주장이 옳다면 국제 부르주아는 이제 생산적 기능을 상실한 채 점점 더―자본의 로마 교회로 불릴 만한―기생적인 존재가 되어가고 있다는 결론이 뒤따른다. 이제 국제 부르주아는 오직 "금융적 명령"를 통해서만, 즉 생산의 요구로부터 전적으로 자유로워진 명령을 통해서만 스스로를 표현한다. 여기서 "화폐"는 포스트 고전학파적이고 포스트 맑시언적인 의미를 획득한다. "화폐"는 낯설고 적대적인 세계로, 일반적인 만병통치약으로 나타난다. "화폐"는 노동, 지성의 대립물이며 생명과 욕구의 내재성에도 대립한다. "화폐"는 더 이상 노동과 상품간의 매개로 기능하지 않는다. 그것은 더 이상 권력과 부의 관계를 수적으로 합리화하지 않으며, 국부를 양적으로 표현하지도 않는다. 지성적 생산 능력까지 체현한 프롤레타리아의 기업가적 자율성 앞에서 "화폐"는 전제적이고, 외적이며, 공허하고, 변덕스러운데다 무자비한 인공 현실로 변한다.

새로운 파시즘은 바로 여기에서 나타난다. 이 탈근대적 파시즘은 무솔리니적인 동맹관계, 나치즘류의 이데올로기 증후군, 페탱주의[4]식

---

4. [옮긴이] 페탱주의(petainism)는 2차 세계대전 과정에서 프랑스 남부 지역에 일시적으로 수립된 반(半)주권국가의 수반 페탱(Henri Philippe Benoni Omer Joseph Pétain,

의 비열한 오만함과는 아무런 관련이 없다. 탈근대적 파시즘은 포스트포드주의적인 노동의 협동성이라는 현실에 대한 적응을 추구하면서 동시에 그 자신의 일부 본질을 전도된 형태로 표현하려고 시도한다. 구舊파시즘은 사회주의적인 대중조직 형태를 모방하고 집단성을 지향하는 프롤레타리아의 욕구를 민족주의(민족적 사회주의 또는 포드주의 헌정체제)로 변형시키려고 시도했다. 탈근대적 파시즘은 이와 마찬가지로 포스트포드주의적인 대중에게서 코뮤니즘적인 욕구들을 발견한 다음 이러한 요구들을 서서히 차이에 대한 광신적 숭배, 개인주의의 추구, 정체성 탐색으로 변형시키려고 시도했다. 모든 시도들은 횡포하고 전제적인 위계구조를 창출하려는 프로젝트 하에서 이루어졌다. 이 프로젝트는 차이, 특이성, 정체성, 개별성들 사이에서 끈질기고도 냉혹하게 대립을 조장하는 것을 목표로 했다. 코뮤니즘은 특이성에 대한 존중이자 특이성들의 종합이며, 평화를 사랑하는 모

1856~1951)의 이름에서 따온 용어이다. 독일과의 정전협정이 체결된 지 한 달 후인 1940년 7월 프랑스 중부 도시 비시(Vichy)에서 제3공화국의 마지막 의회가 소집되었다. 이 회기 중에 신헌법이 통과됨에 따라 '자유, 평등, 우애'의 공화정 이념은 '노동, 가족, 조국'이라는 새로운 국가 이념으로 대체되었다. 국가수반으로 선출된 페탱에게는 행정권과 입법권을 포괄하는 '전권'이 부여되었으며, 의회 기능은 무기한 정지되었다. 페탱은 파시즘의 신봉자는 아니었지만 민주주의적 과정 일반에 대한 생리적 거부감을 지닌 인물이었다. 따라서 그는 나치 독일의 총통체제를 모방해서 효율적인 독재체제를 구축하려고 시도했다. 그 결과 언론·집회·결사의 자유와 노동3권은 무력화되었고, 영장 없는 인신 구속이 빈발하는 등 기본적 권리들도 크게 약화되었다. 페탱주의의 특징은 전형적인 국가주의와 지도자에 대한 존경, 국민의 의무와 노동 의무를 핵심으로 하는 도덕주의, 외국 모델에 대한 열등감과 추종주의, 외국인 혐오 등으로 요약된다. 따라서 페탱주의 체제는 일종의 유사 파시즘 혹은 강력한 권위주의 모델로 볼 수 있다. 드골(Charles De Gaulle, 1890~1970년)이 선정적인 나치 부역자 처단 소동 이후 제5공화국 헌법을 제정하는 과정에서 비시 정부의 모델을 적극적으로 참조했다는 것은 익히 알려진 사실이다.

든 사람들이 열망하는 것도 바로 그러한 코뮤니즘이다. 반면에 국제 자본의 금융적 명령을 표현하는 새로운 파시즘은 만인에 대한 만인의 투쟁, 광적인 신앙과 종교전쟁, 민족주의와 국가 간 전쟁, 조합주의적 이기심, 경제 전쟁을 야기한다.

이제 "인민의 무기"라는 문제로 되돌아가자. 우리는 묻는다. 새로운 세대가 건설해야 할 헌법이란 어떠한 것인가? 즉, 계급투쟁의 장이 될 다음 번 생산주기를 조직하기 위해 새로운 탈근대적 프롤레타리아와 새로운 다국적 지배계급이 물질적 측면에서 확립해야 할 세력관계(세력균형), 타협이란 어떠해야 하는가? 하지만 지금까지 우리가 주장한 것들이 모두 옳다면 이러한 자문은 여전히 의미를 지닐 수 있는가? 화폐가 생산과 대립하는 상황, 최고조에 이른 프롤레타리아의 협동성이 극단화된 국제자본의 외적, 기생적 지배와 대립하는 오늘날의 상황에서 어떠한 헌정적 타협이 가능할까?

생산의 변증법이 생산관계의 관리에서 더 이상 노동과 자본의 혼합을 이루어 낼 수 없다는 점을 고려할 경우 어떻게 해야 권리와 의무가 호혜적으로 조정될지를 자문하는 것은 아직도 타당한가?

아마도 우리 모두는 이러한 질문이 부조리하다는 의견에 동의할 것이다. "무기"와 "돈"이 국가 건설을 위해 손을 잡는 것은 더 이상 가능하지 않다. 아마도 복지국가는 명령하는 자와 복종하는 자 사이의 이 협약의 역사(마끼아벨리에 따르면, 로마의 호민관이 공화정 속에 정착시킨 "권력 이원론"과 더불어 출현한 역사) 가운데 최종적인 에피소드일 것이다.

오늘날 정치학과 헌정학설 분야에서는 모든 것이 변화를 겪고 있다. 한때의 "피지배자들"이 왕들과 지배자들보다 더 지적이고 "무장되어" 있다면 그들이 무엇 때문에 저들과의 화해를 추구해야 한단 말인가?

3. 국가형태 : "제헌권력"이 아닌 것

"국가형태"에 관한 이론은 플라톤으로부터 아리스토텔레스까지, 그리고 약간의 변형이 가해져 현대에 이르기까지 불가피하게 변증법적인 이론으로 전수되어 왔다. 군주정과 참주정, 귀족정과 과두정, 민주정과 무정부상태는 그 대립적 형태로의 교체를 통해 권력주기를 전개시키는 [각각의] 대안들이다. 폴리비우스는 자신의 이론을 발전시켜 나가던 어느 시점에선가 의심할 나위 없는 분별력을 발휘해 이 형태들을 대체적^{代替的}인 것이 아니라 상보적인 것으로 간주하자고 제안했다(그는 여러 국가형태들이 서로 대립적이지 않을 뿐만 아니라 더 나아가 조화롭게 작동할 수 있는, 즉 정부의 기능들이 될 수 있는 사례들의 존재를 보여 주기 위해 로마제국의 정체를 가리킨 것이다). 이 때문에 인민민주주의적인 스탈린주의 헌법 이론가들과 마찬가지로 미국 헌법 이론가들도 폴리비우스의 추종자임을 흔쾌히 인정했던 것이다. 법치국가의 모든 변절자들이 기꺼이 빠져드는 고전적이고도 현대적인 입헌주의란 폴리비우스주의에 다름 아니다. 군주정, 귀족정, 민주정이 한데 모여 최상의 공화정을 형성한다!

이 국가형태 변증법의 의심스러운 과학적 가치가 메네니우스 아그리파[5]의 낯익은 고전적 변호론에 비해 별반 나을 것이 없다는 점은 논외로 하더라도, 유기적이고 부동적이며 동물적인 권력 개념을 함축하는 한 (다양한 사회계급들에게 동물적인 기능성을 구축하는 데 협력할 것을 요구하는 한) 국가형태 변증법의 입장은 다른 어느 것 못지않게 반동적이다. 그렇다면 우리는 국가형태 변증법을 아무런 가치도 없는 것으로 치부해야 하는가? 아마도 그래야 할 것이다. 그렇더라도 이 이론들의 본색을 알아보는 것은 일정한 의의를 지닌다. 이 이론들이 오랜 세월에 걸쳐 살아남은 방식, 역사에 미친 효과, 일상에서 발휘하는 관성 효과는 신비화된 권력을 상기시키는 데 유용하기 때문이다.

비록 국가형태 이론을 전도시켰다고 하더라도 혁명적 맑스주의 이데올로기 역시 이 이론의 타당성을 확언하는 데 그친다. 레닌에게는 실례겠지만, "국가의 폐지"는 부르주아 이론 속에 존재하는 바 그대로의 국가 개념을 당연한 것으로 받아들이면서도 저 실체와 극한적으로 대립하는 실천으로 자처한다. 내가 말하고자 하는 바는 이 개

---

5. [옮긴이] 메네니우스 아그리파(Menenius Agrippa Lanatus): 고대 로마의 귀족 출신 변론가. 생몰 연도가 알려지지 않았을 뿐만 아니라 실존했던 인물인지에 대해서도 의견이 분분하다. 그와 관련하여 전해지는 일화는 다음과 같다. 공화정 초기인 기원전 494년 무렵 로마 시민의 한축을 이루던 평민들은 귀족들의 법률적 특권을 제한하고 평민들의 경제적 몰락을 막기 위한 개혁 요구가 거부되자 로마 외곽의 아벤티누스 언덕으로 철수해 산상농성에 들어간다. 중무장 보병대의 주축을 이루던 평민들의 사보타주를 틈타 외적이 침입할 것을 우려한 원로원은 아그리파를 협상대표로 파견한다. 이때 그는 신체와 관련된 교묘한 변호론을 활용해 평민들의 분노를 누그러뜨리고 로마로 복귀시킨다. 즉, 팔과 다리(평민)가 자신들의 고단한 노동에 기생하는 위(胃)를 굴복시키려고 태업에 나섰지만 그럴수록 자신들도 점점 더 허약해진다는 것을 깨닫고 결국 위(귀족)의 고유한 역할인 소화와 에너지원 재분배 기능을 인정하게 되었다는 것이다.

념들 ― "국가의 폐지"와 마찬가지로 "이행", "인민민주주의"와 마찬가지로 "평화적 길", "문화혁명"과 마찬가지로 "프롤레타리아 독재" ― 전부가 절충적 개념들이라는 것이다. 이 개념들 속에는 국가, 국가주권, 국가지배라는 발상들이 스며들어 있기 때문이다. 즉, 이 개념들이 권력 획득과 사회적 변형을 추구하는 필수적인 수단이자 불가피한 과정임을 자처한다는 것이다. 국가형태 이론이라는 신비화된 변증법은 국가의 폐지라는 부정변증법으로 전환된다. 그러나 국가권력의 확인이라는 절대적이고 반동적인 방식 속에서 그 이론적 핵심은 살아남는다. 맑스의 말대로 "늘 똑같은 헛소리"인 셈이다.

　이제 이 부조리한 입장들의 결정체에서 벗어날 때가 되었다. 이 입장들은 오로지 그 극단성에 의해서만 진리로서의 가치를 되찾을 수 있다. 지금은 이론적이고 실천적인 관점에서 모호하고도 가공할 만한 국가의 본질 속으로 흡수되는 것을 막을 수 있는 입장은 없는지를 자문해야 할 때이다. 즉, 국가의 헌정체제를 기계적으로 구축하려는 자들의 관점과 단절하면서 계보학의 실, 제헌적 실천의 역능을 보전할 수 있는 확장적이고도 강력한 관점은 없는가? 그러한 관점은 존재한다. 그것은 일상적인 전복, 연속적인 저항, 제헌권력의 관점이다. 그것은 단절, 거부, 상상, 정치학의 토대를 이루는 모든 것이다. 그것은 오늘날 "무기"와 "돈", "무장한 인민"과 다국적 부르주아, 생산과 금융 간의 매개가 불가능함을 인식하는 것이다. 우리는 마끼아벨리즘을 뒤로 하지만 마끼아벨리가 우리 편이었음을 의심치 않는다. 우리는 점차 더 이상 지배의 용어로 정치를 사유하도록 강요받지 않는 국면에 도달하고 있다. 즉, 여기서 문제가 되는 것은 바로 저 변증법이라는 형태, 다양한 형식을 취하는 지배의 내용으로서의 매개 형태이다. 우리가 보기에 이 형태는 결정적인 위기에 처해 있다. 우리는 "국가형태 이론"의 너머에서 정치적으로 사유하는 방식을 발견해야만 한다. 마끼아벨리의 용어로 문제를 제기하자면 우리는 다음과 같이 질문해야 한다. 인민의 무기에 근거하면서 군주의 돈에 의존하지 않는 공화국의 건설을 상상하기란 가능한가? 오로지 인민의 "역량"에 국가의 미래를 의탁하되 "운명"에 내맡기지 않는 것은 가능한가?

4. 대중지성의 소비에트를 건설하자

우리는 이제 비물질 노동의 헤게모니적 경향이 지배하는 사회, 생산력의 조직화와 다국적 자본이 내리는 명령 간의 새로운 관계가 빚어낸 적대를 특징으로 하는 시대로 들어섰다. 대중지성의 관점에서 볼 때 이 시대의 헌정 문제는 대중지성의 소비에트 건설이 어떻게 가능한가를 확증하는 문제의 형태로 나타난다.

문제를 명확히 하기 위해 우선 지금까지 우리가 가정해 온 조건 몇 가지를 떠올려 보자.

첫 번째 조건은 비물질 노동의 경향적 헤게모니로부터, 요컨대 프롤레타리아가 과학기술적 지식을 점점 더 완전하게 재전유하고 있다는 사실에서 비롯된다. 따라서 과학기술적 지식은 더 이상 신비화된 명령으로 기능할 수 없으며, 대중지성의 신체로부터 분리될 수도 없다.

두 번째 조건은 앞에서 언급한 대로 노동하는 삶과 사회적 삶, 사회적 삶과 개인적 삶, 생산의 형태와 삶-형태[life-form] 사이를 가르는 모든 구분들이 사라졌다는 것이다. 이 경우 정치적인 것과 경제적인 것은 동전의 양면이 된다. 노동조합과 당, 전위와 대중 등 낡고 가증스런 일체의 관료적 구분들이 결정적으로 사라지는 듯하다. 정치, 과학 그리고 삶이 하나가 되어 작동한다. 이러한 틀 안에서 실재[il reale]는 주체성을 생산한다.

따라서 세 번째로 검토되어야 할 문제는 앞서 말한 것에서 비롯된다. 즉 이 문제 영역에서 현존하는 권력에 대한 대안은 역능의 표현을 통해 긍정적으로 건설된다. 국가의 파괴는 오직 생산의 사회적 골간이자 사회적·생산적 협업을 이해할 수단인 행정의 재전유라는 발상을 통해서만 가능하다. 행정은 지배에 의해 합체되고 지배를 위해 쓰이는 부[富]이다. 우리에게서 행정의 재전유는 근본적이다. 행정의 재전유는 사회적 노동의 운영과 축적된 비물질 노동의 보다 풍부한 재생산을 위해 연대와 협동의 관점에 따라 적절히 배치된 개인적 노동의 수행을 통해 이루질 수 있다.

그러므로 바로 여기서 대중지성의 소비에트들이 탄생한다. 대중지성 소비에트의 객관적 출현조건이 어떻게 해서 적대적 계급관계의 역사적 조건과 완전히 일치하는지를 눈여겨보는 것은 흥미롭다. 앞서 말한 바와 같이 후자의 영역에는 더 이상 어떠한 헌정적 타협의 여지도 없다. 따라서 대중지성의 소비에트들은 역능, 협동, 생산성을 직접적으로 표현한다는 사실에 의해 규정될 것이다. 대중지성의 소비에트들은 새로운 사회적 노동조직에 합리성을 부여할 것이며, 그러한 합리성을 척도로 보편적인 것을 재규정해 나갈 것이다. 대중지성 소비에트들의 역능은 헌정 없이 표현될 것이다.

따라서 제헌공화국은 새로운 헌정 형태가 아니다. 제헌공화국은 플라톤적이지도 아리스토텔레스적이지도 폴리비우스적이지도 않다. 아마도 그것은 더 이상 마끼아벨리적이지도 않을 것이다. 그것은 국가에 앞서서 오는, 그리고 국가의 밖에서 오는 공화국이다. 제헌공화국의 헌법적 패러독스는 제헌 과정이 결코 완결되지 않고, 끊임없이 혁명이 계속되며, 헌법과 일반법이 하나의 근원을 지니면서 단일한 민주적 절차에 따라 통일적으로 발전한다는 사실에 있다.

마침내 우리는 모든 것의 출발점이자 지향점인 중대 문제, 즉 분리와 불평등, 그리고 분리와 불평등을 재생산하는 권력의 파괴라는 과제에 도달했다. 이제 대중지성의 소비에트들은, 국가의 외부에서, 일상적인 민주주의에 의해 능동적인 시민들의 소통 및 상호작용이 조직될 수 있고 더욱더 자유롭고 복합적인 주체성 또한 생산될 수 있는 메커니즘을 건설함으로써 스스로에게 이 같은 과제를 부여할 수 있다.

이 모든 주장들은 시작에 지나지 않는다. 너무 막연하고 추상적으로 들리는가? 물론 그럴 것이다. 그러나 중요한 것은 우리가 다시 한번 코뮤니즘, 즉 역사 속에 등장했던 끔찍한 환원들을 모든 차원에서 넘어서는 프로그램에 대해 논하기 시작했다는 사실이다. 단지 시작일 뿐이라는 사실은 이 주장들의 현실성을 조금도 약화시키지 않는다. 자본주의의 발전에 대항하는 투쟁들 속에서 구성적 역능의 표현을 통해 형성된 대중지성과 새로운 프롤레타리아가 진정한 역사적 주체로 떠오르기 시작하고 있다.

새로운 것, 새로운 사건, "신천사"Angelus novus가 모습을 드러내는 순간은 불시에 찾아올 것이다. 그러므로 우리 세대는 새로운 헌법을 건설할 수 있다. 단, 그것이 헌정은 아닐 것이다.

어쩌면 이 새로운 사건은 이미 일어났을지도 모른다.

[영역 : 에드 에머리]

:: 참고문헌

1장 태초에 절규가 있었다

Adorno, T. W. (1990). *Negative Dialectics*(Routledge, London) [테오도르 아도르노, 『부정변증법』, 홍승용 옮김, 한길사, 2005].

Gunn, R. (1987). "Marxism and Mediation," *Common Sense*, no 2.

Johnson, L. K. (1975). *Dread Beat and Blood*(Bogle L'Ouverture Publication, London).

Marx, K. (1965). *Capital*, Volume 1, (Progress Publishers, Moscow) [칼 마르크스, 『자본론 I (상, 하)』, 김수행 옮김, 비봉출판사, 2008].

4장 인간의 실천과 전도:자율성과 구조를 넘어

Aglietta, M. (1979), *A Theory of Capitalist Reproduction*, Verso, London.

Backhaus, HG. (1969), "Zur Dialektik der Wertform," in Schmidt, A. (ed.), *Beiträge zur marxistischen Erkenntnistheorie*, Suhrkamp, Frankfurt.

Bonefeld, W. (1993), "Crisis of Theory," *Capital & Class*, no 50.

_____ and R. Gunn (1991), "La constitution et sa signification," *Futur Antérieur*, no 8.

_____ and J. Holloway (eds.) (1991), *Post-Fordism and Social Form*, Macmillan, London.

Clarke, S. (1977/1991), "Marxism, Sociology and Poulantzas's Theory of the State," in Clarke, S. (ed.), *The State Debate*, Macmillan, London.

_____. (1991), "The State Debate," in Clarke, S. (ed.) *The State Debate*, Macmillan, London.

Cleaver, H. (1992), "The Inversion of Class Perspective in Marx's Theory," in Bonefeld, W., Gunn, R. and K. Psychopedis (eds.) *Open Marxism Vol II*, Pluto, London [해리 클리버, 「마르크스주의 이론에 있어서의 계급 관점의 역전」, 『사빠띠스따』, 이원영 · 서창현 옮김, 갈무리, 1998].

Gunn, R. (1989), "Marxism and Philosophy," *Capital & Class*, no 37.

_____. (1992), "Against Historical Materialism," in Bonefeld, W., Gunn, R. and K. Psychopedis (eds.), *Open Marxism Vol. I*, Pluto, London.

Hirsch, J. (1978), "The State Apparatus and Social Reproduction," in Holloway, J. and S. Picciotto (eds.) *State and Capital*, Arnold, London.

Jessop, B. (1985), *Nicos Poulantzas : Marxist Theory and Political Strategy*, Macmillan, London.

_____. (1991), "Polar Bears and Class Struggle," in Bonefeld, W. and J. Holloway (eds.) *Post-Fordism and Social Form*, Macmillan, London.

Marcuse, H. (1937/1988), "Philosophy and Critical Theory," in Marcuse, H. *Negations*, Free Association Press, London.

Marx, K. (1966), *Capital Vol. III*, Lawrence & Wishart, London [칼 마르크스, 『자본론 III(상, 하)』, 김수행 옮김, 비봉출판사, 1993].

_____. (1973), *Grundrisse*, Penguin, Harmondsworth [칼 맑스, 『정치경제학 비판 요강 I, II, III』, 김호균 옮김, 백의, 2000].

_____. (1975), "Contribution to Critique of Hegel's Philosophy of Law. Introduction," *Collected Works*, Vol. 3, Lawrence & Wishart, London [칼 맑스, 「헤겔 법철학의 비판을 위하여」, 『칼 맑스 프리드리히 엥겔스 저작선집 1』, 최호진 외 옮김, 박종철출판사, 1995].

_____. (1983), *Capital Vol. I*, Lawrence & Wishart, London [칼 마르크스, 『자본론 I(상, 하)』, 김수행 옮김, 비봉출판사, 2008].

Moulier, Y. (1989), "Introduction" to Negri 1989.

Negri, A. (1979), "Capitalist Domination and Working Class Sabotage," in *Working Class Autonomy and Cri-*

sis, Red Notes—CSE, London.

_____. (1989), *The Politics of Subversion*, Polity, Cambridge [안토니오 네그리, 『전복의 정치학』, 최창석·김낙근 옮김, 인간사랑, 2012].

_____. (1992), "Interpretation of the Class Situation Today," in Bonefeld, W., Gunn. R. and K. Psychopedis (eds.), *Open Marxism* Vol. II, Pluto, London.

Poulantzas, N. (1973), *Political Power and Social Classes*, New Left Books, London [니코스 풀란차스, 『정치권력과 사회계급』, 홍순권 옮김, 풀빛, 1996].

Tronti, M. (1965/1979), "The Strategy of Refusal," in *Working Class Autonomy and Crisis*, Red Notes—CSE, London.

5장 조절학파의 포드주의 비판

Aglietta, Michel (1974), *Accumulation et régulation du capitalisme en longue période. L'example des Etats-Unis (1870-1970)*, Paris, Insee, 1974; *Régulation et crises du Capitalisme*, Paris, Calmann-Lévy, 1976 (2nd edition); English translation, *A Theory of Capitalist Regulation: The US Experience*, London and New York, New Left Books, 1979 (2nd edition, Verso, London and New York, 1987).

Alquati, Romano (1975), *Sulla Fiat e altri scritti*, Milan, Feltrinelli.

_____. (1989), *Dispense di sociologia industriale*, vol. III, part 1 and 2, Tronti, Il Segnalibro.

Anonimo (1994), "Taylor n'est pas mort," *Alternatives Economiques*, (May), on DARES data, Enquetes spécifiques Acemo, Enquetes sur l'activité et les conditions d'emploi de main-d'oeuvre, TableI.2.1.

Aoki, Masahiko (1984), *The Economic Analysis of the Japanese Firm*, Amsterdam, Elsevier.

Belis-Bourguignan, Marie-Claude and Lung, Yannick (1994), "Le Mythe de la variété originelle. L'internationalisation dans la trajectoire du modéle productif japonais," *Annales*, 49, 2.

Bernstein, Irving (1969), *Turbulent Years: A History of the American Worker 1933-1941*, Boston, Houghton Mifflin.

Bologna, Sergio; Rawick, George P.; Gobbini, Mauro; Negri, Antonio; Ferrari Bravo, Luciano; Gambino, Ferruccio; *Operai e stato: Lotte operai e riforma dello stato capitalistico tra rivoluzione d'Ottobre e New Deal*, Milan, Feltrinelli, 1972.

Bologna, Sergio, "Problematiche del lavoro autonomo in Italia," *Altreragioni*, 1 (1992).

Bonazzi, Giuseppe (1993), "La scoperta del modello giapponese nella sociologia occidentale," *Stato e mercato*, No. 39.

Bonefeld, Werner and Holloway, John (eds.) (1991), *Post-Fordism and Social Form: A Marxist Debate on the Post-Fordist State*, Houndmills and London, MacMillan.

Boyer, Robert (1986), *La théorie de la régulation: une analyse critique*, Paris, La Découverte.

_____. (ed.) (1986), *Capitalismes fin de siécle*, Paris, Presses Universitaires de France.

Brochier, Robert (1970), *Le miracle économique japonais*, Paris, Calmann-Lévy.

Coriat, Benjamin (1991), *Penser · l'envers. Travail et organisation dans l'entreprise japonaise*, Paris, Christan Bourgois, 1991; Italian translation, *Ripensare l'organizzazione del lavoro. Concetti e Prassi del modello giapponese*, Bari, Dedalo, 1991, with introduction and translation by Mirella Giannini.

Davis, Mike (1978), " 'Fordism' in Crisis: A Review of Michel Aglietta's Regulation et Crises: L'Expérience des Etats Unis," *Review*, 2.

Eberts, Ray and Cindelyn (1994), *The Myths of Japanese Quality*, Upper Saddle, N. J., Prentice Hall.

Fox, R. M. (1927), "Fordism: A Critical Examination," *The Nineteenth Century and After*, CI, no. 2.

Gambino, Ferruccio (1972), "Ford britannica. Formazione di una classe operaia," in S. Bologna, L. Ferrari Bravo, F. Gambino, M. Gobbini, A. Negri, G. P. Rawick, *Operai e Stato*, Milan, Feltrinelli.

_____. Ferruccio (1987), "The Significance of Socialism in the Post-War United States," in Hefer, Jean and Rovit, Jeanine, *Why Is There No Socialism in the United States*, Paris, Editions de l'Ecole des Hautes Etudes en Sciences Sociales.

Garfinkel, Harold (ed.) (1986), *Ethnomethodological Studies of Work*, Routledge & Kegan Paul, London e New York.

Gottl-Ottlilienfeld, Friedrich von (1924), *Fordismus? Paraphrasen iiber das Verhältnis von Wirtschaft und technischer Vernunft bei Henry Ford und Frederick W. Taylor*, Jena, Gustav Fischer.

Gramsci, Antonio (1975), "Americanismo e fordismo" (1934) in *Quaderni del carcere*, vol. 3, ed. V. Gerratana, Torino, Einaudi [안토니오 그람시, 「미국주의와 포드주의」, 『그람시의 옥중수고 1』, 이상훈 옮김, 거름, 1999].

Guillian, Robert (1969), *Japon troisiéme grand*, Paris, Seuil.

Halliday, Jon and McCormack, David (1973), *Japanese Imperialism today: Co-Prosperity in Greater East Asia*, Harmondsworth, England, Penguin.

Hardt, John P. & Halliday, George D. (1977), "Technology Transfer and Change in the Soviet Economic System," in Frederic J. Fleron, Jr., *Technology and Communist Culture: The Socio-Cultural Impact of Technology under Socialism*, New York and Londo, Praeger.

Hirsch, Joachim and Roth, Ronald (1986), *Das neue Gesicht des Kapitalismus*, Hamburg, VSA.

_____. (1991), "Fordism and Postfordism: The Present Social Crisis and its Consequences," in Bonefeld, Werner and Holloway, John (eds.) 1991.

Holloway, John (1991a), "The Great Bear: Post-Fordism and Class Struggle. A Comment on Bonefeld and Jessop," in Bonefeld, Werner and Holloway, John (eds.) 1991.

_____. (1991b), "Capital is Class Struggle (and Bears are not Cuddly)," in Bonefeld, Werner and Holloway, John (eds.) 1991.

Hounshell, David A. (1984), *From the American System to Mass Production (1800-1932)*, Baltimora e London, The Johns Hopkins University Press.

Jessop, Bob (1991a), "Regulation Theory, Post-Fordism and the State: More than a Reply to Werner Bonefeld," in Bonefeld, Werner and Holloway, John (eds.) 1991.

_____. (1991b), "Polar Bears and Class Struggle: Much Less than a Self-Criticism," in Bonefeld, Werner and Holloway, John (eds.) 1991.

Johnson, Chalmers (1986), *MITI and Japanese Miracle: The Growth of industrial Policy, 1925-1975*, Tokyo, Tuttle.

Kahn, Herman (1970), *The Emerging Japanese Superstate*, Minneapolis, Minn., Hudson Institute.

Kamata, Satochi (1976), *Toyota, l'usine du désespoir*, Paris, Editions Ouvriéres; English translation, *Japan in the Passing Lane: Insider's Account of Life in a Japanese Auto Factory*, New York, N.Y., Unwin Hyman, 1984.

Kamata, Satochi (1980), *L'envers du miracle*, Paris, Maspero.

Koike, Kauzo (1988), *Understanding Industrial Relations in Modern Japan*, London, MacMillan.

La Fever, M.W (1929), "Instability of Employment in the Automobile Industry," *Monthly Labor Review*, vol. XXVIII.

Lesage, Jean-Loup (1983), *Les grandes société de commerce au Japon*, les Shosha, Paris, PUF.

Lipietz, Alain (1982), "Towards Global Fordism?," *New Left Review*, No. 132.

_____. (1984), "Imperialism as the Beast of the Apocalypse," *Capital and Class*, No. 22.

_____. (1986), "Behind the Crisis: the Exhaustion of a Regime of Accumulation. A 'Regulation School Perspective' on Some French Empirical Works," *Review of Radical Political Economy*, vol. 18, No. 1-2.

_____. (1987), *Mirages and Miracles: The Crisis of Global Fordism*, London, Verso.

_____. (1993), "Fordism and Post-Fordism" in Outhwaite, William and Bottomore, Tom, *The Blackwell Dictionary of Twentieth Century Social Thought*, Oxford, Blackwell.

Man, Hendrik de (1926), *Zur Psychologie des Sozialismus*, Jena, E. Diederichs, 1926; 2nd edition, 1927; English translation, *The Psychology of Socialism*, London, Allen & Unwin, 1928.

Marx, Karl (1964), *Il Capitale*, vol. I, Rome, Editori Riuniti [칼 마르크스,『자본론 I(상, 하)』, 김수행 옮김, 비봉

출판사, 2008].

_____. (1968), *Lineamenti fondamentali della critica dell'economia politica*, vol. I, tr. di Enzo Grillo, Firenze, La Nuova Italia [칼 맑스, 『정치경제학 비판 요강 I』, 김호균 옮김, 백의, 2000].

Meyer, Stephen III (1981), *The Five Dollar Day : Labor Management and Social Control in the Ford Motor Company, 1908-1921*, Albany, N.Y., State University of New York Press.

Mezzadra, Sandro (1994), "La constituzione del lavoro. Hugo Sinzheimer e il progetto weimariano di democrazia economica," *Quaderni di azione sociale*, 2.

Miller, Peter and Rose, Nikolas (1995), "Production, Identity and Democracy," *Theory and Society*, vol. 24, No. 3.

Mills, Charles Wright (1952), "Commentary on Our Culture and Our Country," *Partisan Review*, vol. 19, no. 4.

Morishima, Michio (1982), *Why Has Japan "Succeeded?,"* Cambridge, Cambridge University Press; Italian translation, *Cultura e tecnologia net successo giapponese*, Bologna, Il Mulino 1984.

Nakane, Chie (1970), *Japanese Society*, London, Weidenfeld & Nicholson; Italian translation, *La società giapponese*, Milan, Cortina, 1992.

Noble, David (1979), "Social Choice in machine Design," in Zimbalist, Andrew, *Case Studies on the Labor Process*, New York, Monthly Review Press.

Ohno, Tai'ichi (1978), *Toyota Seisan Hoshiki [The Toyota method of Production System]*, Tokyo, Diamond; English translation, *The Toyota Production System : Beyond Large Scale Production*, Productivity Press, Cambridge, Mass. 1988; French translation, *L'esprit Toyota*, Paris, Masson, 1989; Italian translation, *Lo spirito toyota*, Torino, Einaudi, 1993.

Palloix, Christian (1976), "Le Procés de travail. Du fordisme au néofordisme," *La Pensée*, no. 185.

Peláez, Eloina and Holloway, John (1991), "Learning to Bow : Post-Fordism and Technological Determinism," in Bonefeld, Werner and Holloway, John (eds.) 1991.

Peterson, Joyce Shaw (1987), *American Automobile Workers, 1900-1933*, Albany, N.Y., State University of New York Press.

Piore, J. Michael, and Sable, Charles F. (1983), *The Second Industrial Divide : Possibilities for Prosperity*, New York, N.Y., Basic Books; Italian translation, *Le du vie dello sviluppo industriale. Produzione di massa e produzione flessibile*, Torino, Isedi, 1987.

Revelli, Marco (1995), "Economia e modello sociale nel passaggio tra fordismo e toyotismo," in Ingrao, Pietro and Rossana Rossanda, *Appuntamenti di fine secolo*, Roma, Manifestolibri.

Romer, Samuel (1933), "The Detroit Strike," *The Nation* (vol. 136, no. 3528), 15 February 1933, pp. 167-68.

Sinzheimer, Hugo (1925), *Europa und die Idee der wirtschaftlichen Demokratie, in Europas Volkswirtschaft in Wort und Bild. Beiträge zur Wirtschaftserkennis, hrsg. von der "Frankfurter Zeitung" 1925-26*, pp. xvii-xviii, now in Sinzheimer Hugo, *Arbeitsrecht und Arbeitssoziologie. Gesammelte Aufsätze und Reden*, ed. O. Kahn-Freund and Th. Ramm, Frankfutr-Köln, Europäische Verlaganstalt, 1976 ("Schriftenreihe der Otto Brenner Stiftung," 4), 2 Bde., Bd. 1, pp. 221-225; *L'Europa e l'idea di democrazia economica*, trans. Sandro Mezzadra, *Quaderni di azione sociale*, XXXIX, No. 2 (1994), pp. 71-74.

Souyri Pierre-Francois (1994), "Un nouveau paradigme?," *Annales*, vol. 49, No. 3.

Van Wolferen, Karel, (1989), *The Enigma of Japanese Power*, New York, N.Y., Knopf.

Vogel, Ezra (1979), *Japan as Number One : Lessons for America*, Cambridge, Mass., Harvard University Press.

6장 노동의 종말인가, 노예제의 부활인가? 리프킨과 네그리 비판

Aronowitz, Stanley 1973, *False Promises : The Shaping of American Working Class Consciousness*, New York : McGraw-Hill.

_____ and Di Fazio, William 1994. *The Jobless Future : Sci-Tech and the Dogma of Work*. Minneapolis : University of Minnesota Press.

Caffentzis, George 1987. "A Review of Negri's Marx beyond Marx." in *New German Critique*, Spring-Summer.

_____. 1990. "On Africa and Self-Reproducing Automata." in *Midnight Notes* 1990.

_____. 1992. "The Work/Energy Crisis and the Apocalypse." in *Midnight Notes* 1992.

_____. 1995. "On the Fundamental Implications of the Debt Crisis for Social Reproduction in Africa." in Dalla Costa and Dalla 1995.

_____. 1997. "Why Machines Cannot Create Value or, Marx' Theory of Machines." in Davis, Hirschl, and Stack 1997.

_____. 1998. "On the Notion of a Crisis of Social Reproduction : A Theoretical Review." in Dalla Costa and Dalla Costa 1998.

Dalla Costa, Maria Rosa and Dalla Costa, Giovanna 1998. *Paying the Price : Women and The Politics of International Economic Strategy*. London : Zed Books.

_____. Giovanna 1998. *Women, Development and the Labor of Reproduction : Issues of Struggles and Movements*. Lawrenceville, NJ : Africa World Press.

Davis, Jim, Hirschl, Thomas and Stack, Michael 1997. *Cutting Edge : Technology, Information, Capitalism and Social Revolution*. London : Verso.

Federici, Silvia (ed.) 1995. *Enduring Western Civilization : The Construction of the Concept of Western Civilization and Its "Others."* Westport, CT : Praeger.

_____. 1998. "Reproduction and Feminist Struggle in the New International Division of Labor." in Dalla Costa and Dalla Costa 1998.

Linebaugh, Peter and Ramirez, Bruno 1992. "Crisis in the Auto Sector." in *Midnight Notes* 1992. Originally published in *Zerowork* I in 1975.

Foucault, Michel 1981. *The History of Sexuality. Volume One : An Introduction*. Harmondsworth : Penguin [미셸 푸코, 『성의 역사 ― 제1권 지식의 의미』, 이규현 옮김, 나남출판, 2010].

Guattari, Felix and Negri, Antonio 1990. *Communist Like Us*. New York : Semiotext(e).

Hardt, Michael and Negri, Antonio 1994. *The Labor of Dionysius : A Critique of the State Form*. Minneapolis : University of Minnesota Press [안토니오 네그리 · 마이클 하트, 『디오니소스의 노동』 1~2, 이원영 옮김, 갈무리, 1996/7].

Marx, Karl 1909. *Capital* III. Chicago : Charles Kerr [칼 마르크스, 『자본론』 III(상, 하), 김수행 옮김, 비봉출판사, 1993].

_____. 1977. *Selected Writings*. McLellan, David (ed.) Oxford : Oxford University Press.

Midnight Notes Collective 1992. *Midnight Oil : Work, Energy, War, 1973-1992*. New York : Autonomedia.

Moore, Thomas S. 1996. *The Disposable Work Force : Worker Displacement and Employment Instability in America*. Hawthrone, NY : Aldine de Gruyter.

Negri, Antonio 1989. The Politics of Subversion, London : Polity Press [안토니오 네그리, 『전복의 정치학』, 최창석 · 김낙근 옮김, 인간사랑, 2012].

_____. 1991. *Marx Beyond Marx : Lessons on the Grundrisse*. New York : Autonomedia [안토니오 네그리, 『맑스를 넘어선 맑스』, 윤수종 옮김, 중원문화, 2012].

New York Times 1996. *The Downsizing of America*. New York : Random House.

Rifkin, Jeremy 1995. *The End of Work : The Decline of the Global Labor Force and the Dawn of the Post-Market Era*. New York : G.P. putnam's Sons [제러미 리프킨, 『노동의 종말』, 이영호 옮김, 민음사, 2005].

Special Task Force to the Secretary of Health, Education and Welfare 1993. *Work in America*. Cambridge, Mass : The MIT Press.

7장 발전과 재생산

Boserup, E. (1982), *Il lavoro delle donne. La divisione sessuale del lavoro nello sviluppo economico*, Torino, Rosenberg & Sellier.

Burgos, E. (1995), *Mi chiamo Rigoberta Menchù*, Giunti, Firenze.

Caffenzis, G. (1993), *La crisi del debito in Africa e sue principali implicazioni per la riproduzione sociale*, in Dalla Costa M. & Dalla Costa G.F. (eds.) 1995.

Cleaver, H. (1977), "Food, Famine and the International Crisis" in *Zerowork*, Political Materials 2, Fall.

Cleaver, H. (1994), "The Chiapas Uprising and the Future of Class Struggle," in *Common Sense*, No. 15.

Coppo, p. & Pisani, L. (eds.) (1994), *Armi indiane. Rivoluzione e profezie maya nel Chiapas messicano*, Edizioni Colibri, Milano.

Cicolella, O. (1993), "Le donne tra crisi ambientale e sviluppo insostenibile," in *Res*, No. 7.

Dalla Costa, G.F.(1989, 1990 2 ed.), *La riproduzione nel sottosviluppo. Lavoro delle donne, famiglia e Stato nel Venezuela degli anni 70*, Angeli, Milano.

Dalla Costa, M. and James S. (1972), *The Power of women and the Subversion of the community*, Falling Wall Press, Bristol.

_____. (1978), *Note su La giornata lavorativa in Marx, appunti da un lettorato del Capitale*, Cleup, Padova.

_____. and Dalla Costa, G.F. (eds.) (1993), *Donne e politiche del debito. Condizione e lavoro femminile nella crisi del debito internazionale*, Angeli, Milano (English translation: *Paying the Price: Women and the Politics of International Economic Strategy*, Zed Books, London, 1995).

_____. (1995), "Capitalism and Reproduction," in Bonefeld et al (eds.) (1995), *Open Marxism*, Vol. III, Pluto Press, London.

Dag Hammarskjold Foundation (1975), *What now? Another Development*, Uppsala.

Del Genio, G. (1994), "La Banca inonda il Bangladesh," in *Capitalismo, Natura, Socialismo*, No. 1.

The Economist, 6. 01. 1990.

Federici, S. and Fortunati, L. (1984), *Il Grande Calibano. Storia del corpo sociale ribelle nella prima fase del capitale*, Angeli, Milano.

Federici, S. (1992), *Developing and Underdeveloping in Nigeria*, in Midnight Notes Collective.

_____. (1993), "Crisi economica e politica demografica nell'Africa sub-sahariana. Il caso della Nigeria," in Dalla Costa M. and Dalla Costa G.F. (eds.) 1993.

Fortunati, L. (1981), *L'arcano della riproduzione. Casalinghe, prostitute, operai e capitale*, Marsilio, Padova (English translation: *The Arcane of Reproduction*, Autonomedia, New York, 1995) [레오뽈디나 포르뚜나띠, 『재생산의 비밀』, 윤수종 옮김, 박종철출판사, 1997].

Gisfredi, P. (1993), "Teorie dello sviluppo ed egemonia del Nord," in *Res*, No. 7.

Gomez, Luis E. (1994), "La nuova cavalcata di Emiliano Zapata" in *Riff Raff*, March.

Il Manifesto, 8. 02. 1994.

Il Manifesto, 8. 06. 1994.

Il Mattino di Padova, 4. 06. 1994.

La Repubblica, 17. 05. 1994.

Marx, K., (1976), *Capital. A Critique of Political Economy*. Volume One, London, Penguin [칼 마르크스, 『자본론』 I(상, 하)』, 김수행 옮김, 비봉출판사, 2008].

Mellor, M. (1992), *Breaking the Boundaries. Towards a Feminist Green Socialism*, Virago Press, London.

_____. (1993), "Ecofemminismo e ecosocialismo. Dilemmi di essenzialismo e materialismo," in *Capitalismo. Natura. Socialismo*, March.

Michel, A., Fatoumata Diarra A., Agbessi Dos Santos H., (1981), *Femmes et multinationales*, Karthala, Paris.

Michel, A. (1988), "Femmes et development en Amerique Latine et aux Caraibes," in *Recherches feministes*, vol. 1, No. 2.

_____. (1993), "Donne africane, sviluppo e rapporto Nord-Sud," in Dalla Costa M. and Dalla Costa G.F. (eds.) 1993.

Midnight Notes Collective (1992), *Midnight Oil. Work, Energy, War 1973-1992*, Midnight Notes, Autonomedia, New York, N.Y.

Mies, M. (1986), *Patriarchy and Accumulation on a World Scale. Women in the international Division of Labor*, Zed Books, London [마리아 미즈, 『가부장제와 자본주의』, 최재인 옮김, 갈무리, 2014].

_____. (1992), *Global is in the Local*, report at the Mount Saint Vincent University, Halifax, Canada, 25. 02.

O'Connor J., (1992), "La seconda contraddizione del capitalismo : cause e conseguenze," in *Capitalismo, Natura, Socialismo*, No. 6.

Ricoveri, G. (1994), "La sinistra fa fatica ad ambientarsi," in *Capitalismo, Natura, Socialismo*, No. 1.

Shiva, V. (1989), *Staying Alive : Women, Ecology and Survival in India*, Zed Books, London.

Wakefield, E. Gibbon, (1833), *England and America. A Comparison of the Social and Political State of Both Nations*, London.

Women's Action Agenda 21 (1991), in *World Women's Congress for a Healthy Planet*, Official Report, 8-12 November, Miami, Florida, USA, United Nations, New York.

8장 자본이 운동한다

Bonefeld W. (1993), *The Recomposition of the British State*, Dartmouth, Aldershot.

Bonefeld W. and Holloway J. (1995), *Global Capital, the National State and the Politics of Money*, Macmillan, London [워너 본펠드 · 존 홀러웨이 엮음, 『신자유주의와 화폐의 정치』, 이원영 옮김, 갈무리, 1999].

Gerstenberger H. (1990), *Die subjektlose Gewalt : Theorie der Entstehung bürgerlicher Staatsgewalt*, Verlag Westfälisches Dampfboot, Münster.

_____. (1992), "The Bourgeois State Form Revisited," in W. Bonefeld, R. Gunn, K. Psychopedis (eds), *Open Marxism*, Vol. 1, Pluto Press, London.

Gerstenberger H. (1993), "History and 'Open Marxism' : A Reply to John Holloway," *Common Sense* no. 14.

Gunn R. (1987), "Notes on Class," *Common Sense* no. 2.

Holloway J. (1993), "History and Open Marxism," *Common Sense* no. 12.

Marx Karl., *Capital* [칼 마르크스, 『자본론』 I(상, 하)』, 김수행 옮김, 비봉출판사, 2008].

9장 변화의 정치 : 이데올로기와 비판

Agnoli, J. (1967/1990), *Die Transformation der Demokratie*, Ça ira, Freiburg.

_____. (1992) "Destruction as Determination of the Scholar in Miserable Times," *Common Sense*, no. 12. reprinted in this volume.

_____. (1997) *Faschismus ohne Revision*, Ça ira, Freiburg.

_____. (2000) "The Market, the State and the End of History," in Bonefeld, W. and K. Psychopedis (eds.) 2000.

Anderson, P. (1992), *Zones of Engagement*, Verso, London.

Armstrong. P. et al. (1984), *Capitalism Since World War II*, Fontana, London.

Backhaus, H.G. (1997), *Die Dialektik der Warenform*, Ça ira, Freiburg.

Beck, U. (1992), *Risk Society*, Sage, London [울리히 벡, 『위험사회』, 홍성태 옮김, 새물결, 2006].

Bellofiore, R. (1997), "Lavori in corso," *Common Sense*, no. 22.

Benson, G. (1995), "Safety Nets and Moral Hazard in Banking," in K. Sawamoto et al. (eds.) *Financial Stability in a Changing Environment*, Macmillan, London.

Bologna, S. (1993), "Money and Crisis," *Common Sense* no. 13 and 14.

Bonefeld, W. (1995a), "Capital as Subject and the Existence of Labor," in W. Bonefeld et al. (eds.) 1995.

_____. (1995b), "Money, Equality and Exploitation," in Bonefeld/Holloway (eds.) 1995.

_____. (1999), "Globalization and the State," *Studies in Political Economy*, no. 58.

_____. (2000), "The Spectre of Globalization," in Bonefeld, W. and K. Psychopedis (eds.) 2000.

Bonefeld, W. and J. Holloway (eds.) (1995), *Global Capital, National State and the Politics of Money*, Macmillan, London [워너 본펠드 · 존 홀러웨이 엮음, 『신자유주의와 화폐의 정치』, 이원영 옮김, 갈무리, 1999].

Bonefeld, W. and K. Psychopedis (eds.) (2000), *The Politics of Change*, Palgrave, London.

Bonefeld, W., Gunn, R., Holloway, J. and K. Psychopedis (eds.) (1995), *Open Marxism* vol. III, Pluto, London.

Boyer, R. and D. Drache (eds.) (1996), *State Against Markets*, Routledge, London.

Burnham, P. (1994) "Open Marxism and Vulgar International Political Economy," *Review of International Political Economy*, vol. 1, no. 2.

_____. (1995) "Capital, Crisis and the International State System," in Bonefeld/Holloway (eds.) 1995.

_____. (2000), "Globalization, Depoliticization and Modern Economic Management," in Bonefeld, W. and K. Psychopedis (eds.) 2000.

Cerny, P. (1990), *The Changing Architecture of Politics : Structure, Agency, and the Future of the State*, Sage, London.

_____. (1996), "International Finance and the Erosion of State Policy Capacity," *International Organization* vol. 49, no. 4.

_____. (1997), "The Dynamics of Political Globalization," *Government & Opposition*, vol. 32, no. 2.

Clarke, S. (1992), "The Global Accumulation of Capital and the Periodisation of the Capitalist State Form," in Bonefeld, W. et al (eds.) *Open Marxism*, vol. I, Pluto, London.

Cockburn, A. and K. Silverstein (1995), "War and Peso," *New Statesmen and Society*, February 24, 1995.

Dalla Costa, M. (1995), "Capitalism and Reproduction," in Bonefeld et al. (eds.) 1995.

Dalla Costa, M. and G.F. Dalla Costa (eds.) (1995), *Paying the Price*, Zed Books, London.

Dalla Costa, M. and G.F. Dalla Costa (eds.) (1997), *Women, Development and Labour Reproduction*, African World Press, Lawrenceville.

Federici, S. (1997), "Reproduction and Feminist Struggle in the New International Division of Labour," in Dalla Costa, M. and G.F. Dalla Costa (eds.) 1997.

George, S. (1992), *The Debt Boomerang*, Pluto, London.

Giddens, A. (1990), *The Consequences of Modernity*, Polity, Cambridge.

_____. (1991), *Modernity and Self-Identity*, Polity, London [앤서니 기든스, 『현대성과 자아정체성』, 권기돈 옮김, 새물결, 2010].

Gunn, R. (1991), "Marxism, Metatheory, and Critique," in Bonefeld and Holloway (eds.) *Post-Fordism and Social Form*, Macmillan, London.

Harman, C. (1993), "Where is Capitalism Going?," *International Socialism*, no. 58.

Harvey, D. (1989), *The Conditions of Postmodernity*, Blackwell, Oxford [데이비드 하비, 『포스트 모더니티의 조건』, 구동회 · 박영민 옮김, 한울, 2013].

Held, D. (1995), *Democracy and Global Order*, Polity, Cambridge.

_____. (1991), "Fordism and Post-Fordism," in Bonefeld/Holloway (eds.) *Post-Fordism and Social Form*, Macmillan, London.

_____. (1995), *Der nationale Wettbewerbsstaat*, id-edition, Berlin.

_____. (1997), "Globalization and the Nation State," *Studies in Political Economy*, no. 58.

Hirst, P. and G. Thompson (1999), *Globalisation in Question*, Polity, Cambridge.

Holloway, J. (1995), "Global Capital and National State," in Bonefeld and Holloway (eds.) 1995 [워너 본펠드 · 존 홀러웨이 엮음, 『신자유주의와 화폐의 정치』, 이원영 옮김, 갈무리, 1999].

_____. (2000), "Zapata in Wallstreet," in Bonefeld, W. and K. Psychopedis (eds.) 2000.

Horkheimer, M. (1992), *Kritische und traditionelle Theorie*, Fischer, Frankfurt.

Joseph, K. and J. Sumption (1979), *Equality*, John Murray, London.

Lipietz, A. (1985), *The Enchanted World*, Verso, London.

Mandel, E. (1975), *Late Capitalism*, New Left Books, London.

Marazzi, C. (1995), "Money in the World Crisis," in Bonefeld and Holloway (eds.) 1995.

Marx, K. (1966), *Capital* vol. III, Lawrence & Wishart, London [칼 마르크스, 『자본론 III(상, 하)』, 김수행 옮김, 비봉출판사, 1993].

_____. (1973), *Grundrisse*, Penguin, Harmondsworth [칼 맑스, 『정치경제학 비판 요강 I, II, III』, 김호균 옮

김, 백의, 2000].

_____. (1975), "Theses on Feuerbach," Collected Works, vol. 5, Lawrence & Wishart, London [칼 맑스, 「포이에르바하에 관한 테제들」, 『칼 맑스 프리드리히 엥겔스 저작선집1』, 최호진 외 옮김, 박종철출판사, 1995].

_____. (1983), Capital vol. I, Lawrence & Wishart, London [칼 마르크스,『자본론 I(상, 하)』, 김수행 옮김, 비봉출판사, 2008].

Mattick, P. (1934), "Zur Marxschen Akkumulations und Zusammenbruchstheorie," Rätekorrespondenz, no. 4.

Midnight Notes (1992), Midnight Oil: Work, Energy, War 1973-1992, Autonomedia, New York.

Neary, M. and G. Taylor (1998), Money and the Human Condition, Macmillan, London.

Negri, A. (1984), Marx Beyond Marx, Bergin & Garvey, Massachusetts [안토니오 네그리, 『맑스를 넘어선 맑스』, 윤수종 옮김, 중원문화, 2012].

_____. (1989), The Politics of Subversion, Polity Press, Cambridge [안토니오 네그리, 『전복의 정치학』, 최창석 · 김낙근 옮김, 인간사랑, 2012].

Picciotto, S. (1991), "The Internationalisation of Capital and the International State System," in S. Clarke (ed.) (1991), The State Debate, Macmillan, London.

Ricardo, D. (1995), On the Principles of Political Economy and Taxation, Cambridge UP, Cambridge [데이비드 리카도, 『정치경제학과 과세의 원리에 대하여』, 권기철 옮김, 책세상, 2010].

Ricciardi, J. (1987), "Rereading Marx on the Role of Money and Finance," Research in Political Economy, vol. 10.

Robertson, W. (1890), Works vol. II, Thomas Nelson, Edinburgh.

Ruigrok, W. and R. van Tulder (1995), The Logic of International Restrucuring, Routledge, London.

Strange, S. (1988), States and Markets, Pinter, London.

_____. (1991), "An eclectic approach," in C.N. Murphy and R. Tooze (eds.) The New International Political Economy, Macmillan, London.

_____. (1996), The Retreat of the State, Cambridge University Press, Cambridge.

Türcke, Ch. (1986), Vermittlung als Gott, von Klempen, Lüneburg.

von Braunmühl, C. (1976), "Die nationalstaatliche Organisiertheit der Bürgerlichen Gesellschaft," Gesellschaft no. 8/9, Suhrkamp, Frankfurt.

Walter, A. (1993), World Power and World Money, Harvester Wheatsheaf, London.

Weiss, L. (1998), The Myth of the Powerless State, Polity, Cambridge.

11장 자본주의 국가: 환상과 비판

Agnoli, J. (1990), Die Transformation der Demokratie und andere Schriften zur Kritik der Politik, Ça ira, Freiburg.

_____. (1992), "Destruction as the Determination of the Scholar in Miserable Times," Common Sense, no. 12, reprinted in this volume.

_____. (2000), "The State, the Market, and the End of History, in Bonefeld, W. and K. Psychopedis (eds.), The Politics of Change, Macmillan, London.

Altvater, E. (1978), "Some Problems of State Intervention," in Holloway, J. and S. Picciotto (eds.) 1978.

Backhaus, H.G. (1997), Dialektik der Wertform, Ça ira, Freiburg.

Benjamin, W. (1965), Zur Kritik der Gewalt und andere Aufsätze, Suhrkamp, Frankfurt.

Bonefeld, W. (1992), "Social Constitution and the Form of the Capitalist State," in Bonefeld, W. et al. (eds) Open Marxism, vol. I, Pluto, London.

_____. (1995), "Capital as Subject and the Existence of Labor," in Bonefeld et al. (eds.) Open Marxism, vol. III, Pluto, London.

_____. (1995a), "Money, Equality and Exploitation," in Bonefeld, W. and J. Holloway (eds.) Global Capital, National State and the Politics of Money, Macmillan, London [워너 본펠드, 「화폐, 평등, 그리고 착취」, 본

펠드 외 엮음, 『신자유주의와 화폐의 정치』, 이원영 옮김, 갈무리, 1999].

_____. (2001), "Kapital and its Subtitle : A Note on the Meaning of Critique," *Capital & Class*, no. 75.

Bonefeld, W. and J. Holloway (1995), "Conclusion : Money and Class Struggle," in Bonefeld, W. and J. Holloway (eds.) *Global Capital, National State and the Politics of Money*, Macmillan, London [워너 본펠드 · 존 홀러웨이, 「결론 : 화폐와 계급투쟁」, 본펠드 외 엮음, 『신자유주의와 화폐의 정치』, 이원영 옮김, 갈무리, 1999].

Callinicos, A. (2000), *Equality*, Polity, Cambridge.

Clarke, S. (1991), *The State Debate*, Macmillan, London.

Coser, L.A. (1956), *The Functions of Social Conflict*, The Free Press, Glencoe.

Gunn, R. (1992), "Against Historical Materialism," in Bonefeld, W. et al. (eds.) *Open Marxism* vol. II, Pluto, London.

Hirsch, J. (1978), "The State Apparatus and Social Reproduction," in Holloway, J. and S. Picciotto (eds.) 1978.

Holloway, J. (1995), "From Scream of Refusal to Scream of Power, in Bonefeld, W. et al. (eds.) *Open Marxism* vol. III, Pluto, London.

Holloway, J. and S. Picciotto (1978), "Introduction : Towards a Materialist Theory of the State," in Holloway, J. and S. Picciotto (eds.) 1978.

Holloway, J. and S. Picciotto (eds.) (1978), *State and Capital*, Arnold, London.

Marazzi, C. (1995), "Money in the World Crisis," in Bonefeld, W. and J. Holloway (eds.) *Global Capital, National State and the Politics of Money*, Macmillan, London [크리스띠안 마랏찌, 「세계위기에서의 화폐」, 본펠드 외 엮음, 『신자유주의와 화폐의 정치』, 이원영 옮김, 갈무리, 1999].

Marx, K. (1964), *Zur Jurdenfrage*, in MEW 1, Dietz, Berlin [칼 맑스, 「유태인 문제에 대하여」, 『마르크스의 초기 저작』, 열음사, 1996].

_____. (1966), *Capital* vol. III, Lawrence & Wishart, London [칼 마르크스, 『자본론 III(상, 하)』, 김수행 옮김, 비봉출판사, 1993].

_____. (1968), *Kritik des Gothaer Programms*, in MEW 19, Dietz, Berlin [칼 맑스, 「고타 강령 초안 비판」, 『칼 맑스 프리드리히 엥겔스 저작선집 4』, 최인호 외 옮김, 박종철출판사, 1995].

_____. (1969), *Die Klassenkämpfe in Frankreich 1848 bis 1950*, in MEW 7, Dietz, Berlin [칼 맑스, 「1848년에서 1850년까지의 프랑스에서의 계급투쟁」, 『칼 맑스 프리드리히 엥겔스 저작선집 2』, 최인호 외 옮김, 박종철출판사, 1995].

_____. (1972), *Theories of Surplus Value*, Part III, Lawrence & Wishart, London.

_____. (1973), *Grundrisse*, Penguin, Harmondsworth [칼 맑스, 『정치경제학 비판 요강 I, II, III』, 김호균 옮김, 백의, 2000].

_____. (1974), *Grundrisse*, Dietz Berlin [칼 맑스,『정치경제학 비판 요강 I, II, III』, 김호균 옮김, 백의, 2000].

_____. (1975), "Theses on Feuerbach," *Collected Works*, vol. 5, London, Lawrence & Wishart [칼 맑스, 「포이에르바하에 관한 테제들」, 『칼 맑스 프리드리히 엥겔스 저작선집 1』, 최호진 외 옮김, 박종철출판사, 1995].

_____. (1983), *Capital* vol. I, Lawrence & Wishart, London [칼 마르크스,『자본론 I(상, 하)』, 김수행 옮김, 비봉출판사, 2008].

Marx, K and F. Engels (1962), *Die deutsche Ideology*, MEW 3, Dietz, Berlin [칼 맑스 · 프리드리히 엥겔스, 「독일 이데올로기」, 『칼 맑스 프리드리히 엥겔스 저작선집 1』, 최호진 외 옮김, 박종철출판사, 1995].

Neary, M. and G. Taylor (1998), *Money and the Human Condition*, Macmillan, London.

Negri, A. (1991), *The Savage Anomaly*, University of Minnesota Press, Minnesota.

_____. (1999), *Insurgencies*, University of Minnesota Press, Minnesota.

Poulantzas, N. (1973), *Political Power and Social Classes*, New Left Books, London.

Reichelt, H. (2000), "Jürgen Habermas' Reconstruction of Historical Materialism," in Bonefeld, W. and Psychopedis, K. (eds.) *The Politics of Change*, Macmillan, London.

이 책에 수록된 논문들 가운데 「자본주의 국가:환상과 비판」(11장)을 제외한 모든 글들은 이미 영어판으로 발간된 바 있다. 이 논문들이 게재된 출판물들은 다음과 같다.

「조절학파의 포드주의 비판」(5장)과 「정치적 공간의 위기」(10장)는 『공통감각』 19호(1996)에 최초 수록되었다.

「자본이 운동한다」(8장)는 『자본과 계급』 57호(1995)에 최초 수록되었다.

「제헌공화국」(14장)은 『공통감각』 16호(1995)에 최초 수록되었다.

「파괴, 참혹한 시대를 사는 학자의 결단」(2장)은 『공통감각』 12호(1992)에 최초 수록되었다.

「발전과 재생산」(7장)은 『공통감각』 17호(1995)에 최초 수록되었다.

「철학에 반하는 혁명에서 자본에 반하는 혁명으로」(12장), 「노동의 종말인가, 노예제의 부활인가? 리프킨과 네그리 비판」(6장), 「변화의 정치: 이데올로기와 비판」(9장)은 『공통감각』 24호(1999)에 최초 수록되었다.

「인간의 실천과 전도: 자율성과 구조를 넘어」(4장)는 『공통감각』 15호(1994)에 최초 수록되었다.

「태초에 절규가 있었다」(1장)는 『공통감각』 11호(1991)에 최초 수록되었다.

「맑시언의 범주들, 자본의 위기, 그리고 오늘날의 사회적 주체성 구성」(3장)은 『공통감각』 14호(1993)에 최초 수록되었다.

「공적 공간의 재전유」(13장)는 『공통감각』 21호(1997)에 최초 수록되었다.

I

『탈정치의 정치학』은 2003년 아우또노미디어 출판사에 의해 단행
본으로 출간된 책이다. 이 책에 수록된 글 대부분은 1990년대에 쓰여
『공통감각』*Common Sense, 1987~1999*, 『자본과 계급』*Capital and Class*, 『전미
래』*Futur Antérieur* 등에 기고된 바 있다. 그러나 이 책에 담긴 기본적인
통찰은 20여 년의 시간을 뛰어넘어 옮긴이가 책상머리에 앉아 후기
를 쓰고 있는 지금까지도 변함없는 의의를 지니고 있다. 세기 말의 지
구적 조건과 오늘날의 상황 사이에는 어떠한 본질적 차이도 없기 때
문이다. 필자들이 주목한 지구적 자본주의의 위기와 사회적 투쟁들
은 진행형이다.

　1992~93년 유럽 통화위기, 1994년 멕시코 페소화 폭락 사태, 1997
년 아시아 위기는 끝 모를 혼돈의 전조에 불과했다. 한때 '신경제'의 신
기루에 취해 있던 미국의 금융자본주의는 2000년대 초반부터 눈에
띄게 비틀거리다 결국 2008년 1조 4천억 달러 이상의 손실을 기록하
며 모래성처럼 무너져 내렸다. 남유럽 국가들을 휩쓴 부채위기와 희
생자들에게 비용을 전가하는 전형적인 위기 봉합의 과정은 야심차게
추진되던 '사회적 유럽'의 민낯을 생생하게 보여 주었다. 십년 가까이

지구적 자본주의의 활로를 열 새로운 '성장엔진'의 한 축으로 각광을 받아 온 브라질의 거대 도시들도 룰라식 개혁주의의 미망에서 깨어난 수백만 시위대의 물결로 뒤덮였다.

지구 곳곳을 휩쓸고 있는 위기의 한복판에 다양한 사회적 주체들의 투쟁이 깊숙이 자리 잡고 있음은 물론이다. 지구적 자본주의의 불안정성이 깊어지는 동안 저항의 역능 또한 진화를 거듭해 왔다. 곳곳에서 들려오는 파열음은 위계적인 노동규율로도 추상적인 화폐적 등가성의 부과로도 산 노동을 더 이상 고분고분한 가변자본으로 전환시킬 수 없는 지구적 자본주의의 고통스런 조건과 근원적 무능력을 표현한다.

그러나 20세기 실정적 기획들의 유산은 여전히 곳곳에서 포스트자본주의의 지평을 열어 놓을 창조적 구성 기획의 활성화를 가로막는 장애물로 남아 있다. '매개의 정치', '통합의 정치'를 통해 임금과 생산성 간의 관계를 복원하려는 낡은 사회민주주의 조류들이 또 다시 목청을 높이고 있는 것이다. 그 사이에 인공호흡기를 떼고 병상에서 일어나 앉은 지구적 자본주의는 발 빠르게 포스트신자유주의 착취 시스템과 정치적 지배형태의 재구축에 나서고 있다. 실상 이러한 시도가 위기관리의 사회적 비용을 위계적으로 재배분하는 전 지구적 시스템의 강화를 본질로 하는 한 새로울 것이라고는 전혀 없다. 자본의 위기 대응이란 결국 금융자본의 손실은 더욱 과감하게 사회화하는 반면 그 이익에 대해서는 한층 강화된 사적 소유의 법률로 보호함으로써 절대다수에게 빈곤과 부자유를 부과하려는 공세에 지나지 않는다. 자본주의의 심장부를 급습한 월가 점령 시위대의 성난 목소리는 이러한 사태를 단적으로 표현한다.

『탈정치의 정치학』은 한국에서 진행되고 있는 사태들을 이해하는 데도 적지 않은 도움을 제공한다. 1990년대 이후 한국에서는 추상적 '국익' 논리에 기초한 국가물신주의와 경제물신주의의 악조합을 본질로 하는 국가경쟁력 강화 이데올로기가 횡행했다. 자유주의 세력이건 보수주의 세력이건 집권 기간 내내 지구적 자본주의의 불안정성이라는 '객관적 조건'이 부과하는 압력을 사회적 저항을 잠재우는 무기로 활용했다. 이를 통해 국가 권력은 정치적 부담을 외부화[1]하면서 '전 국민의 1인 기업화'라는 적나라한 자본의 논리를 전일적인 사회구성 원리로 관철시키려고 시도했다.

'자본의 지구화'를 불가피한 전제로 수용한 '진보 세력'이 '사회적

---

1. 이러한 시도는 신자유주의 구조조정의 과정에서 서유럽 국가들이 임금에 대한 하방압력을 지속하기 위해 구사한 '탈정치화'의 정치적 책략과 유사한 맥락을 갖는다. 당시 서유럽 국가들은 세계시장의 '일반적인' 추세를 내세워 '재량'에 입각한 정책결정의 여지를 축소시키고 '규칙'에 입각한 정책으로의 전환을 시도했다. 규칙에 입각한 정책은 경제정책 결정 과정에서 필연적으로 행사되는 정치적 영향력의 흔적을 은폐함으로써 사회적 저항을 수반하는 통화주의 정책의 재앙적 결과로부터 국가와 정책 결정자를 보호하고 경제 시스템에 가상적인 자동성을 덧씌우는 효과를 제공했다. 탈정치화는 고도로 정치적이다. 국가는 탈정치화의 '거리두기' 효과를 통해 정치적 부담을 '외부화'하는 이득을 취하면서도 중대한 사회·경제적 사안에 대해서는 여전히 지근거리에서 통제력을 발휘한다. 이에 관해서는 Peter Burnham, "Globalization, Depoliticization and 'Modern' Economic Management," *The Politics of Change*, pp. 19-26을 참조하기 바란다. 따라서 탈정치화는 경제적 운동 메커니즘과 그 파괴적 효과를 '자연화'하려는 위로부터의 계급투쟁이다. 탈정치화는 이 책의 제목인 '탈정치의 정치학'(Post-Political Politics)이 뜻하는 바와는 전혀 다른 의미를 갖는다. 이 경우 '탈정치의 정치학'은 '정치적인 것'에 대한 비판과 '공통적인 것'의 구성에 직간접적으로 참여하는 일체의 사회적 실천 행위를 뜻한다. 따라서 '탈정치의 정치학'은 기권 그룹 또는 DK(Don't Know) 그룹의 증가로 나타나는 정치적 관심의 감소나 사적인 공간으로의 침잠과도 엄격히 구분될 필요가 있다.

대타협', '진보적 경쟁력' 등 가망 없는 개혁주의 이데올로기에 한눈을 파는 사이에 대량해고, 비임금·저임금 노동의 팽창, 청년실업, 살아남기 위한 스펙 쌓기 경쟁은 '시대적 대세'로 포장되었다. 이러한 흐름에 균열을 일으키는 사회적 저항에 대해서는 예외 없이 파상적 공격이 이어졌다. 파업 노동자들에 대한 천문학적인 규모의 손배소, 정보기관과 거대자본의 감시망 강화, 이데올로기적인 마녀사냥, 불특정 다수를 겨냥한 치안 능력의 대폭적인 증강, '굶어죽을 자유'와 예방혁명의 논리를 결합한 생산적 복지 시스템의 구축은 사회적 저항을 파괴하고 길들이는 전형적인 수단들이다.

하지만 우리는 봉쇄의 그물망을 찢고 나와 새로운 세기의 페이지를 장식한 사회적 투쟁들의 흐름을 기억하고 있다. 한미 FTA 반대투쟁, 촛불시위, 쌍용자동차 투쟁, 기륭전자 비정규직 투쟁, 한진중공업 노동자 투쟁과 희망버스 투쟁, 반값 등록금 운동, 제주 강정리 해군기지 저지투쟁, 진주 의료원 폐원 반대운동, 밀양 송전탑 건설 반대운동과 두 번째 희망버스 투쟁, 철도 민영화 반대 파업투쟁, 그리고 제2막을 앞둔 공공 서비스 부문 민영화 저지투쟁……. 이 투쟁들을 살아서 꿈틀거리게 만든 것은 '그들의 투쟁'과 '우리의 투쟁'이 분리된 것이 아니라는 뚜렷한 자각, 위계화된 사회적 분할선을 뛰어 넘어 사회적 공명을 이루어 내려는 거대한 열망들이었다. 우리는 지난 해 연말의 코레일 노조 파업 당시 '시민의 발을 볼모로 한 귀족노조의 집단이기주의'라는 거대언론의 상투적 선동이 더 이상 먹혀들지 않았음을 알고 있다. 다양한 탈을 쓰고 나타날 향후의 민영화 시도가 공공 서비스 이용자들의 강력한 저항에 부딪힐 것임을 보여주는 징후이다. 희망버스 투쟁은 삶 전체를 자본화하려는 국가와 자본의 공세에 대항하는 창조적인 투쟁과 연대의 방식이 날로 진화하고 있음을 알려 준다. 내용과 형식 양면에서 아래로부터의 대안 기획으로 성장할 수 있는 잠재력을 보여주는 투쟁들이 속속 출현하는 가운데 각양각색의 사회적 주체들이 투쟁의 주역으로 등장하고 있다.

그러나 휴지통 속으로 들어간 부민덕국富民德國 선진화론의 '747' 공약을 뒤이은 창조경제론과 '474' 비전은 '성장 외에는 대안이 없지 않느냐'는 불안 심리와 맞물려 여전히 적지 않은 이데올로기적 효과를 발휘하고 있다. 때를 맞춰 '진보 진영' 일각에서는 '임금주도 성장론'이라는 변형된 개혁주의 정책 대안이 고개를 들고 있다. 반면 아래로부터의 정치적 대안을 모색하는 경향에 대해서는 정세를 몰각한 낭만적 유토피아주의, 급진적 구호들로 위장된 혁명적 대기주의라는 기괴한 수사들을 동원한 딱지 붙이기가 시도되고 있다. 수많은 사회적 투쟁의 경험들이 개혁주의 정책대안을 넘어서 나아갈 자율적인 정치적 대안들의 모색과 실험으로 연결되지 못하고 있다는 사실은 적잖은 고민을 안겨 준다. 무엇이 아래로부터 시작되는 구성 기획의 활성화를 가로막고 있는가? 사회적 투쟁에 잠재된 창조적 역능이 위기의 미봉과 미세조정, 가치형태와 국가형태의 지배라는 악순환에서 벗어나 불가역적인 해방 공간의 창출로 나아가게 할 수 있는 방법은 없는가?

어떻든 해답의 실마리는 우리가 딛고 선 지반을 다시 한 번 살피는 것에서 구할 수밖에 없다. 우리는 자본주의 체제의 종별적 특성을 규정하는 부르주아적 공사公私 이분법의 메타 구조에서 자유롭지 않다. 2~3년을 주기로 하는 선거정치는 우리 사회의 모든 목소리들을 블랙홀처럼 빨아들이고 있다. 사정의 변화가 없다면 올해 6월의 지방 선거 공간은 또 다시 '사회적 의제'들을 흡수해서 위계적으로 분류·변형·여과하는 장치로 기능할 것이다. 투쟁의 성패가 자유주의 정당과의 정책협상 테이블에서 판가름 나는 상황이 되풀이되고 있는 것이다. 물론 구체적인 정세에 대한 고려 없이 덮어놓고 선거의 장을 백안시하거나 일시적으로 조성되는 기회와 위험을 식별하지 않으려는 태도가 바람직할 수는 없다. 그렇더라도 조직형태로서의 정당과 의사결정 형식으로서의 대의제도가 대표하는 자와 대표되는 자 사이의 분리를 재생산하고 권력획득이라는 명분 아래 국가가 설정한 의제와 게임의 룰을 수용하게 만듦으로써 국가형태를 재생산하는 재현의 메커니즘을 본질로 한다는 사실은 달라지지 않는다.

부르주아적 책임성의 원리와 결부된 제도물신주의는 '입법 정글', 즉 화해 불가능한 계급적대를 무차별적인 집단들 간의 경쟁적 투입 활동으로 변형하는 다원주의적 메커니즘의 수용으로 이어지며, 차례로 이 메커니즘의 지배력을 공고화한다. 이러한 메커니즘 내에서 힘의 균형을 추구하는 행위들은 그 의도와 무관하게 궁극적으로 자본의 세계에 귀속되는 사회정치적 권력의 조정장치로 기능한다.[2] 투쟁의 흐름이 선거주기와 톱니바퀴처럼 맞물리고 사회적 노동자들의 투쟁이 번번이 의사당 문턱에서 멈출 때, 헌법재판소와 중앙노동위원회 결정이 '공적인 것'의 경계를 확정하고 사회적 투쟁들의 성패를 가름

---

2. 이러한 메커니즘의 논리와 그 효과에 대해서는 István Mészaros, *Beyond Capital : Towards a Theory of Transition*(London : Merlin Press, 1995), pp. 709-17을 참조하기 바란다.

하는 최종심으로 승인될 때 사회적 실천의 존재양식은 도착된 형태를 취할 수밖에 없다.

가치형태와 국가형태에 포획되지 않는 자유로운 삶을 꿈꿀 수 있는 희망의 근거는 어디에서 발견할 수 있는가? 미완의 형태로 존재하는 다양한 삶의 자율공간들 속에 '언제나 이미' 실재하는 전복적 잠재력에 눈을 돌리고 그러한 잠재력을 우리 자신의 힘으로 승인할 때에야 비로소 담대한 희망의 기획은 시작될 수 있다. 사회적 주체들의 다양한 활동에 실재하는 전복적 잠재력은 대안적인 정치적 구성 기획과의 접속을 통해 현실화될 것이다. 긴 호흡 속에서 코뮤니즘을 지향하는 삶의 자율공간을 열어 나가는 우리 자신의 역능에 대한 긍정, 『탈정치의 정치학』이 한국의 독자들에게 던지는 메시지는 바로 여기에 있다.

II

이 책의 편저자 워너 본펠드는 필자들의 사유를 관류하는 경향에 이단적 맑스주의라는 이름을 붙이고 있다. 하지만 일부 필자들은 이의를 제기할지도 모른다. 실상 '이단적'이라는 관형어는 필자들이 '정통'과 '교조'를 거부한다는 사실, 그들이 구좌파 이론과 '정통'의 지위를 다투는 데 전혀 관심을 두지 않는다는 사실 외에는 아무 것도 말해주지 않는다. 그러므로 이 책에 실린 글들이 일치된 목소리를 내지 않는다고 해서 이상할 것은 전혀 없다. 이 책의 구성에서는 필자들의 다양한 관점을 독자들에게 가감 없이 전달하려는 의도가 그대로 묻어나고 있다. 그렇더라도 우리는 이처럼 다양한 색채를 지닌 해석들의 교차 속에서 부르주아 범주 체계에 대한 전면적 비판과 코뮤니즘적 기획의 모색이라는 공통의 문제의식을 어려움 없이 발견할 수 있다.

안또니오 네그리와 존 홀러웨이는 별도의 소개가 무의미할 만큼 이미 세계적인 명성을 누리고 있는 투사들이자 사상가들로서 한국의 독자들 사이에서도 결코 적지 않은 영향력을 확보하고 있다. 10여 년 전에 작고한 요한네스 아뇰리는 영미권 독자들에게 비교적 덜 알려져 있지만 유럽 대륙에는 지금도 그가 남긴 맑스주의 정치이론가로서의 족적을 뚜렷이 기억하는 사람들이 적지 않다. 편저자인 워너 본펠드, 해리 클리버, 마리아로사 달라 꼬스따 등의 이론적 작업도 몇 종의 번역서들을 통해 한국의 독자들에게 비교적 친숙한 편이다. 보다 자세한 내용은 이 책의 표지에 소개된 필자들의 약력과 주요 저작들을 참조해 주기 바란다.

책의 구성과 주요 내용으로 넘어가 보자. 옮긴이는 이 책 전반을 관통하는 핵심적인 쟁점 몇 가지를 추려 내어 필자들을 대질시키기보다는 책의 구성과 편제를 뒤따르며 각자의 주장에 담긴 합리적 핵심을 독자들과 충실히 공유하는 데 주력하는 방식으로 이야기를 이어 가고자 한다. 이 책에서 제기된 쟁점들 가운데 일부가 이미 공개적인 논쟁의 대상이 되어 온 데다 무엇보다 이 책의 방대한 문제 영역들을 깊이 있게 다루기에는 옮긴이의 지적 능력이 턱없이 모자란다는 점을 감안하지 않을 수 없기 때문이다.

이 책은 3부로 구성되어 있다. 목차를 주의 깊게 살펴본 독자들이라면 아마도 이 책 전편에 흐르는 비판 기획과 구성 기획 사이의 긴장을 무리 없이 읽어낼 수 있을 것이다. 1부 '열린 맑스주의: 전복과 비판'은 맑스주의적 '비판'의 전복적 의의를 뿌리까지 탐색하려는 세 편의 글들과 맑스주의 자체를 현실의 시험에 부치고 다양한 이론적 원천들과 절합함으로써 새롭게 재구성하려는 한 편의 글로 이루어져 있다.

1장 「태초에 절규가 있었다」(존 홀러웨이)는 전자의 맥락에서 맑스주의적 비판의 근본적 의의를 묻고 있다. 홀러웨이는 1968년 혁명 이후 아카데미즘에 침식된 서구 맑스주의와 국가 교의화된 맑스 레닌주의가 이중으로 불모화한 맑스주의를 절규의 이론, 부정의 이론, 계급투쟁의 이론으로 복원시킬 것을 요청한다. 아도르노의 부정변증법을 비판적으로 전유하는 필자의 논의 속에서 가치형태, 국가형태는 더 이상 기정사실, 확정적 종합의 범주로 나타나지 않는다. 가치형태와 국가형태는 형태-과정, 즉 그 자체로서 계급투쟁의 과정과 결과에 열려 있는 범주로 규정된다. '부정되는 존재양식'으로 실존하는 노동의 역능은 가치형태 안에서/가치형태에 대항하며/가치형태를 넘어선다. 노동의 역능에 대한 홀러웨이의 강조는 이후 『권력으로 세상을 바꿀 수 있는가』를 거쳐 『크랙 캐피털리즘』으로 이어지는 사유의 흐름 속에서 '행위'doing를 보다 명시적으로 부각시키는 방향으로 변화해 나간다. "안에서 대항함"으로부터 "대항하며 넘어섬"으로의 이행인 셈이다. 이러한 강조점의 변화는 그의 사유 궤적에 비추어 볼 때 어느 정도 예견된 것으로서 '절규'에 내재된 '희망'의 원리를 구체화하려는 의지를 표현한다. 이로써 홀러웨이에게 종종 덧씌워지는 부당한 혐의,

즉 그의 글에서 아도르노의 사유를 특징짓는 비관론과 정적주의의 냄새가 난다는 비난은 원인 무효라는 사실이 더욱 분명해진다. 그러나 이처럼 억측에 기초한 비난은 논외로 하더라도 홀러웨이의 이론화는 맑스주의 내부의 양편에서 제기되는 비판에 답할 것을 요구받고 있다. 한편에서는 "일상적 실천과 비판의 단순한 연속성"이라는 전제 하에 "비판이 언제나 이미 존재하는 것으로 간주"한다는 항의(인고 엘베)가 제기되고 있다.[3] 상대적으로 우호적이긴 하지만 다른 한편에는 "교환가치에 대해 사용가치를 긍정하는 정치적 기획은……전자본주의 사회를 다시 붙잡으려는 향수에 젖은 노력"[4]이라는 비판의 목소리도 존재한다. 너무 멀리 나아갔다는 비판과 한 걸음 더 나아갈 것을 요구하는 목소리가 공존하고 있는 것이다.

2장 「파괴, 참혹한 시대를 사는 학자의 결단」(요한네스 아뇰리)은 비판의 파괴적 역능을 부르주아 국가형태 비판과 연결하고 있다. 1960년대 후반 이후 자유민주주의 정치체제의 본질을 '입헌 과두제'[5]로 규정하고 줄곧 국가형태 외부에서 해방의 가능성을 모색했던 요한네스 아뇰리의 문제의식이 베를린 장벽 붕괴 직후의 독일 상황에

---

3. Ingo Elbe(2006), "Holloway's 'Open Marxism' : Bemerkungen zu Formanalyse als Handlungstheorie und Revolutionsromantik," http://www.rote-ruhr-uni.com/cms/IMG/pdf/elbe_open_marxism.pdf.
4. 마이클 하트, 「2011년 6월에 마이클 하트가 존 홀러웨이에게」, 『크랙 캐피털리즘 : 균열 혁명의 멜로디』, 존 홀러웨이 지음, 조정환 옮김, 갈무리, 2013, 401쪽.
5. 요한네스 아뇰리는 입헌주의의 원리 속에 내재된 인민에 대한 필연적 배제 경향에 주목해 부르주아 민주주의의 실체를 '입헌과두제'로 규정한다. 이에 관해서는 Johannes Agnoli, "The Market, the State and the End of History," *The Politics of Change*, pp. 196-206을 참조하기 바란다.

대한 분석에서도 일관되게 견지되고 있다. 아놀리는 이 글에서 하버마스의 헌정 애국주의와 루만의 체계이론을 결합시켜 자유민주주의 체제와 이념에 정당성의 근거를 부여하려는 시도를 새로운 국가 '신정론'으로 규정하고 발본적인 비판을 가한다. 자유민주주의 체제의 개량을 추구하는 건설적 비판에 맞서려는 그의 열망은 칸트로부터 시작되는 독일 계몽주의 전통에 내재된 파괴적 비판의 사유를 호출하는 것으로 이어진다. 우리는 이러한 아놀리의 문제의식에서 모종의 실존적 결단에 대한 요청을 읽어 낼 수 있다. 즉, 스스로에게 진지한 좌파이고자 한다면 부정적인 인간조건 속에서 해방의 과제를 추구하는 한 필연적으로 맞닥뜨릴 수밖에 없는 아이러니를 회피하지 말고 정면으로 맞서라는 요청 말이다. 이 글이 주목하고 있는 '파괴적 비판의 사상가 칸트'를 네그리와 하트가 최근작에서 부각시킨 '소수자 칸트'와 대비시켜 읽는 것도 흥미로운 주제가 될 수 있다. 두 사람의 글에서 칸트는 "초재적 분석에서 초월적 비판으로의 이동"을 통해 "초월적 질서의 토대를 부수고 삶정치적인 내재성의 평면에서 변이와 자유로운 창조로 가는 길"을 열 수 있는 사상가로 재해석되고 있다. 아놀리가 칸트를 통해 '계몽의 계몽'에 입각한 해방의 길을 모색한다면 『공통체』에서의 네그리(와 하트)는 '묵혀 두었던' 칸트에 대한 비판적 재전유를 통해 계몽의 파괴적 힘을 긍정하면서도 "유물론과 변형의 방법론"에 기초해 "저항·창조·발명의 힘들을 불러내는 대안적 합리성"의 기획을 세공할 방법을 찾고 있다고 보아야 할 것이다.[6]

---

6. 안또니오 네그리·마이클 하트, 『공통체 : 자본과 국가 너머의 세상』, 정남영·윤영광 옮김, 사월의책, 2014, 33, 47~48, 49, 53쪽.

4장 「인간의 실천과 전도: 자율성과 구조를 넘어」(워너 본펠드)는 열린 맑스주의의 관점에서 구조주의와 자율주의를 비판적으로 검토하고 세계를 인간의 실천에 의해 구성·탈구성되는 통합과 초월의 변증법적 연속체로 파악할 것을 제안한다. 본펠드는 이 글에서 구조주의가 "구조를 유일한 주체로 승인함으로써 계급투쟁을 이론적으로 억압"하는 반면에 자율주의는 "주체의 직접성에 대한 낭만적 호소"를 통해 주관주의로 흐르게 된다고 주장한다. 그는 여기서 자율주의의 '계급 관점의 역전'이라는 테제가 분절적인 구조들로 가정되는 복수의 주체들을 무한히 증식시키는 구조주의의 '(유일한) 주체 없는 과정'이라는 테제에 비해 진일보한 문제를 제기하고 있음을 인정한다. 그러나 그는 자율주의가 '두 주체들'을 외재적으로 대립시킴으로써 노동을 세계의 유일한 구성력으로 승인하는 그 자신의 테제와도 모순되는 이론화로 나아갈 뿐만 아니라 "어째서 인간의 실천이 전도된 자본주의적 지배의 형태를 재생산하는가"라는 문제를 등한시하게 된다고 비판한다. 이 글이 '자본주의 계급적대의 비대칭적 구성'이라는 개념을 구조주의와 주의주의를 오가는 진자운동에서 벗어날 수 있는 대안적 관점의 기초로 제시하는 것도 바로 그 때문일 것이다.[7] 계급적대의 비대칭적 구성이라는 개념은 인간의 사회적 실천이 우리의

---

7. 본펠드의 주장에 대한 구조주의와 자율주의 편에서의 반론은 그에 의해 구조주의자로 지목된 밥 제솝의 글, 그리고 자율주의 이론가 조정환의 『아우또노미아』 9장을 참조하기 바란다. Bob Jessop, "Regulation Theory, Post-Fordism and the State : More than a Reply to Werner Bonefeld," *Post-Fordism & Social Form : A Marxist Debate on the Post-Fordist State*, Bonefeld, W., and J. Holloway(eds.), London: Macmillan, 1991. pp. 69-86. 조정환, 『아우또노미아 : 다중의 자율을 향한 네그리의 항해』, 갈무리, 2003, 348~56쪽.

세계를 창조하는 구성력임을 분명히 하면서도 섣부른 낙관을 경계하려는 고심의 흔적을 보여 준다. 계급적대의 비대칭적 구성과 '자본의 노동에 대한 의존성'(홀러웨이)이라는 테제는 자본주의라는 부정적인 인간조건 속에 존재하는 사회적 개인들의 탈물신화하는 역능을 사회적 해방의 출발점으로서 강조한다. 그러나 열린 맑스주의자들, 특히 본펠드의 경우 잠재성과 현존성이 직접적으로 동일시되어서는 안 되며, 대안을 구성하려는 시도는 반드시 부정적인 현실의 험난한 시험대를 통과해야 한다는 인식을 견지하고 있다.[8] 이로 인해 열린 맑스주의자들은 그동안 미래의 불확정성과 계급투쟁에 대한 명시적인 강조에 비해 현재 속에 존재하는 코뮤니즘의 요소를 활성화시킬 수 있는 구체적인 정치적 프로그램과 사회적 실천양식을 정교화하는데 소극적이라는 비판에서 자유롭지 않았다. 이는 열린 맑스주의를 겨냥한 가장 단순하면서도 강력한 문제제기라고 할 수 있다.

이와 관련한 몇 가지 비판을 살펴보기로 하자. 『뉴 레프트 리뷰』의 타리크 알리Tariq Ali는 "권력을 장악해서 세상을 바꾸자"라는 '도발적'인 제목이 달린 2004년의 인터뷰에서 홀러웨이의 주장을 정치적 행위에 대한 보이콧 혹은 '대안 없음' 선언으로 규정한다.[9] 그러나 '대

---

8. 이런 의미에서 본다면 인고 엘베 류의 비판에 보다 민감한 쪽은 홀러웨이가 아니라 본펠드일 것이다.

9. "미국은 라틴아메리카 지역의 새로운 사회운동 세력들에게서 큰 위험을 느끼지 않는다. 그 이유 가운데 하나는 사회운동 내의 '권력 없이 세상을 바꿀 수 있다'는 관념론적 슬로건 때문이다. 이러한 슬로건으로는 그 누구도 위협할 수 없다. 그것은 단지 도덕적인 표어일 뿐이다." "그들은 대안을 갖지 않는 것이 유리하다고 생각한다. 그러나 이러한 판단은 정치적 파산 신호에 불과하다. 대안 없이는 대중을 설득할 수 없다. …… 사빠띠스따가 채택한 홀러웨이의 명제는 가상의 명제에 불과하다. 그것은 사이버 공간에

중'을 여전히 일방적인 '설득'의 대상으로 간주하고, 국가권력을 공전 운동의 중심축으로 바라보는 정치관을 보유한 그의 비판이 온전한 '설득력'을 갖기는 어려울 것으로 보인다.[10] 좀 더 까다로운 비판도 있 다. 영국의 전투적인 페미니스트 힐러리 웨인라이트는 국가가 '투쟁과 대립의 관계'인 자본주의적 사회관계의 일계기라면 국가 또한 투쟁과 대립의 관계이어야 한다는 논리로 홀러웨이를 비판한다. 국가에 대한 홀러웨이의 관점이 '거부'보다는 '무시'에 가깝다는 그녀의 지적은 그 에게는 다소 뼈아픈 비판이라고 할 수 있다.

그는 국가를 사회의 나머지 부분과 분리된 사물처럼 다룸으로써 국 가를 물상화한 전통적 좌파들을 비난한다. …… 좋다! 그러나 만약 자본주의 사회관계가 투쟁의 관계, 대립의 관계, 변형이 가능한 관계

서나 적합한 명제다. …… 현실 세계에서 홀러웨이의 명제는 작동하지 않는다." Claudia Jardin and Jonah Gindin(2004), "Venezuela : Changing the World by Taking Power," Venezuelanalysis.com.

10. 알리는 브라질의 무토지농민운동(MST)이 점거한 유휴지에서 이리저리 내쫓기고 경 찰과 고용된 무장 경비원들에 의해 끊임없이 활동가들이 살해되는 이유를 룰라 정부 의 '현실적인' 대안 부재, '현실적인' 준비 부족, 그리고 "권력에 취해 자신이 왜 대통령 직에 있는지를 망각한" 룰라의 우유부단함에서 찾고 있다. 까르도주(Fernando Henrique Cardoso)와 룰라의 관계가 대처와 블레어의 관계와 같다고 보면서도 대선 당시 브라질의 활동가들에게 룰라를 지지할 것을 권유했다고 밝힌 그가 브라질 다음으로 눈을 돌린 곳은 21세기 사회주의를 선언한 베네수엘라의 차베스였다. 이러한 관점의 부당성을 명확히 보여주는 역사적 증거로는 Sergio Lessa, "The Situation of Marxism in Brazil," Latin American Perspectives, Issue 98, Vol. 25, No. 1, January 1998, pp. 94-108을 참조하기 바란다. 이 글은 1979년의 노동자당(Partido dos Trabalhadores, PT) 창당 직후부터 당과 노조가 정당 관료제와 조합 관료제에 포획되는 과정을 정확 히 보여주고 있다. 룰라가 연속적으로 대통령 결선 투표에 진출하면서 노동자당의 집 권 가능성이 가시화되자 브라질 '좌파'들의 관심은 점점 더 전술적, 행정적 고려에 종속 되어 갔다.

라면, 그리고 국가가 사회관계들 속에 배태되어 있다면…… 국가 또한 투쟁의 관계, 대립의 관계, 변형이 가능한 관계여야 하지 않는가? 왜 국가의 담장 앞에서 투쟁이 멈추어야 하는가?[11]

아래의 인용문은 이러한 비판들에 대한 응답을 모색하는 가운데 홀러웨이에게서 일정한 변화가 나타나고 있음을 보여 준다.

거부는 국가에 대한 대안을 모색하는 데 있어서 핵심이자 열쇠이다. 그러나 거부만으로는 충분치 않다. 자본주의에 대한 우리의 거부를 지속시키기 위해서는 '자본주의보다 오래 살아남을 수 있는 대안적 생존방식'을 확보해야 한다. 거부는 새로운 세계, 새로운 행위양식을 동반해야 한다. …… 문제는 권력을 획득하는 것이 아니라 다르게 행동하고, 다른 세계를 창출하는 우리 자신의 고유한 역능을 구성하는 것이다.[12]

열린 맑스주의자들은 최근작에서 코뮤니즘에 대한 관심을 좀 더 적극적으로 환기시키는 방향으로 나아가고 있다. 본펠드는 '조직화된 부정'을 통한 '사회적 자율' 운동의 자기조직화로서의 코뮤니즘이라는 문제의식을 보다 뚜렷하게 부각시키고 있다. 유사한 맥락에서 홀러웨

11. Hilary Wainwright(2004), "Change the World by Transforming Power-Including State Power!," Draft for speech at ESF London, October 2004, http://www.marxsite.com.

12. John Holloway(2004), "Power and State," A transcript of John Holloway's speech to the London Social Forum in October 2004, http://www.marxsite.com.

이는 "살기 위한 다른 길을, 연대와 협력의 형식"을 찾아야 한다고 주장한다. '균열'을 만들고 "새로운 사회가 자라나올 틈새 운동을 증식"시키며 그 흐름에 "합류하는" 행위, "자본주의 만들기"를 멈추고 "주도적으로 의제를 설정"하면서 "다른 세계를 건설"하는 행위를 강조하는 홀러웨이에게서 절규와 거부로부터 거부와 창조로 나아가는 변화를 읽어내기란 어렵지 않다.[13] 물론 본펠드에게서는 "인간해방이라는 단순한 생각이 실천적 이성으로 바뀌는 것이 가장 어렵다"거나 "투쟁이란 '언제나 이미' 자본주의에 대항하는 투쟁이라고 생각하는 사람들은 자본주의 안에서 살아간다는 것이 어떤 의미를 갖는지를 망각"하고 있다는 대목에서도 알 수 있듯이 여전히 조심스러운 태도가 발견된다.[14] 홀러웨이 역시 하트와의 서신 교환에서 볼 수 있듯이 '재전유된 행위의 사회적 흐름'을 재차 폐쇄된 회로 속으로 흐르게 할지도 모를 '제도화'의 효과에 대한 경계심을 거두지 않고 있다. 그렇더라도 지금까지의 사유 궤적에 비추어 볼 때 향후 열린 맑스주의자들의 작업이 이러한 긴장과 미세한 흔들림 속에서 사회적 주체들의 잠재력을 현실화하고 '공통적인 것'의 구성을 불가역적인 흐름으로 만들 수 있는 긍정적 대안과 실천양식을 구체화하는 방향으로 나아갈 것임을 짐작하기란 어렵지 않다.

열린 맑스주의자들이 '부정성'(홀러웨이) 혹은 노동의 '파괴적 역

---

13. 존 홀러웨이, 『크랙 캐피털리즘』, 27, 40, 362, 370~71, 374쪽.
14. 워너 본펠드, 『전복적 이성 : 포스트신자유주의 시대의 자본, 국가, 계급에 대한 비판적 성찰』, 서창현 옮김, 갈무리, 2011, 16, 346, 350쪽.

능'(본펠드)을 출발점으로 삼아 비판의 전복적 의의를 뿌리까지 파헤친다면 3장 「맑시언의 범주들, 자본의 위기, 그리고 오늘날의 사회적 주체성 구성」(해리 클리버)은 긍정적 구성 기획을 확장하려는 이론적 모색의 전형을 보여 준다고 할 수 있다. 이러한 모색은 두 가지 경로로 구체화된다. 첫 번째 경로는 포스트모더니즘과 포스트맑스주의에 대한 응전을 통해 맑스주의의 합리적 핵심을 보존하려는 시도로 나타난다. 두 번째 경로는 다양한 사상적 원천에서 출발한 자율적 저항운동들이 쌓아온 경험들과 이 운동들에 의해 제기된 이론적·실천적 문제들에 비추어 맑스주의를 살아 있는 분석의 이론, 투쟁의 이론으로 재구성하려는 시도로 나타난다. 클리버는 먼저 맑스의 자본구성 분석을 바라보는 관점을 역전시켜 노동계급의 역능 변화에 초점을 맞추어 온 계급구성 이론의 역사적 발전 과정과 의의를 검토한다. 계급구성 이론은 "맑스의 자본 변증법 분석을 추상적으로 일반화"하려는 시도에 반대해 "자본에 대한 초월은 곧 맑스주의의 초월"임을 주장한다. 따라서 계급구성 이론가들의 관심은 자기가치화 경향, 즉 자본에 대항하는 노동자로서의 투쟁을 넘어 대안적 존재양식을 구체화하려는 경향으로 향한다. 산업 프롤레타리아에 특권적 지위를 부여하는 노동계급 개념을 폐기하고 노동의 주체성 변화에 따라 다양하게 확장되는 노동계급 개념을 채택한 계급구성 이론은 다양한 임금·비임금 부문의 삶을 포괄하는 강점을 지닌다. 이와 동시에 계급구성 이론은 다양한 부문들 사이의 차이와 갈등을 민감하게 포착할 수 있는 수단을 제공한다. 그러나 계급구성 이론 그 자체가 '계급'이론인 한 이 이론은 포스트자본주의적 사회관계의 출현에 대한 이론화에 스스로를 개방해야 한다. 이러한 요구에 부응하려는 시도는 생성되고 있는 다양한 사회적 운동들의 자기가치화에 대한 탐색으로 연결된다. 마리아 미즈의 노동관과 자율주의적 맑스주의의 노동관에 대한 교차적 검토는 특이성의 식별과 인정, 공통성의 발견과 확장에 기초해 새로운 집합적 주체성의 구성을 탐색하려는 시도의 일환이다. 클리버는 성별, 인종, 민족적 분리를 활용한 자본의 분할지배 전략을 막아내면서 다양한 투쟁과 실험들에 기초해 이론으로서의 맑스주의와 현실을 부단히 재구성해 나가는 이러한 운동 양식을 가리켜 연합의 정치라는 이름을 부여한다.

2부 '노동의 봉기와 지구적 자본'은 지구적 자본주의의 위기와 심대한 구조적 변형을 초래해 온 사회적 투쟁들의 과정에서 제기된 다양한 이론적·실천적 쟁점들을 다루고 있다. 5장 「조절학파의 포드주의 비판」(페루치오 감비노)은 면밀한 이론적·역사적 검토 작업을 토대로 20세기 사회민주주의 기획의 주요한 마디를 이루어온 조절학파의 포드주의/포스트포드주의론을 해부한 글이다. 페루치오 감비노는 여기서 포드주의/포스트포드주의 시기 구분의 오류, 기술결정론적 패러다임화로 인한 계급투쟁의 무시, 생산성 임금 시스템이 강요하는 인간의 활동 리듬 손상, 노동자 상호간의 소통 흐름 파괴, 작업장 울타리를 넘어서 확장되는 감시와 통제 등을 근거로 조절이론의 포드주의/포스트포드주의론에 파상적인 비판을 가한다. 그는 조절이론이 파산한 포스트포드주의 변종 모델에 대한 환상을 유포함으로써 미래의 폐쇄에 공모한다고 주장하면서 이 이론과의 단호한 결별을 요구한다. 감비노의 이탈리아어판 원문은 1997년에 출간된 『국민국가·노동·화폐』*Stato Nazionale, lavoro e moneta*에 수록되어 있다.

6장 「노동의 종말인가, 노예제의 부활인가? 리프킨과 네그리 비판」(조지 카펜치스)은 제레미 리프킨과 네그리의 노동관이 이론적으로도 경험적으로도 부당하다고 주장하면서 양자의 대안을 각각 '속임수'와 '존재론적 저주'로 규정한다. 카펜치스는 이 글에서 리프킨식 노동의 종말론과 네그리의 노동 및 가치 범주에 대한 해석을 등가적인 명제로 간주하고 있다. 그러나 자본에 의한 사회의 실질적 포섭 국면에서는 "가치를 객관적 척도로 환원할 수 없다"고 하더라도 "가치의 통약불가능성이 가치의 토대로서의 노동을 제거하지 않"으며 가치 형상의 측정 불가능성을 뜻하는 가치법칙의 위기가 곧 "노동이 모든 사회 구성의 기초라는 사실을 부정하지는 않는다"[15]는 네그리의 언명에 비추어 볼 때 카펜치스의 비판은 과녁을 빗나간 것으로 보인다. 이 글이 제기하는 보다 생산적인 쟁점은 차라리 비임금·저임금 노동으로 이루어진 '거대한 노동의 다양체'에 대한 관심을 환기시키는 대목에서 찾아야 할 것이다. 카펜치스의 이론화에서 이러한 노동의 다양체는 중요한 의의를 갖는다. 그의 논의를 따라가 보자. 점증하는 '자동화'는 생산과정에서 잉여가치의 유일한 원천인 노동을 축출하며, 이로 인해 자본주의는 불가피하게 이윤율의 저하 경향에 부딪힌다. 자본은 상쇄 경향을 작동시키기 위해 저기술–노동집약적 산업을 저임금 지역으로 이전하고 지구 곳곳에서 자본주의적 엔클로저를 재개하

---

15. 안토니오 네그리, 「맑스에 관한 20가지 테제」, 『지배와 사보타지』, 윤수종 옮김, 새길, 1996, 129, 131쪽.

여 비임금·저임금 노동의 저수지를 확장시키는 것으로 대응한다. 그 결과 서구의 산업과 주변부의 산업 간에는 이윤율의 균등화가 이루어진다. 즉, 주변부의 저임금·비임금 노동력으로부터 초과 착취된 잉여가치와 수탈된 부의 상당 부분이 유기적 구성비가 고도화된 서구 산업의 생산가격에 포함됨으로써 급격한 이윤율 하락으로 인한 자본주의 체제의 몰락을 막고 있다는 것이다. 카펜치스는 2005년의 논문에서 『디오니소스의 노동』 *Labor of Dionysus : A Critique of the State-form*과 『제국』에 개진된 네그리와 하트의 논의가 『맑스를 넘어선 맑스』의 이론화에 비해 '다소간의' 진전을 이루었다고 평가하면서도 두 가지 이유를 들어 두 사람의 논의를 비판한다. 첫째, 네그리와 하트의 주장과는 달리 가치의 양적 측면은 자본주의 체제나 반자본주의 운동 양편에서 여전히 결정적인 중요성을 지닌다는 것이다. 둘째, 실질적 포섭은 탈근대적 현상이 아니라 '근대 산업' 단계의 산물이며, 상대적 잉여가치의 생산, 유기적 구성비의 격차 증가, 가치로부터의 생산가격의 일탈 등 실질적 포섭과 연관된 가치 현상들은 맑스 당대인 19세기 중반 무렵에도 흔히 목격할 수 있었던 현상이라는 것이다.[16] 가치의 측정 불가능성에 대한 네그리와 하트의 주장을 가치법칙의 양적 측면과 질적 측면의 분리 불가능성이라는 전제에 입각해 논박하려는 카펜치스의 시도는 실상 이 글에 제시된 주장의 기본적인 논리를 크게 벗어나 있지 않다. 이 글에서 카펜치스가 제시한 여러 가지 비판에 대한 자율주의 편에서의 체계적인 반비판은 조정환의 『아우또노미아』

---

16. George Caffentzis(2005), "Immeasurable Value? An Essay on Marx's Legacy," *The Commoner*, No. 10. pp. 87-114.

9장에서 찾아볼 수 있다. 또한 조정환의 『인지자본주의』 3~4장은 가치법칙을 다룬 카펜치스의 2005년 논문에 대한 반론으로 읽어도 무방할 것으로 보인다. 가치법칙에 관한 네그리와 하트의 가장 명료한 논의는 『공통체』 5부에 수록된 "인간에 관하여 2 — 문턱을 넘어서"에 제시되어 있다. '가치법칙'과 관련된 쟁점들은 2011년 조정환의 『인지자본주의』 출간 이후 한국 내에서 점화된 논쟁을 통해 다양한 각도에서 조명된 바 있다. 이에 관해서는 『마르크스주의 연구』 24~25호에 수록된 『인지자본주의』 서평과 기고 논문들을 참조하기 바란다. 한편 지구적 차원에서 전개되고 있는 엔클로저와 비임금·저임금 노동의 창출이라는 주제에 관해서는 다양한 경향의 맑스주의 이론가들이 공동 작업을 수행해 왔다. 이들의 작업에서 발견되는 고무적인 경향은 이른바 '제3세계주의'와 '서구중심주의'라는 서로를 향한 소모적인 비판에서 벗어나고 있다는 점이다. 이러한 공동 작업들을 통해 남반구와 북반구의 사회적 투쟁들은 끊임없이 확장되고 있는 위계적 노동사슬의 지배에 대항하는 전 지구적 투쟁의 상호보완적 계기들로 정립되고 있다.[17]

7장 「발전과 재생산」(마리아로사 달라 꼬스따)은 자본주의적 개발, 녹색혁명, 비교우위론에 입각한 국제적 분업체계가 남반구 여성들에게 강요하는 고통과 수난을 고발하고 '자본주의적 엔클로저'에

---

17. 자본주의적 엔클로저와 지구적인 임금·비임금 구조에 대한 분석, 일상생활 공간의 자본화에 맞서는 저항의 전복적 특성에 대한 분석으로는 Ana C. Dinerstein and Michael Neary (eds.) *The Labor Debate : An Investigation into the Theory and Reality of Capitalist Work*(Ashgate, 2002); Werner Bonefeld (ed.) *Subverting the Present, Imagining the Future*(Autonomedia, 2008)을 참조하기 바란다.

맞서 존엄성을 실현하려는 그녀들의 투쟁을 분석하고 있다. 이 장의 논의는 3장에 수록된 해리 클리버의 논의와 6장에서 카펜치스가 언급한 주제들에 대한 구체적인 분석을 제시한다. 이 글에서는 토지와 공유자원 수탈, 식량정책을 통한 인위적 빈곤과 기아의 창출, 전쟁과 생물종의 유전자 유산에 대한 특허권 설정을 통해 자연, 인간의 생명, 재생산노동에 대한 수탈과 자본화가 이루어지는 과정이 생생히 묘사된다. 지구적 자본주의는 이러한 수단들을 통해 임금·비임금 위계구조를 유지하고 변형함으로써 북과 남 전역에서 자유노동과 노예노동을 동시에 착취하고 수탈한다. 달라 꼬스따는 사빠띠스따 해방군 선주민 여성 전사들이 이루어 낸 성취와 칩코Chipko 운동을 현대적으로 계승한 인도·방글라데시 여성들의 존엄성을 향한 투쟁에 천착하여 자율주의 페미니즘과 생태페미니즘의 문제의식을 연결시키려고 시도한다. 이러한 그녀의 시도는 비서구 지역 선주민들을 자본주의의 팽창으로 인해 삶의 조건을 수탈당하고 역사의 무대에서 사라져 가는 숙명적인 희생자로 바라보는 온정주의적 시각을 철저하게 뒤엎는다. 그녀의 글 속에서 자본주의적 엔클로저에 대항해 삶의 조건을 방어하는 선주민 운동과 비임금 노동자 투쟁의 성장은 북과 남을 아우르는 소통과 접속, 전 지구적 저항과 자율 공간의 창출에서 중대한 의의를 갖는 주체적 계기로 정립된다.

8장 「자본이 운동한다」(존 홀러웨이)는 1장에서 제시된 물신주의 비판의 관점을 자본 운동에 대한 이해로 확장시키고 있다. 자본주의를 자기재생산 체계로, 노동가치론을 자본주의의 자기재생산을 설명하는 메커니즘으로 이해하는 이른바 '구조기능주의적' 자본관을 비판하고 노동가치론을 노동에 대한 자본의 의존을 보여주는 계급투쟁의 이론으로 재규정하려는 시도로 볼 수 있다. 홀러웨이는 '사회적 관계'로서의 자본이라는 단순하고 자명한(?) 전제에서 출발한다. 자본은 무제한적인 착취와 계급지배를 행하는 사물 주체가 아니라 억제할 수 없는 계급투쟁의 리듬으로 인해 부단한 동요를 피할 수 없는 사회적 관계라는 것이다. 따라서 자본주의의 위기는 이 관계 자체의 역사적 특수성을 표현한다. 위기는 더 이상 자본 간의 경쟁에서 비롯되는 기능장애를 조정하는 메커니즘이 아니라 가치형태 속에 노동을 봉쇄할 수 없는 자본의 근원적 무능력을 지시한다. 따라서 자본주의 발전의 합법칙성을 표현하는 것으로 이해되어온 가치·화폐·자본은 혼돈의 기원, 즉 자본주의 사회관계 내부에 현존하는 노동의 불복종을 보여주는 범주들이다. 이로부터 자연스럽게 "가치법칙은 질서의 확립(가치'법칙')이자 가치의 '무법칙성'이라는 통찰이 이끌려 나온다. 홀러웨이 특유의 생동적이고도 직관을 자극하는 문체가 자동적 사물 주체로서의 자본이라는 물화된 관념에 대한 비판의 깊이를 더해 주고 있다.

9장 「변화의 정치 : 이데올로기와 비판」(워너 본펠드)은 자본주의의 지구적 재조직화를 필연적인 발전의 산물로 간주하는 통설들을 비판하면서 자본의 지구화란 곧 '자본 안에서/자본에 대항하는 노동의 지구화'라는 주장을 제시한다. 이 글의 미덕은 '자본은 곧 계급투쟁'이라는 통찰을 전후의 지구적 자본주의 질서 재편을 특징짓는 위기의 항구화 과정에 대한 구체적 분석으로 연결시킨다는 데서 찾을 수 있다. 본펠드는 68년 혁명과 뒤이은 투쟁의 물결을 전후 자본주의 체제를 지탱한 화폐체계와 생산성 증가율 간의 관계를 파열시키고 브레턴우즈 체제의 붕괴를 초래한 원인으로 꼽고 있다. 눈여겨 볼 만한 점은 이 글이 유기적 구성비의 상승과 이윤율 저하를 노동의 복종을 확보할 수 없는 자본의 무능력, 즉 노동 생산력 착취비용 상승의 표현으로 파악한다는 것이다.[18] 이 관점은 확실히 전후의 위기를 둘러싼 근본주의자들과 네오리카도주의자들의 논쟁에서 드러난 편향들을 정정할 수 있는 여지를 제공한다. 이러한 해석을 통해 우리는 전후 '통합의 정치'가 그 존재론적 기반의 허약성, 즉 포드주의-케인스주의 체제를 지탱했던 불안한 계급구성의 파열로 인해 무너져 내린 것으로 이해할 수 있다. 자본은 이윤의 금융화와 노동집약적 생산부문의 개도국 이전으로 위기에 대응했지만 화폐적 축적과 생산적 축적 간의 분리를 극복할 수 없었다. 추상적 화폐형태를 통해 위기에서 벗어나려던 자본의 시도는 자신의 한계, 즉 자본 속에 현존하는 노동의 역능을 재확인하는 데 그쳤다. 악성부채의 누적은 착취관계 재구성에서 자본이 부딪힌 곤경을 분명히 보여 준다. 결국 자본의 지구화란 신용팽창을 통한 위기의 미봉과 항구화에 다름 아닌 것이다. 그러나 본펠드는 지구적 자본주의를 위기에서 구원하기 위한 새로운

---

18. 이러한 해석은 홀러웨이의 저작에서 좀 더 명시적인 형태로 발견된다. 그는 노동에 대항하는 반란(사보타지, 결근, 살쾡이 파업)과 고임금을 위한 투쟁을 우회하려는 자본의 기계류 도입으로 인한 유기적 상승비의 고도화, 억압과 회유 기제를 확충하기 위한 국가지출과 자본의 조세 부담 증대로 나타나는 간접적 착취 비용의 상승을 전후 자본주의의 위기를 초래한 주요 원인들로 꼽고 있다. John Holloway, "The Abyss Opens : The Rise and Fall of Keynesianism," *Global Capital, National State and the Politics of Money*(New York : St. Martin's Press, 1995), pp. 24-6 [존 홀러웨이, 「심연이 열리다 : 케인즈주의의 상승과 몰락」, 본펠드 외 엮음, 『신자유주의와 화폐의 정치』, 이원영 옮김, 갈무리, 1999].

타협을 모색해야 한다는 요청을 단호히 거부한다. 인간이 추상적 부의 축적수단으로 취급되는 의미 없는 고통을 연장시킨다는 간단하고도 분명한 이유 때문이다.

안또니오 네그리의 「정치적 공간의 위기」(10장)는 『전미래』 27호(1995년 1월)에 최초 게재되었다가 그 이듬해 영어로 번역되어 『공통감각』 19호에 수록된 글이다. 네그리와 하트는 페르시아 만 전쟁이 끝난 직후인 1991년 3월에 『제국』의 집필을 시작해 코소보 전쟁 발발 직전인 1998년 3월경에 원고를 완성했다고 밝힌 바 있다. 따라서 이 글의 의의는 『제국』 집필 전반기를 관통하는 네그리의 고민을 보여준다는 점에서 찾을 수 있을 것이다. "정치적 공간의 위기"는 『제국』 3부작의 골격을 이루는 기본 구상들을 추상적인 개념들 속에 압축시키고 있다. 네그리는 먼저 근대 주권 개념의 계보학을 검토한 후 영토적 주권에 기초한 근대 주권질서 패러다임이 해체되고 무수한 가설의 병존을 특징으로 하는 개방적 복합 국면이 창출되고 있는 지구적 상황을 개관한다. 뒤이어 그는 이른바 '정치적인 것에 관한 새로운 선험론'에 입각해 이러한 복합 국면에서 눈앞에 등장하고 있는 네트워크 주권형태로서의 제국적 경향의 윤곽을 제시하고 제국적 지배관계에 대항할 세계적 차원의 민주적 행동 프로그램을 제안한다. 다소 시론적인 네그리의 문제의식을 곳곳에서 엿볼 수 있는 이 글의 논의와 『제국』의 보다 심화된 분석을 대조하면서 읽어 나간다면 지구적 질서의 심대한 변형에 대한 그의 사유 궤적과 개념적인 세공 과정을 추적하는 데 많은 도움을 얻을 수 있을 것이다.

3부 '정치적인 것에 대한 비판'은 '정치적인 것'과 '공적인 것'에 대한 낡은 범주들의 해체를 시도하는 저작들과 '공통적인 것'의 구성을 향한 코뮤니즘의 기획을 대담하게 모색하는 저작들을 묶고 있다. 11 장 「자본주의 국가 : 환상과 비판」(워너 본펠드)은 '정치적인 것'과 '경제적인 것'의 형태적 분리를 실체적 분리로 간주하는 정치철학과 경제 학설의 맹점을 뿌리까지 파고든다. 본펠드는 자본주의 국가를 추상적 권리에 지나지 않는 형식적 자유와 평등을 보호하고 자본형태 하에서의 사회적 재생산을 보증하기 위한 자본주의 사회관계의 정치적 형태로 규정한다. 이로부터 자본에 대한 비판은 곧 국가비판이며, 사회적 해방은 자본주의 국가의 형태에서 비롯된 환상과의 결별을 전제로 한다는 결론이 뒤따라 나온다. 국가형태에 대한 질문이 근본적으로 비어 있는 20세기 '사회주의'와 사회민주주의의 실정적 기획에 대한 해독제로서 손색이 없는 글이다.

12장 「철학에 반하는 혁명에서 자본에 반하는 혁명으로」(마이크 루크)는 국가소유와 계획의 합리성을 요체로 하는 사회주의관과 무오류의 기계신으로 간주되는 당에 의해 매개되는 대리주의적 실천관에 대한 근본적인 이의제기로 볼 수 있다. 마이크 루크는 이 글에서 평의회 코뮤니즘의 관점에서 제2인터내셔널과 제3인터내셔널 맑스주의에 비판을 가한다. 그에 따르면 제2인터내셔널과 제3인터내셔널, 나아가 트로츠키주의조차 기계적 유물론의 인식론과 엥겔스·플레하노프의 자연주의에서 비롯된 인식론적 이원론을 공유한다. 객관주의적 역사관과 대리주의적 정치관은 이러한 인식론적 이원론의 필연적 산물로 규정된다. 루크는 이러한 논의를 바탕으로 혁명적 맑스주의의 발본적 혁신을 위해 로자 룩셈부르크, 안톤 판네쿡에게서 출발하는 평의회 코뮤니즘의 역사적 경험과 문제의식을 계승할 것을 요청한다.

13장 「공적 공간의 재전유」(안또니오 네그리)는 이른바 '뜨거운 겨울'로 불리는 1995년 12월 프랑스 공공부문 파업투쟁을 배경으로 삼고 있다. 이 글은 12월 투쟁 직후인 1996년 1월 『전미래』 33~34호에 최초 게재되었다가 이듬해 영어로 번역되어 『공통감각』 21호에 수록되었다. 네그리는 1997년의 인터뷰에서 이 투쟁과 '정치적'으로 결합할 수 없다는 무기력감과 고민이 망명 생활을 접고 '귀환'하기로 결심하게 만든 주요 계기 가운데 하나로 작용했음을 밝힌 바 있다.[19] 1995년 12월 투쟁의 직접적인 발단은 사회복지 제도 '개혁'을 내건 알렝 쥐페 내각의 대대적인 공공부문 민영화 프로그램과 공공부문 노동자 연금 및 임금삭감 계획이었다. 투쟁이 정점에 도달한 그해 12월 12일 프랑스 정부의 노동자 공격에 항의해 2백만 명 이상의 노동자들이 거리 시위에 참여했다. 이 시위에는 철도, 운수, 호텔, 통신, 우편, 교육, 항공, 은행, 소방 등 다양한 부문의 노동자들이 참여했다. 그러나 네그리가 이 투쟁에서 무엇보다 중요하게 여긴 것은 공공부문 노동자들과 공적 서비스 이용자들이 이 투쟁의 '공동생산자'로 참여하면서 공적 서비스의 '공동생산자'임을 자각했다는 사실이다. 네그리는 이 글에서 사회적 노동자들의 연대를 통한 메트로폴리탄 투쟁의 공동생산 과정에 대한 분석을 토대로 '공적인 것'에 대한 새로운 개념화와 결합될 수 있는 투쟁 형태와 조직 형태의 정의라는 중대한 문제를

---

19. 안또니오 네그리, 「인터뷰 — 미래로 돌아가다」, 『자유의 새로운 공간』, 안또니오 네그리·펠릭스 가따리 지음, 조정환 편역, 갈무리, 2007, 159~60쪽.

제기한다. 이러한 구상은 『제국』 3부작에서의 다중 주체의 전복적 특성과 생산적 역능, '공통적인 것'을 창출하고 확장하는 활력적 삶의 구체적인 내용과 형식에 대한 모색으로 확장된다.

네그리의 「제헌공화국」(14장)은 『전미래』 15호(1993년 1월)에 최초 게재되었으며, 영어로 번역되어 1995년 『공통감각』 16호에 실렸다. 이 글의 영어판은 파올로 비르노와 마이클 하트가 공동 편집한 『이탈리아의 급진 사상』*Radical Thought in Italy : A Political Politics*에도 수록되었다. 네그리는 이 글에서 노동하는 삶과 사회적 삶, 사회적 삶과 개인적 삶, 생산형태와 삶-형태 사이의 분리를 극복할 가능성을 대중지성의 소비에트 건설에서 찾고 있다. 대중지성 소비에트들의 잠재력은 '헌정' 없이 표현되며, 대중지성 소비에트들의 제헌공화국은 국가에 앞서는 공화국으로 국가의 외부에서 나타난다. 네그리는 이러한 제헌공화국의 헌법적 역설을 "제헌 과정이 결코 완결적이지 않고, 부단히 혁명이 계속되며, 헌법과 일반법이 하나의 근원을 지닌 채 단일한 민주적 절차 내에서 통일적으로 발전한다"는 사실에서 찾고 있다. 이러한 통찰 속에는 19세기와 20세기의 산물인 "자코뱅주의와 사회주의의 전통 및 헌법 제정 경험들과 근본적으로" 다른 혁명적이고 절대적인 민주주의의 연속적인 구성 과정에 대한 고민이 녹아 있다. "제헌공화국"의 아이디어는 "공적인 것에 기반을 둔 국가Res-Publica에서 공통된 것에 기반을 둔 꼬뮌Res-Communis으로의 이행"[20], "공통적인 것을 배제하는 소유체제"로서의 사회주의와 자본주의의 한계를 넘어 "공통적인 것을 제도화하는

---

20. 안또니오 네그리·마이클 하트, 『다중 : 제국이 지배하는 시대의 전쟁과 민주주의』, 조정환·정남영·서창현 옮김, 세종서적, 2008, 280쪽

정치적 기획"[21]에 관한 탐색으로 구체화된다.

『탈정치의 정치학』 전편에는 명시적이든 묵시적이든 사회민주주의와 맑스·레닌주의라는 20세기의 두 가지 거대한 실정적 기획을 넘어서 '공통적인 것'의 창안으로 나아갈 길을 모색하려는 필자들의 진지한 노력이 깃들어 있다. 이 책에 수록된 글들에서는 인간의 사회적 실천이 이 세계의 유일한 구성력임을 인정하는 데 기초해 가치형태와 국가형태의 매개를 거부하면서 자기해방의 기획을 통해 미래를 열어가고자 하는 필자들의 열망이 숨김없이 드러난다. 필자들의 작업은 현실 속에서 끊임없이 지속되고 있는 다양한 사회적 주체들의 투쟁을 이론적 원천으로 삼고 있다. 이들에게서 출현하고 있는 투쟁들은 '잠재적인 것'의 형태로 실재하는 '공통적인 것'을 현실 속에서 구체화하는 혁명적 코뮤니즘의 산 실험장이다. 필자들은 사회적 투쟁들을 끊임없이 환기시키고, 고무하며, 그러한 투쟁들에 결합하고자 한다. 현실의 다기한 측면들을 분석하는 데서 불가피하게 드러나는 여러 가지 이견들에도 불구하고 필자들의 이론적 모색 작업이 궁극적으로 합류할 것이라는 기대를 품게 하는 근거도 바로 이러한 전망의 공유 속에서 찾을 수 있다.

---

21. 네그리·하트, 『공통체』, 18쪽.

III

마지막으로 번역 작업과 관련하여 몇 마디를 덧붙이고자 한다. 이 책이 대결하고 있는 방대한 문제영역들은 번역 과정 내내 옮긴이의 한계를 절감케 하기에 충분했다. 필자들의 독특한 문체들을 최대한 결대로 살리려던 애초의 원칙도 번역 작업의 속도를 더디게 만든 이유 가운데 하나로 작용했다. 번역 과정에서는 직역을 원칙으로 하되 내용과 문맥 파악을 위해 불가피하다고 판단되는 몇몇 구절에 한해 의역이 있었음을 밝혀 둔다. 호흡이 지나치게 긴 일부 문장은 원문의 의미와 흐름을 손상시키지 않는 한도 내에서 끊어 옮겼다. 부가적인 설명이 필요하다고 판단되는 대목에는 옮긴이 주를 붙여 놓았다. 아울러 감비노와 네그리의 글들을 옮기는 과정에서는 필자들의 의도와 취지가 가급적 손상 없이 전달될 수 있도록 이탈리아어판 및 불어판 원본과의 대조 작업을 거쳤다는 점도 밝혀 둔다.

모든 노동과 지적 활동이 사회적 협동의 과정을 전제로 하듯이 이 번역서 또한 수많은 이들의 머리와 손을 거친 공동작업의 결과물이다. 지면을 빌어서나마 번역 작업에 도움을 주신 분들께 고마움을 표현하고자 한다. 먼저 열악한 출판 시장 상황에도 불구하고 영리에 대한 고려 없이 이 책의 출간을 쾌히 응낙해 주신 갈무리 출판사 분들께 마음에서 우러나는 감사를 드린다. 특히 꼼꼼한 계획을 토대로 한국어판 제목 선정에서 책의 구성에 대한 검토, 산만한 번역어의 통일에 이르기까지 갖은 수고를 아끼지 않은 김정연, 오정민 선생님께 깊이 감사드린다. 그리고 옮긴이의 불찰로 인한 여러 가지 오류를 세

심하게 지적해 준 프리뷰어 서창현 선생님의 도움도 매우 컸음을 꼭 밝혀 두어야겠다. 옮긴이의 성가신 요구들을 물리치지 않고 한국어판 발간을 위해 편저자로서의 '책임'을 끝까지 다해 준 워너 본펠드에게도 동지애를 담은 인사를 전하고 싶다. 그리고 강상재, 박상준, 김동원, 하남석, 이유진 등 대안기획 연구모임의 선배·동료들에게도 변함없는 존경과 우애를 표한다. 마지막으로 좀처럼 끝날 것 같지 않은 번역 작업을 곁에서 지켜보며 든든한 버팀목이 되어준 아내 은정에게도 애틋한 마음을 전한다.

2014년 2월

김의연

:: 본문 내에 사용된 이미지의 출처

3쪽 : http://www.flickr.com/photos/walljet/4315468463/sizes/o/in/photostream/
차례 : http://www.flickr.com/photos/16782093@N03/5436870891/
1부 표지 : http://roarmag.org/2014/02/against-sexual-assault-tahrir-egypt/
2부 표지 : http://en.wikipedia.org/wiki/File:April_9_Day_1.jpg
3부 표지 : http://www.flickr.com/photos/rico_gustav/9298604926/